Untersuchungen zur Ordnungstheorie und Ordnungspolitik

52

Herausgegeben vom
Walter Eucken Institut

ARTIBUS INGENUIS
J·C·B·M·
1·8·0·1

Philipp Batthyány

Zwang als Grundübel in der Gesellschaft?

Der Begriff des Zwangs bei Friedrich August von Hayek

Mohr Siebeck

Philipp Batthyány, geboren 1968 in Genf; Studium der Philosophie an der Hochschule für Philosophie der Jesuiten in München; 2006 Promotion an der Hochschule für Philosophie, Philosophische Fakultät S.J., München.

ISBN 978-3-16-149365-2
ISSN 0083-7113 (Untersuchungen zur Ordnungstheorie und Ordnungspolitik)

Die Deutsche Nationalbibliothek verzeichnet diese Publikation in der Deutschen Nationalbibliographie; detaillierte bibliographische Daten sind im Internet über *http://dnb.d-nb.de* abrufbar.

Das Buch wurde von Gulde-Druck in Tübingen auf alterungsbeständiges Werkdruckpapier gedruckt und von der Buchbinderei Held in Rottenburg gebunden.

Vorwort

Das Fundament dieses Buches entstand im Frühjahr 1996 während eines Seminars meines verstorbenen Lehrers Professor Dr. Dr. Walter Kerber S.J., in dem unter anderem Hayeks Konzeption von Freiheit und Zwang in ›*Die Verfassung der Freiheit*‹ thematisiert wurde. Dieses Thema und seine Behandlung durch Hayek warfen auf Anhieb Fragen auf, die auch in vielen Jahren der Forschung zu keiner Zeit ihre Anziehungskraft auf mich verloren haben. Sie führten mich weit hinein in die Grundlagen liberaler Philosophie und in das umfangreiche Gesamtwerk Hayeks, der wie nur wenige Denker im 20. Jahrhundert den Liberalismus neu entdeckt und reformuliert hat.

Besonders danken möchte ich meinem Doktorvater Professor Dr. Norbert Brieskorn S.J. für die abschließende Betreuung der Arbeit in den vergangenen Jahren und die großzügige, vertrauensvolle Zusammenarbeit. Danken möchte ich außerdem Professor Dr. Viktor Vanberg und PD Dr. Michael Wohlgemuth für die wertvollen Hinweise bei der Formulierung meiner Interpretation der Theorie der kulturellen Evolution sowie für die Aufnahme dieses Buches in die Reihe des Walter Eucken Instituts.

Die vorliegende Untersuchung wurde im Sommer 2006 an der Hochschule für Philosophie in München, Philosophische Fakultät S.J., als Dissertation angenommen und ist in Gedenken an Prof. Dr. Dr. Walter Kerber S.J. ihm gewidmet.

Berlin, im Oktober 2007

Philipp Batthyány

Inhalt

Einleitung

I. Teil: Eingrenzung des Zwangsbegriffs

II. Teil: Zwang als Moralbegriff

III. Definition des Zwangsbegriffs

Einleitung

1. Inhaltliche und formale Hinführung

1.1. Ziel: Definition des Zwangs als Schlüsselbegriff im Gesamtwerk Hayeks

Die Freiheit des Individuums ist Ausgangs- und Zielpunkt der Sozialphilosophie von Friedrich August von Hayek. Der Freiheitsbegriff, den Hayek zugrunde legt, ist negativ und streng formal: Frei ist, wer ungehindert von Zwang durch andere Menschen seine selbstgesetzten Ziele verfolgen kann. Freiheit ist die Abwesenheit von Zwang.

Ziel dieser Arbeit ist es, eine abschließende Definition des Zwangsbegriffs Hayeks zu erarbeiten und die Begründungen aufzuzeigen, deretwegen Zwang im Verständnis Hayeks das Grundübel in der Gesellschaft ist. Ausgehend vom negativen Freiheitsbegriff lautet die methodische Grundhypothese dieser Arbeit, daß Zwang der Schlüsselbegriff schlechthin im Werk Hayeks ist. Ohne präzise Definition des Zwangs ist Hayeks Freiheitsbegriff nicht definiert und also seine Philosophie der Freiheit verschieden auslegbar. Im Begriff des Zwangs bildet sich die gesamte Sozialphilosophie Hayeks ab.

Das Dilemma des Zwangs in der Gesellschaft ist, daß sich Zwang nur durch die Anwendung von Zwang verhindern läßt. Dauerhafte Freiheit des Individuums ist für Hayek nur denkbar als Freiheit unter dem Gesetz, das Gesetz aber hat einen staatlichen Zwangsapparat zur Voraussetzung, der es durchsetzt. Damit entscheidet sich an der Definition des Zwangs auch die Rolle des Staates in der Gesellschaft: Je weiter der Definitionsbereich des Zwangsbegriffs gefaßt ist, desto größer wird die Präsenz des Staates in der Gesellschaft sein, denn er muß Zwang anwenden, um Zwang zu verhindern. Je kleiner hingegen der Definitionsbereich des Zwangsbegriffs gefaßt ist, desto minimaler wird der Staat und im Gegenzug größer die Wahrscheinlichkeit, daß Zwang in der Gesellschaft per definitionem, nicht aber in realiter verhindert wird. Innerhalb dieses Dreigespanns – Freiheit und Zwang, Zwang und Staat, Staat und Freiheit – bildet der Begriff des Zwangs die Mitte. Negativdefinition der Freiheit und das aufgezeigte Dilemma rücken Zwang als Gegenbegriff wie als Voraussetzung der Freiheit in das Zentrum der Theorie einer freiheitlichen Ordnung der Gesellschaft.

1.2. Die Deontologiethese

Die Definition des Zwangs ist in dieser Arbeit von zwei Leitfragen bestimmt: (1.) ‚Was ist Zwang?' und (2.) ‚Warum ist Zwang in der Gesellschaft ein Übel?' Die Kernthese dieser Arbeit beantwortet beide Fragen wie folgt: Im Verständnis Hayeks läßt sich Zwang ausschließlich *formal* definieren und die Verwerflichkeit des Zwangs ausschließlich *deontologisch* begründen.[1] Formal ist die Definition des Zwangs, wenn die Inhalte der erzwungenen Handlung nicht Gegenstand der Definition sind, und sie ist deontologisch, wenn die Inhalte der erzwungenen Handlung nicht Gegenstand der Begründung für die Verwerflichkeit des Zwangs sind: denn im deontologischen Verständnis ist Zwang ein durch nichts zu rechtfertigendes, absolutes Übel in der Gesellschaft. Entscheidend ist nicht, *zu was* das Individuum gezwungen wird, sondern einzig, *daß* es gezwungen wird. Diese These wird in dieser Arbeit als die ‚Deontologiethese' bezeichnet.

1.3. Aufbau: Gliederung in drei Teile

Entlang der beiden Leitfragen gliedert sich die vorliegende Arbeit in drei Teile. Im ersten Teil gilt es zu klären, was *nicht* Zwang ist, im zweiten, *warum* Zwang das Grundübel in der Gesellschaft ist, und im dritten Teil schließlich, *was* genau Zwang ist. Abschließend wird die ermittelte Arbeitsdefinition des Zwangsbegriffs Hayeks an zwei von Hayek angeführten Beispielen veranschaulicht und überprüft.[2]

1.3.1. Erster Teil: Eingrenzung des Zwangsbegriffs

Der erste Teil der Arbeit ist als Einführung in das Denken und die Terminologie Hayeks konzipiert und zugleich bereits der Eingrenzung des Zwangsbegriffs gewidmet. Nach einer Klärung der Grundbegriffe der Definition des Zwangs bei Hayek wird dargestellt, welche Sachverhalte und gesellschaftlichen Phänomene Hayek von vorneherein von der Definition des Zwangsbegriffs ausschließt.

---

[1] Unter dem *deontologischen* Ansatz wird in dieser Arbeit ein streng freiheitlicher Ansatz verstanden, dem gemäß die Freiheit nur um der Freiheit willen beschränkt werden darf (II.2.1.). Im deontologischen Sinne findet in dieser Arbeit auch der Begriff ‚Grundübel' Verwendung und bezeichnet ein absolutes, d.h. durch nichts zu rechtfertigendes Übel.

[2] Die in dieser Arbeit entwickelte Definition des Zwangsbegriffs Hayeks wird als ‚Arbeitsdefinition' bezeichnet, um sie von der von Hayek vorgeschlagenen Beschreibung unterscheidbar zu halten. Ein wesentlicher Bestandteil dieser Definition ist die Ausdifferenzierung des Zwangsbegriffs Hayeks in eigenständige Unterbegriffe (1.3.3., III.7.), weshalb in dieser Arbeit vereinzelt auch von ‚Arbeitsdefinition*en* des Zwangsbegriffs Hayeks' gesprochen wird.

1.3.2. Zweiter Teil: Entwicklung der drei Argumente für die Verwerflichkeit des Zwangs, Entwicklung und Vertiefung der Deontologiethese

Im zweiten Teil wird die normative Dimension des Zwangs untersucht. Aus den verschiedenen Beschreibungen, die Hayek zur Bestimmung seines Zwangsbegriffs anführt, werden in dieser Arbeit drei eigenständige Argumente entwickelt, mit denen sich im Denken Hayeks die Verwerflichkeit des Zwangs begründen läßt, wenngleich Hayek selbst sie nicht explizit nennt: das *Selbstzwecklichkeitsargument*, das *Wissensargument* und das *Evolutionsargument*. Das Selbstzwecklichkeitsargument begründet die Verwerflichkeit des Zwangs mit der Indienstnahme des Gezwungenen gegen seinen Willen als Mittel der Zwecke des Zwingenden und steht durch den Rückgriff auf den *praktischen Imperativ* für den Einfluß Immanuel Kants in Hayeks Moraltheorie.[3] Das Wissensargument begründet die Verwerflichkeit des Zwangs mit der Ausschaltung des Gezwungenen als denkendes und wertendes Wesen und steht für den von Hayek vertretenen kritischen Rationalismus,[4] dem zufolge das Wissen über die meisten Tatsachen in der modernen, arbeitsteiligen Gesellschaft nur als individuelles Wissen existiert. Das Evolutionsargument begründet die Verwerflichkeit des Zwangs mit der Behinderung der Wissensentwicklung einer Gesellschaft insgesamt, in der systematisch Zwang vorherrscht, und steht für Hayeks Theorie der kulturellen Evolution. Diese drei Argumente bilden die Struktur, anhand derer in dieser Arbeit die Deontologiethese überprüft und Hayeks Zwangsbegriff definiert werden soll.

Im Anschluß an die Entwicklung der drei Argumente wird die Deontologiethese vorgestellt und weiter vertieft. Es folgt eine Untersuchung der Kritik Hayeks am Utilitarismus als Einstieg in die kontrovers diskutierbare Verortung seiner Moraltheorie zwischen Deontologie und Konsequentialismus,[5] die schließlich zu seiner Theorie der kulturellen Evolution führt. Dieser Theorie zufolge sind die meisten sozialen Institutionen und insbesondere die Werte- und Regelordnung der Gesellschaft nicht Ergebnisse menschlichen Plans, sondern fortlaufender Selektionsprozesse, innerhalb derer sich durchsetzt, was dem ‚Erfolg der Gruppe nützlich' ist. Das von Hayek angenommene Selekti-

---

[3] Kant, ›*Grundlegung der Metaphysik der Sitten*‹, A 66/ IV, 429. Zum Einfluß Kants auf Hayeks Konzeption des Zwangs siehe besonders II.1.3.2. und II.4.2. in dieser Arbeit.

[4] Der Begriff des ‚kritischen Rationalismus' ist an Karl Popper angelehnt, Popper (1973), S. 289ff; er wird von Hayek jedoch eigenständig interpretiert (I.2.1.).

[5] Unter dem Begriff ‚Konsequentialismus' werden in dieser Arbeit Ansätze in der Ethik zusammengefaßt, die Beschränkungen der Freiheit mit bestimmten Folgen der Freiheit rechtfertigen. Wenn sich die Folgen, mit denen Beschränkungen der Freiheit begründet werden, nicht selbst nur wieder auf die Freiheit beziehen, stehen konsequentialistische Ansätze im Widerspruch zur Deontologiethese dieser Arbeit. Zur Verwendung der Begriffe ‚Deontologie' und ‚Konsequentialismus' in dieser Arbeit siehe II.2.1.

onskriterium ‚Erfolg der Gruppe' ist in Abhängigkeit von seiner Auslegung geeignet, die Deontologiethese auf Anhieb zu falsifizieren. In Antwort darauf wird in dieser Arbeit eine eigene Auslegung der Evolutionstheorie Hayeks entwickelt. Sie lautet: Im Denken Hayeks ist das abstrakte Selektionskriterium der *biologischen* Evolution die Erhaltung von Leben, während das abstrakte Selektionskriterium der *kulturellen* Evolution die Erhaltung der individuellen Freiheit ist. Das Evolutionsargument, demzufolge Freiheit ein Wert ist, weil sie die kulturelle Evolution ermöglicht – und Zwang ein Übel, weil er sie behindert – bezieht sich in dieser Auslegung in letzter Hinsicht wieder auf die individuelle Freiheit und ist daher mit der Deontologiethese vereinbar.

1.3.3. Dritter Teil: Arbeitsdefinitionen des Zwangs, Bestimmung des Gewaltbegriffs Hayeks, Anwendung der Arbeitsdefinitionen

Im dritten Teil wird Hayeks Begriff des Zwangs abschließend definiert. Wesentliches Ergebnis dieser Arbeit ist die Auffächerung des Zwangsbegriffs Hayeks in fünf eigenständige Begriffe des Zwangs, und zwar (1.) in den Begriff des *Regeldurchsetzungszwangs*, (2.) des *Zwangs*$_1$ als *Oberbegriff*, (3.) des *Zwangs*$_2$ im engen Sinne, der weiter ausdifferenziert werden muß (4.) in den *staatlichen Zwang* und (5.) den *privaten Zwang*.[6]

(1.) Regeldurchsetzungszwang dient allein der Durchsetzung allgemeiner und abstrakter Rechtsregeln, deren Funktion die Verhinderung von Zwang$_1$ ist. Die Ausklammerung des Regeldurchsetzungszwangs von der Definition des verwerflichen Zwangs ist zentraler Bestandteil der Arbeitsdefinition. Regeldurchsetzungszwang ist nicht Gegenbegriff, sondern Voraussetzung der individuellen Freiheit in der Gesellschaft. Mit dieser Differenzierung löst sich zugleich das von Hayek gesehene Dilemma, wonach Zwang in der Gesellschaft nur durch die Anwendung von Zwang verhindert werden kann.

(2.) , Zwang$_1$' beschreibt jenen Zwang, als dessen Abwesenheit Hayek die individuelle Freiheit definiert. Er umfaßt neben dem Zwang$_2$ insbesondere auch *Gewalt* und ist deshalb nicht im Wortsinne als Zwang zu verstehen.

(3.) ‚Zwang$_2$' ist der Kernbegriff in Hayeks Konzeption des Zwangs. Seine Definition wird im Ergebnis dieser Arbeit lauten: *Zwang liegt vor, wenn ein Individuum unter Androhung eines objektiv schweren Nachteils nicht seinem eigenen Willen, sondern ausschließlich dem Willen eines anderen nach handelt.*

Unter einem ‚objektiv schweren Nachteil' ist die Verletzung von Leib, Leben und Eigentum des Menschen zu verstehen. Diese Bestimmung des ‚objektiv schweren Nachteils' bleibt bei Hayek jedoch implizit.

---

[6] Eine Übersicht hierzu findet sich in III.7.1., Abb. 4, S. 198. Wo dies möglich ist, wird die Hinzufügung der Indexzahlen zur Unterscheidung zwischen beiden Arten des Zwangs der Übersichtlichkeit halber vermieden. Zu diesem Zweck wird Zwang$_2$ in dieser Arbeit auch als ‚echter Zwang' oder als ‚Zwang im engen Sinne der Arbeitsdefinition' bezeichnet.

(4.) Staatlicher Zwang ist die Androhung staatlicher Gewalt mit dem Zweck der Willensunterwerfung. Im Verständnis Hayeks ist *jeder* Gebrauch des staatlichen Gewaltmonopols, der nicht der Durchsetzung allgemeiner und abstrakter Regeln des gerechten Verhaltens, sondern der Durchsetzung eines Willens dient, uneingeschränkt $Zwang_2$, d.h. verwerflicher Zwang.

(5.) Privater Zwang liegt hingegen vor, wenn der Zwingende keinen Zugriff auf das staatliche Gewaltmonopol hat, aber die Umstände eines anderen so manipuliert oder sie sich so zu eigen macht, daß er diesen vor die Wahl stellt, entweder einen schweren Nachteil zu erleiden oder sich seinem Willen zu unterwerfen. Privater Zwang ist im Gegensatz zum staatlichen Zwang bei Hayek graduell definiert: Nur der schwere private Zwang kann in der Sicht Hayeks verhindert werden, weil der Staat, wenn er Zwang ausübt, um milden Zwang zu verhindern, mehr Zwang ausübt, als er Zwang verhindern würde. Doch Hayek führt keine Kriterien zur Unterscheidung zwischen schwerem und mildem Zwang an. Für dieses Problem wird in dieser Arbeit die folgende Lösung entwickelt: In einer formalen Definition des Zwangs kann das einzige geeignete Definitionskriterium zur Bemessung der Grade des privaten Zwangs nur die Schwere des angedrohten Nachteils sein. Nur auf diese Weise sind die jeweiligen Inhalte der Zwangshandlung nicht Gegenstand der Definition. Die Ausdifferenzierung des $Zwangs_2$ in den staatlichen und den privaten Zwang fixiert die bei Hayek überwiegend implizit bleibende asymmetrische Bewertung zwischen staatlichem und privatem Zwang begrifflich.

Ein wesentlicher Bestandteil der Definition des Zwangsbegriffs Hayeks ist der Begriff der *Gewalt*. Doch Hayek befaßt sich nicht mit seinem Begriff der Gewalt. Er wird in dieser Arbeit wie folgt aus dem Zwangsbegriff heraus entwickelt: Während Zwang die *Androhung* eines schweren Nachteils ist, ist Gewalt die *Zufügung* eines solchen Nachteils. Auch Gewalt ist für Hayek ein Übel in der Gesellschaft, das mit Regeldurchsetzungszwang verhindert werden soll. Doch mit welcher Begründung? Da sich Hayek mit dieser Frage nicht befaßt, wird in dieser Arbeit folgende eigenständige Antwort entwickelt: Während Zwang im streng formalen Verständnis, d.h. entlang der Deontologiethese, einzig der *Willensunterwerfung* wegen ein Übel ist, ist Gewalt im Verständnis Hayeks auch der *Schadenszufügung* wegen ein Übel. In der Perspektive dieses Gewaltbegriffs ist die Anwendung von Regeldurchsetzungszwang zur Verhinderung von Gewalt nicht allein mit der Erhaltung der individuellen Freiheit begründet, sondern mit dem Schutz von Leib, Leben und Eigentum des Menschen. Daraus folgt, daß nicht $Zwang_2$, sondern $Zwang_1$ für Hayek das Grundübel in der Gesellschaft ist.

Abschließend wird an zwei Fallbeispielen Hayeks veranschaulicht, daß sich beide Begründungsansätze – Verhinderung von $Zwang_2$, Verhinderung von Gewalt – in Konflikt bringen lassen, und daß Hayek zwar unentschlossen, aber im Konfliktfalle der individuellen Freiheit Einhalt gebieten möchte vor der Erhaltung von Leib, Leben und Eigentum des Menschen.

1.4. Schlußfolgerungen der Arbeit

Die Deontologiethese kann nur gehalten werden, wenn (1.) der zur Verhinderung von Zwang eingesetzte Regeldurchsetzungszwang von der Definition des Zwangsbegriffs Hayeks ausgenommen wird, (2.) der Begriff des Zwangs um den Begriff der Gewalt erweitert wird, somit individuelle Freiheit nicht allein die Abwesenheit von Zwang im engen Sinne der Arbeitsdefinition, sondern auch von objektiv schwerer Schädigung ist, und (3.) Hayeks Theorie der kulturellen Evolution als eine Theorie der kulturellen Entwicklung zur Freiheit hin begriffen wird.

Auf der Grundlage des erweiterten Zwangsbegriffs und der Begründungen für die Verwerflichkeit des Zwangs im Denken Hayeks läßt sich die Anwendung von Regeldurchsetzungszwang auch zur Erhaltung und Förderung der Wohlfahrt des Menschen rechtfertigen. Auf dieser Grundlage gelangt die vorliegende Interpretation zu der Schlußfolgerung, daß Zwang im erweiterten Verständnis des Begriffs tatsächlich das Grundübel schlechthin in der Gesellschaft ist. Angesichts der Breite dieses Zwangsbegriffs aber ist Hayek kein Vertreter libertärer Gesellschaftskonzeptionen.

2. Inhaltliche und formale Eingrenzung

2.1. Theorieimmanente Definition und Kritik des Zwangsbegriffs Hayeks

Die vorliegende Arbeit orientiert sich streng am Werk Hayeks und systematisiert und kritisiert dieses aus sich selbst heraus. Dieser Methode liegt die Annahme zugrunde, daß Hayeks Werk Gegenstand einer sozialphilosophischen Auseinandersetzung sein kann, die werkimmanent bleibt, weil das Werk selbst sozialphilosophischer Natur ist. Eine vergleichende Untersuchung mit den Vordenkern, auf die sich Hayek beruft, oder anderen sozialphilosophischen Ansätzen ist in dieser Arbeit nicht vorgesehen.

Ausgehend von der methodischen Grundhypothese, daß sich Hayeks Sozialphilosophie gewissermaßen brennglasartig in seinem Zwangsbegriff verdichtet und aus diesem heraus entfalten läßt, müssen in dieser Arbeit inhaltliche und formale Grenzen gezogen werden. In dieser Arbeit kann Hayeks Erkenntnistheorie nur von ihren Ergebnissen her betrachtet werden, weil ihre Herleitung keinen Gewinn für die Definition des Zwangsbegriffs Hayeks bringen würde. Die Auseinandersetzung mit Hayeks Theorie der kulturellen Evolution soll sich in dieser Arbeit auf die Untersuchung jener Aspekte beschränken, die für die Klärung des Zwangsbegriffs und der Deontologiethese von Bedeutung sind. Hayeks strikte Ablehnung des Ideals der ‚sozialen Gerechtigkeit', die sich wie ein roter Faden durch sein Gesamtwerk zieht, hängt zwar mit Hayeks Konzeption des Zwangs zusammen, jedoch steht der Begriff des *Zwangs* im Mittelpunkt der folgenden Untersuchungen. Ausgehend von seiner Konzeption von Freiheit und Zwang hat Hayek teils sehr konkrete wettbewerbs-, geld- sowie demokratietheoretische Überlegungen entwickelt, die in dieser Arbeit nicht vertiefend untersucht werden sollen. Ähnliches gilt für Hayeks Überlegungen zum Wohlfahrtsstaat. Ihre eigenständige Analyse im Anschluß an die Auseinandersetzung mit der Monopolproblematik als Anwendungsbeispiel für die Arbeitsdefinitionen des Zwangs hätte keine weiteren Ergebnisse mehr zutage gefördert.

Aus diesen Eingrenzungen ergibt sich auch, daß die in der Literatur geführten Diskussionen zu den genannten Themengebieten im Interesse einer geschlossenen Diskussion des Zwangsbegriffs in dieser Arbeit zurückgestellt werden sollen.[7] Ziel dieser Arbeit ist es, eine theorieimmanente, sich auf das thematisch und formal umfangreiche Gesamtwerk Hayeks erstreckende Analyse seines Zwangsbegriffs vorzunehmen, die zu einer authentischen Arbeitsdefinition führt. Wesentlich hierfür ist auch die Annahme der eigenständigen Begrifflichkeit, die Hayek in seinem Werk entwickelt. Hayek versteht sich als unabhängiger Denker,[8] der sich von bestehenden Sprachtraditionen loslöst und der „Sprachverwirrung im politischen Denken" durch eigene Begriffsdefinitionen entgegenzuwirken versucht.[9] Hayeks Terminologie soll in dieser Arbeit werkimmanent erklärt und präzisiert, grundsätzlich aber beibehalten werden.

2.2. Eingrenzung der Primärliteratur

Hayeks Gesamtwerk wird in dieser Arbeit in vier Werkphasen unterschieden, (1.) dem Frühwerk (1925-1945) zentriert um das Buch ›*Der Weg zur Knechtschaft*‹, (2.) der Werkphase um die ›*Verfassung der Freiheit*‹ (1945-1965), (3.) dem Spätwerk (1965-1978), zentriert um die Trilogie ›*Recht, Gesetz und*

[7] Einen bibliographischen Überblick zur Literatur über Hayek bis einschließlich 1999 gibt Hennecke (2000), S. 19f, S. 409ff, sowie Ebenstein (2001), Kapitel 41, Bibliographical Essay, S. 327ff. Weitere aktuelle Übersichten finden sich unter http://hayekcenter.org sowie für den deutschsprachigen Raum unter http://www.hayek.de.

[8] Hayek (1975a), S. 321: „Ich neige dazu, Denker dieser Art als »Tüftler« (»puzzlers«) zu bezeichnen. [...] Ihr ständiger Kampf mit Schwierigkeiten [...] kommt daher, daß sie von den gängigen sprachlichen Formulierungen keinen Gebrauch machen können. [...] Aber da sie gezwungen sind, ihren eigenen Weg der sprachlichen Darlegung anerkannter Ideen zu finden, werden sie manchmal entdecken, daß die konventionelle Formulierung versteckte Argumentationslücken oder ungerechtfertigte, stillschweigende Annahmen enthält."

[9] Hayek (1968b), S. 151: „In dem Bestreben, Klarheit zu erlangen, kam ich dazu, scharfe Unterscheidungen einzuführen, für die es im herrschenden Sprachgebrauch keine anerkannten oder leicht verständlichen Begriffe gibt." Ders. (1960b), S. 1f; ders. (1979b), S. 442.

Freiheit‹ und (4.) dem Alterswerk (1978-1988), das 1988 in Hayeks letztem Buch *›Die verhängnisvolle Anmassung‹* seinen Abschluß findet.[10] Diese Unterteilung dient lediglich einer groben Orientierung durch das umfangreiche Werk Hayeks, das sich in seinen Grundideen zwar durch besondere Stringenz auszeichnet, jedoch durch fachliche Schwerpunktsetzungen und besonders im Alterswerk durch die Einnahme einer betont evolutionistischen Perspektive verschiedene ineinander verflochtene Argumentationslinien aufweist.

(1.) Im Frühwerk beschäftigt sich Hayek neben der bewußtseinstheoretischen Forschung in der erst 1952 publizierten Schrift *›Die Sensorische Ordnung‹*, die bereits grundlegend für Hayeks Erkenntnistheorie ist,[11] im populären Buch *›Der Weg zur Knechtschaft‹* noch antithetisch mit sozialistischen Gesellschaftstheorien.

(2.) In der *›Verfassung der Freiheit‹* nimmt Hayek die philosophische Grundlegung seiner Konzeption von Freiheit und Zwang vor. In dieser Werkphase entstehen zahlreiche Arbeiten, die zum größten Teil Vorarbeiten für die englische Ersterscheinung und später für die ursprünglich von Hayek selbst beabsichtigte deutsche Übersetzung sind.[12] Mit Blick auf begriffliche Unklar-

---

[10] Hayek, *›The Road to Serfdom‹* (1944); ders., *›The Constitution of Liberty‹* (1960a); ders., *›Law, Legislation and Liberty‹*, Vol. I, *›Rules and Order‹* (1973c), Vol. II, *›The Mirage of Social Justice‹* (1976a), Vol. III, *›The Political Order of Free People‹* (1979a); ders., *›The Fatal Conceit‹* (1988a). Zur Werkgeschichte Hayeks siehe die Biographie von Hennecke (2000) sowie von Ebenstein (2001). Die hier vorgenommene Einteilung des Werkes Hayeks findet sich ähnlich bei Hennecke, zusammengefaßt dargestellt in Hennecke (2000), S. 24.

[11] Hayek, *›The Sensory Order‹* (1952a). Ders., Nachlaß, Box 46-12, Brief an Rupert Riedl, 19. März 1984: „Die *›Sensory Order‹* hat eine eigenartige Geschichte. Abgesehen davon, daß ich die wesentlichen Ideen ja schon etwa 1920 niederschrieb und nur beiseite legte, als ich mich für Nationalökonomie als Hauptberuf entschied [...], hat auch die schließliche 1952-Fassung zunächst gar keine sichtbare Wirkung gehabt. [...] Für mich ist der Grundgedanke [von *›The Sensory Order‹* – P.B.] in meinen sozialwissenschaftlichen Studien sehr fruchtbar gewesen, und ich glaube immer noch, daß er richtig und wichtig ist." Ders., Nachlaß, Box 23-30, Brief an Charles Hartshorne, 21. März, 1960: „Though in a way my philosophical conception [in *›The Sensory Order‹* – P.B.] did help me in writing this later book [*›The Constitution of Liberty‹* – P.B.], I had to put all specifically psychological thinking aside while working on it." Ders., Nachlaß, Box 36-18, Brief an Fritz Machlup, 24. Januar 1978: „Philosophisch waren eigentlich Nachwirkungen meiner bei den frühen psychologischen Arbeiten gefundenen Ideen am wirksamsten."

[12] Vgl. Hayek, Nachlaß, Box 109, Memorandum on Plans for Work, November 1955: „[...] 1. My main concern will have to be the work on political philosophy to which I used to refer by the shorthand term of »Equality and Justice«. [...] The first now I intend to call *›The Constitution of Liberty‹*. [...T]he substance [...] will be preceded by a more philosophical introduction on certain basic conceptions, such as liberty and coercion, the limits of majority decisions, and the extent to which our inevitable ignorance necessitates reliance on general, abstract rules [...]. The second part of my plan will, I hope, later emerge as a volume called *›Greater than Man: The Creative Powers of a Free Civilization‹*. It is to provide a philosophical foundation for a libertarian philosophy [..]." Vgl. dazu das zweite Memorandum Hayeks, Nachlaß, Box 109, Memorandum on Plan for Work, November 1959: „The book refered to

heiten in Hayeks Diskussion des Zwangsbegriffs ist hier besonders hervorzuheben, daß Hayek die ›*Verfassung der Freiheit*‹ etwa bis zur Hälfte selbst ins Deutsche übersetzt hat und somit an einigen Stellen ein Vergleich zwischen beiden Ausgaben der ›*Verfassung der Freiheit*‹ möglich ist.[13] Der in das Spätwerk fallende Aufsatz ›*Liberalismus*‹ faßt die Grundgedanken der ›*Verfassung der Freiheit*‹ ohne Akzentverschiebungen zusammen, woran sich die systematische Kontinuität des Ansatzes Hayeks aufzeigen läßt.[14] Für Hayek ist die philosophische Grundlegung seiner Konzeption von Freiheit und Zwang mit den genannten Arbeiten abgeschlossen. In seinen späteren Werken geht Hayek von dieser Grundlegung aus und verweist Teil explizit auf sie.[15] Die ›*Verfassung der Freiheit*‹ kann als ein Hauptwerk Hayeks angesehen werden,[16] gemeinsam mit der

(3.) im Spätwerk anzusiedelnden Trilogie ›*Recht, Gesetz und Freiheit*‹. In ›*Recht, Gesetz und Freiheit*‹ vertieft und präzisiert Hayek seine Rechts- und

---

under (1) in the earlier Memorandum is completed and in fact compromises both the volumes then there described. It took me exactly three and a half years from the conception of the final plan to the delivery of the typescript to the publishers." Vgl. Hennecke (2000), S. 251ff, S. 256ff. Bei den thematisch und zeitlich im Umfeld um die ›*Verfassung der Freiheit*‹ anzusiedelnden Arbeiten handelt es sich insbesondere um die Aufsätze: ›*Über den »Sinn« sozialer Institutionen*‹ (1956), ›*Das Individuum im Wandel der Wirtschaftsordnung*‹ (1958); ›*Strukturpolitik und Wettbewerbswirtschaft*‹ (1959c); ›*Verantwortlichkeit und Freiheit*‹ (1959b); sowie vermutlich im Zuge der Übersetzungsarbeiten Hayeks an der ›*Constitution of Liberty*‹ die deutschsprachigen Aufsätze ›*Die Ursachen der ständigen Gefährdung der Freiheit*‹ (1961a); ›*Das moralische Element in der Unternehmenswirtschaft*‹ (1961d), ›*Arten der Ordnung*‹ (1963a); thematisch außerdem die seinerzeit erstmals in den Ordo-Jahrbüchern (Ordo, Jahrbuch für die Ordnung von Wirtschaft und Gesellschaft) erschienenen Aufsätze ›*Grundsätze einer liberalen Gesellschaftsordnung*‹ (1966a) und ›*Die Verfassung eines freien Staates*‹ (1967a).

[13] Hayek, Nachlaß, Box 111, Brief an Roman Schnur, 1. November 1962: „Ich möchte ja das Buch [›*The Constitution of Liberty*‹ – P.B.] nicht einfach übersetzen lassen, sondern selbst für den deutschen Leser umarbeiten [...]. Ein roher Entwurf liegt halb fertig vor [...]." Hayek, Nachlaß, Box 110, Brief an den Econ-Verlag, 1. Dezember 1963: „Ich hatte nach seiner [›*The Constitution of Liberty*‹ – P.B.] Fertigstellung begonnen, selbst eine deutsche Ausgabe vorzubereiten, bin aber, nachdem ich ungefähr die Hälfte übersetzt hatte, durch neue Arbeiten [...] unterbrochen worden [...]." Vgl. ders. (1960b), S. XX.

[14] Hayek, ›*Liberalismus*‹ (1973a). Siehe besonders ebd., S.100ff.

[15] Hayek (1973d), S. 57; ders. (1988a), S. 66.

[16] Hayek, Nachlaß, Box 50-33, Brief an Alexander Solschenizyn, 19. Dezember 1974: „Ich selbst halte das längere und neuere Buch, ›*Die Verfassung der Freiheit*‹ für wichtiger [als ›*Der Weg zur Knechtschaft*‹ – P.B.]. Es versucht, die auch im Westen in weitem Maße in Vergessenheit geratenen rechtlichen und institutionellen Voraussetzungen der persönlichen Freiheit wieder darzustellen und ihnen eine den Problemen unserer Zeit angemessene Form zu geben."

Moraltheorie, doch ihre Grundlegung erarbeitet er in der *›Verfassung der Freiheit‹*.[17]

(4.) Hayeks Alterswerk ist seiner Theorie der kulturellen Evolution gewidmet. Vom Alterswerk geht eine Verschiebung der Akzente in seiner Theorie der kulturellen Evolution aus, die, wenngleich von Hayek nicht thematisiert, auf seine philosophische Konzeption von Freiheit und Zwang rückwirkt. Im Zentrum des Alterswerks steht Hayeks letztes Buch, *›Die verhängnisvolle Anmassung‹*, das Hayek, 87-jährig, selbst nicht mehr vollenden konnte, und das aufgrund vermutlich auch inhaltlicher Bearbeitungen durch den Herausgeber William Bartley in der Literatur nur unter Vorbehalt beachtet wird.[18]

Mit Ausnahme der frühen und der rein wirtschaftstheoretischen Schriften[19] werden in dieser Arbeit, mit Schwerpunktsetzung auf die beiden Hauptwerke *›Verfassung der Freiheit‹* und *›Recht, Gesetz und Freiheit‹*, alle Schriften Hayeks einschließlich denen des Alterswerks in die Interpretation einbezogen bzw. auf Hayeks Überlegungen zur Definition des Zwangs in der *›Verfassung der Freiheit‹* rückbezogen. *Die in dieser Arbeit vorgenommene Definition des Zwangsbegriffs Hayeks beansprucht, über die Werkphase um die ›Verfassung der Freiheit‹ hinweg für das Gesamtwerk Hayeks zutreffend zu sein.*

In dieser Arbeit werden bislang unveröffentlichte Schriften Hayeks aus dem Hayek-Archiv der Hoover Institution der Stanford University angeführt, die vom Verfasser in einem Forschungsaufenthalt im Juni 1998 zusammengestellt wurden.

2.3. Stand der Forschung

Trotz seiner Schlüsselbedeutung ist Hayeks Zwangsbegriff bislang kaum philosophisch untersucht worden. Besonders nach Erscheinen der *›Verfassung der Freiheit‹* haben sich vereinzelte Kritiken mit Hayeks Konzeption von Freiheit und Zwang befaßt.[20] Einige der philosophischen Auseinandersetzungen mit dem Werk Hayeks streifen zwar seine Konzeption von Freiheit und

---

[17] Hayek, Nachlaß, Box 111, Brief an Roman Schnur, 1. November 1962: „Der wichtigste Grund der Unterbrechung [der eigenhändigen Übersetzung von *›The Constitution of Liberty‹* – P.B.] ist wohl, daß ich in neue Arbeiten verwickelt wurde, darunter ein kleines Buch, das wahrscheinlich *›Law, Legislation and Liberty‹* heißen wird, in dem das Argument des größeren Buches [*›The Constitution of Liberty‹* – P.B.] sowohl zusammengefaßt wie auch weitergeführt werden soll."

[18] Zur Diskussion des Einflusses Bartleys auf *›The Fatal Conceit‹* siehe in dieser Arbeit II.3.4.2., dort besonders S. 108, Fußnote 324.

[19] Hier sind besonders hervorzuheben: *›Geldtheorie und Konjunkturtheorie‹* (1929a), *›Gibt es einen Widersinn des Sparens?‹* (1929b), *›Das Mieterschutzproblem‹* (1929c), *›Preise und Produktion‹* (1931), *›Monetary Nationalism and International Stability‹* (1937a), *›Das Goldproblem‹* (1937b), *›Warenwährung‹* (1943), *›Was der Goldwährung geschehen ist‹* (1965) sowie *›Entnationalisierung des Geldes‹* (1977).

[20] Viner (1961); Watkins (1961); Hamowy (1961).

Zwang, führen sie aber nicht fort. Für den in der Rezeption als Hayek-Kenner geschätzten Philosophen John Gray ist es „sicherlich [richtig – P.B.], daß Hayeks Darstellung des Zwangs Fehler hat."[21] Auch andere Autoren weisen darauf hin, daß Hayeks Definition des Zwangs in sich widersprüchlich und unvollständig sei.[22] Die meisten der genannten Autoren verwerfen mehr oder weniger frühzeitig eine eingehendere Besprechung des Zwangsbegriffs Hayeks. Der Versuch, zu einer abschließenden Definition des Zwangsbegriffs Hayeks zu gelangen, ist in der Literatur bislang nicht unternommen worden.

Besonders berücksichtigt werden in dieser Arbeit die Kritiken des Hayek-Schülers Ronald Hamowy und des Mises-Schülers Murray Rothbard.[23] Von besonderer Bedeutung ist dabei die Kritik Hamowys, weil Hayek eine Antwort auf sie verfaßt hat. Hamowy unterstellt Hayek in seiner Kritik, daß sein Zwangsbegriff *material* sei und zeigt die Aporien des materialen Zwangsbegriffs in der theorieimmanenten Sicht auf.[24] In seiner Entgegnung greift Hayek die Überlegungen Hamowys zwar auf, statt sie aber aufzuklären, bringt Hayek neue Aspekte in die Diskussion seines Zwangsbegriffs ein, mit denen er Hamowys Kritik eher noch bestätigt als entkräftet. Hayeks Entgegnung hat wesentlich zum Bild der Inkonsistenz seines Zwangsbegriffs beigetragen. Die Kontroverse zwischen Hayek und Hamowy greift auch Rothbard in seiner Kritik des Zwangsbegriffs Hayeks auf. Beide Autoren kritisieren Hayeks Zwangsbegriff von einem libertären Standpunkt aus,[25] weshalb sich an ihren

---

[21] Gray (1995), S. 68, vgl. ebd.: „[N]icht jeder Aspekt der Hayekschen Ausführungen über Freiheit und Zwang [ist] eindeutig oder haltbar." Gray bezieht sich hierbei auf Hamowy (1961) und Rothbard (1980).

[22] Watkins (1961), S.42, S. 44; Rothbard (1980), S. 43, S. 46, S. 49f: „Unfortunately, the fundamental and grievous flaw in Hayek's system appears when he proceeds to define »coercion«[...]. It seems clear that the fundamental problem is Hayek's use of »coercion« as a portmanteau term [...]." Hoy (1984), S. 10, S. 20; Zeitler (1995), S. 120, S. 123; Bouillon (1997), S. 65, S. 73, S. 75, S. 175f; Rhodes (2000), S. 86. Vgl. auch Viner (1961), S. 231. Vgl. aus Sicht einer theorieimmanenten Kritik von gewerkschaftsfreundlicher Seite Wolf (2000), S. 135f, S. 141f und Richardson (1996), S. 233, der Hayeks Zwangsbegriff als „a kind of intellectual smokescreen" beschreibt. Einen ausführlichen Überblick über die Diskussion des Zwangsbegriffs Hayeks in der Literatur gibt Zeitler (1995), S. 114-123. Bouillon (1997) versucht zunächst, Hayeks Zwangsbegriff zu definieren, führt dann aber erklärtermaßen mit einem eigenständigen, libertären Entwurf fort, ebd., S. 75. Rhodes (2000) bespricht Hayeks Zwangsbegriff ebenfalls mit dem Ziel, eine eigenständige Konzeption des Zwangs zu entwikkeln. Zum Begriff ‚libertär' siehe Fußnote 25 in dieser Arbeit.

[23] Hamowy, ›*Hayek's Concept of Freedom: A Critique*‹ (1961); ders., ›*Freedom and the Rule of Law in F.A. Hayek*‹ (1971); Rothbard, ›*F. A. Hayek and the Concept of Coercion*‹ (1980).

[24] Hamowy (1961); ders. (1971).

[25] Mit dem Begriff ‚libertär' werden in dieser Arbeit radikalliberale Gesellschaftstheorien bezeichnet, die streng minarchistisch bzw. anarchistisch argumentieren, d.h. entweder dem Staat in der Gesellschaft den Gebrauch seines Gewaltmonopols ausschließlich zur Durchsetzung nur weniger zwangsverhindernder Rechtsregeln zusprechen, oder ihm aber jedes Ge-

Beiträgen die in dieser Arbeit vertretene Interpretation ausgezeichnet kontrastieren läßt.

Die Entwicklung der drei Argumente für die Verwerflichkeit des Zwangs, die Arbeitsdefinition des Zwangsbegriffs Hayeks mit der fünffachen Untergliederung des Begriffs sowie die Untersuchung der evolutionären Moraltheorie Hayeks in der Perspektive der Deontologiethese erfolgen in dieser Arbeit allein auf der Grundlage der Schriften Hayeks. Eine solche Untersuchung ist in der Literatur noch nicht vorgenommen worden.

---

waltmonopol absprechen. Der zuletzt angeführte Ansatz kann, wenn er aus einem Marktverständnis heraus entwickelt wird, auch als ‚anarcho-kapitalistisch' bezeichnet werden. Der Begriff ‚libertär' wird in dieser Arbeit folglich in einem anderen Sinne verwendet, als dies im amerikanischen Sprachgebrauch zuweilen der Fall ist, wo mit der Bezeichnung ‚libertarian' in Abgrenzung zum sozialen Liberalismus und anderen politischen Bewegungen die geistige Verwandtschaft mit dem klassischen Liberalismus zum Ausdruck gebracht werden soll. In der Terminologie dieser Arbeit hingegen wäre der klassische Liberalismus weiterhin als ‚klassisch liberal' oder schlicht als ‚liberal' zu bezeichnen und in Abgrenzung dazu minarchistische bzw. anarchistische Theorieansätze als ‚libertär'. Vgl. hierzu auch Hayek (1960b), S. 529; ders. (1976c), S. 155; ders. (1988a), S. 54.

I. Teil

Eingrenzung des Zwangsbegriffs

1. Grundriß und Grundbegriffe der Definition des Zwangs

1.1. Einführung in die Definition

In der ›*Verfassung der Freiheit*‹ ist es Hayeks erklärtes Ziel, „eine umfassende Neudarstellung der Grundprinzipien einer Philosophie der Freiheit" zu entwickeln,[26] deren wichtigstes Element die Definition des Freiheitsbegriffs ist.[27] Der Freiheitsbegriff, den Hayek seiner Sozialphilosophie zugrundelegt, entstammt der klassisch-liberalen Tradition.[28] Hayek begreift Freiheit einzig als ‚Freiheit *von*' und nicht als ‚Freiheit *zu*'. In Abgrenzung zum *positiven Freiheitsverständnis*[29] ist nicht entscheidend, ob das seinem Willen nach handelnde Individuum seine Ziele erreichen kann, und ob die Ergebnisse und Folgen seiner Handlungen für dieses selbst oder für andere in irgendeinem Sinne wünschenswert sein werden. Individuelle Freiheit meint nicht die Freiheit, „zu tun, was immer wir wollen",[30] und sie steht in keinem Bezug zur tatsächlichen Macht des Handelnden, verstanden als „Fähigkeit, das Erstrebte zu erreichen."[31] In Abgrenzung zur *inneren Freiheit* ist nicht entscheidend, ob das Individuum in seinem Handeln frei ist von inneren Zwängen, die ihn an der Wahrnehmung und Verfolgung seiner Ziele hindern; in Abgrenzung zur *politischen Freiheit* ist nicht entscheidend, ob das Individuum frei ist, am politischen Entscheidungsprozeß mitwirken, und ob die Ausübung seiner Freiheit Bestandteil einer demokratischen Ordnung ist.[32] Entscheidend ist allein, daß es unbehindert von Übergriffen durch andere seine Fähigkeiten und sein Wissen zur Verwirklichung seiner selbst gesetzten Ziele nutzen

---

[26] Hayek (1960b), S. 4; vgl. ebd., S. 1, S. 8.

[27] Hayek (1960b), S. 8, S. 14, S. 17, S. 27, S. 178.

[28] Hayek (1960b), S. 208ff, S. 219ff, S. 225ff.

[29] Hayek (1960b), S. 26f, Anmerkung 26: „Gegen unseren Begriff der Freiheit wird oft eingewendet, daß er bloß negativ sei. [...] Die Freiheit wird etwas Positives nur durch den Gebrauch, den wir von ihr machen." Ders. (1973a), S. 101f; vgl. auch ders. (1988a), S. 65f. Zur Bedeutung von ‚positiv' und ‚negativ' als Spiegelung der Begriffspaare ‚material' und ‚formal' sowie ‚konkret' und ‚abstrakt' vgl. ders. (1979b), S. 436f, S. 440.

[30] Hayek (1960b), S. 23.

[31] Hayek (1960b), S. 174; vgl. ders. (1944) 25f.

[32] Hayek (1960b), S. 28.

kann. Hayeks Definition der individuellen Freiheit lautet: Freiheit ist die Abwesenheit von Zwang.[33]

Die Negativdefinition dieses Freiheitsbegriffs ist Ausdruck seines Formalcharakters. Indem nur gesagt wird, was Freiheit *nicht* ist, wird keine Aussage darüber getroffen, wozu sie gebraucht werden kann. Freiheit ist für Hayek neben Gerechtigkeit und Frieden eines der „drei großen Negativa [...], die einzigen unerläßlichen Grundsäulen der Zivilisation [...].“[34] Die negative Definition der Freiheit führt Hayek zur Notwendigkeit, den Begriff des Zwangs zu definieren:

> „Unsere Definition der Freiheit hängt mit der Bedeutung von Zwang zusammen, und sie kann nicht präzis sein, wenn wir nicht auch diesen Begriff definiert haben.“ [35]

Aber ‚Zwang‘ ist zunächst ein genauso offener Begriff wie ‚Freiheit‘. Zahlreiche Hindernisse und Widrigkeiten des Lebens werden im allgemeinen Sprachgebrauch als ‚Zwang‘ bezeichnet, deren Abwesenheit jeweils mit einer der genannten Freiheiten – positiver, innerer, politischer Freiheit – korrespondiert:

> „[...E]benso wie im Falle der Freiheit hat auch hier [im Falle des Zwangs – P.B.] eine langsame Erweiterung des Begriffes das Wort fast seiner Brauchbarkeit beraubt. Freiheit kann so definiert werden, daß ihre Verwirklichung unmöglich ist. Ebenso kann Zwang so definiert werden, daß er zu einer überall auftretenden und unvermeidbaren Erscheinung wird.“[36]

Wenn nun Zwang als ‚überall auftretende und unvermeidbare Erscheinung‘ definiert ist, und zugleich der Staat Zwang anwenden soll, um Zwang zu verhindern, wird bald der Staat zu einer überall auftretenden und unvermeidbaren Erscheinung in der Gesellschaft, nicht aber Zwang verhindert. Hayek hält dem erweiterten Zwangsbegriff seinen eigenen entgegen; als Gegenbegriff der individuellen Freiheit ist dieser Zwangsbegriff extrem restriktiv definiert. Er bezeichnet ausschließlich eine bestimmte Art der Beziehung zwischen Menschen im gesellschaftlichen Kontext.[37] Zwang ist die Unterwerfung des Willens eines Menschen unter den eines anderen:

---

[33] Hayek (1960b), S. 13: „[... Jenen] Zustand der Menschen, in dem Zwang auf einige von seiten anderer Menschen so weit herabgemindert ist, als dies im Gesellschaftsleben möglich ist [...,] werden wir durchweg einen Zustand der Freiheit nennen.“ Ebd., S. 14f, S. 23, S. 27; ders. (1979b), S. 417. Vgl. auch Ricken (2003), S. 221: „Nur Menschen können einander in ihrer Freiheit einschränken; der Gegenbegriff zur konkreten Freiheit ist Zwang und Behinderung durch andere Menschen.“

[34] Hayek (1979b), S. 437; ders. (1966a), S. 87.

[35] Hayek (1960b), S. 17: „Dieser Begriff der Freiheit kann erst genauer definiert werden, wenn wir den mit ihm in Beziehung stehenden Begriff des Zwangs untersucht haben.“ Ebd., S. 8, S. 28.

[36] Hayek (1960b), S. 178.

[37] Hayek (1960b), S. 16, S. 29, S. 177f.

„Von Zwang sprechen wir, wenn das Handeln eines Menschen dem Willen eines anderen unterworfen wird [...].“[38]

Ausgehend von dieser ersten Umrißzeichnung läßt sich Zwang im Verständnis Hayeks als ‚Handeln gegen den eigenen Willen dem Willen eines anderen nach‘ und folglich Freiheit als ‚Handeln dem eigenen Willen nach‘ beschreiben. Mittel der Willensunterwerfung ist die Androhung eines Übels, das schwer genug ist, den Betroffenen von seinem ursprünglichen Willen abzubringen und ihn im Interesse der Vermeidung des angedrohten Übels dem Willen des Zwingenden nach handeln zu lassen. Grundbegriffe der Definition des Zwangs sind folglich die Begriffe ‚Wille‘ (I.1.2.1.), ‚Ziel‘ (I.1.2.2.) ‚Handlung‘ (I.1.2.3.) und ‚Übel‘ (I.1.2.4.). Die Begriffe ‚Wille‘, ‚Ziel‘, und ‚Handlung‘ sind in der Terminologie Hayeks unmittelbar auf den Begriff des Wissens (I.2.) verwiesen, denn der Wille und seine Umsetzung binden individuelles Wissen an sich, dessen Einzigartigkeit für Hayek wesentliches Argument für die Wertigkeit der Freiheit und die Verwerflichkeit des Zwangs ist.

Die folgende Einführung in die Grundbegriffe der Definition des Zwangsbegriffs Hayeks versteht sich zunächst als *darstellende* Erläuterung der Terminologie Hayeks, auf der aufbauend in dieser Arbeit der Begriff des Zwangs definiert werden soll. Aus diesem Grunde soll auf ideengeschichtliche Vergleiche und Verweise auf laufende, außerhalb des Werkes Hayeks stattfindende Diskussionen um die aufgezeigten Begriffe verzichtet werden. Ziel ist es, die Terminologie aufzubereiten, in der im zweiten und dritten Teil dieser Arbeit Hayeks Begriff des Zwangs diskutiert und schließlich definiert wird.

1.2. Grundbegriffe der Definition

1.2.1. Der Begriff des Willens

Das Menschenbild, das Hayek seiner Sozialphilosophie zugrundelegt, betrachtet den Willen des Menschen als sein wesensbestimmendes Merkmal. Der Mensch ist in der Vorstellung Hayeks nicht ein Vernunftwesen, das von sich aus vorausschauend rational handelt und dessen stärkste Neigung und Fähigkeit das Streben nach allgemeiner Erkenntnis ist, er ist vielmehr ein von Affekten geleitetes Wesen, das erst aufgrund seiner Umstände, aufgrund von Sach- und Systemzwängen zu einem innerhalb seines eigenen überschaubaren

---

[38] Hayek (1960b), S. 171, S. 15f: „Sie [die Freiheit der Freien – P.B.] bedeutete immer, daß ein Mensch die Möglichkeit hatte, nach seinen eigenen Entschlüssen und Plänen zu handeln, im Gegensatz zur Lage derjenigen, die unwiderruflich dem Willen eines anderen untergeordnet waren, der sie durch willkürliche Entscheidungen zwingen konnte, Dinge in bestimmter Weise zu tun oder zu lassen. Eine der gebräuchlichsten Definitionen der Freiheit ist darum auch »Unabhängigkeit von der Willkür anderer«.“

Bereiches rational handelnden Wesen wird.[39] Der Mensch ist grundsätzlich fehlbar, seine Vernunft begrenzt.[40] Rational, d.h. „seine Mittel seinen Zielen sorgsam anpassen[d]",[41] handelt der Mensch in dieser Vorstellung nur, weil er Wege sucht, innerhalb der Umstände, die ihn und sein Handeln begrenzen, bestmöglich seinen Willen zu verwirklichen.[42] Die Fähigkeit des Menschen zur Rationalität wird nicht geleugnet, jedoch ist allein sein Wille die treibende Kraft hierzu; Rationalität ist Problemlösung bei der Verfolgung selbstgefaßter Einzelziele.[43] Diese Vorstellung vom Menschen unterscheidet sich auch explizit von der des *homo oeconomicus*, die für Hayek eine Erfindung des Rationalismus ist.[44]

Hayeks Begriff des *Willens* beschreibt ausschließlich das Streben des Menschen nach Verwirklichung eines konkreten Ziels, d.h. den Vorsatz zu einer Handlung, die der Erreichung eines bestimmten, vom Wollenden angestrebten Zustandes dient.[45] Die Begriffe ‚Wille' und ‚Ziel' sind somit direkt aufeinander verwiesen. Wille bedeutet das Streben nach Verwirklichung eines konkreten Endzustandes und endet, wenn das Ziel erreicht ist.[46] In dieser Fassung bezieht sich der Begriff ‚Wille' allein auf die Freiheit als *Handlungsfreiheit* und beschreibt ein Einzelereignis, das durch das angestrebte Ziel und die je-

---

[39] Hayek (1945), S. 13.

[40] Hayek (1960b), S. 80: „[... Die] antirationalistische Überlieferung steht hier der christlichen Überlieferung von der Fehlbarkeit und Sündhaftigkeit des Menschen näher, während der Perfektionismus des Rationalisten zu ihr in unversöhnlichem Gegensatz steht." Ebd.: „Die rationalistischen Theorien des Geplantseins fußten naturgemäß auf der Annahme der Neigung des Menschen zu rationalem Handeln, seiner Intelligenz und Güte." Entsprechend eng ist auch Hayeks Begriff der Vernunft angelegt, vgl. hierzu ders. (1970), S. 33.

[41] Hayek (1960b), S. 81; vgl. ders. (1960a), S. 61; ders. (1945), S. 13.

[42] Vgl. Hayek (1960b), S. 98f; vgl. auch, angewandt auf den wirtschaftlichen Kontext, ders. (1979b), S. 476.

[43] Hayek (1960b), S. 100: „Rationalität kann in diesem Zusammenhang nicht mehr heißen als ein gewisses Maß von Zusammenhang und Folgerichtigkeit im Handeln eines Menschen und einen gewissen anhaltenden Einfluß von Kenntnissen und Einsichten, die, einmal erworben, eine Wirkung auf sein Handeln zu einem späteren Zeitpunkt haben werden."

[44] Hayek (1960b), S. 81: „Der homo oeconomicus wurde neben vielem anderen, das eigentlich der rationalistischen und nicht der evolutionären Überlieferung angehört, erst vom jüngeren Mill in die klassische Nationalökonomie eingeführt." Ders. (1945), S. 13. Vgl. ders. (1944), S. 80: „Die letzten Ziele [des Menschen – P.B.] [...] sind niemals ökonomischer Art. Streng genommen gibt es kein »wirtschaftliches Motiv«, sondern nur wirtschaftliche Faktoren, die die Voraussetzungen für unser Streben nach anderen Zielen schaffen."

[45] Hayek (1976b), S. 164: „Als *Wille* werden wir nur die Ausrichtung auf ein konkretes Einzelergebnis bezeichnen, die zusammen mit den bekannten jeweiligen augenblicklichen Umständen genügen wird, um ein bestimmtes Handeln festzulegen." Ebd.: „Ein Willensakt legt fest, was in einem bestimmten Zeitpunkt geschehen soll."

[46] Hayek (1976b), S. 164 (Einfügung des Originaltextes P.B., vgl. Hayek (1976a), S. 13): „Da er auf ein bestimmtes Ergebnis gerichtet ist, hört der Wille auf [the will ceases], wenn das »Ziel« [end] erreicht ist." Vgl. ders. (1968b), S. 165.

weiligen Umstände der Handlung bestimmt ist. Folglich befaßt sich Hayek nicht mit der bewußtseinstheoretischen Dimension des Willens.[47]

1.2.2. Der Begriff des Ziels und des Zwecks

Der Begriff des Ziels ist tragender Bestandteil der Definition des Zwangs, weil Zwang als *Willens*unterwerfung definiert ist und Wille wiederum als Streben auf ein *Ziel* hin. Ihre jeweiligen Ziele sind es, deretwegen Zwingender und Gezwungener in Konflikt miteinander geraten sind und auf deren Unterschiede sich der Zwang wesentlich bezieht. Obgleich also der Begriff des Ziels zentral für die Definition des Zwangs ist, birgt seine Bestimmung in der Terminologie Hayeks eine besondere Schwierigkeit. Hayek gebraucht den Begriff des Ziels häufig synonym mit dem des Zwecks, jedoch bedeuten ‚Ziel' und ‚Zweck' nicht notwendig das gleiche. Während ein Ziel in der hier entwickelten Terminologie das bloße Objekt bezeichnet, auf das hin der Wille gerichtet ist, haftet dem Begriff des Zwecks eine Wertung über die Art des Ziels an. Der Beiklang des Wortes ‚Zweck' ist jener der Nützlichkeit und der Vorteilhaftigkeit des Willensobjekts.

Die Begriffe ‚Ziel' und ‚Zweck' stehen nach Auffassung dieser Interpretation stellvertretend für zwei verschiedene Zugänge zu Hayeks Zwangsbegriff. Es besteht ein Unterschied darin, ob Zwang als Zustand beschrieben wird, in dem der Gezwungene gegen seinen Willen den *Zielen* des Zwingenden folgt oder gegen seinen Willen dessen *Zwecke* verfolgt. Wird gesagt, der Gezwungene folge den *Zielen* des Zwingenden, sind die jeweiligen Inhalte und die konkreten Auswirkungen der Zwangshandlung nicht notwendig thematisiert,

---

[47] Hayek (1960b), S. 95f; ders. (1981), S. 13: „Freiheit bedeutet, nach dem eigenen Willen handeln; und zu verlangen, daß der eigene Wille vom eigenen Willen bestimmt wird, ist ein Unsinn." Vgl. ebd., S. 96: „Sicherlich berauben die Leugner der Willensfreiheit das Wort »frei« all seiner normalen Bedeutung, das ein Handeln nach dem eigenen Willen, im Gegensatz zu Handeln nach dem Willen eines anderen beschreibt." Hayek wendet sich in seiner Auseinandersetzung mit der Willensfreiheit besonders gegen den Determinismus, in dessen Konsequenz dem Menschen seine Fähigkeit zur Verantwortung für sein Handeln abgesprochen würde; Verantwortung und Freiheit aber sind im Denken Hayeks komplementäre Begriffe; vgl. ebd., S. 98, Anmerkung 7: „Das allein ist von Bedeutung [...], daß es das Handeln des Menschen sehr verschieden beeinflussen wird, ob er an seine Fähigkeit glaubt, seine Pläne ausführen zu können oder nicht, worunter gemeinhin verstanden wird, ob er einen freien Willen hat oder nicht." Mit dem Problem der Willensfreiheit als Gegenstand der Bewußtseinstheorie befaßt sich Hayek in seinem Frühwerk *›The Sensory Order‹* (1952a). Auch dort kommt Hayek zu dem Schluß, daß es sich beim Problem der Willensfreiheit um ein Scheinproblem handele; vgl. Hayek (1952a), S. 193; ders. (1952b), S. 185. Hayek selbst leugnet nicht, daß der Wille determiniert ist und steht auch dem Voluntarismus kritisch gegenüber – ders. (1960b), S. 97f. Zur Frage der Willensfreiheit bei Hayek siehe besonders die Untersuchungen von Dempsey (1996). Dempsey betont, daß im evolutionistischen Ansatz Hayeks die Willensfreiheit notwendig stark eingeschränkt ist, ein Aspekt, der näher untersucht zu werden verdient.

wohingegen die Rede vom ‚Zweck' implizieren kann, der Gezwungene handele zum *Vorteil* oder zum *Nutzen* des Zwingenden. Im formalen Verständnis des Zwangsbegriffs aber ist nicht entscheidend, ob sich die Zwangshandlung zum Vorteil oder zum Nachteil für den Gezwungenen auswirkt, sondern einzig, daß er nicht seinem eigenen Willen nach handeln, d.h. nicht seinen eigenen Zielen folgen kann.[48]

Soweit es durch die Originaltexte und die von Hayek autorisierten Übersetzungen nicht anders vorgegeben ist, soll in dieser Arbeit der Begriff des Ziels verwendet werden, um das Willensobjekt einer Handlung zu bezeichnen, und der Begriff des Zwecks nur, um die Instrumentalisierung des Gezwungenen besonders hervorzuheben.[49] Zudem wird jeweils auf die englischen Originaltexte hingewiesen, wo die wörtliche Übersetzung die Verwendung beider Begriffe zuläßt.[50]

1.2.3. Der Begriff der Handlung

Als ‚Handlung' definiert Hayek die *Umsetzung* des Willens. Der Begriff bezeichnet bei Hayek jedes willensgetragene Verhalten, das sich zeitlich und örtlich eingrenzen läßt. ‚Handlung' und ‚Willensakt' sind in der Terminologie Hayeks identische Begriffe, die auch hier synonym verwendet werden.[51]

Sowohl der Wille als auch der aus ihm hervorgehende Willensakt werden von zahlreichen Daten bestimmt, deren Zusammentreffen ihre Einmaligkeit ausmachen. Zu den wesentlichen Umweltbedingungen, die das Handeln des Menschen leiten, zählen für Hayek *Regeln* verschiedener Art.[52] Die meisten Regeln befolgt der Mensch, ohne sich ihrer Befolgung und ihrer Funktionen selbst bewußt zu sein; seine Handlungen sind von zahllosen individuellen und sozialen Gewohnheiten und Bräuchen und somit häufig von ‚Regeln' nur in dem Sinne geprägt, als sie sich als Regelmäßigkeiten, als Muster des Verhaltens beobachten lassen.[53] Ebenso wie Sprache, Moral und Gesellschaft lassen sich der Sinnesapparat und der Verstand des Menschen für Hayek nur als komplexe, offene Ordnungen begreifen, in denen verschiedene Arten von

---

[48] Vgl. Hayek (1960a), S. 20; vgl. ders. (1960b), S. 29. Vgl. in dieser Arbeit III.2.1. Auch in der deutschen Hayek-Übersetzung wird zwischen den Begriffen ‚Ziel' und ‚Zweck' häufig nicht präzise unterschieden; vgl. Kerber (1996), S. 348. Weitere Belege siehe in dieser Arbeit Fußnote 50.

[49] In letzterem Sinne ist der Begriff des Zwecks ist auch Schlüsselbegriff des Selbstzwecklichkeitsarguments; siehe II.1.3.2. und II.4.2.

[50] Siehe in dieser Arbeit die Fußnoten 46, 56, 203, 210, 278, 385, 411 und 431.

[51] Hayek (1976b), S. 162: „Das *Handeln* oder der *Willensakt* ist immer ein einzelnes, konkretes und individuelles Ereignis [...]." Vgl. ders. (1968b), S. 165.

[52] Hayek (1973d), S. 13: „Der Mensch ist ebenso sehr ein Regeln befolgendes wie ein zielgerichtet handelndes Wesen."

[53] Hayek (1960b), S. 191f; ders. (1973d), S. 21. Vgl. ders. (1952a), S. 176.

Regeln zusammenwirken, von denen ein Großteil nicht artikuliert und nicht verstandesmäßig erfaßt ist.[54]

Die Handlung des Menschen wird zum einen von seinem Willen und von Regeln verschiedener Art geleitet und zum anderen von Einzeltatsachen bestimmt, von denen das nach seinem Willen handelnde Individuum einen Teil *erkennt* und in Hinblick auf seine Ziele deutet.[55] Die meisten dieser Einzeltatsachen sind veränderlich und entziehen sich individueller Vorhersage und Beeinflussung. Sie werden vom Zufall bestimmt, und einige sind ungeplante und unplanbare Folgen der Handlungen anderer. Wieder andere sind gänzlich ohne menschliche Verursachung, oder ihre Verursachung ist unbekannt. Dieser Aspekt ist zentral für das Verständnis der erkenntnistheoretischen Sicht Hayeks auf das Problem von Freiheit und Zwang in der Gesellschaft: Jede Handlung des Menschen ist ein *unikales Ereignis*, weil sie sowohl von spezifischen Umständen als auch von ihrer Interpretation durch das nach seinem eigenen Willen und Wissen handelnde Individuum bestimmt ist. Mit dem freien Willensakt wird *Wissen* über Einzeltatsachen verwertet und verfügbar gemacht, von dem im Verständnis der Erkenntnistheorie Hayeks ein Großteil zunächst niemand anderem zur Verfügung steht als dem handelnden Individuum selbst. Niemand verfügt über bessere Kenntnisse über seine eigenen Präferenzen und seine nahen Handlungsumstände als das handelnde Individuum selbst. Die Begriffe ‚Wille', ‚Ziel' und ‚Handlung' beschreiben Einzelphänomene, die zumeist zu einem dichten Geflecht verschiedener, aufeinander abgestimmter Handlungspläne verbunden sind, wodurch ihr Gehalt an *Wissen* zunimmt.[56] Die meisten Handlungen sind in eine individuelle Zielhierarchie eingebettet, und viele Handlungen dienen allein dem Ziel der Mittelbeschaffung als Vorbereitung für weitere Handlungen, mit denen der Handelnde seine übergeordneten, individuellen Ziele anstrebt.[57]

---

[54] Hayek (1979b), S. 470: „Die Standardwerkzeuge der Zivilisation – Sprache, Moral, Recht und Geld – sind das Ergebnis spontaner Entstehung, nicht eines Plans [...]." Ders. (1973d), S. 20: „Der Verstand schafft nicht so sehr Regeln, als daß er aus Handelnsregeln besteht, einem Komplex von Regeln also, die er nicht geschaffen hat, sondern die bestimmend für das Handeln der einzelnen geworden sind, weil ihnen gemäßes Handeln sich als erfolgreicher erwiesen hat, als das von konkurrierenden Einzelpersonen oder Gruppen." Vgl. ebd., S. 21, S. 77.

[55] Hayek (1976b), S. 164.

[56] Hayek (1960b), S. 172 (Einfügungen des englischen Originals P.B., vgl. Hayek (1960a), S. 134): „Die meisten Ziele [aims] des Menschen sind nur durch eine Reihe zusammenhängender Handlungen zu erreichen, die als Ganzes beschlossen wurden und auf der Annahme beruhen, daß die Umstände den Erwartungen entsprechen." Die hier diskutierten Begriffe des Willens und der Handlung beschreiben die kleinste Einheit zeitlich und örtlich abgrenzbaren menschlichen Verhaltens, und bereits die Gesamtheit der Handlungen eines einzigen Menschen ist unzählbar.

[57] Hayek (1976b), S. 159.

Mit Blick auf spätere Differenzierungen des Zwangsbegriffs und des Gewaltbegriffs Hayeks soll in dieser Arbeit auch die Unterlassung einer Handlung als Handlung verstanden werden.[58]

1.2.4. Der Begriff des Übels

Eine weitere terminologische Schwierigkeit ist mit dem Begriff ‚Übel' verbunden. Hayek verwendet den Begriff, ohne dies explizit zu machen, in zweifacher Hinsicht, nämlich zum einen (1.) im moralischen Sinne – Zwang ist ein *Übel*, so wie Freiheit ein Wert ist – und zum anderen (2.) im deskriptiven Sinne – Zwang ist die Drohung mit einem *Übel*, verstanden als Drohung mit etwas Schlechtem, als Drohung mit einem Schaden oder einem Nachteil.[59]

Um zu vermeiden, daß die Definition des Zwangsbegriffs Hayeks den Anschein der Tautologie erhält bzw. ihre Diskussion unübersichtlich wird, soll das angedrohte Übel in dieser Arbeit als ‚Nachteil' bezeichnet werden. ‚Nachteil' ist dabei zunächst als ebenso offener und breiter Begriff angelegt wie ‚Übel', mit der einzigen Einschränkung, daß der angedrohte Nachteil nicht das Übel des Zwangs enthalten kann, da seine Definition ansonsten unhaltbar wird.

2. Der Begriff des Wissens

2.1. Wissen als Tatsachenwissen

Die Grundannahme des Gesamtwerks Hayeks lautet: Der Mensch ist nicht in der Lage, jenseits seines eigenen, unmittelbaren Lebensbereiches zu wahren Erkenntnissen zu gelangen:

> „[...E]ine unbestreitbare intellektuelle Tatsache, die niemand ändern kann [...] ist die naturbedingte Begrenztheit des Wissens und der Interessen des Menschen, die Tatsache, daß er nicht mehr kennen *kann* als einen winzigen Teil des Ganzen, das wir Gesellschaft nennen, und daß daher alles, was in seinen Beweggründen enthalten sein kann, die unmittelbaren Wirkungen sind, die sein Handeln in dem ihm bekannten Bereich haben wird."[60]

Zur Rationalität ist der Mensch für Hayek nur fähig in seinem unmittelbaren, überschaubaren Nahbereich, nicht jedoch darüber hinaus. Durch diese grundsätzliche Anerkennung der Fähigkeit des Menschen zu Rationalität aber

---

[58] Hayek selbst äußert sich hierzu indifferent, vgl. Hayek (1960b), S. 15f, S. 23, S. 176.

[59] Für die Verwendung als Moralbegriff – Zwang als moralisches Übel: siehe Hayek (1960b), S. 29, S. 174; für die Verwendung als deskriptiven Begriff – Zwang als Drohung mit einem Übel: ebd., S. 29, S. 172.

[60] Hayek (1945), S. 15; ders. (1973d), S. 14; ders. (1944), S. 145: „Der Individualismus ist daher eine Haltung der Demut [...]. Er ist das genaue Gegenteil jener intellektuellen Hybris, in der das Verlangen nach einer umfassenden Lenkung des sozialen Prozesses wurzelt."

grenzt sich Hayeks *Anti*-Rationalismus vom *Antirationalismus* ab und entgeht der Aporie, als Erkenntnis zu postulieren, daß die Erlangung wahrer Erkenntnis unmöglich sei.[61] Hayeks Erkenntnistheorie soll in dieser Arbeit deshalb entgegen Hayeks gelegentlicher, eigener Zuordnung zum Anti-Rationalismus als ‚*kritischer* Rationalismus' bezeichnet werden.[62] Der von Hayek vertretene kritische Rationalismus erkennt nicht nur die Fähigkeit des Menschen zu rationalem Verhalten innerhalb seines individuellen Nahbereichs an, sondern darüber hinaus die Möglichkeit, auch ‚Prinzipien' bzw. ‚Muster' und abstrakte Regelmäßigkeiten zu erfassen.[63] Aus den genannten Gründen wäre es unzutreffend, Hayeks Position als ‚antirationalistisch' und irreführend, sie als ‚anti-rationalistisch' zu bezeichnen.

Weil das Wissen des Menschen grundsätzlich begrenzt ist, ist der Mensch nicht in der Lage, sich selbst eine umfassende gesellschaftliche Ordnung zu schaffen.[64] An der Anerkennung der Begrenztheit des menschlichen Wissens entscheidet sich für Hayek, ob eine Gesellschaftstheorie authentisch liberal ist, oder ob sie jenen „falschen Liberalismus" vertritt, der besonders in Kontinentaleuropa vom cartesischen Rationalismus grundgelegt wurde und der von der Plan- und Konstruierbarkeit gesellschaftlicher Ordnungen ausgeht.[65] Diese Form des Rationalismus, der zufolge der Mensch sich seine Vernunft und die Zivilisation selbst erschaffen habe und folglich nach seinem eigenen Zielen

---

[61] Hayek (1960b), S. 32, S. 91; vgl. ders. (1959a), S. 48; ders. (1946b), S. 105; ders. (1956), S. 4.

[62] Für Hayeks eigene Zuordnung zum Anti-Rationalismus siehe z. B. Hayek (1945), S. 10; ders. (1960b), S. 91; ders. (1967b), S. 181. Für die spätere Korrektur und Zuordnung zum *kritischen*, gelegentlich von Hayek auch als „evolutionär" bezeichneten Rationalismus vgl. z.B. Hayek (1964a), S. 89; ders. (1966c), S. 140; ders. (1968b), S. 151; ders. (1970), S. 17; ders. (1973d), S. 6, S. 31. Die Bezeichnung ‚kritischer Rationalismus' ist und wird auch von Hayek zum Teil explizit an Karl Popper angelehnt, Hayek (1973d), S. 7, S. 31. Zur Bedeutung der Begriffe ‚rational' und ‚irrational' bei Hayek siehe ders. (1973d), S. 12f. Zu Poppers kritischem Rationalismus Popper (1973), S. 289f. Zum Einfluß Poppers auf Hayek vgl. Gray (1995), S. 10ff; Hennecke (2000), S. 128ff; Ebenstein (2001), Kapitel 20, S. 155ff. Hayeks Erkenntnistheorie besitzt starke Parallelen zu der von Popper; jedoch scheint es sich über weite Strecken um parallele Entwicklungen zu handeln, und es ist unklar, wer wen beeinflußte. Vgl. hierzu Hayek, Nachlaß, Box 44-1, Brief an Karl R. Popper, 9. Januar 1960: „[...B]esonders freue ich mich immer, wenn meine eigenen Arbeiten mich auf irgendeinem Umweg zu Ergebnissen führen, die Deine bestätigen."

[63] Hayek (1959a), S. 41: „Die Unterscheidung zwischen der bloßen Erklärung des Prinzips, nach welchem eine Erscheinung hervorgerufen wird, und einer Erklärung, die es uns ermöglicht, das genaue Ergebnis vorherzusagen, ist für das Verständnis der theoretischen Methoden der Sozialwissenschaften von der größten Bedeutung." Ders. (1956), S. 13; ders. (1964c), S. 283f; vgl. auf der Ebene der theoretischen Psychologie ders. (1952b), S. 152f.

[64] Hayek (1960b), S. 33: „Der Mensch hat nicht einfach der Welt eine von seinem Verstand erschaffene Ordnung aufgeprägt. Sein Verstand ist selbst eine Ordnung, die sich als Folge der Bemühungen, sich seiner Umwelt anzupassen, ständig ändert."

[65] Hayek (1945), S. 3, S. 6, S. 11, S.12ff; ders. (1973d), S. 12, S. 98.

gestalten könne, bezeichnet Hayek häufig auch als ‚Konstruktivismus‘ bzw. in Abgrenzung zum *kritischen* Rationalismus als ‚konstruktivistischen Rationalismus‘.[66]

In der Perspektive des kritischen Rationalismus Hayeks ist *Wissen* vor allem Tatsachenwissen und als solches nur als Einzelwissen vorstellbar.[67] Keimzelle der Entwicklung und Umsetzung des Wissens ist die freie Handlung des Individuums. Über das in der Gesamtheit der unzähligen freien Handlungen in der *Großen Gesellschaft*[68] umgesetzte und kulminierte Wissen wird kein Mensch, keine Institution jemals verfügen:

> „Die Vernunft existiert nicht im Singular, als etwas, das einer einzelnen Person gegeben oder verfügbar ist, [...] sondern sie muß als ein interpersoneller Prozeß vorgestellt werden, in dem jedermanns Beitrag von anderen geprüft und korrigiert wird.“[69]

Die freiheitliche Ordnung der Großen Gesellschaft – die *spontane Ordnung* – ist für Hayek eine Ordnung der zieloffenen Entwicklung und Koordination von Wissen. ‚Große Gesellschaft‘ und ‚spontane Ordnung‘ sind in der Terminologie Hayeks unmittelbar aufeinander verwiesene Begriffe: Die spontane Ordnung ist durch keine Zweckbestimmung und durch keinen sie planenden Geist determiniert, sondern zieloffen; sie ist eine sich selbst erzeugende und

---

[66] Hayek (1970), S. 17: „Ich habe mich genötigt gesehen, das Wort Konstruktivismus als spezifische Bezeichnung einer Einstellung einzuführen, die bisher gelegentlich ungenau durch das vieldeutige Wort Rationalismus bezeichnet worden ist.“ Die Bezeichnung ‚konstruktivistischer Rationalismus‘ ist das Gegenstück zum von Hayek vertretenen ‚kritischen‘ bzw. ‚evolutionären Rationalismus‘. Angesichts der Gleichsetzung von Rationalismus und Konstruktivismus im Denken Hayeks erhält allerdings die Bezeichnung ‚konstruktivistischer Rationalismus‘ schnell tautologischen Charakter; deshalb wird sie in dieser Arbeit vermieden. Synonym für ‚Konstruktivismus‘ ist in der Terminologie Hayeks auch die Bezeichnung ‚Szientismus‘, vgl. Hayek (1959a), S. 6f; ders. (1988a), S. 49.

[67] Hayek (1960b), S. 34: „Die Summe des Wissens aller Einzelnen existiert nirgends als integriertes Ganzes.“ Ders. (1973d), S. 13ff, S. 17ff.

[68] Hayek (1973d), S. 16, Anmerkung 11: „[Den ...] Ausdruck »die Große Gesellschaft« [... werden wir – P.B.] häufig im gleichen Sinn verwenden wie Sir Karl Poppers Bezeichnung »die offene Gesellschaft« [...].“ Ebd., S. 16: „[...I]n der Großen oder Offenen Gesellschaft, in der Millionen vom Menschen zusammenwirken, [... hat] sich die Zivilisation, wie wir sie kennen, entwickelt [...].“ Ders. (1976b), S. 260: „Die Große Gesellschaft entstand aus der Entdeckung, daß Menschen in Frieden und zu ihrem wechselseitigen Vorteil zusammenleben können, ohne sich über die konkreten Ziele, die sie gesondert verfolgen, einig sein zu müssen – aus der Entdeckung, daß man, indem man verpflichtende konkrete Ziele durch abstrakte Verhaltensregeln ersetzte, die Friedensordnung über die kleinen Gruppen, die jeweils dieselben Ziele verfolgen, hinaus auszudehnen vermochte [...].“ Ders. (1966a), S. 72; ders. (1979b), S. 469. Zum Unterschied zwischen Großer Gesellschaft und kleiner Gruppe siehe I.5.1. in dieser Arbeit.

[69] Hayek (1945), S. 17; ders. (1944), S. 145; ders. (1959a), S. 23, S. 52, S. 93; ders. (1960b), S. 34.

selbst erhaltende Ordnung.[70] Das in der spontanen Ordnung generierte und umgesetzte Wissen ist in erster Linie Tatsachenwissen, und es ist Anpassungswissen, weil es durch das Eintreten ständig neuer Tatsachen und neuer Präferenzen fortwährender Revision unterzogen wird. Die Fähigkeit zur Anpassung ist es im wesentlichen, die Hayek als Voraussetzung für das ‚erfolgreiche Überleben der Gruppe' bezeichnet, das in seiner Theorie der *kulturellen Evolution* das Selektionsmerkmal aller Entwicklung ist.[71] Die Verwertung des Wissens in der Großen Gesellschaft ist durch die Teilung des Wissens, durch seine Individualisierung und durch seine Spezialisierung gekennzeichnet. Die Große Gesellschaft ist daher weniger nur eine arbeitsteilige, als vielmehr eine wissensteilige Gesellschaft.[72] Je wissensteiliger sie wird, je mehr Wissen sie vereint, desto unwissender ist das Individuum im Verhältnis zum gesamten verfügbaren Wissen[73] und desto mehr kann es in der Verfolgung seiner Ziele auf das Wissen anderer zurückgreifen, ohne sich das Wissen, von dem es Gebrauch macht, selbst aneignen zu müssen.[74]

---

[70] Hayek (1973d), S. 41: „Da eine derartige Ordnung nicht von einer externen Instanz geschaffen wurde, kann sie als solche keinen Zweck haben, auch wenn ihr Vorhandensein den einzelnen, die sich in solch einer Ordnung bewegen, sehr zustatten kommen mag." Vgl. zur Veranschaulichung des Begriffs der Ordnung bei Hayek auch ders. (1982b), S. XVI: „Obwohl mir der Ausdruck »spontane Ordnung« noch immer gefällt [...], gebe ich zu, daß »selbstgenerierende Ordnung« oder »selbstorganisierende Strukturen« mitunter genauer sind [...]. Ähnlich verwende ich, heutigem Sprachgebrauch gemäß, an Stelle von »Ordnung« gelegentlich »System«." Ders. (1973d), S. 43: „Da eine spontane Ordnung daraus resultiert, daß sich die einzelnen Elemente an Umstände anpassen, die unmittelbar nur einige von ihnen betreffen und in ihrer Gesamtheit niemandem bekannt sein müssen, kann sie sich auf so komplexe Umstände erstrecken, daß kein einzelner Verstand sie alle zu erfassen vermag." Vgl. ebd., S. 38. Gegenbegriff zur spontanen Ordnung ist die *Organisation*, die zweckbestimmt und durch ihren Zweck determiniert ist. ‚Große Gesellschaft' und ‚spontane Ordnung' sind Kernbegriffe der Sozialphilosophie Hayeks; ihre Klärung wird in dieser Arbeit fortlaufend weiter vertieft werden.

[71] Hayek (1979b), S. 462f.

[72] Hayek (1973d), S. 16; ders. (1973a), S. 115: „Man könnte sagen, alle liberalen Auffassungen entspringen aus der zentralen Überzeugung, die gesellschaftlichen Probleme würden sich besser lösen lassen, wenn man [...] einen Prozeß interpersonellen Meinungsaustausches fördert, aus dem sich mehr Wissen [als das Wissen, über das irgend jemand konkret verfügt – P.B.] ergeben wird." Vgl. außerdem ders. (1968a), S. 171.

[73] Hayek (1960b), S. 36: „Je mehr die Menschen wissen, desto geringer wird der Anteil an all dem Wissen, den ein einzelner Verstand aufnehmen kann [...]. Gerade die Teilung des Wissens erhöht die notwendige Unkenntnis des Individuums vom größten Teil dieses Wissens."

[74] Hayek (1960b), S. 31: „[...] Zivilisation beginnt, wenn der Einzelne in der Verfolgung seiner Ziele mehr Wissen verwerten kann, als er selbst erworben hat, und wenn er die Grenzen seines Wissens überschreiten kann, indem er aus Wissen Nutzen zieht, daß er selbst nicht besitzt." Ders. (1973d), S. 17 (Hervorhebung im Original): „[...D]ie Zivilisation [...] beruht [darauf], daß wir alle von Wissen profitieren, daß wir *nicht* besitzen." Ders. (1976b), S. 159. Paradigmatisch hierfür ist im Denken Hayeks die marktliche Ordnung, vgl. ders. (1988a),

Das Individuum ist für Hayek einzigartig durch seine besonderen örtlichen und zeitlichen Kenntnisse von den Umständen und Bedingungen, und durch seine Präferenzen, um deren Verwirklichung willen es seine Kenntnisse nutzt.[75] Die Einzigartigkeit des Individuums durch sein nur individuell vorhandenes Tatsachenwissen und seine handlungsbestimmenden Wertungen und Überzeugungen ist das tragende Argument Hayeks für die Begründung der Freiheit als höchstem Wert und des Zwangs als dem Grundübel in der Gesellschaft.

2.2. Wissen und Regeln des gerechten Verhaltens

Hayeks Wissensbegriff beschränkt sich nicht auf explizites Wissen, sondern erstreckt sich ebenso auf Wertungen und Präferenzen.[76] Dieser umfassende Wissensbegriff harmoniert nicht zuletzt wegen seiner subjektiven Elemente mit dem individualistischen, *kritisch*-rationalistischen Erklärungsansatz und der regelbezogenen Moraltheorie Hayeks. Da er zudem das in Verhaltensregeln gespeicherte, *abstrahierte allgemeine Erfahrungswissen* aus unzähligen früheren Einzelhandlungen beinhaltet,[77] läßt sich bei Hayek keine klare

---

S. 105: „Der gesamte Marktprozeß wurde fortan als Prozeß der Übermittlung von Informationen verstanden, der es Menschen ermöglichte, viel mehr theoretisches und praktisches Wissen heranzuziehen und zu nützen, als es jedem einzelnen zugänglich gewesen wäre."

[75] Hayek (1960b), S. 105: „Was das Individuum [...] einzigartig macht, ist nicht sein allgemeines, sondern sein konkretes Wissen, seine Kenntnis von besonderen Umständen und Bedingungen."

[76] Hayek (1960b), S. 34f: „[...] [E]s wäre jedoch sehr irreführend, wenn wir unter »Wissen« nur das bewußte und explizite Wissen der Einzelnen verstünden [...]. Noch weniger kann dieses Wissen auf wissenschaftliche Kenntnis beschränkt werden." Ebd., S. 35 (Einfügungen des englischen Originals P.B., Hayek (1960a), S. 26): „Die Entwicklung des Wissens und die Entwicklung der Zivilisation sind [...] dasselbe, wenn wir »Wissen« so verstehen, daß alle Anpassungen des Menschen an die Umgebung, die auf vergangener Erfahrung beruhen, mit eingeschlossen sind. Nicht alles Wissen in diesem Sinn ist Teil unseres Intellekts, noch ist unser Intellekt die Gesamtheit unseres Wissens. Unsere Gewohnheiten und Fertigkeiten, unsere gefühlsmäßigen Einstellungen, unsere Werkzeuge und unsere Einrichtungen [*institutions*] – sie alle sind in diesem Sinn Anpassungen an die vergangene Erfahrung, die sich durch selektive Ausmerzung [*selective elimination*] weniger geeigneten Verhaltens ergeben haben. Sie sind eine ebenso unentbehrliche Grundlage für erfolgreiches Handeln wie unser bewußtes Wissen." Ders. (1956), S. 5f; vgl. ders. (1952a), S. 167; ders. (1973d), S. 13.

[77] Hayek (1960b), S. 189: „Die meisten dieser Regeln sind [...] durch einen allmählichen Prozeß von Versuch und Irrtum entstanden, in dem die Erfahrungen aufeinander folgender Generationen dazu beitrugen, sie zu dem zu machen, was sie sind." Ders. (1979b), S. 464: „Verhaltensregeln, die [den Menschen – P.B.] veranlaßten, in einer an seine Umgebung angepaßten Weise zu handeln, waren für ihn sicherlich wichtiger als das »Wissen«, wie sich andere Dinge verhielten. Der Mensch hat sicherlich öfter gelernt, das Richtige zu tun, ohne zu verstehen, warum es das Richtige war, und häufig hilft ihm noch immer die Gewohnheit mehr als das Verstehen." Ders. (1976b), S. 286 (Einfügung des englischen Originals P.B., Hayek (1976a), S. 134): „Regeln [...], die nicht zu einem bestimmten vorhergesehenen Zweck erfun-

Grenze zwischen Erkenntnistheorie und Moraltheorie ziehen. In Regeln, insbesondere in den allgemeinen und abstrakten Regeln des gerechten Verhaltens wird Wissen über Handlungsweisen überliefert, das weitergegeben wird, weil die Gruppen, die sich an die jeweiligen Regeln hielten, erfolgreicher waren als andere.[78] Regeln stellen Verallgemeinerungen von Erfahrungen mit Verhaltensmustern dar, deren Geltungsbereich sich mit ihrer Verbreitung auf unbekannte Handlungskontexte ausdehnt. Mit der Erweiterung ihres Geltungsbereiches werden diese überlieferten Verhaltensregeln und das ihnen immanente Wissen *abstrakt*: Sie lösen sich von konkreten Einzelzielen und Umständen und werden „auf eine unbekannte Zahl zukünftiger Fälle anwendbar."[79] Allgemeine und abstrakte Regeln des gerechten Verhaltens sind in diesem Verständnis Universalwerkzeuge zur Bewältigung der Unwissenheit des Menschen.[80] Sie stellen eine Handelnsordnung her, in der einander unbe-

---

den wurden, sondern das Ergebnis eines Herumprobierens [*a process of trial and error*] sind, in dessen Verlauf mehr Erfahrung gesammelt wurde, als irgendeinem der heute Lebenden bewußt ist." Vgl. ders. (1988a), S. 152: „Die Alltagssprache reicht nicht aus, um die notwendigen Unterscheidungen genügend zu präzisieren, insbesondere was den Wissensbegriff angeht. Ist beispielsweise *Wissen* im Spiel, wenn jemand sich gewohnheitsmäßig so verhält, daß, ohne daß er es weiß, die Überlebenswahrscheinlichkeit [...] für ihn und [...] andere steigt – insbesondere wenn er die Gewohnheit aus völlig anderen und sogar unzutreffenden Gründen beibehält?" Vgl. ders. (1976b), S. 153.

[78] Hayek (1970), S. 24 (Hervorhebung P.B.): „Dieses »Wissen« von der Welt, das von Generation zu Generation weitergegeben wird, wird also zum großen Teil nicht aus Wissen über Ursache und Wirkung bestehen, sondern aus *Verhaltensregeln, die der Umgebung angepaßt sind, ohne über diese etwas auszusagen.*" Ders. (1976b), S. 287. Dies ist zugleich der Grundgedanke in Hayeks Theorie der kulturellen Evolution; ders. (1966a), S. 70: „Regeln, die sich – ohne und oft sogar gegen den Wunsch der politischen Autorität – deswegen durchsetzten, weil die Gruppen, die sich an sie hielten, erfolgreicher waren als andere. Sie bestand[en] und breitet[en] sich aus, lange bevor ihre Existenz den Menschen zu Bewußtsein kam oder ihre Funktionsweise begriffen wurde." Ders. (1960b), S. 32ff; S. 73; vgl. auch ders. (1973d), S. 46.

[79] Hayek (1976b), S. 186: „[...] »[A]bstrakt« bedeutet [...], daß die Regel auf eine unbekannte Anzahl zukünftiger Fälle anwendbar sein muß." Ders. (1973d), S. 32 (Hervorhebung im Original): „Wann immer eine *Art* von Situationen in einem Menschen eine *Disposition* zu einem bestimmten Reaktions*muster* erzeugt, liegt jene grundlegende Beziehung vor, die man als »abstrakt« bezeichnet." Ders. (1960b), S. 197: „Diese Allgemeinheit ist [...] das Wichtigste an der Eigenschaft des Rechts, die wir seine »Abstraktheit« genannt haben." Ders. (1976b), S. 164; ders. (1968b), S. 156: „[...E]ine allgemeine Regel gerechten Verhaltens [...gilt...] für eine unbekannte Zahl zukünftiger Fälle und gleichermaßen für alle Personen [...], auf welche die in der Regel beschriebenen objektiven Umstände zutreffen, ungeachtet der Folgen, welche die Befolgung der Regel in einer speziellen Situation auslösen mag."

[80] Hayek (1976b), S. 158: „Regeln sind ein Mittel, um mit unserer konstitutionellen Unwissenheit fertig zu werden. Unter allwissenden Menschen, die sich über die relative Bedeutung aller verschiedenen Ziele einig wären, bedürfte es keiner Regeln " Vgl. ders. (1960b), S. 195: „Diese Regeln sind instrumental, sie sind Mittel zur Verfügung des Menschen und sie

kannte Individuen ihrem eigenen Willen nach handeln können, ohne hierbei mit anderen in Konflikt zu geraten.[81]

Allgemeine und abstrakte Regeln des gerechten Verhaltens dienen allein dem *Primat der verbotenen Ungerechtigkeit*, und „verbotene Ungerechtigkeit besteht in Eingriffen in die geschützte Sphäre anderer Menschen“;[82] sie formulieren Handlungsgrenzen, nicht Handlungsinhalte, und sie beschränken nicht, sondern sie erweitern darin den formalen Handlungsspielraum des Menschen.[83] Regeln des gerechten Verhaltens folgen keinem Willen, sondern ermöglichen es dem Individuum in der Großen Gesellschaft, seinem eigenen Willen nach zu handeln.[84] Der einzige, *abstrakte* Zweck der allgemeinen und abstrakten Regeln des gerechten Verhaltens ist die Verhinderung von Zwang als Voraussetzung für die Entwicklung von Wissen, als Ermöglichung des Unbekannten;[85] ihr im abstrakten Sinne *funktionaler* Zweck ist die Herstellung einer spontanen Ordnung der Gesellschaft, die Bedingung für die individuelle Freiheit ist (II.3.3.2:). Der Gegenbegriff zur *Ordnung* ist in der Terminologie Hayeks die *Organisation*: In der Organisation wird das Handeln von willensbestimmten Anordnungen und Gesetzen gelenkt, wodurch ihre Mitglieder nach einem fremden Willen und damit abhängig von der Freiwilligkeit

---

gehören zu den Daten, die er, in Verbindung mit seiner Kenntnis der besonderen Umstände von Ort und Zeit, als Grundlage für seine Entscheidungen gebrauchen kann.“

81 Hayek (1968b), S. 156: „Solche Regeln grenzen die geschützten Individualsphären ein, indem sie jeder Person oder organisierten Gruppe zu erkennen geben, welche Mittel sie in der Verfolgung ihrer Zwecke einsetzen können, ohne daß die Handlungen der verschiedenen Personen miteinander in Konflikt geraten.“ Ders. (1960b), S. 201f; ders. (1973d), S. 47, S. 75.

82 Hayek (1966a), S. 76: „Freie Menschen [...] dürfen keinen Regeln unterworfen werden, die ihnen sagen, was sie tun sollen, sondern nur Regeln, die ihnen sagen, was sie *nicht* tun dürfen [...].“

83 Hayek (1960b), S. 27: „Der Unterschied zwischen Freiheit und Freiheiten ist derselbe wie der zwischen einem Zustand, in dem alles erlaubt ist, was nicht durch allgemeine Regeln verboten ist, und einem Zustand, in dem alles verboten ist, was nicht ausdrücklich erlaubt ist.“ Vgl. ders. (1979b), S. 437: „Zwang kann freien Menschen bei der Verfolgung ihrer Ziele nur im Wege der Durchsetzung einer Rahmenordnung universaler Regeln helfen, die ihnen nicht bestimmte Ziele vorgeben, sondern ihnen erlauben, ihre eigenen Ziele zu verfolgen, indem sie es ihnen ermöglichen, für sich eine Sphäre zu schaffen, in der sie vor unvorhersagbaren Störungen durch andere Menschen – einschließlich Staatsbeauftragter – geschützt sind.“

84 Hayek (1973d), S. 155: „Ebenso wie einer, der zu einer Wanderung aufbricht, sein Taschenmesser einsteckt, [...] um für verschiedenste mögliche Zwischenfälle gerüstet zu sein [...], sind die [...] [allgemeinen und abstrakten – P.B.] Verhaltensregeln nicht Mittel für bekannte spezifische Zwecke, sondern Anpassungen an Situationen, wie sie erfahrungsgemäß in der Art von Welt, in der wir leben, immer wieder auftauchen.“

85 Hayek (1973d), S. 51: „Wenn das Handeln der einzelnen von Regeln geleitet wird statt von spezifischen Befehlen, ist es möglich, Wissen zu nutzen, das in seiner Gesamtheit niemand besitzt.“

der Mitgliedschaft in der Organisation unter Zwang handeln.[86] Von Organisationsregeln – Gesetzen, Anordnungen und konkreten Verboten –, die mit der Androhung der Gebrauchmachung des staatlichen Gewaltmonopols durchgesetzt werden, geht für Hayek die größte Bedrohung der individuellen Freiheit aus. Sie stellen im Denken Hayeks den Inbegriff von Zwang dar. Ordnungsregeln hingegen folgen keinem Willen, keinem materialen Ziel, außer der einen abstrakten Funktion der Herstellung und Erhaltung der individuellen Freiheit.[87] Das Verständnis der Begriffe ‚Regel' und ‚Ordnung' und ihr Verhältnis zueinander werden besonders im zweiten Teil dieser Arbeit fortlaufend vertieft werden.

2.3. Wissen und kulturelle Evolution

Angesichts dieses umfassenden Wissensbegriffs sind für Hayek die Ausdrücke ‚Entwicklung des Wissens' und ‚Entwicklung der Zivilisation' gleichbedeutend.[88] Der Entwicklungsgedanke ist zentral für das Verständnis der Deckungsgleichheiten dieser Grundbegriffe der Sozialphilosophie Hayeks. Diesem Gedanken zufolge können sich komplexe Systeme, gleichgültig ob lebende Organismen, Populationen oder abstrakte Ordnungen – wie die der Sprache, der Moral, des Rechts und schließlich die spontane Ordnung der Großen Gesellschaft – dauerhaft nur selbst erhalten, wenn sie offen bleiben

[86] Hayek (1973d), S. 39 (Hervorhebungen im Original): „Die *erzeugte* Ordnung [...] läßt sich auch als Konstruktion, als künstliche Ordnung oder als *Organisation* bezeichnen. Die *gewachsene* Ordnung, von der wir als selbstgenerierender oder endogener Ordnung sprachen, läßt sich am einfachsten als *spontane Ordnung* bezeichnen." Ders. (1963a), S. 17: „Eine Ordnung, die erzielt wird, indem die Teile nach einem vorgefaßten Plan in Beziehung zueinander gebracht werden, nennen wir im sozialen Gebiet eine *Organisation*." Nicht jede Organisation ist eine zwangvolle. Auch ein Unternehmen ist eine Organisation; aber solange die Mitgliedschaft in ihr freiwillig bleibt, dienen die Mitglieder der Organisationen ihren eigenen Zielen, indem sie den Zielen derer dienen, die die Organisation leiten. Vgl. Hayek (1960b), S. 49; ders. (1973d), S. 49f.

[87] Hayek (1976b), S. 279: „Eine Regel gerechten Verhaltens dient der wechselseitigen Abstimmung der unterschiedlichen Zwecke vieler einzelner. Ein Befehl dient der Erzielung bestimmter Ergebnisse."

[88] Hayek (1960b), S. 34f; vgl. ders. (1973d), S. 17; zu betonen ist noch einmal die Annahme der Zieloffenheit und weitgehenden Selbststeuerung der beschriebenen Prozesse und ihrer Ordnungen: Ders. (1959a), S. 87: „Obwohl unsere Zivilisation das Ergebnis der Kumulierung individuellen Wissens ist, so ist es doch nicht die explizite oder bewußte Kombination all diesen Wissens in irgendeinem einzelnen Kopf, sondern die Verkörperung dieses Wissens [...] in Gewohnheiten und Institutionen, in Werkzeugen und Begriffen, das den Menschen [...] in den Stand versetzt, ständig Nutzen zu ziehen aus einem Wissen, das weder er noch irgend ein anderer Mensch im Ganzen besitzt."

und somit die Fähigkeit zur Anpassung und zur Weiterentwicklung besitzen.[89] Deshalb bedeutet Entwicklung der Zivilisation immer zugleich Entwicklung jenes Wissens, dem sich die Zivilisation verdankt; Stillstand und Beharrung hingegen bedeuten ihren Niedergang.[90] Kulturelle Evolution heißt bei Hayek Evolution des *Wissens* im umfassenden Sinne des Begriffs: die fortdauernde Akkumulation, Selektion und Verwertung grundsätzlich nur individuell vorhandenen, weit verstreutem *Tatsachenwissens* einerseits und zugleich andererseits die Fortentwicklung allgemeinen, über viele Generationen hinweg tradierten Wissens im weiteren Sinne des Begriffes, das in Gewohnheiten und Verhaltensregeln festgehalten ist.[91] Hayeks Theorie der kulturellen Evolution schließt die größtenteils unbewußte Weiterentwicklung jenes Regelwerkes selbst ein, aus dem die Große Gesellschaft und als ihre Ordnungsform die spontane Ordnung hervorgeht. Sie betrachtet daher nicht nur die Prozesse innerhalb der Ordnung, sondern auch die Ordnung selbst zum großen Teil als Gegenstand spontaner Entwicklung. Unter der kulturellen Evolution versteht Hayek einen weitgehend sich selbst bedingenden, offenen Entwicklungsprozeß, der sich bewußter Planung und Steuerung schon deshalb entzieht, weil hierzu Wissen erforderlich wäre, das niemand besitzen kann. Fortschritt, verstanden in einem rein formalen Verständnis als Fortschritt des Wissens bzw. als kulturelle Evolution, ist Bewegung um seiner selbst willen; seine konkreten Ergebnisse und inhaltlichen Ziele sind ebenso unbekannt wie unvorhersagbar.[92] Kulturelle Evolution und die aus ihr hervorgehende Zivilisa

[89] In der Einführung des Entwicklungsgedanken sieht Hayek die große Wende für das gesamte wissenschaftliche Denken nach dem statischen Denken des Aristoteles: Hayek (1984a), S. 191ff; ders. (1988a), S. 48.

[90] Hayek (1979b), S. 476: „Dieselben Kräfte, die die Kultur erhalten, treiben uns in den Fortschritt. Was für die Ökonomie gilt, gilt auch für die Kultur im allgemeinen: Sie kann nicht stationär bleiben, und wenn sie stagniert, so verfällt sie auch bald."

[91] Hayek (1960b), S. 55: „Der Ausdruck Fortschritt im Sinne der Anhäufung von Wissen und zunehmender Beherrschung der Natur sagt nicht viel darüber, ob uns der neue Zustand mehr Befriedigung geben wird als der alte."

[92] Hayek (1960b), S. 55ff; ders. (1966c), S. 141f; ders. (1979b), S. 476: „Wir können nichts weiter tun, als günstige Vorbedingungen für ihn [den Fortschritt – P.B.] zu schaffen, und dann das Beste hoffen. [... Niemand kann – P.B.] die wünschenswerte Richtung des Fortschritts kenne[n]." Die Begriffe Evolution und Fortschritt sind in Hayeks Terminologie weitgehend deckungsgleich: Beide Begriffe beziehen sich in erster Linie auf die Entwicklung des Wissens im umfassenden Sinne des Hayekschen Wissensbegriffs und damit auf die Entwicklung der Zivilisation. Vor diesem Hintergrund wird Evolution von Hayek nahezu durchgängig als *kulturelle* Evolution, ebenso wie Fortschritt als *zivilisatorischer* Fortschritt verstanden. Die zentrale Gemeinsamkeit der Begriffe ‚Evolution' und ‚Fortschritt' besteht in der völligen Zieloffenheit der Prozesse, die sie beschreiben. Obgleich in der Terminologie Hayeks weitgehend identisch, trennt die Begriffe ‚Evolution' und ‚Fortschritt' dennoch ein allgemeinsprachlicher Unterschied. Während sich Evolution nicht notwendig auf den Menschen und seine Kultur bezieht, ist Fortschritt menschengemacht. Aus diesem Grunde wird in dieser Arbeit bevorzugt der Begriff der Evolution verwendet, weil darin der von Hayek be-

tion sind in diesem Verständnis nicht das Ergebnis planender menschlicher Vernunft, vielmehr ist die menschliche Vernunft das Ergebnis der Entwicklung der Zivilisation.[93] Die Zieloffenheit ist ebenso wie die Freiheit des Individuums Merkmal der Zivilisation und der spontanen Ordnung der Gesellschaft als ihrer gesellschaftlichen Ordnungsform.

Angesichts dieser Breite ist Hayeks Wissensbegriff zuweilen mißverständlich. Mit ‚Wissen' soll in dieser Arbeit nur das individuelle Tatsachenwissen bezeichnet werden. Wo der Begriff in seiner umfassenden Bedeutung verwendet wird oder Teilaspekte des Wissens gemeint sind (wissenschaftliche Erkenntnis, in Regeln gespeichertes allgemeines Wissen), wird dies ausdrücklich benannt.

3. Zwang und Sachzwänge

Nachdem nun die Grundbegriffe der Definition des Zwangsbegriffs Hayeks umrissen sind, werden in den folgenden Kapiteln zur Eingrenzung der Definition die verschiedenen Ausschlüsse von der Definition des Zwangsbegriffs aufgezeigt. Es handelt sich um Abgrenzungen, die Hayek größtenteils selbst vornimmt, und die ein erstes ‚Negativbild' der Definition seines Zwangsbegriffs ergeben werden. Die Ausschlüsse in den folgenden Kapiteln spiegeln jeweils die Abgrenzung des negativen Freiheitsverständnisses vom positiven, vom politischen Freiheitsverständnis und vom Verständnis der Willensfreiheit wider. Ziel der folgenden Kapitel dieses ersten Teils ist weiterhin die *Hinführung* zur Definition des Zwangsbegriffs Hayeks, weshalb es sich im Folgenden in erster Linie um eine systematisierende *Darstellung* der Ausführungen Hayeks zum Begriff des Zwangs handelt.

3.1. Zwang und natürliche Sachzwänge

Im positiven Freiheitsverständnis gelten vielfältige Beschränkungen und Hindernisse des Handelns als Zwang.[94] Im negativen Freiheitsverständnis hinge-

---

tonte Grundsatz unmißverständlicher zum Ausdruck kommt, daß die kulturelle Evolution eine Folge der mannigfachen Ausübung der Freiheit und damit eine Folge menschlichen Handelns, wenngleich nicht menschlichen Plans ist. Vgl. die Kritik von Zintl (1983), S. 194f. Zintl unterscheidet nicht zwischen kultureller Evolution und materiellem Fortschritt und kommt entsprechend zu dem Ergebnis, daß Freiheit im Denken Hayeks dem materiellen Fortschritt diene.

[93] Hayek (1960b), S. 54: „Die menschliche Vernunft kann ihre eigene Zukunft weder voraussagen noch absichtlich gestalten." Ebd., S. 33; ders. (1973d), S. 14f; ders. (1979b), S. 476.

[94] Hayek (1960b), S. 23: „[...U]nd dann ist es nur zu leicht, zur Definition [der Freiheit – P.B.] als »das Fehlen von Widerstand« [Verweis auf Hobbes – P.B.] überzugehen." Zitat in der Textstelle Hobbes (1651), S. 163. Vgl. auch Hayek (1960b), S. 24f.

gen sind alle Handlungsbeschränkungen, die nicht unmittelbar vom Menschen verursacht sind, und die sich unter dem Begriff *Sachzwang* bzw. *compulsion* (in Abgrenzung zu *coercion*) subsumieren lassen, von der Definition des Zwangs von vorneherein ausgeschlossen.[95] Der Begriff der individuellen Freiheit beinhaltet keine Aussagen über den tatsächlichen Handlungsspielraum des Handelnden, sofern er nicht durch gezielte Eingriffe anderer beschränkt wird:

> „Der Kletterer, der in einer schwierigen Felswand nur einen Ausweg sieht, um sich zu retten, ist in diesem Sinne zweifellos frei, obwohl wir schwerlich sagen könnten, daß er irgend eine Wahl hat. [...S]elbst einer, der in eine Gletscherspalte gefallen ist, aus der er sich nicht retten kann, [könnte] nur im übertragenen Sinne »unfrei« genannt werden [...].“[96]

Solche *natürlichen* Sachzwänge, d.h. Sachzwänge, die ohne erkennbare menschliche Beteiligung zustande kommen, sind nicht Gegenstand des Zwangsbegriffs Hayeks. Zwang im Sinne der Definition liegt erst vor, wenn die Umstände, unter denen ein Mensch handelt, von einem anderen in der klaren Absicht so geschaffen wurden oder ein bestehender Sachzwang gezielt dazu verwendet wird, daß der Betroffene gegen seinen Willen dem Willen des anderen nach handelt. ‚Individuelle Freiheit‘ kann im Umkehrschluß durchaus bedeuten, daß das freie Individuum zahllosen Sachzwängen und Grenzen des Handelns unterworfen ist und impliziert unter keinen Umständen, daß dem Staat die Aufgabe zukommt, sein Gewaltmonopol zur ‚Befreiung‘ des Individuums von den Unwägbarkeiten des Lebens zu verwenden.

3.2. Zwang und vom Menschen geschaffene Sachzwänge

3.2.1. Die Unterscheidung von künstlich und natürlich

Zu den Zwängen, die Hayek von seiner Definition des Zwangs ausschließt, zählen auch Sachzwänge, die nicht in dem Sinne *natürlicher* Ursache sind, daß sie ohne Beteiligung des Menschen zustande kommen. Hayek stellt der „falsche[n] Dichotomie von *»natürlich«* und *»künstlich«*“ eine dritte Klasse von Erscheinungen gegenüber, die er in Anlehnung an Adam Ferguson als „Ergebnisse menschlichen Handelns, aber nicht eines menschlichen Plans“ bezeichnet.[97] Sachzwänge, die etwa von den allgemeinen und abstrakten Regeln des gerechten Verhaltens ausgehen, lassen sich weder als *natürliche* Sachzwänge klassifizieren, noch können sie *künstlich* genannt werden, weil sie nicht vom Menschen geplant oder konstruiert wurden.[98] Obwohl Sach-

[95] Hayek (1960b), S. 171.

[96] Hayek (1960b), S. 16.

[97] Hayek (1973d), S. 22f, ders. (1966c), S. 131, ders. (1988a), S. 155ff, S. 158; Ferguson (1767), S. 171.

[98] Hayek (1973d), S. 23; ders. (1979b), S. 467.

zwänge dieser Art keinem Willen, keinem Ziel und keinem Plan eines Menschen folgen, sind sie doch indirekt vom Menschen geschaffen: zum einen, weil sie Hayeks Theorie der kulturellen Evolution zufolge durch vielfältige menschliche Handlungen fortwährend neuen Umständen angepaßt wurden und also Ergebnisse menschlicher Handlungen sind, und zum anderen, weil zumindest jene Verhaltensregeln, die als Rechtsregeln mit Zwang durchgesetzt werden, vom Menschen als gültig und sanktionswürdig festgeschrieben werden.[99] Aus diesem Grunde können Handlungsbeschränkungen, die von allgemeinen und abstrakten Regeln des gerechten Verhaltens ausgehen können, nicht als natürliche Sachzwänge beschrieben werden. Sie unterscheiden sich in ihrer Ursache, aber für Hayek nicht in ihrer Wirkung:

> „So wie die Naturgesetze bilden auch die staatlichen Gesetze [im Sinne von: allgemeinen und abstrakten Regeln des gerechten Verhaltens – P.B.] feste Züge der Umwelt, in der er [der Mensch – P.B.] sich bewegen muß; obwohl sie gewisse Wahlmöglichkeiten ausschließen, beschränken sie [...] die Wahl nicht auf irgendeine spezifische Handlung, die jemand anderer von ihm wünscht."[100]

---

[99] Hierbei handelt es sich um ein von Hayek nicht explizit behandeltes Problem. Die spontane Ordnung der Großen Gesellschaft und die marktwirtschaftliche Ordnung als ihr Paradigma sind für Hayek zwar gewachsene, in der kulturellen Evolution als erfolgreich bewährte, aber doch zugleich *gewählte* Ordnungen, zu denen es Alternativen gibt. Vgl. Hayek (1966a), S. 72; ders. (1976b), S. 153, S. 177, S. 242 (Hervorhebung P.B.): „[...D]as große moralische Abenteuer, in das sich der moderne Mensch *einließ*, als er es mit der Offenen Gesellschaft *versuchte* [...]." Vgl. auch ders. (1979b), S. 362. Diese Überlegung wiederum würde jene Deutungen stärken, die Potential darin sehen, Hayeks Ansatz mit dem vertragstheoretischen Ansatz zu vereinen (vgl. Vanberg (1981), S. 41); denn wenn die spontane Ordnung der Großen Gesellschaft eine gewählte Ordnung ist, ist sie nicht allein eine *spontan gewachsene* Ordnung, sondern eine Ordnung, deren Annahme eine *Entscheidung* zugrunde liegt. Vgl. II.3.5. in dieser Arbeit, besonders S. 89, Fußnote 270.

[100] Hayek (1960b), S. 196, ebd.: „Die Wirkungen dieser künstlichen Gesetze auf sein [des Menschen – P.B.] Handeln sind genau derselben Art wie die der Naturgesetze: Beider Kenntnis ermöglicht ihm, die Folgen seines Handelns vorauszusehen und die Zukunft mit einer gewissen Zuversicht zu planen. Es besteht wenig Unterschied zwischen dem Wissen, daß sein Haus niederbrennen wird, wenn er auf dem Fußboden seines Wohnzimmers einen Scheiterhaufen anzündet, und dem Wissen, daß er im Gefängnis landen wird, wenn er das Haus seines Nachbarn anzündet." Vgl. auch ebd., S. 183 (Hervorhebung im Original): „Indem sie sagen, was geschehen wird, *wenn* jemand dieses oder jenes tut, haben die staatlichen Gesetze für das Handeln dieselbe Wirkung wie die Naturgesetze; der Handelnde kann seine Kenntnisse der Gesetze des Staates zur Verfolgung seiner Zwecke ebenso verwenden, wie er die Kenntnisse der Naturgesetze dazu verwendet." Allein die Kenntnis der Gesetzesregeln und die Tatsache ihrer Durchsetzung mit staatlicher Gewalt sind jedoch noch nicht tragende Merkmale der *allgemeinen* und *abstrakten Regeln des gerechten Verhaltens*. Mit den angeführten Textstellen lassen sich auch zwangausübende Regeln, d.h. Organisationsregeln als Sachzwang klassifizieren, doch dies ist nicht die Intention Hayeks; vgl. daher ergänzend noch einmal Hayek (1973d), S. 50ff.

Auch solche Sachzwänge sind von der Definition des Zwangs ausgenommen. Insbesondere Handlungsbeschränkungen, die aus allgemeinen und abstrakten Regeln des gerechten Verhaltens hervorgehen, fallen aus diesem Grunde nicht in die Definition des Zwangs. Hiervon streng abzugrenzen sind staatliche Gesetze und *Organisations*regeln, die einem Willen, d.h. einem Ziel, folgen. Die Art der Handlungsbeschränkung, die von abstrakten und allgemeinen Verhaltensregeln ausgeht, wird im Abschnitt III.5.3. abschließend diskutiert.

3.2.2. Zwang und ökonomischer Sachzwang: Sachzwang in der Katallaxie

Als Bezeichnung für die marktwirtschaftliche Ordnung wählt Hayek im Spät- und Alterswerk den Begriff der *Katallaxie.*[101] Mit diesem Begriff soll die Bezeichnung ‚Marktwirtschaft' von der Vorstellung der Hauswirtschaft, der *einen* Wirtschaft als einem auf ein Ziel hin ausgerichteten Ort zweckrationaler Kosten-Nutzen-Optimierungen, losgelöst[102] und der Blick hingelenkt werden auf das Prinzip des Tausches als dem Grundprinzip der spontanen Ordnung der Märkte. Die Katallaxie stellt im Denken Hayeks das Paradigma der spontanen Ordnung schlechthin dar.[103]

---

[101] Hayek (1976b), S. 259f: „Der Ausdruck »Katallaktik« leitet sich vom griechischen Verbum *katallattein* [...] her, das bezeichnenderweise nicht nur »tauschen« bedeutet, sondern auch »in die Gemeinschaft aufnehmen« und »aus einem Feind einen Freund machen«. [...] Daraus kann man das Wort *Katallaxie* bilden, das wir zur Bezeichnung jener Ordnung verwenden werden, die durch wechselseitige Anpassungen vieler einzelner Wirtschaften in einem Markt entsteht." Ders. (1966a), S. 73; ders. (1968a), S. 137f; ders. (1976e), S. 200f.

[102] Hayek (1976b), S. 258: „Zum richtigen Verständnis des Charakters dieser Ordnung ist es wesentlich, daß wir uns von den irreführenden Assoziationen frei machen, die ihre übliche Bezeichnung als »Wirtschaft« mit sich bringt." Ebd., S. 259: „Während eine eigentliche Wirtschaft eine Organisation in dem technischen Sinn ist, in dem wir das Wort definiert haben, [...] ist der Kosmos des Marktes nicht von einer solchen einzigen Zielfolge beherrscht und könnte es auch nicht sein [...]." Ders. (1968b), S. 170, Anmerkung 21: „Was heutzutage »Wirtschaft« heißt, aber richtiger Katallaktik genannt werden sollte, nannte Aristoteles *Chrematistik* oder die Wissenschaft vom Wohlstand. [...D]as Studium der Probleme, die zuweilen die »einfache Wirtschaft« genannt werden und denen Aristoteles' *Oeconomica*, ausschließlich gewidmet sind [, ist –P.B.] das Studium der Dispositionen eines einzelnen Haushaltes oder Betriebes [...]."

[103] Hayek (1963a), S. 20: „Die Art und Weise, in der es der Markt zustande bringt, daß die Teilnehmer ständig veranlaßt werden, auf Ereignisse, von denen sie keine direkte Kenntnis haben, [...] zu reagieren, [...] ist das Musterbeispiel einer solchen spontanen Ordnung." Ders. (1976b), S. 260: „Eine Katallaxie ist [...] eine besondere Art spontaner Ordnung, die vom Markt erzeugt wird, wenn sich die [... Menschen – P.B.] an die Regeln des Eigentums-, Haftungs- und Vertragsrecht halten." Ebd., S. 261: „Die Katallaxie ist als Gesamtordnung jeder vorsätzlichen Organisation so sehr überlegen, weil in ihr Menschen, während sie ihre eigenen Interessen verfolgen [...] die Ziele vieler anderer fördern, die sie größtenteils nie kennen werden: In der Großen Gesellschaft haben die einzelnen Mitglieder Vorteile von den Anstrengungen der anderen, nicht nur trotz, sondern oft sogar wegen der Unterschiedlichkeit ihrer jeweiligen Ziele." Vgl. vor allem die Analogie von der Katallaxie als wissensfördernder Ord-

Das Wesen der Katallaxie erläutert Hayek durch die Analogie mit einem Spiel:

> „Es handelt sich um ein Verfahren, das [....], in jeder wichtigen Hinsicht völlig einem Spiel gleicht, [...] das teils Geschicklichkeits-, teils Glücksspiel ist. [...Es] hat Regeln, die das Handeln der einzelnen Teilnehmer leiten, deren Ziele, Geschick und Wissen verschieden sind, mit der Folge, daß das Ergebnis unvorhersagbar ist und daß es regelmäßig Gewinner und Verlierer geben wird.“[104]

Die Gerechtigkeit der Regeln, die die Spieler leiten, besteht darin, alle Spieler gleich zu behandeln. Sie bezieht sich nicht auf Spielergebnisse, sondern nur auf die Weise ihres Zustandekommens.[105]

Das Handeln des Individuums unterliegt in der Katallaxie diversen *ökonomischen Sachzwängen.* Einige von ihnen, zum Beispiel umweltbedingte Knappheiten bestimmter Güter und Leistungen, stellen entlang der hier vorgeschlagenen Unterscheidung *natürliche* Sachzwänge dar, andere, zum Beispiel

---

nung zur spontanen Ordnung der Gesellschaft; ders. (1959a), S. 103f; ders. (1968a), S. 138; ders. (1976b), S. 268f. Analog stellt die Freiheit des Marktakteurs in der Katallaxie – die wirtschaftliche Freiheit – zwar eine *Anwendung* des Freiheitsbegriffs im wirtschaftlichen Kontext dar, aber wirtschaftliche Freiheit kann nach Auffassung dieser Interpretation des Ansatzes Hayeks nur ein Aspekt der individuellen Freiheit sein. Vgl. hierzu ders. (1966a), S. 100: „Freiheit unter dem Gesetz impliziert wirtschaftliche Freiheit [...].“ Ders. (1960b), S. 47: [...D]er Begriff der Handlungsfreiheit ist viel weiter als der Begriff der wirtschaftlichen Freiheit, den er einschließt; und [...] es ist sehr fraglich, ob es überhaupt Handlungen gibt, die bloß »wirtschaftlich« genannt werden können, und ob Beschränkungen der Freiheit je auf die bloß »wirtschaftlichen« Aspekte begrenzt werden können.“ Vgl. dagegen ders. (1961d), S. 294: „Wirtschaftsfreiheit ist [...] eine unerläßliche Bedingung aller anderen Freiheit und die Unternehmerwirtschaft sowohl notwendige Bedingung als auch Folge der persönlichen Freiheit.“ Hintergrund dieser Aussage ist die Einschätzung der Wirtschaftsordnung als wesentlicher Teilordnung der gesellschaftlichen Gesamtordnung; vgl. Kerber (1998), S. 131: „Versucht [...] unter den heutigen Verhältnissen eine öffentliche Institution das Wirtschaftsgeschehen autoritativ zu lenken, kommt es fast mit Notwendigkeit zu einer ungerechtfertigten »Herrschaft von Menschen über Menschen«. Das heißt: Mit der Einschränkung der wirtschaftlichen Freiheit geraten auch die bürgerlichen Freiheiten in Gefahr.“

104 Hayek (1976b), S. 222, S. 260; ders. (1976d), S. 195: „Wie schon Adam Smith und sogar lange vor ihm die alten Stoiker verstanden hatten, ist der ganze Marktprozeß am besten mit einem Spiel vergleichbar, das die Menschen langsam zu spielen lernten, weil jene Gemeinschaften, die es am eifrigsten spielten, prosperierten.“

105 Hayek (1976b), S. 268: „In solch einem Spiel »behandelt« niemand Leute unterschiedlich, und es ist mit der gleichen Würde aller völlig vereinbar, daß das Ergebnis des Spiels für verschiedene Leute ein ganz verschiedenes ist.“ Ders. (1976e), S. 204. Diese Argumentation bezieht insbesondere Position gegen die Idee der sozialen, distributiven Gerechtigkeit, ders. (1966a), S. 80 (Klammer im Original): „Da niemand in einer marktwirtschaftlichen Ordnung Einkommen verteilt (wie es in einer Organisation der Fall sein müßte), ist es einfach Unsinn, hier von gerechter oder von ungerechter Verteilung zu sprechen. [...] Alle Bestrebungen, eine »gerechte« Verteilung sicherzustellen, müssen darum darauf gerichtet sein, die spontane Ordnung des Marktes in eine Organisation umzuwandeln, mit anderen Worten, in eine totalitäre Ordnung.“ Vgl. auch ders. (1976b), S. 271, S. 277.

die Verpflichtung zur Vertragseinhaltung, stellen *ordnungsbedingte* Sachzwänge dar. Die Sachzwänge, die von den ‚Gesetzen des Marktes' ausgehen, können für den einzelnen Marktaktteilnehmer von existentieller Bedeutung sein, aber weder das Verfahren noch die jeweiligen Ergebnisse der Katallaxie sind für Hayek mit Zwang im Sinne der Definition verbunden.

Der Begriff der individuellen Freiheit gibt weder Auskunft über den tatsächlichen individuellen[106] noch den allgemeinen Wohlstand einer Gesellschaft und seine Verteilung.[107] Den Sachzwängen durch den Wettbewerb zu unterliegen, ist in der immanenten Betrachtung der Gesellschaftstheorie Hayeks Voraussetzung für das Funktionieren der Katallaxie.[108]

3.3. Zwang und menschlich verursachte Handlungsbeschränkungen

Auch einige Arten menschlich verursachter Handlungsbeschränkungen sind für Hayek von der Definition des echten Zwangs auszunehmen. Unbeabsichtigte und von ihrem Verursacher als nicht bekannt anzunehmende Handlungsfolgen, die einen anderen Menschen in seinem Handeln einschränken, stellen für Hayek keinen Zwang dar.[109] Auch Handlungsfolgen, die nicht der Absicht entspringen, einen Menschen dem Willen eines anderen zu unterwerfen, diesen aber schädigen, sind nicht Zwang.[110] Diese Abgrenzung führt zu Hayeks

---

[106] Hayek (1960b), S. 25: „Freiheit bedeutet nicht alle guten Dinge oder die Abwesenheit aller Übel. Es ist richtig, daß frei-sein auch die Freiheit bedeuten kann, zu hungern, kostspielige Irrtümer zu begehen oder gewaltige Risiken einzugehen. In dem Sinne, in dem wir das Wort gebrauchen, ist ein bettelarmer Vagabund in seinem unsicheren, immer nur momentane Gelegenheiten nützenden Leben freier als ein Soldat mit all seiner Sicherheit und seinem relativen Komfort." Ebd., S. 22, S. 24, S. 27. Vgl. ders. (1944), S. 90, angewandt auf den wirtschaftlichen Kontext: „Die wirtschaftliche Freiheit [...] kann nicht die Befreiung von wirtschaftlicher Sorge sein, [...] die man nur dadurch erreichen kann, daß man gleichzeitig dem Individuum die Notwendigkeit und die Möglichkeit der freien Wahl abnimmt."

[107] Hayek (1960b), S. 24: „[...Die] Gleichsetzung von Freiheit und Wohlstand [...] macht es möglich, die Anziehungskraft des Wortes »Freiheit« zur Unterstützung der Forderungen nach einer Umverteilung der wirtschaftlichen Güter auszunützen. Doch wenn Freiheit und Wohlhabenheit auch beide etwas Gutes sind, [...] bleiben sie doch etwas Verschiedenes." Vgl. ders. (1944), S. 25f; ders. (1960b), S. 112, S. 25: „Vor allem müssen wir verstehen, daß wir frei und zugleich elend sein können."

[108] Hayek (1968a), S. 144: „Er [der Wettbewerb – P.B.] stellt eine Art unpersönlichen Zwangs dar, der viele Individuen dazu veranlassen wird, ihr Verhalten in einer Weise zu ändern, die durch keinerlei Anweisungen oder Befehle erreicht werden könnte." Ders. (1979b), S. 476: „[... E]s ist die Disziplin des Marktes, die uns zu rechnen zwingt [...]." Ders. (1978b), S. 61.

[109] Hayek (1973d), S. 105: „Ja, ein gewisser Schaden, der anderen wissentlich zugefügt wird, ist sogar wesentlich für die Erhaltung einer spontanen Ordnung: Das Gesetz [besser: das Recht – P.B.] untersagt die Gründung eines neuen Unternehmens selbst dann nicht, wenn sie in der Erwartung erfolgt, daß sie zum Ruin eines anderen führen werde."

[110] Hayek (1960b), S. 172: „Zwang schließt keineswegs alle Einflüsse ein, die Menschen auf das Handeln anderer ausüben können. Er schließt nicht einmal alle Fälle ein, in denen

Begriff der Verantwortung und wirft ein erstes Licht auf die Frage, inwieweit Handlungsfolgen in Hayeks Moraltheorie Gegenstand normativer Argumentation sein können. Aus der Annahme der wesensbedingten Begrenztheit des Wissens des Menschen leitet sich ein Verantwortungsbegriff ab, der sich ausschließlich auf unmittelbare Handlungsfolgen bezieht:

> „Freiheit verlangt, daß die Verantwortung des Einzelnen sich nur auf das erstreckt, was er beurteilen kann, daß er in seinen Handlungen nur das in Betracht ziehen muß, was innerhalb des Bereichs seiner Voraussicht liegt, und vor allem, daß er nur für seine eigenen Handlungen (und die seiner Fürsorge anvertrauter Personen) verantwortlich ist – aber nicht für die anderer, die ebenso frei sind."[111]

Läßt sich die Absicht und lassen sich die handlungsbeschränkenden Folgen einer Handlung nicht zweifelsfrei als bekannt annehmen, sind sie für Hayek nicht Gegenstand des Zwangsbegriffes und folglich nicht Gegenstand einer allgemeinen und abstrakten Verhaltensregel, die Zwang verhindern soll.[112]

Das Individuum in der Großen Gesellschaft kann für Hayek nur für jene Ergebnisse seines Handelns zur Rechenschaft gezogen werden, die es zum Zeitpunkt seiner Ausführung kennen konnte oder die es erkennbar beabsichtigte.[113] In dieser Sicht unterscheidet sich eine unbeabsichtigte Handlungsbeschränkung nicht von einem Sachzwang, weil in beiden Fällen keine Absicht bestand, den in seiner Handlung Beschränkten dem Willen eines anderen nach handeln zu lassen:

> „Solange die Handlung, die seine [des in seiner Handlung Eingeschränkten – P.B.] Schwierigkeiten verursacht hat, nicht bezweckte, ihn zu bestimmten Handlungen oder Unterlassungen zu zwingen, solange die Absicht der Handlung, die ihn schädigt, nicht die ist, ihn in den Dienst der Ziele eines anderen zu stellen, *ist ihre Wirkung auf seine Freiheit keine andere als die einer Naturkatastrophe* – eines Feuers oder einer Überschwemmung, die sein Heim zerstören, oder eines Unfalls, der seine Gesundheit schädigt."[114]

---

jemand weiß, daß die Art, in der er handelt oder zu handeln droht, einen anderen schädigen und dazu bringen wird, seine Absichten zu ändern."

[111] Hayek (1960b), S. 107 (Klammer im Original); ders. (1945), S. 20.

[112] Hayek (1960b), S. 108, S. 200.

[113] Hayek (1945), S. 25: „In jeder komplexen Gesellschaft, in der die Auswirkungen der Handlung eines jeden viel weiter reichen als der mögliche Bereich seiner Einsicht, ist es notwendig, daß sich der Einzelne den anonymen und anscheinend irrationalen Kräften der Gesellschaft unterordnet [...]." Damit setzt sich Hayek explizit von John Stuart Mill ab, vgl. Hayek (1960b), S. 185: „Es ist oft versucht worden, insbesondere von John Stuart Mill, den privaten Bereich, der vor Zwang geschützt sein soll, zu definieren, indem zwischen Handlungen, die nur auf die handelnde Person, und solchen, die auch auf andere einwirken, unterschieden wird. Aber da es kaum Handlungen gibt, die möglicherweise nicht auch auf andere wirken, hat sich diese Unterscheidung nicht als sehr brauchbar erwiesen." Vgl. Mill (1859), Kap. IV.

[114] Hayek (1960b), S. 176f (Hervorhebung P.B.). Diese Aussage muß allerdings im Vorgriff auf die Bestimmung des Gewaltbegriffs Hayeks korrigiert werden: Auch Handlungsbeschränkungen, die nicht der Absicht dienen, den Willen eines Menschen dem eines anderen

Die Grenzen, innerhalb derer das Individuum für die Folgen seines Handelns zur Verantwortung gezogen werden kann, werden für Hayek von den allgemeinen und abstrakten Regeln des gerechten Verhaltens festgelegt.[115] Daraus resultiert ein lediglich formaler Verantwortungsbegriff, der allein durch allgemeine und abstrakte Verhaltensregeln bestimmt wird, analog den ebenfalls rein formalen Grundbegriffen ‚Freiheit', ‚Zwang' und ‚Gerechtigkeit' in Hayeks Moraltheorie. Indem das Recht Verantwortung zuschreibt, schafft und schützt es zugleich *berechtigte Erwartungen* des Individuums in der Großen Gesellschaft.[116] Das abstrakte und allgemeine Recht ermöglicht es dem Individuum in der Großen Gesellschaft dadurch, in einer von fortwährendem Wandel und Unbekanntheit der meisten Einzeltatsachen geprägten Welt dennoch nach kohärenten Plänen handeln zu können, weil es das Verhalten des anderen berechenbarer sein läßt und zugleich die Verantwortung für das eigene Handeln festschreibt. ‚Berechtigte Erwartungen' beinhalten im Denken Hayeks keine materialen Ansprüche, etwa Ansprüche auf tatsächliche Handlungsspielräume oder gar auf bestimmte erwünschte Ergebnisse des eigenen oder des Handelns anderer.[117]

---

zu unterwerfen, den anderen aber schwer schädigen, verstoßen für Hayek gegen allgemeines Recht. Sie stellen zwar keinen Fall von Zwang dar, erfüllen aber die Definition von Gewalt, und auch Gewalt ist für Hayek verwerflich (III.6.). Zum Unterschied zwischen unbeabsichtigter Handlungsbeschränkung und Zwang vgl. auch Hayek (1960b), S. 172: „Wenn mir auf der Straße jemand den Weg verstellt und mich dadurch veranlaßt, zur Seite zu treten, oder wenn jemand aus einer Bibliothek das Buch entliehen hat, das ich brauche, oder selbst wenn mich jemand durch lästigen Lärm zur Flucht treibt, kann man von diesen nicht sagen, daß sie mich gezwungen haben." Deutlicher wäre hier die Formulierung: ‚und ich dadurch *veranlaßt werde*, zur Seite zu treten.' Vgl. das englische Original, ders. (1960a), S. 134 (Hervorhebung P.B): „A person who blocks my path in the street and *causes me* to step aside." Vgl. ders. (1960b), S. 25.

[115] Vgl. Hayek (1945), S. 19: „Wenn es einem Menschen unbenommen bleiben soll, von seinem Wissen und Können voll Gebrauch zu machen, so darf die Abgrenzung seines Verantwortungsbereichs nicht die Form annehmen, daß ihm bestimmte Ziele zugewiesen werden, die er zu erreichen trachten soll. [...] Die Lösung dieses Problems [...] ist die Aufnahme formeller Grundsätze, [...] Regeln, die [...] zwischen Mein und Dein [...] unterscheiden und aus denen er [der einzelne – P.B.] und seine Mitmenschen ermitteln können, was der eigene und was fremder Verantwortungsbereich ist." Vgl. ders. (1960b), S. 179.

[116] Hayek (1973d), S. 101, S. 110f; ders. (1960b), S. 99: „Verantwortung ist vor allem ein Rechtsbegriff geworden, weil das Gesetz [das allgemeine und abstrakte Recht – P.B.] klare Merkmale verlangt, um zu entscheiden, wann die Handlungen eines Menschen eine Verpflichtung schaffen oder ihn der Bestrafung aussetzen."

[117] Hayek (1976b), S. 182: „Daß [...] der Ausdruck »gerecht« sich faktisch auf das Handeln bezieht und nicht auf dessen Ergebnisse, wird deutlich, wenn wir überlegen, daß er sich nur auf solche Folgen des Handelns des Menschen beziehen kann, die dieser zu beeinflussen vermochte." Ders. (1973d), S. 105: „Das Gesetz [besser: das Recht – P.B.] kann offensichtlich nicht alle Handlungen, die anderen schaden können, verbieten, nicht nur, weil niemand

Hayeks Verantwortungsbegriff wird im zweiten Teil dieser Arbeit im Zusammenhang mit der Erörterung des Wissensarguments weiter untersucht. Dabei wird sich zeigen, daß der Begriff bei Hayek nicht präzise genug entwickelt ist, um aus seiner Klärung weitere Rückschlüsse für die Definition des Zwangs schließen zu können, als nur den einen, daß der Bereich individueller Verantwortung von abstrakten und allgemeinen Regeln definiert wird, die letztlich der kulturellen Evolution unterliegen (II.4.3.2.).

4. Schwerer und milder Zwang

4.1. Schwerer und milder Zwang

Auch milder Zwang, d.h. Zwang, der dem Muster echten Zwangs folgt, aber von überwindbarer Schwere ist, ist nicht Bestandteil der Definition des Zwangsbegriffs Hayeks.[118] Die Unterscheidung zwischen mildem und schwerem Zwang steht im Bezug zum angeführten Dilemma, wonach sich Zwang in der Gesellschaft nur durch die Anwendung von Zwang verhindern läßt: Wenn der Staat Zwang anwendet, um milden Zwang zu verhindern, wendet er mehr Zwang an, als er ursprünglich verhindern sollte.[119] Diese Grundüberlegung in Hayeks Konzeption von Freiheit und Zwang basiert auf der Implikation, daß grundsätzlich *jeder* staatliche Zwang schwerer Zwang ist, während nicht jeder nicht-staatliche Zwang schwerer Zwang ist. Die sich hierin abbildende Asymmetrie in Hayeks Bewertung des staatlichen und des nicht-staatlichen Zwangs wird in dieser Arbeit mit zunehmender Präzisierung der Definition eine begriffliche Trennung zwischen beiden Arten des Zwangs notwendig machen. Der Grund für die unterschiedliche Gewichtung des Zwangs in Abhängigkeit vom zwangausübenden Akteur liegt im Gewaltmonopol des Staates. Staatlicher Zwang ist schwerer Zwang, weil der Staat als einziger Akteur in der Großen Gesellschaft über die Macht verfügt, in den durch Rechtsregeln geschützten privaten Schutzraum des Individuums unter Berufung auf geltendes Recht einzugreifen.[120] Im Gegensatz dazu verdankt sich nicht-staatlicher Zwang lediglich begrenzter Macht, solange der Staat Inhaber des Gewaltmonopols bleibt. Die Unterscheidung zwischen dem schweren und dem milden Zwang erfordert im Rahmen einer abstrakten Definition objektive

---

alle Folgen eines Handelns vorherzusehen vermag, sondern auch, weil die meisten Veränderungen von Plänen, die neu eingetretene Umstände den einen nahelegen, anderen wahrscheinlich zum Nachteil gereichen. [...] Der Sinn von Regeln gerechten Verhaltens kann somit nur darin bestehen, daß sie den [... Menschen – P.B.] sagen, auf welche Erwartungen sie bauen können und auf welche nicht." Vgl. ders. (1976b), S. 193.

[118] Hayek (1960b), S. 176, S. 178.

[119] Hayek (1960b), S. 187f.

[120] Zum Staatsbegriff Hayeks vgl. III.5.1. in dieser Arbeit, insbesondere dort Fußnote 462.

Kriterien zu Bemessung der Schwere des Zwangs, die Hayek selbst nicht anführt. Sie werden im dritten Teil dieser Arbeit entwickelt (III.4.).

4.2. Die Unterscheidung zwischen schwerem und mildem Zwang als Antwort auf das Dilemma des Zwangs

Aus der Differenzierung zwischen mildem und schwerem Zwang folgt, daß nicht alle Fälle von Zwang in der Großen Gesellschaft verhindert werden können. Diese Schlußfolgerung deckt sich mit einer Grundaussage in Hayeks Konzeption von Freiheit und Zwang, auch wenn Hayek sie selbst nicht explizit in einen Zusammenhang mit der Unterscheidung zwischen schweren und milden Zwang rückt. Sie lautet:

> „Zwang kann nicht [...] völlig vermieden werden, weil die einzige Methode, ihn zu verhindern, die Androhung von Zwang ist.“[121]

Zwang kann folglich in der Gesellschaft nur minimiert, nicht aber vollständig verhindert werden.[122] Nach Auffassung dieser Interpretation besitzt dieser Grundsatz in Hayeks Konzeption nicht in erster Linie deshalb Gültigkeit, weil sich Zwang nur durch die Anwendung von Zwang verhindern läßt, sondern, weil Hayek bereits in Antwort auf das angeführte Dilemma mit dem Ziel der größtmöglichen Minimierung *staatlichen* Zwangs nicht alle Formen des Zwangs in der Gesellschaft zum Gegenstand staatlichen Gegenzwangs erhoben wissen möchte, sondern nur jene, die sich im Rahmen allgemeiner und abstrakter Regeln des gerechten Verhaltens verhindern lassen. Fälle von Zwang, die sich aus dem Einzelfall ergeben, die nicht oder noch nicht von allgemeinen und abstrakten Regeln des gerechten Verhaltens erfaßt werden, können folglich nicht verhindert werden.[123] Diese Überlegung wird im Zuge der begrifflichen Unterscheidung zwischen staatlichem Zwang und der Durchsetzung allgemeiner und abstrakter Regeln des gerechten Verhaltens weiter vertieft (III.5.3.).

---

[121] Hayek (1960b), S. 29; ders. (1961b), S. 349; ders. (1973a), S. 101: „Wenn alle so frei wie möglich sein sollen, kann Zwang nicht gänzlich ausgeschlossen, sondern nur auf das Minimum beschränkt werden, welches notwendig ist, um einzelne Menschen oder Gruppen davon abzuhalten, auf andere willkürlich Zwang auszuüben.“ Vgl. ders. (1979b), S. 471: „Wir verdanken unsere Freiheit den Schranken der Freiheit.“

[122] Hayek (1961b), S. 348 (Hervorhebungen P.B.): „It was not the main thesis of my book [›*The Constitution of Liberty*‹ – P.B.] that »freedom may be defined as the absence of coercion«. Rather [...] its primary concern is »the condition of men in which coercion of some by others is reduced *as much as is possible* in society«.“

[123] Vgl. Hayek (1973d), S. 187f.

5. Äußerer und innerer Zwang

5.1. Äußerer und innerer Zwang

Die Unterscheidung zwischen äußerem Zwang und innerem Zwang steht zum einen mit der Abgrenzung des negativen Freiheitsverständnisses vom Verständnis der Freiheit als Willensfreiheit in Verbindung, und zum anderen mit der Abgrenzung des schweren vom milden Zwang. Der zweite Aspekt führt weiter zum Problem der Gleichbehandlung Ungleicher und wirft damit ein erstes Licht auf Hayeks formalen Gerechtigkeitsbegriff.

5.1.1. Abgrenzung des negativen Freiheitsbegriffs vom Begriff der Willensfreiheit

So wenig der Begriff der individuellen Freiheit im Verständnis Hayeks mit der *Willensfreiheit* des seinem Willen nach *handelnden* Individuums in der Gesellschaft verbunden ist, so wenig hat Hayeks Zwangsbegriff die jeweilige innere Verfaßtheit des Individuums zum Inhalt.[124] Sämtliche Zwänge und Behinderungen des Handelns, die den einzelnen Menschen selbst betreffen, d.h. ohne direkte Beteiligung eines anderen zustande kommen, werden von der Definition des Zwangsbegriffs Hayeks nicht erfaßt. Nur äußerer Zwang, Zwang, den Menschen auf Menschen ausüben, ist Gegenstand der Definition des Zwangsbegriffs Hayeks. [125]

5.1.2. Bedeutung dieser Abgrenzung für die Unterscheidung zwischen schwerem und mildem Zwang

Die Differenzierung zwischen äußerem und innerem Zwang berührt einen zentralen Aspekt der Definition der Grade des Zwangs. Ein ‚schwacher Wille' läßt sich schon mit mildem Zwang brechen, wo der starke lediglich auf einen leicht überwindbaren Widerstand stößt. Die innere Verfaßtheit des Menschen ist ausschlaggebend für seine Anfälligkeit, gezwungen zu werden:

> „Ob der Versuch, jemand zu zwingen, Erfolg hat, hängt weitgehend von der seelischen Stärke des zu Zwingenden ab [...]. [A]ber hier befassen wir uns nur mit dem Zwang, der auf den *normalen Durchschnittsmenschen* [*normal, average person*] Wirkung hat."[126]

---

[124] Hayek (1960b), S. 21: „[...D]er Gegensatz zu »innerer Freiheit« ist nicht Zwang von seiten anderer, sondern der Einfluß vorübergehender Emotionen, oder moralische und intellektuelle Schwäche."

[125] Hayek (1960b), S. 127: „[...] Zwang [ist] ein Begriff, der [...] nur auf die bewußte Behandlung von Menschen durch andere Menschen beschränkt werden sollte." Ebd., S. 13.

[126] Hayek (1960b), S. 177 (Hervorhebung und Einfügung des englischen Originals P.B.; ders. (1960a), S. 138); ders. (1960b), S. 21: „Sie [innerer und äußerer Zwang – P.B.] sind gewiß nicht ohne Zusammenhang: Dieselben Umstände, die für manchen einen Zwang dar-

Hayek erläutert nicht, welche Merkmale, insbesondere hinsichtlich seiner Willensstärke, der ‚normale Durchschnittsmensch' auf sich vereint, aber es kann angenommen werden, daß er ein exakter Spiegel des Menschenbildes der Sozialphilosophie Hayeks ist. Die mit der Festlegung auf einen ‚Durchschnittsmenschen' verbundene Verallgemeinerung bedeutet, daß der als schwer empfundene Zwang des Einzelfalls im Rahmen allgemeiner und abstrakter Regeln des gerechten Verhaltens nicht wird verhindert werden können, und sie steht stellvertretend für das Problem, daß jene, die diesem Menschenbild nicht entsprechen, im konkreten Einzelfall im geringeren Maße frei sein werden, als jene, die ihm entsprechen oder es übererfüllen.[127]

5.2. Zwang und Ungleichheit

Die Wahrung der Verschiedenheit der Menschen in der Großen Gesellschaft ist für Hayek wesentlicher Bestandteil der freiheitlichen Ordnung der Gesellschaft.[128] Regeln des gerechten Verhaltens können sich nur auf Verhaltens-

---

stellen, werden für andere nur gewöhnliche Schwierigkeiten sein, die zu überwinden sind, je nach der Willenskraft der betreffenden Person."

[127] Hayek (1960b), S. 177: „Eine Morddrohung kann für den einen weniger die Macht haben, ihn von einem Ziel abzubringen, als die Androhung einer kleinen Unannehmlichkeit für den anderen. Wir mögen den schwachen und besonders empfindsamen Menschen bedauern, der sich durch ein Stirnrunzeln zu etwas gezwungen fühlt, das er nicht beabsichtigte." Vgl. dazu die Kritik von Zintl (1983), S. 186. Rhodes (2000), S. 78, gibt zu bedenken, daß Hayek an dieser Stelle nicht ausreichend zwischen Zwang und innerem Zwang unterscheidet, unterstellend, daß in Hayeks Beispiel das Stirnrunzeln nicht in zwingender Absicht erfolgt. Doch angenommen, es erfolgt in zwingender Absicht, und der Gezwungene ist nicht etwa durch innere, sondern durch äußere Umstände in eine Sachzwangslage geraten, in der bereits ein Stirnrunzeln ausreicht, um eine Drohung mit einem schwerem Nachteil zu sein – etwa im Falle eines Arbeitsverhältnisses in Zeiten oder in einer Region ausgedehnter Arbeitslosigkeit (vgl. Hayek (1960b), S. 176) – liegt subjektiv schwerer Zwang vor, der im Rahmen einer abstrakten Definition bzw. abstrakten Regel des gerechten Verhaltens für Hayek nicht wird verhindert werden können.

Im Umkehrschluß kann die dargestellte Schwäche in Hayeks Konzeption auch bedeuten, daß die am ‚Durchschnittsmenschen' bemessene Sanktion (Strafe) für die Verletzung allgemeiner und abstrakter Regeln auf das ‚überdurchschnittlich willensstarke' Individuum nicht ausreichend abschreckende Wirkung hat und folglich für dieses nicht dieselbe Verbindlichkeit besitzt wie für den ‚Durchschnittsmenschen'. Doch dann würde es sich nicht mehr um *allgemeine* im Sinne von: für alle gleichermaßen geltende Regeln des gerechten Verhaltens handeln. Vgl. dazu auch Hayeks Überlegung in (1960b), S. 102, wonach im Kontext der Großen Gesellschaft „normale Motive und Abschreckungsmittel" als wirksam angenommen werden müssen, „ob das nun im Einzelfall zutrifft oder nicht." Es muß daher im Interesse der Konsistenz der Gesellschaftstheorie Hayeks davon ausgegangen werden, daß der zur Durchsetzung allgemeiner und abstrakter Regeln angedrohte Nachteil so schwer ist, daß er auch auf den besonders starken Willen abschreckende Wirkung besitzt.

[128] Hayek (1945), S. 17: „[...W]ir [können] die Menschen nur deswegen gleich behandeln, weil sie tatsächlich ungleich sind. Wenn die Menschen in ihren Begabungen und Neigungen

weisen, nicht aber auf konkrete Zustände oder Handlungsergebnisse beziehen.[129]

Allgemeine und abstrakte Regeln des gerechten Verhaltens besitzen Gültigkeit für alle Mitglieder einer Gesellschaft gleichermaßen, ohne Ansehung ihrer jeweiligen Umstände und ihrer Eigenschaften:

> „Die grundlegende Konzeption des klassischen Liberalismus [...] ist, daß die Regierung alle Menschen als gleich ansehen muß, wie ungleich auch immer sie tatsächlich sein mögen [...]. Auch nur von der faktischen Ungleichheit der Individuen Kenntnis zu nehmen und dieses zur Entschuldigung für irgendeinen diskriminierenden Zwang zu machen, ist ein Bruch der grundlegenden Bedingungen, unter denen ein freier Mensch sich der Regierung unterwirft."[130]

Die formale Gleichheit vor dem Recht kann für Hayek die materiale Ungleichheit der Menschen, für die das Recht gilt, nicht ausgleichen.[131] Wo das Gesetz materiale Unterschiede zwischen den Menschen auszugleichen versucht, privilegiert es die einen und diskriminiert die anderen, womit es zur Grundlage für die Ausübung von Zwang wird.[132] Da sich kein formales Kriterium zum Ausgleich ihrer Unterschiede angeben läßt, muß jeder materiale Ausgleich willensbestimmt und somit, wenn er gesetzlich vorgegeben wird, zwangvoll sein.[133] Dies ist ein tragendes Argument Hayeks gegen die Vorstellung der sozialen Gerechtigkeit, die mit seiner Vorstellung des formalen

---

alle gleich wären, dann müßten wir sie ungleich behandeln, damit irgendeine soziale Organisation zustande kommt." Den Begriff ‚soziale Organisation' verwendet Hayek hier nicht seiner Terminologie gemäß (I.2.2.), gemeint ist ‚soziale Ordnung'.

[129] Hayek (1976b), S. 189: „Die Vorstellung der Gerechtigkeit [...], alle nach denselben Regeln zu behandeln, [...] wurde [...] zur Leitvorstellung für eine progressive Entwicklung zu einer Offenen Gesellschaft freier und vor dem Gesetz gleicher Menschen. [...] Sie befaßt sich nicht mit den Ergebnissen, die ein bestimmtes Handeln tatsächlich bewirkt."

[130] Hayek (1979b), S. 448f; ders., Nachlaß, Box 58-13, Brief an Morris M. Wilhelm, 26. Februar 1970: „I suppose your irritation is due to the fact that for you inequality means some difference in value in an absolute sense. Now the fact that people have very different gifts and capacities is the circumstance, which makes them real individuals; and I believe that it is a main justification for freedom. The point seems to me very important because the tendency to make people factually equal not only presupposes that they are naturally unequal but leads to the discrimination in treatment which is incompatible with liberty." Ders. (1960b), S. 112.

[131] Hayek (1960b), S. 112 (Hervorhebung P.B.): „Gleichheit vor dem Gesetz und materielle Gleichheit sind daher nicht nur zwei verschiedene Dinge, sondern sie schließen einander aus [...]. Die Gleichheit vor dem Gesetz, die die Freiheit fordert, *führt zu materieller Ungleichheit.*" Ebd., S. 291f.

[132] Hayek (1979b), S. 456f: „[...] [R]echtschaffenes Regieren [...] würde erfordern, daß jede Anwendung von Zwang zur Sicherung eines gewissen Einkommens für bestimmte Gruppen [...] als unmoralisch und gänzlich antisozial für widerrechtlich erklärt wird." Ders. (1976b), S. 235; ders. (1960b), S. 198: „Was für einige ein Privileg ist, ist immer eine Diskriminierung für die übrigen." Ebd., S. 197; vgl. auch ders. (1979b), S. 379.

[133] Hayek (1976b), S. 221; vgl. ders. (1960b), S. 122.

Gerechtigkeitsbegriffs unvereinbar ist.[134] Materiale Ungleichheit ist nicht Zwang, der Versuch des materialen Rechtsstaates aber, sie auszugleichen, ist im Denken Hayeks Inbegriff staatlichen Zwangs.

6. Zwang und Macht

6.1. Differenzierung des Begriffs der Macht

Hayeks Einstellung zur Macht unterscheidet sich explizit von seiner Einstellung zum Zwang: Macht ist an sich kein Übel.[135] Hayek unterscheidet zwischen der politischen Macht des Staates als Inhaber des Gewaltmonopols und der privaten Macht des Individuums in der Gesellschaft, seinem eigenen Willen nach zu handeln. Während für Hayek „politische Macht gewöhnlich Zwangsgewalt bedeutet",[136] ist private Macht streng vom Begriff des Zwangs getrennt. Diese Unterscheidung verläuft synchron zu der zwischen staatlichem und nicht-staatlichem Zwang und ist bereits grundlegend für die deutliche Asymmetrie in der Bewertung des Zwangspotentials staatlicher und nicht-staatlicher Macht. Im Spätwerk differenziert Hayek sein Verständnis der nicht-staatlichen Macht weiter aus, indem er die Macht kollektiver Akteure in den Mittelpunkt seiner Demokratiekritik rückt. Sie soll hier als ‚gesellschaftliche Macht' bzw. als ‚Macht kollektiver Akteure' bezeichnet werden. Die gesellschaftliche Macht findet in Hayeks Konzeption des Zwangs kein Pendant, wird aber von ihm im dritten Band von ›*Recht, Gesetz und Freiheit*‹ unter dem Begriff der ‚schädlichen Macht' diskutiert.

Die Unterscheidung zwischen Zwang und Macht berührt erneut die Abgrenzung des negativen vom positiven Freiheitsverständnis, weil im positiven Freiheitsverständnis Freiheit mit Macht und das Erleiden von Zwang mit Machtlosigkeit gleichgesetzt wird. Sie betrifft darüber hinaus die Abgrenzung vom demokratischen Freiheitsideal, demzufolge Freiheit Teilhabe des Bürgers an der politischen Macht bedeutet.

6.2. Private Macht als wirtschaftliche Macht

So wenig Freiheit für Hayek den Besitz von Macht bedeutet, so wenig läßt sich für Hayek der Besitz selbst großer Macht mit der Ausübung von Zwang gleichsetzen.[137] Diese Einschätzung basiert zum einen (1.) auf der Annahme

[134] Hayek (1976b), S. 247ff, S. 251, S. 288; ders. (1976d), S. 190ff; ders. (1976e), S. 198.

[135] Hayek (1960b), S. 173f; zur Kontinuität dieses Gedankens siehe bereits (1944), S. 127.

[136] Hayek (1960b), S. 173.

[137] Hayek (1960b), S. 174: „Nicht Macht im Sinne einer Ausdehnung unserer Fähigkeiten verdirbt die Menschen, sondern die Unterwerfung des Willens anderer Menschen unter den unseren, der Gebrauch anderer Menschen gegen ihren Willen für unsere Zwecke." Ebd.: „Es

der grundsätzlichen Begrenztheit privater Macht durch die Macht des Staates und zum anderen (2.) auf der Unterscheidung zwischen den Zielhorizonten privater Macht und der politischen Macht des Staates.

(1.) Private Macht wird für Hayek zur Bedrohung der Freiheit des Individuums erst dann, wenn sie unbegrenzt wird. Wenn das Gewaltmonopol des Staates fehlt oder brüchig ist, öffnet sich die Macht des Staates in den gesellschaftlichen Raum, und private Macht kann die Grundlage für die Ausübung von schwerem Zwang werden:

„[...G]roße Macht, die einige Wenige besitzen, [macht] Zwang auf andere möglich [...], wenn solche Macht nicht durch eine noch stärkere Macht im Zaum gehalten wird."[138]

Hayek ist ein scharfer Kritiker jeder Mißachtung der durch das staatliche Gewaltmonopol gezogenen Grenzen zwischen Staat und Gesellschaft, weil hierdurch der Staat seine Zwangsgewalt an Akteure innerhalb der Gesellschaft abgibt. Private Macht wird für Hayek erst dann zur Zwangsmacht, wenn sie vom Staat *privilegierte* Macht ist.[139]

(2.) Private Macht wird von Hayek nahezu durchgängig als wirtschaftliche Macht, d.h. als „Macht über materielle Dinge"[140] begriffen und grenzt sich von der politischen dadurch ab, daß sie der Verwirklichung begrenzter Einzelziele, nicht aber übergeordneter gesellschaftlicher Ziele dient:

„Obschon ein Versandhaus wie Sears Roebuck & Co. inzwischen eines der hundert größten Unternehmen der Welt ist und an Größe bei weitem jedes vergleichbare Unternehmen übertrifft und obwohl seine Tätigkeiten Lebenshaltung und Gewohnheiten von Millionen nachhaltig beeinflußt hat, kann man nicht sagen, daß es Macht ausübt – in einem anderen Sinne als dem, daß es Dienstleistungen anbietet, die die Leute bevorzugen, wenn sie zu haben sind."[141]

---

ist nicht die Macht als solche – die Fähigkeit, das Erstrebte zu erreichen –, die schlecht ist, sondern nur die Macht, Zwang auszuüben [...]." Ebd.: „[...] Zwang ist weder eine so notwendige noch eine so häufige Folge der [privaten – P.B.] Macht wie vielfach geglaubt wird."

[138] Hayek (1960b), S. 174.

[139] Hayek (1979b), S. 388, S. 394; vgl. ebd., S. 379.

[140] Hayek (1979b), S. 386; vgl. ders. (1960b), S. 174.

[141] Hayek (1979b), S. 386. Diese Feststellung enthält die normative Forderung, daß Unternehmen im Interesse ihrer Machtbegrenzung keine gesellschaftlich bzw. öffentlich relevanten Ziele verfolgen sollen; vgl. hierzu explizit ebd., S. 388: „Solange das Management die eine, vorrangige Pflicht hat, die ihm zur Verfügung stehenden Mittel als Treuhänder der Aktionäre einzusetzen, [...] hat [... es] keine Macht, nach Gutdünken dieser oder jener Interessensgruppe dienlich zu sein. Aber sobald [...] das Management [...] nicht nur berechtigt, sondern sogar verpflichtet [ist...], in den Dienst einer guten Sache zu treten und allgemein zum Vorteil der Öffentlichkeit tätig zu werden, gewinnt es tatsächlich unkontrollierbare Macht [...]." Doch würde eine Unternehmensethik, welche diesen Grundsatz strikt und wörtlich umsetzt, Hayeks eigene Überlegungen konterkarieren, wonach in der freiheitlichen Gesellschaftsordnung an die Stelle wohlfahrtsstaatlich motivierten Zwangs freiwilliges privates Engagement für gemeinschaftliche Zwecke tritt. Vgl. hierzu insbesondere auch das in Abschnitt III.8.2.1. dieser Arbeit diskutierte Versorgungsargument Hayeks, wonach ein allge-

Im Gesamtwerk Hayeks ist durchgängig erkennbar, daß Hayek die private, wirtschaftliche Macht in Relation zur Macht des Staates als nicht freiheitsbedrohlich und vor diesem Hintergrund auch als nicht verwerflich einstuft.[142] Hayeks Position zum Zwangspotential privater Macht findet ihre direkte Entsprechung in seiner Haltung zum Monopolproblem. Für Hayek bedeuten Wirtschaftsmonopole und die von ihnen ausgehende Marktmacht grundsätzlich keine Gefährdung der individuellen Freiheit und darüber hinaus auch keine Gefährdung des Wettbewerbs.[143] Solange Monopole ihre Marktstellung einer Überlegenheit im Wettbewerb oder einer unvermeidlichen Knappheit im Markt verdanken, und solange sie selbst oder der Staat den Wettbewerb gegen sie nicht einschränken, üben Monopole grundsätzlich nicht Zwang aus, selbst wenn sie große Macht besitzen;[144] dabei tendiert Hayek im Spätwerk dazu, seine Haltung zum Monopolproblem auch mit der Effizienz wettbewerbsbewährter Monopole und also nicht im strengen Sinne freiheitlich zu begründen.[145] Hayek ist ein strenger Gegner jeder mit Zwang verbundenen Antimo-

---

meines Verbot von Preisdiskriminierungen in Fällen von Wirtschaftsmonopolen eine ‚wünschenswerte' Differenzierung der Preisgestaltung eines Monopols in Abhängigkeit von der Zahlungskraft und Bedürftigkeit seiner Nachfrager verhindern würde und deshalb abzulehnen sei: ders. (1979b), S. 390.

142 Deutlich bereits im ›*Weg zur Knechtschaft*‹, Hayek (1944), S. 93f: „[...W]er würde nicht einsehen, daß ein Multimillionär, der mein Nachbar und vielleicht mein Arbeitgeber ist, weit weniger Macht über mich hat als der kleinste Funktionär, der die Zwangsgewalt des Staates ausübt und von dessen Belieben es abhängt, ob und unter welchen Bedingungen man mir zu leben und arbeiten erlaubt?"

143 Hayek (1979b), S. 389 (Klammer im Original): „[...N]icht ein Monopol, sondern nur die Verhinderung von Wettbewerb (und zwar jede Verhinderung von Wettbewerb, ob sie nun zum Monopol führt oder nicht) [ist] moralisch unrecht [...]." Vgl. auch ders. (1946a), S. 119.

144 Hayek (1979b), S. 388.

145 Das – weitgehend implizit bleibende – Nebeneinander von Freiheits- und Effizienzargument wird etwa deutlich in der folgenden, sich aus zwei Aussagen zusammensetzenden Textstellen, Hayek (1979b), S. 389 (Hervorhebungen P.B.): „[...W]eder das Vorhandensein eines Monopols noch Größe als solche sind aus *wirtschaftlichen* [Effizienzargument – P.B.] noch aus *moralischen* Gründen [Freiheitsargument – P.B.] unerwünscht [...]." „[...S]chädlich ist nicht das Vorhandensein von Monopolen, die auf größere Effizienz oder die Verfügung bestimmter Mittel zurückgehen [...]." Ebd., S. 392: „Es gibt [...] guten Grund, zu glauben, daß ein rein freiwilliger Zusammenschluß von Unternehmen, die nicht mit Zwang operieren, nicht nur nicht schädlich, sondern im Gegenteil vorteilhaft ist." Ebd., S. 379. Das Nebeneinander beider Argumentationsebenen (Freiheitsargument und Effizienzargument) ist in Ansätzen bereits in der ›*Verfassung der Freiheit*‹ erkennbar, etwa in Hayeks Begründung der Ablehnung von staatlichen Preis- und Mengenkontrollen, ders. (1960b), S. 314 (Hervorhebungen P.B.): „Genaugenommen gibt es [...] *zwei* Gründe, warum alle Preis- und Mengenkontrollen mit einem freien System unvereinbar sind: der eine ist, daß solche Kontrollen *willkürlich* sein müssen [Freiheitsargument – P.B.], und der andere, daß es unmöglich ist, sie so durchzuführen, daß der *Markt richtig funktionieren* kann [Effizienzargument – P.B.]."

nopolpolitik des Staates.[146] Das Monopolproblem und das Phänomen großer Marktmacht in der Katallaxie werden von Hayek in erster Linie als Problem verfehlter Politik des Staates diskutiert.[147] Auch hier wieder kommt für Hayek der Grundsatz zum Tragen, daß sich allgemeine und abstrakte Regeln des gerechten Verhaltens nur auf Arten des Handelns, nicht aber auf Marktergebnisse, d.h. auf die Verteilung von Macht und Einkommen, beziehen können.[148] Darüber hinaus läßt sich am Beispiel der Monopole aufzeigen, daß fehlerhafte Abläufe in der Katallaxie für Hayek grundsätzlich Auswirkungen staatlicher Zwangausübung bzw. staatlicher Eingriffe in die Marktabläufe der katallaktischen Ordnung sind.[149] Im Gegensatz zur Staatsmacht ist selbst große Marktmacht zudem unter den Bedingungen des Wettbewerbs nur zeitlich befristet und bezieht sich nur auf einen einzelnen Markt innerhalb der Katallaxie, nie aber auf die Katallaxie oder die Gesellschaft als Ganze.[150] Lediglich Monopole auf lebensnotwendige Güter oder Dienstleistungen können die Grundlage für die Ausübung von Zwang bilden. Am Beispiel eines solchen potentiell zwangausübenden Monopols wird im dritten Teil dieser Arbeit die Arbeitsdefinition des Zwangsbegriffs Hayeks überprüft (‚Oasenbeispiel', III.8.).

---

[146] Hayeks Ablehnung staatlicher Antimonopolpolitik schließt Einschränkungen der unternehmerischen Freiheit im Rahmen allgemeiner und abstrakter Rechtsregeln, z. B. Grenzen der Vertragsfreiheit, wo Kartelle gebildet werden sollen usw., ausdrücklich nicht aus, Hayek (1979b), S. 392ff; ebenso wenig Änderungen oder Abschaffung von Gesetzen, aus denen künstliche Größenvorteile für Unternehmen hervorgehen, wie besonders Regelungen der Körperschaftssteuer, des Patentschutzes und des Zollschutzes; ders. (1959c), S. 19; ders. (1979b), S. 384; ders. (1947), S. 126ff. Auch in dieser Perspektive wieder sind es *staatliche* Gesetze bzw. Interventionen in die marktliche Ordnung, die Fehlbildungen in den Märkten erzeugen, nicht aber die Märkte selbst.

[147] Hayek (1960b), S. 360: „Ich bin [...] immer skeptischer geworden, daß irgendwelche Ermessensmaßnahmen der Regierung gegen einzelne Monopole vorteilhaft sind, und ich bin ernstlich beunruhigt über die Willkürlichkeit der ganzen Politik, die der Größe einzelner Unternehmungen Grenzen setzen will." Ebd., S. 361; ders. (1966a), S. 85; ders. (1973a), S. 113; ders. (1979b), S. 385: „Wie ich gar nicht oft genug wiederholen kann, neigt ein Monopol unter Staatsaufsicht immer dazu, ein Monopol unter staatlicher Protektion zu werden; und der Kampf gegen Größe endet nur allzu oft damit, daß gerade die Entwicklungen verhindert werden, durch die Größe zum Gegenmittel von Größe wird." Ebd., S. 394.

[148] Hayek (1960b), S. 360f: „Monopole sind sicherlich unerwünscht, aber nur in dem Sinn, in dem Knappheit unerwünscht ist; in beiden Fällen heißt das nicht, daß wir sie vermeiden können. [...] Das Gesetz [im Sinne von: Recht – P.B.] kann nicht Zustände verbieten, sondern nur Arten des Handelns."

[149] Hayek (1984b), S. 175.

[150] Vgl. Hayek (1944), S. 83: „[...E]ine Planwirtschaftsbehörde, die die gesamte Volkswirtschaft lenkt, würde der mächtigste Monopolist sein, den man sich vorstellen kann."

6.3. Politische Macht als Staatsmacht – im formalen und im materialen Rechtsstaat

Die Hauptbedrohung der individuellen Freiheit geht für Hayek vom Staat aus, denn der Staat besitzt das Gewaltmonopol in der Gesellschaft. Die Macht des Staates ist daher zunächst unbeschränkt:

> „Die wirksame Beschränkung der Macht ist das wichtigste Problem sozialer Ordnung. Der Staat ist für die Bildung einer solchen Ordnung nur insoweit unerläßlich, als er jeden vor Zwang und Gewalt aller anderen schützt. Aber sobald der Staat zu diesem Zweck mit Erfolg das Monopol auf Zwang und Gewalt beansprucht, wird er zugleich zur Hauptbedrohung der Freiheit."[151]

Staatliche Macht ist „Macht über das Verhalten anderer Menschen"[152] und erstreckt sich, anders als die private, auf die Gesellschaft als Ganze.[153] In der Abgrenzung zwischen politischer Macht und Zwang spiegelt sich auch die Abgrenzung zum demokratischen Freiheitsideal und analog zum *formalen* Rechtsstaat wider. Unter dem *‚formalen Rechtsstaat'* versteht Hayek einen Staat, der die Gesetze, die ihn zur Anwendung seines Gewaltmonopols berechtigen und die ihn zugleich in seiner Macht beschränken, selbst jederzeit ändern kann.[154] Demgegenüber ist der *materiale Rechtsstaat* nicht in der Lage, die Regeln, deren Durchsetzung seine wesentliche Aufgabe ist und an die er selbst gebunden ist, auf die Verwirklichung bestimmter gesellschaftlicher oder politischer Ziele hin zu verändern.[155] Demokratie ist für Hayek nicht Liberalismus,[156] und nicht jeder Rechtsstaat ist notwendig ein Staat, der den Regeln des gerechten Verhaltens verpflichtet ist.[157] Jede Anwendung des Gewaltmonopols des Staates, die nicht der Durchsetzung allgemeiner und ab-

---

[151] Hayek (1979b), S. 434.

[152] Hayek (1979b), S. 386.

[153] Vgl. Hayek (1973d), S. 50f; vgl. ders. (1978c), S. 220.

[154] Hayek (1966a), S. 74: „Die »rule of law« entspricht [...] dem deutschen »materiellen Rechtsstaat« im Gegensatz zum nur »formalen Rechtsstaat«, welcher lediglich verlangt, daß die Regierung zu jeder Handlung durch Gesetz autorisiert sein muß, wobei es aber gleichgültig ist, ob dieses Gesetz eine allgemeine Verhaltensregel darstellt oder nicht."

[155] Hayek (1963b), S. 174: „Das Ideal des government under the law kann nur erreicht werden, wenn auch die Volksvertretung, die die Regierungstätigkeit dirigiert, unter Regeln steht, die sie selbst nicht ändern kann [...]." Ders. (1973a), S. 95f; ders. (1953), S. 49, S. 51.

[156] Hayek (1966a), S. 70: „[...D]as Gegenteil von Liberalismus ist Totalitarismus, das Gegenteil von Demokratie aber Autoritarismus. Demnach ist es zumindest grundsätzlich möglich, daß eine demokratische Regierung totalitär ist, und daß eine autoritäre Regierung nach liberalen Grundsätzen handelt." Ders. (1960b), S. 133: „Der Liberalismus ist eine Lehre über den zulässigen Inhalt der Gesetze, die Demokratie ist ein Grundsatz über das Verfahren, in dem bestimmt wird, was als Gesetz zu gelten hat." Demokratie ist für Hayek, ebd., S. 524, das „[...] geringste Übel unter den Regierungsformen, die uns zur Wahl stehen."

[157] Hayek (1951), S. 231f.

strakter Regeln dient, ist im Verständnis Hayeks schwerer und verwerflicher Zwang im Sinne der Definition.[158]

6.4. Gesellschaftliche Macht als Macht kollektiver Akteure

Die Kritik am lediglich formalen Rechtsstaat führt Hayek im Spätwerk ›*Recht, Gesetz und Freiheit*‹ auch zur Auseinandersetzung mit der Macht organisierter Interessen, die in der unbeschränkten Demokratie Bedeutung eines „parastaatlichen Apparates" erhalten und damit Quelle von Zwang sein können.[159] Ihren Ausgang nimmt Hayeks Auseinandersetzung mit der Macht kollektiver Akteure auch werkgeschichtlich betrachtet[160] bei der Kritik am angelsächsischen und amerikanischen Gewerkschaftswesen,[161] woraus sich ein Schwer-

---

[158] Dies ist der Umkehrschluß des Prinzips des materialen Rechtsstaates, Hayek (1973e), S. 184: „[...J]ede Zwangsausübung durch den Staat [soll – P.B.] auf die Durchsetzung allgemeiner Regeln des gerechten Verhaltens beschränkt sein [...]." Ders. (1963b), S. 171; vgl. ders. (1979b), S. 312, S. 446.

[159] Hayek (1979b), S. 319, Hayeks Auseinandersetzung mit der Macht kollektiver Akteure ist eng an Mancur Olson und dessen ordnungspolitischer Analyse der kollektiven Interessen angelehnt: Mancur Olson, ›*Die Logik des kollektiven Handelns*‹ (1968). Die deutsche Ausgabe ist unter Federführung Hayeks entstanden. Ders., Nachlaß, Box 40-34, Brief an Mancur Olson Jr., Dezember 1966: „I have been greatly impressed by your book on ›*The Logic of Collective Action*‹ and I am contemplating about making it the subject of my seminar for the next summer semester. It has occured to me that it might be an interesting experiment to do this in the form that I make my students produce a joint translation [...]." Hayek (1968c), S. X; ders. (1979b), S. 450: „Der meisterhaften Beschreibung des Mechanismus solcher Regierung durch Koalitionen von Interessenverbänden, die Mancur Olson in seinem Buch ›*Die Logik des kollektiven Handelns*‹ gegeben hat, habe ich wenig hinzuzufügen." Ebd., S. 402f.

[160] Im Vordergrund der Diskussion gesellschaftlicher Macht steht bei Hayek die Auseinandersetzung mit den Gewerkschaften. Erst im Spätwerk, im Zuge der Vertiefung der Demokratiekritik, erweitert Hayek die Kritik an der Gewerkschaftsmacht zu einer Kritik an der Macht von Interessensverbänden. Vgl. Hayek (1947), S. 130f; ders. (1960b), Kapitel 18, vgl. demgegenüber ders. (1969b), S. 83ff; ders. (1979b), S. 394ff, S. 403, sowie ebd., Kapitel 16; vgl. auch ders. (1978d), S. 144 (Hervorhebung P.B.): „[...D]ie Tätigkeit der Gewerkschaften und [...] *ähnliche Aktivitäten anderer monopolistischer Organisationen* (wie das Ölkartell) [...]."

[161] Durch den Bezug auf das angelsächsische und amerikanische Gewerkschaftswesen ist Hayeks Gewerkschaftskritik nur eingeschränkt auf deutsche Verhältnisse übertragbar. Diesen Umstand berücksichtigt die deutsche Hayek-Rezeption nicht genügend. Vgl. hierzu vor allem Wolf (2000). Vgl. Hayek (1960b), S. XX: „Es war namentlich bei der Behandlung der Probleme des Arbeitsmarktes in Kapitel 18 [›*Gewerkschaften und Beschäftigung*‹ – P.B.], daß mir bewußt wurde, daß die Darstellung ganz auf die Verhältnisse in Großbritannien und den Vereinigten Staaten abgestellt war und ich mich nicht zuständig fühlte, sie den hiesigen [d.h. den deutschen – P.B.] Verhältnissen anzupassen." Ders. (1969b), S. 84 (Hervorhebung im Original) wonach „[...] ich [Hayek – P.B. ...] nicht nur *sehr* als Theoretiker, sondern auch als Ausländer spreche, [...] der mit der Realität der deutschen Politik nur wenig vertraut ist." Je mehr aber Hayek das Problem gesellschaftlicher Macht als Sozialphilosoph und also syste-

punkt der Argumentation ableiten läßt.[162] Hayeks Haltung zur Macht kollektiver Akteure stellt somit zum einen eine Erweiterung und Systematisierung seiner Kritik am Gewerkschaftswesen dar, zum anderen ist sie eine wichtige Facette seiner Kritik am formalen Rechtsstaat. Im Mittelpunkt seiner Auseinandersetzung mit der Macht kollektiver Akteure steht die Bedrohung der Freiheit des Individuums als Mitglied der Interessensorganisation. Nichtstaatliche Organisationen können Zwang ausüben, wenn sie über Macht verfügen, ihre Mitglieder gegen deren Willen zur Verfolgung der Ziele der jeweiligen Organisation zu verpflichten:

> „Das Problem der Entwicklung [... von – P.B.] Regeln des gerechten Verhaltens für organisierte Gruppen ist großteils noch ein Problem für die Zukunft, und im Bemühen um seine Lösung wird das Hauptaugenmerk auf dem Schutz des einzelnen vor dem Druck von Gruppen liegen müssen."[163]

In dieser Haltung bildet sich der individualistische Ansatz der Sozialphilosophie Hayeks noch einmal deutlich ab: Entscheidend für die Bildung und Erhaltung der spontanen Ordnung der Großen Gesellschaft sind einzig der Wille und das Einzelwissen des Individuums, nicht aber die Ziele von Kollektiven.[164]

---

matisch behandelt, um so weniger notwendig ist zugleich der Hinweis, daß er sich in seiner Erörterung nicht auf konkrete Verhältnisse eines bestimmten Landes stützt.

[162] Auch Olson setzt diesen Schwerpunkt. Olson (1968), S. 133: „Die Gewerkschaft ist wohl der wichtigste Typ einer Pressure-Group-Organisation und verdient den ersten Rang in einer Diskussion großer Lobby-Organisationen." Vgl. Hayek (1979b), S. 395.

[163] Hayek (1979b), S. 402. Vgl. in bezug auf die Gewerkschaften Hayek (1960b), S. 371: „Es sind die Techniken des Zwangs, die die Gewerkschaften entwickelt haben, um die Mitgliedschaft praktisch zwingend zu machen, [...] die ihnen die wahre Macht geben." Ders. (1959c), S. 31: „[...M]it Zwang meine ich nicht in erster Linie den Zwang gegenüber Arbeitgebern, sondern den Zwang gegenüber Arbeitnehmern von Seiten ihrer [gewerkschaftlich organisierten – P.B.] Arbeitskollegen."

[164] Hayek (1979b), S. 396: „Während [...] individueller Egoismus [...] den einzelnen dazu bewegt, in einer Weise zu handeln, die der Erhaltung der spontanen Ordnung der Gesellschaft förderlich ist, wird der Egoismus einer geschlossenen Gruppe [...] dem wahren gemeinsamen Interesse der Mitglieder einer Großen Gesellschaft immer entgegenstehen." Hier sind zwei ergänzende Anmerkungen nötig. (1.) vernachlässigt Hayek an dieser Stelle den Aspekt, daß der freiwillige Zusammenschluß von Individuen zu einer Organisation der Verwirklichung ihrer individuellen Ziele dient; vgl. Hayek (1960b), S. 174: „Es ist Teil der Stärke einer zivilisierten Gesellschaft [d.h. einer Großen Gesellschaft – P.B.], daß die Menschen durch eine solche freiwillige Zusammenarbeit unter einheitlicher Leitung ihre kollektive Macht ungemein vergrößern können." Ebd., S. 49. Ursache für die Vernachlässigung dieses Aspekts ist nach Auffassung dieser Interpretation die implizite Schwerpunktsetzung bei den Gewerkschaften und die sich daraus ableitende Annahme Hayeks, daß die Ziele, deretwegen sich Individuen zu einer Interessensorganisation zusammenschließen, ‚gruppenegoistische' und verteilungsorientierte seien; vgl. hierzu Hayek (1979b), S. 395, wonach „[...] der schwache einzelne sich oft mit Wissen trösten wird, daß er einer organisierten Gruppe angehört, die Einzelpersonen mit gemeinsamen Zielen umfaßt und die als organisierte Gruppe stärker als

Mächtig werden Interessensorganisationen in der Sicht Hayeks erst, wenn ihnen Sonderrechte eingeräumt werden, die es ihnen ermöglichen, die durch allgemeine Verhaltensregeln gesetzten Grenzen der Koalitionsfreiheit zu übergehen, und wenn ihnen die Macht eingeräumt wird, Einfluß auf die Gesetzgebung im formalen Rechtsstaat zu nehmen. In beiden Fällen liegt die Ursache der Macht kollektiver Akteure in der fehlenden Abgrenzung des Staates von den Prozessen innerhalb der gesellschaftlichen Ordnung:

> „Wir können eine Regierung nur daran hindern, Sonderinteressen zu bedienen, indem wir ihr die Macht nehmen, dabei Zwang anzuwenden, und das heißt, wir können die Macht von Interessensverbänden nur durch Beschränkung der Macht des Staates beschränken."[165]

Die Vermachtung der Gesellschaft durch organisierte Interessen ist die notwendige Folge des mit unbeschränkter Macht ausgestatten Rechtsstaates in der Demokratie; sie ist die Folge einer Verfassung, in der die jeweils amtierende Regierung die Macht besitzt, Gesetze zugunsten organisierbarer Interessen zu erlassen, um sich ihre Wiederwahl zu sichern.[166] Ähnlich wie bereits im Falle wirtschaftlicher Macht ist das Problem der gesellschaftlichen Macht für Hayek damit in letzter Hinsicht ein Problem der Konzeption des Staates und der Begrenzung seiner Macht, Zwang auszuüben.

6.5. Zwang und ‚schädliche Macht'

Mit der Frage, inwieweit die Macht staatlich privilegierter Monopole und die Macht kollektiver Akteure angesichts der Strenge der Definition mit schwerem Zwang gleichgesetzt werden kann, beschäftigt sich Hayek nicht explizit. Es kann jedoch angezweifelt werden, daß der Druck organisierter Interessen auf Regierungen oder der Druck etwa einer Arbeitnehmerorganisation auf eine ihrerseits organisierte Arbeitgeberschaft jeweils als Zwang im Sinne der

---

der stärkste einzelne ist." (2.) ist es ausgehend vom individualistischen Ansatz wörtlich genommen nicht korrekt, von einem ‚Egoismus der Gruppe' zu sprechen, weil nur das Individuum ein Ich besitzt und die Organisation gerade keines. Vgl. hierzu III.5.1.

[165] Hayek (1979b), S. 322, S. 323: „Wenn jene Macht unbegrenzt ist, so wird und muß sie in den Dienst von Sonderinteressen gestellt werden, und sie wird alle organisierbaren Interessen dazu bringen, sich zu organisieren, um auf die Regierung Druck auszuüben." Ders. (1973b), S. 195. Zur Differenzierung der Begriffe ‚Staat' und ‚Regierung' in Hayeks Terminologie siehe in dieser Arbeit Fußnote 462.

[166] Hayek, Nachlaß, Box 111, Brief an das Magazin *›Der Spiegel‹*, 28. September 1976: „Wie ich ständig betone, möchte ich die Gewalt des Staates beschränkt sehen, um ihn in seinen notwendigen Funktionen stark zu machen." Ders. (1979b), S. 317 (Kursiv im Original): „Korrupt und gleichzeitig schwach: Unfähig, dem Druck der einzelnen Gruppen zu widerstehen, *muß* die an der Regierung befindliche Mehrheit tun, was sie kann, um die Wünsche jener Gruppen zu befriedigen, deren Unterstützung sie braucht [...]. Sie ist zwar äußerst und in bedrückender Weise mächtig und in der Lage, jeden Widerstand einer Minderheit niederzuringen, ist aber gänzlich unfähig, einen konsequenten Kurs zu steuern, und schlingert wie eine Dampfwalze, die ein Betrunkener steuert."

Definition zu bezeichnen ist.[167] Es ist daher stimmig, wenn Hayek in ›*Recht, Gesetz und Freiheit*‹ als Bezeichnung für die Macht, die aus der Koalition des formalen Rechtsstaates mit einflußreichen gesellschaftlichen oder wirtschaftlichen Organisationen hervorgeht, den Ausdruck „schädliche Macht" (*harmful power*) wählt und nicht den Begriff ‚Zwang'.[168] Die Bezeichnung ‚schädliche Macht' hängt mit dem Begriff des Zwangs zusammen, aber sie ist mit diesem nicht identisch.[169] Schädliche Macht liegt den Ausführungen Hayeks zufolge vor, wenn nicht-staatliche Macht dazu verwendet wird, den Wettbewerbs- und den Preismechanismus als die beiden grundlegenden Funktionsprinzipien der Katallaxie sowie die Rechtsordnung insgesamt zu schädigen. In beiden Fällen ist die Ausübung schädlicher Macht nicht selbst mit Zwang verbunden, sondern *verursacht* Zwang, weil sie staatliche Eingriffe in Prozesse innerhalb der spontanen Ordnung und damit im Verständnis Hayeks Zwang erforderlich macht, wo zuvor unpersönliche Ordnungskräfte und abstrakte und universale Rechtsregeln wirkten.[170] Die Anwendung von Zwang ist *Folge* der Ausübung schädlicher Macht und bezieht sich in erster Linie auf den Zwang des Staates – aber sie kann selbst nicht durchgängig als Zwang im engen Sinne der Definition bezeichnet werden.

---

[167] Der Begriff der *individuellen* Freiheit bezieht sich letztlich immer auf das Individuum, ebenso wie ‚Zwang' als sein Gegenbegriff; im Denken Hayeks kann eine Organisation Individuen im Sinne der Definition zwingen, nicht aber eine Organisation eine Organisation (III.5.1.). Unabhängig davon ist es fraglich, ob es sich z.B. grundsätzlich bei *jeder* Streikdrohung um die Drohung mit einem schweren Nachteil und damit um schweren Zwang handelt. Zu der Einschätzung, daß es sich beim gewerkschaftlichen Zwang ausgehend von Hayeks restriktiver Definition des Zwangs nicht im engen Sinne um Zwang handelt, kommen Wolf (2000), S. 135f, S. 141 und Richardson (1996), S. 233.

[168] Hayek (1979b), S. 383, S. 387; vgl. ders. (1979a), S. 77, S. 81.

[169] Vgl. hierzu auch die Überlegungen von Wolf (2000), S. 133f. Wolf geht allerdings von einer sehr eigenständigen Bestimmung des Zwangsbegriffs Hayeks aus, vgl. ebd., S. 131f.

[170] Hayek (1960b), S. 382: „Wenn wir uns nicht mehr auf die unpersönliche Bestimmung der Löhne durch den Markt verlassen können, ist der einzige Weg, ein lebensfähiges Wirtschaftssystem zu erhalten, sie autoritativ von der Regierung festsetzen zu lassen. Eine solche Festsetzung muß willkürlich sein, weil es keinen objektiven Gerechtigkeitsmaßstab gibt, der angelegt werden könnte." Ebd., S. 383: „Solange die Macht, die man die Gewerkschaften erwerben ließ, als unangreifbar gesehen wird, kann man den durch sie angerichteten Schaden nicht anders beheben, als daß dem Staat eine noch größere willkürliche Zwangsgewalt gegeben wird."

7. Zwang und Moral

7.1. Anwendungshorizont des Zwangsbegriffs

Das Verhältnis von Zwang und Moral ist bei Hayek von zwei Aspekten bestimmt: zum einen von der Eingrenzung des Anwendungsbereichs des Zwangsbegriffs auf den Kontext der Großen Gesellschaft, zum anderen von der Unterscheidung zwischen dem staatlichen Zwang zur Durchsetzung allgemeiner Rechtsregeln und dem milden, nicht-staatlichen Zwang zur Durchsetzung von Moralregeln in der Gesellschaft. Der erste Aspekt berührt die Abgrenzung der Großen Gesellschaft von der kleinen Gruppe[171] und ihr Verhältnis zueinander. Der zweite Aspekt berührt das Verhältnis von Recht und Moral als zwei unterscheidbaren Ordnungen von Regeln und verweist unmittelbar auf Hayeks Theorie der kulturellen Evolution.

Hayeks Zwangsbegriff bezieht sich auf den Kontext der Großen Gesellschaft. Zwang, der sich im Kontext der engen privaten Beziehungen, der kleinen Gruppe ereignet, ist nicht Gegenstand der Definition des Zwangs und folglich nicht Gegenstand staatlichen Gegenzwangs:

> „Jeder Versuch, diese engen Verbindungen zu regeln, würde offensichtlich so weitreichende Beschränkungen der Freiheit der Wahl und des Verhaltens mit sich bringen, daß er noch schlimmeren Zwang darstellen würde: Wenn die Menschen frei sein sollen, [...] kann der Zwang, der sich aus diesen freiwilligen Beziehungen ergibt, keine Angelegenheit des Staates sein."[172]

---

[171] Die Bezeichnung ‚*kleine Gruppe*' für kleine Lebensgemeinschaften innerhalb der Großen Gesellschaft verwendet Hayek in (1976b), S. 300f, sinngemäß aber bereits in der ›*Verfassung der Freiheit*‹; vgl. ders. (1960b), S. 177f. Der Begriff wird von Hayek nicht klar umrissen. Er wird hier als Bezeichnung für Lebensgemeinschaften verwendet, die sich durch die drei folgend angeführten, von Hayek nicht ausdrücklich genannten Merkmale von der Großen Gesellschaft unterscheiden: (1.) die Mitglieder der kleinen Gruppe sind einander bekannt, weshalb sie (2.) gemeinsame Ziele anstreben können und (3.) die von ihnen befolgten Verhaltensregeln überwiegend freiwillig befolgte Moralregeln sind, die auch zielverknüpft sein können. Vgl. insbesondere ders. (1976b), S. 300ff. Die wichtigste kleine Gruppe in der Großen Gesellschaft ist für Hayek die Familie. Insbesondere in der Perspektive des Alterswerks ist die Institution der Familie von der des Privateigentums nicht zu trennen: vgl. ders. (1976d), S. 196; ders. (1982), S. 97; ders. (1983a), S. 92, S. 97; ders. (1988a), S. 167.

[172] Hayek (1960b), S. 178, S. 182: „[... D]ie Anerkennung eines geschützten persönlichen Bereichs [hat – P.B.] in Zeiten der Freiheit normalerweise das Recht auf Zurückgezogenheit und Verschwiegenheit eingeschlossen [...], ferner die Vorstellung, daß »a man's house is his castle« und niemand das Recht hat, auch nur Notiz davon zu nehmen, was darin vorgeht." Die Sicherung der Privatsphäre nicht nur gegen jedes staatliche Eingreifen, sondern ebenso gegen Eingriffe durch Individuen und private Organisationen, ist deshalb nach Hayek vorrangige Aufgabe des Rechts und sei angesichts der zunehmenden Bevölkerungsdichte, der technischen Möglichkeiten der Datenverarbeitung und der Möglichkeiten der Presse noch immer unzureichend in Gesetzesregeln implementiert. Vgl. ders. (1979b), S. 370 sowie ebd., Anmerkung 21. Diesen Gedanken weitergedacht, könnte sich hieran auch gut veranschaulichen

Die einzige Antwort des formalen Rechtsstaates auf die Ausübung von Zwang im Bereich der kleinen Lebensgemeinschaften kann für Hayek nur lauten, „solche Beziehungen völlig freiwillig zu machen.“[173] Freiheit der Wahl der Beziehungen bedeutet auch hier nur, daß weder der Staat noch die Gruppe, die das Individuum mit anderen bildet oder der es sich anschließt, Zwang anwenden darf, um seine Zugehörigkeit zur Gruppe verpflichtend zu machen. Einmal eingegangene private Bindungen müssen sich grundsätzlich jederzeit aus eigenem Beschluß der Beteiligten wieder lösen lassen.[174] Freiheit der Wahl der Beziehungen bedeutet allerdings nicht, daß nicht Sachzwänge, innere Zwänge oder milder Zwang Menschen zur Zugehörigkeit zu bestimmten Gruppen führen oder eine Gruppenzugehörigkeit aufrecht erhalten lassen können, die sie selbst als zwangvoll oder unerwünscht empfinden.[175] In keiner Gemeinschaft herrscht für den erwachsenen, mündigen Menschen in der Großen Gesellschaft Zwangsmitgliedschaft, und auch die Eingebundenheit in die Familie, die Dorf-, Stadt- oder Religionsgemeinschaft ist keine erzwungene, sondern fällt, wenn sie nicht selbst gewählt ist, in die Kategorie des Sachzwangs oder der übrigen, von der Definition des Zwangs ausgenommenen Formen der Handlungsbeeinflussung, die zu verhindern nicht Aufgabe allgemeiner und abstrakter Regeln des gerechten Verhaltens sein kann.[176]

Der Geltungsbereich des Zwangsbegriffs und folglich der mit Zwang durchgesetzten Regeln des gerechten Verhaltens bezieht sich nicht auf Handlungen im innersten privaten Bereich, im Bereich der kleinen Lebensgemeinschaften, sondern nur auf „Handlungen gegenüber anderen“ (*operationes*

---

lassen, daß sich mit den Grundsätzen Hayeks betrachtet keineswegs nur staatliche bzw. staatlich privilegierte Macht, sondern auch private Macht, etwa private Medienmacht, als ernste Bedrohung der individuellen Freiheit erweisen kann.

[173] Hayek (1960b), S. 178.

[174] Hayek (1976b), S. 301: „Die freie Wahl seiner Partner durch den einzelnen wird im allgemeinen die Wirkung haben, daß er es für verschiedene Zwecke mit verschiedenen Gefährten zu tun hat und keine dieser Beziehungen Zwangscharakter haben wird. Das setzt voraus, daß keine dieser kleinen Gruppen die Macht hat, ihre Maßstäbe irgend jemandem gegen seinen Willen aufzuzwingen.“ Vgl. hierzu die Überlegung in Fußnote 202 in dieser Arbeit.

[175] Hayek (1960b), S. 177: „In gewissem Ausmaß bieten alle engen Beziehungen zwischen Menschen, seien es die Bande der Neigung, wirtschaftlicher Notwendigkeit oder der äußeren Umstände (wie die auf einem Schiff oder einer Forschungsexpedition) Gelegenheiten zu Zwang.“ Daraus folgt, daß in engen Beziehungen oder Gemeinschaften, die von Sachzwängen begründet und zusammengehalten werden und in denen echter, willkürlicher Zwang vorherrscht, das Recht keinen Schutz für das gezwungene Individuum herstellen kann. Auch hierin ist ein Beispiel für den von Hayek formulierten Grundsatz zu sehen, wonach sich Zwang im Interesse der Minimierung staatlichen Zwangs nicht vollständig vermeiden läßt, weil allgemeine und abstrakte Regeln des gerechten Verhaltens nicht auf den Einzelfall hin konzipiert sind.

[176] Vgl. Hayek (1960b), S. 115; ders. (1976d), S. 196.

quae sunt ad alterum),[177] auf Handlungen, die im Kontext der Großen Gesellschaft vollzogen werden:

> „[...] Handlungen, die [...] von dieser Art sind [...], wie das, was einer allein in seinen vier Wänden tut, oder selbst solche Formen der freiwilligen Zusammenarbeit mehrerer Personen, die andere eindeutig nicht beeinträchtigen oder schädigen können, [... können – P.B.] nie zum Gegenstand von [mit Zwang durchgesetzten – P.B.] Verhaltensregeln werden."[178]

Anders als bei ‚Handlungen gegenüber anderen', haben Handlungen im Kontext der kleinen Gruppe nicht unmittelbare Auswirkungen auf Handlungen anderer Individuen in der Großen Gesellschaft, sondern beziehen sich nur auf das handelnde Subjekt selbst und gegebenenfalls auf Menschen, zu denen es in einem direkten Nahverhältnis steht.[179] Die konkrete Unterscheidung zwischen einer ‚Handlung gegenüber anderen' und Handlungen, die außer Menschen im nächsten Umkreis unmittelbar niemand anderen berühren, bestimmt sich anhand der allgemeinen und abstrakten Regeln des gerechten Verhaltens. Weil Regeln des gerechten Verhaltens der kulturellen Evolution unterliegen, kann die Abgrenzung zwischen beiden Handlungsarten nur eine formale sein. Dieses Grundprinzip ist bereits bei der Bestimmung des Verantwortungsbegriffs Hayeks sichtbar geworden.[180]

7.2. Rechtsregeln und Moralregeln

Unter ‚Moralregeln' versteht Hayek in Abgrenzung zu allgemeinen und abstrakten Regeln des gerechten Verhaltens, die mit staatlichem Zwang durchgesetzt werden und in diesem Sinne *Rechtsregeln* sind, soziale und gruppenspezifische Bräuche und Gewohnheiten. Moralregeln sind nicht ‚Regeln' in

---

[177] Hayek (1973d), S, 104; vgl. auch ebd. Anmerkung 9.

[178] Hayek (1973d), S. 104; ders. (1976b), S. 207: „[...] Handlungen, die niemanden als die handelnden Personen betreffen, sollten rechtlicher Kontrolle gar nicht unterliegen, wie stark auch immer sie durch Gewohnheit und Moral geregelt sein mögen." Vgl. ders. (1960b), S. 186: „[...W]o private Praktiken niemand anderen berühren können als die freiwillig handelnden Erwachsenen, bietet die bloße Abneigung gegen das, was andere tun, oder selbst das Wissen, daß sich andere durch ihr Handeln schaden, keinen berechtigten Grund zu Zwang."

[179] Hayek (1973d), S. 104.

[180] Als Beispiele für die Veränderbarkeit dieser Abgrenzung und damit zusammenhängend auch des Verantwortungsbegriffs siehe Hayek (1960b), S. 186: „Die Erzwingung religiöser Einheit zum Beispiel war eine rechtmäßige Aufgabe des Staates, als die Menschen an eine kollektive Verantwortlichkeit der Gemeinschaft gegenüber einer Gottheit glaubten und dachten, daß die Sünden eines ihrer Mitglieder an allen gerächt würden." Ders. (1973d), S. 104f. Vgl. ders. (1963b), S. 171; ders. (1960b), S. 186, Anmerkung 18: „Das auffallendste Beispiel hierfür in unserer Gesellschaft ist das der Behandlung der Homosexualität. [...W]o eine solche Überzeugung [Homosexualität schade den Menschen einer Gesellschaft – P.B.] nicht herrscht, bildet diese private Übung unter Erwachsenen, so abstoßend sie auch für die meisten sein mag, keinen geeigneten Gegenstand für eine Zwangshandlung seitens eines Staates, dessen Ziel es ist, den Zwang zu verringern."

dem Sinne, daß sie entworfen wurden oder notwendig als Regeln verbalisiert sind, sie stellen vielmehr wiederkehrende Verhaltensweisen dar, die zumeist freiwillig, d.h. nicht unter Anwendung von Zwang im Sinne der Definition, befolgt werden.[181]

Während das Verhalten der zahllosen, einander unbekannten Individuen in der Großen Gesellschaft neben Moralregeln auch und in erster Linie von zwangsbewehrten allgemeinen und abstrakten Rechtsregeln geleitet wird, sollen im Kontext der kleinen Gemeinschaften innerhalb der Großen Gesellschaft in erster Linie Moralregeln das Verhalten des Individuums leiten.[182] Dieser Ansatz verweist auf den hohen Stellenwert, den Hayek der Bedeutung der moralischen Tradition zumißt.[183] Verliert das Individuum seine Bindungen an die tradierte Moral der Gesellschaft, so treten an ihre Stelle mit staatlichem Zwang zu sanktionierende Gesetzesregeln, die im Gegensatz zu den aus der moralischen Tradition hervorgehenden Moralregeln konstruiert und damit nicht frei von einem sie konstruierenden Willen sind:

> „Es ist eine Tatsache, [...] daß Freiheit ohne tiefeingewurzelte moralische Überzeugungen niemals Bestand gehabt hat und daß Zwang nur dort auf ein Mindestmaß herabgesetzt werden kann, wo zu erwarten ist, daß die Individuen sich in der Regel freiwillig nach gewissen Grundsätzen richten“[184]

---

[181] Hayek (1973d), S. 45: „Der Begriff der Regel [...] besagt [...] nicht, daß solche Regeln in ausdrücklicher (»verbalisierter«) Form vorliegen, sondern nur, daß es möglich ist, Regeln zu entdecken, nach denen sich das Verhalten der einzelnen tatsächlich richtet.“ Ebd., S. 46: „Obwohl der Mensch nie ohne Gesetze existierte, die er befolgte, lebte er natürlich hunderttausende Jahre lang ohne Gesetze, die er in dem Sinn »gekannt« hätte, daß er sie hätte in Worte fassen können.“ Vgl. ders. (1960b), S. 82; ders. (1973d), S. 78; ders. (1967d), S. 75: „Durchweg sollte klar verstanden werden, daß der Begriff »Regel« für eine Aussage verwendet wird, durch welche eine Regelmäßigkeit des Verhaltens von Individuen beschrieben werden kann, unabhängig davon, ob eine derartige Regel den einzelnen in irgendeinem anderen Sinne als demjenigen »bekannt« ist, daß sie normalerweise in Übereinstimmung mit ihr handeln.“

[182] Hayek (1976b), S. 300: „[...In] einer freien Gesellschaft wird es so wichtig, klar zu unterscheiden zwischen den Moralregeln, die nicht [mit Zwang – P.B.] durchgesetzt werden, und den Rechtsregeln, die durchgesetzt werden.“ Ebd., S. 241f; vgl. ders. (1945), S. 24.

[183] Hayek (1979b), S. 474 (Hervorhebung im Zitat): „Tradition ist nicht etwas Gleichbleibendes, sondern das Ergebnis eines Selektionsprozesses, der nicht von der Vernunft geleitet ist, sondern vom Erfolg. [...] Und da wir die Ordnung unserer Gesellschaft der Überlieferung von Regeln verdanken, die wir nur unvollkommen verstehen, *muß aller Fortschritt auf Tradition beruhen.*“

[184] Hayek (1960b), S. 83; ders. (1945), S. 24: „Daß gemeinsame Konventionen und Traditionen eine Gruppe von Menschen in den Stand setzen, bei weitaus weniger Organisation und weniger Zwang leicht und wirkungsvoll zusammenzuarbeiten als eine Gruppe ohne solchen gemeinsamen Hintergrund, versteht sich von selbst. Aber das Umgekehrte gilt nicht weniger [...]: nämlich daß Zwangsmaßnahmen dort auf ein Minimum herabgesetzt werden können, wo Konventionen und Traditionen das Verhalten der Menschen in hohem Grad voraussehbar gemacht haben.“ Ders. (1967c), S. 50f.

Es finden sich somit bei Hayek zwei Begründungen, deretwegen Zwang auf der Ebene der kleinen Gemeinschaften als Teilordnungen innerhalb der spontanen Ordnung der Großen Gesellschaft nicht Gegenstand des Definitionsbereichs des Zwangsbegriffs Hayeks sein kann: Zum einen ist die Anwendung von Zwang zur Verhinderung von Zwang auf der Ebene der kleinen Gruppe mit mehr Zwang verbunden, als es Zwang zu verhindern gilt, und zum anderen bleiben Moralregeln am besten dann Gegenstand von Experimenten und Modifizierungen, wenn der zu ihrer Durchsetzung ausgeübte Zwang von überwindbarer Schwere ist.[185]

Aus der moralischen Tradition gehen Moralregeln hervor, die Vorstufen zu Rechtsregeln sein können, wenn sie sich innerhalb der kulturellen Evolution für das erfolgreiche Überleben der Gruppen, die sie einhalten, bewähren.[186] Der Erfolg einer Gruppe bemißt sich bei Hayek am Zuwachs ihrer Größe, wodurch die Regeln, die sich als förderlich für diesen Erfolg erweisen, mit zunehmender Gruppengröße in ihrem Geltungsbereich ausgedehnt und dadurch weiter abstrahiert werden (II.3.4.). Je größer die Gruppe, desto mehr müssen sich Verhaltensregeln von einzelnen Zielen ihrer Mitglieder lösen, wenn sie für die ganze Gruppe gelten sollen. Durch diesen Prozeß können aus Moralregeln allgemeine und abstrakte Rechtsregeln hervorgehen:

> „Ein Prozeß, in dem alternative Regeln [Regeln der Moral – P.B.] miteinander wetteifern und die effektiveren durch den Erfolg der Gruppe, die ihnen gehorcht, ausgelesen werden und letztlich das Modell für eine angemessene Gesetzgebung abgeben mögen."[187]

Moralregeln bilden den Fundus, aus dem das allgemeine und abstrakte Recht entsteht.[188] Die Untersuchung der Implikationen des ‚Erfolgs der Gruppe' als Selektionskriterium der kulturellen Evolution sei einstweilen zurückgestellt;

---

[185] Hayek (1976b), S. 302 (Hervorhebungen P.B.): „Es hieße, die Grundprinzipien der freien Gesellschaft in bedauerlicher Weise mißzuverstehen, wenn der Schluß gezogen würde, daß sie deshalb, weil sie *die kleine Gruppe jeglicher Zwangsgewalt entkleiden muß*, keinen Wert auf freiwilliges Handeln der kleinen Gruppe legen muß. Dadurch, daß *aller Zwang staatlichen Organen vorbehalten* ist [...] zielen diese Prinzipien darauf ab, so weit wie möglich allen Zwang zu verringern und so viel wie möglich den freiwilligen Bemühungen zu überlassen."

[186] Aber nicht alle zu einem bestimmten Zeitpunkt in einer bestimmten Gesellschaft betrachteten, gültigen Moralregeln sind notwendig Vorläufer von Rechtsregeln – Hayek (1976b), S. 207: „Sicherlich haben viele Rechtsregeln keine Beziehung zu Moralregeln, und andere können fraglos geltendes Recht sein, obwohl sie anerkannten Moralregeln widersprechen."

[187] Hayek (1976b), S. 207; ders. (1973d), S. 20f: „Das kulturelle Erbe, in das der Mensch hineingeboren wird, besteht aus einem Komplex von Handlungsweisen und Verhaltensregeln, die sich deshalb durchgesetzt haben, weil sie einer Gruppe von Menschen zum Erfolg verhalfen, die aber nicht deshalb eingeführt wurden, weil man gewußt hätte, daß sie die gewünschten Wirkungen haben würden. Der Mensch handelte, ehe er dachte, und verstand nicht, bevor er handelte."

[188] Hayek (1983a), S. 97; ders. (1976b), S. 207f.

im Mittelpunkt der Betrachtung steht zunächst die Frage des Zwangsgehaltes der Sanktionen von Moralregeln in Abgrenzung vom Zwang, der zur Durchsetzung allgemeiner und abstrakter Rechtsregeln angewandt wird.

Die Unterscheidung von Recht und Moral ist bei Hayek im wesentlichen eine Unterscheidung zwischen dem abstrakten, zielunabhängigen Recht, verstanden als einer Ordnung aus allgemeinen und abstrakten Rechtsregeln, die sich auf die Große Gesellschaft als Ganze bezieht, und der zumeist zielverknüpften Moral der Kleingruppe, deren Regeln sich nicht oder nur mit Einschränkungen auf den Kontext der Großen Gesellschaft übertragen lassen. Das wiederkehrende ethische Dilemma für das Individuum in der Großen Gesellschaft ist folglich, daß es im Kontext der Großen Gesellschaft und der Katallaxie als ihrem Paradigma gegen seine „moralischen Instinkte“[189] und Gefühle handeln muß, die es aus seiner Herkunft aus der kleinen Gruppe kennt. Daraus folgt, daß sich das Individuum in der Großen Gesellschaft als Mitglied kleiner Lebensgemeinschaften und zugleich als Individuum in der Großen Gesellschaft in zwei parallelen Moralsystemen bewegt und nach unterschiedlichen Maximen handelt.[190]

Die Spannung zwischen beiden Moralsystemen wird allerdings von Hayek kaum thematisiert.[191] Zu den instinktiven Moralvorstellungen zählt Hayek besonders das Ideal der sozialen Gerechtigkeit, das er als „Atavismus“, als Relikt aus den Anfängen der Menschheitsgeschichte betrachtet, als sich der Mensch in kleinen, geschlossenen Horden *organisierte*, um zu überleben.[192] Die Bedeutung, die Hayek der Moral der Kleingruppe zumißt, gibt einen weiteren wichtigen Einblick in das Menschenbild und den von Hayek vertre-

[189] Hayek (1976b), S. 262; ders. (1979b), S. 472.

[190] Hayek (1982a), S. 78: „Es ist [...] unser Problem, daß wir unser Leben zwei verschiedenen Arten der Ordnung anpassen müssen. [...] Wir müssen lernen, in zweierlei Gesellschaften zu leben, denen sogar denselben Namen zu geben irreführend ist.“ Vgl. zu diesem Problem auch die von Kerber (1998), S. 9, S. 14, in Anlehnung an Rich (1985), S. 56ff, diskutierte Unterscheidung zwischen *Personalethik* und *Sozialethik*. In diesem Verständnis bezieht sich Personalethik auf personale Pflichten von (einander bekannten) Individuen untereinander, Sozialethik hingegen im Sinne einer Ordnungsethik auf soziale Institutionen und einander unbekannte Individuen innerhalb eines Ordnungsgefüges.

[191] In der Regel steht bei Hayek die Erkenntnis im Vordergrund, daß die Anwendung der Moraltradition der Kleingruppe zu einer Zerstörung der Großen Gesellschaft bzw. der spontanen Ordnung führen muß; dies ist Kernargument seiner Kritik am Ideal der Sozialen Gerechtigkeit; Hayek (1976b), S. 241f, S. 298; vgl. ders. (1973d), S. 48ff. Allerdings würde auch die Anwendung der Moralprinzipien der Großen Gesellschaften auf die kleinen Lebensgemeinschaften auf diese erodierende Wirkung haben. Den Umkehrschluß betont Hayek nicht, doch ist er etwa in der folgenden Aussage deutlich enthalten, ders. (1976b), S. 240 (Hervorhebung P.B.): „Ein Regelsystem, das für eine Offene Gesellschaft gedacht ist [...], muß einen um etliches geringeren Inhalt haben als eines, das für eine kleine Gruppe gelten *soll*.“ Vgl. auch ebd., S. 296ff.

[192] Hayek (1976b), S. 239, S. 241, S. 301, S. 218; ders. (1976d), S. 186ff.

tenen Individualismus. Der Mensch des Naturzustandes ist in der Vorstellung Hayeks ein zutiefst soziales Wesen, dessen Überleben als einzelner außerhalb seiner Gruppe unmöglich ist: „Der Wilde ist kein Einzelgänger, und sein Instinkt ist kollektivistisch."[193] Die Moral der Kleingruppe hat im Ordnungsbild der *Organisation* der Gesellschaft ihr Ideal, in der in einem materialen Verständnis jedem das Seine zugewiesen wird, und in der das Wissen des Individuums in der Gruppe durch das Wissen jener beschränkt ist, welche die Gruppe anführen.

An dieser Stelle zeichnet sich nach Auffassung dieser Interpretation allerdings ein Dilemma innerhalb der Moraltheorie Hayeks ab, das in der Frage der Vereinbarkeit moralischen Zwangs mit der freiheitlichen Gesellschaftsordnung seinen Niederschlag findet und dessen Auflösung zu den normativen Implikationen in Hayeks Theorie der kulturellen Evolution führt: Einerseits ist das Vorhandensein und die Würdigung der moralischen Tradition für Hayek schlechthin die Voraussetzung für die Entstehung und Erhaltung der freiheitlichen Ordnung der Gesellschaft, andererseits ist gerade die Überwindung der zielverknüpften Moral der Kleingruppe und der systematische Verstoß gegen ‚moralische Instinkte' Voraussetzung für die Entstehung und Erhaltung der freiheitlichen Ordnung der Gesellschaft. Die Moral der materialen Solidarität ordnet Hayek der „angeborenen Moralvorstellung" zu, während jene Moralvorstellungen, aus denen die Zivilisation hervorgegangen ist, für ihn das Ergebnis eines evolutiven Lernprozesses ist. Von der Wahrung der moralischen Instinkte des Menschen als Mitglied der Kleingruppe geht die Bedrohung der Zivilisation aus, von der Wahrung der moralischen Tradition als Fundus gewachsener Muster erfolgreichen Überlebens gehen die Impulse für das allgemeine und abstrakte Recht aus, das die Voraussetzung dauerhafter individuelle Freiheit ist:

> „[...E]s kann kein Zweifel bestehen, daß moralische und religiöse Vorstellungen eine Zivilisation zerstören können[, ...] die Zerstörung des unerläßlichen Nährbodens, *auf dem allein die traditionellen moralischen Werte gedeihen können*, nämlich der persönlichen Freiheit."[194]

Der Begriff der Moral wird von Hayek häufig mit diesen beiden verschiedenen Bedeutungen und Wertungen unterlegt: Moral zum einen als überlieferte Moral der Freiheit und der spontanen Ordnung der Großen Gesellschaft,[195]

---

[193] Hayek (1988a), S. 8.

[194] Hayek (1976b), S. 217f (Hervorhebung P.B.); vgl. noch einmal (1960b), S. 7, wonach „[...] Freiheit nicht bloß ein besonderer Wert ist, sondern [...] die Quelle und Vorbedingung für die meisten moralischen Werte [...]."

[195] Vgl. Hayek (1979b), S. 472 (Hervorhebung P.B.): „Diese Tauschgesellschaft [...] wurde möglich durch die Ausbreitung *gewisser* [...] Moralvorstellungen, an die sich die meisten Menschen der westlichen Welt gewöhnten [...]. Sie enthielten ein Ethos der Wertschätzung des klugen Mannes, guten Landwirts und Hausvaters, der für die Zukunft seiner Familie

und Moral zum anderen als überkommene Moral der Kleingruppe, deren Ideal die Herstellung materieller Gerechtigkeit und deren Ordnungstyp die zielverknüpfte Anordnung ihrer Glieder ist, die ausgedehnt auf die Große Gesellschaft eine von Zwang und Statik beherrschte Gesellschaftsordnung, d.h. eine *Organisation* ergäbe.[196]

7.3. Zwang und moralischer Zwang

Damit Moralregeln als Träger der moralischen Tradition Bindungskraft in der Gesellschaft besitzen, müssen sie sanktioniert werden; damit sie aber leichter als bereits festgeschriebene Rechtsregeln Gegenstand kultureller Evolution sein können, müssen sie dennoch übertretbar bleiben. Der Zwang zur Durchsetzung von Moralregeln muß einerseits *schwer* genug sein, um ihnen Verbindlichkeit zu geben, und er muß andererseits noch gerade *mild* genug sein, um Regelverletzungen möglich zu machen:

> „Es ist von Vorteil, wenn die Befolgung solcher Regeln nicht erzwungen wird, nicht nur, [1.] weil Zwang an sich etwas Schlechtes ist, sondern auch, [2.] weil es oft wünschenswert ist, daß Regeln [Regeln der Moral – P.B.] nur in den meisten Fällen befolgt werden [...]. [...] Diese Flexibilität der freiwilligen Regeln macht auf dem Gebiet der Moral eine allmähliche Entwicklung und spontanes Entstehen möglich [...]. Eine solche Entwicklung ist nur möglich mit Regeln, die weder erzwungen noch willkürlich auferlegt werden [...].“[197]

(1.) Die Sanktionierung von Moralregeln ist zu vermeiden, weil die Anwendung von Zwang ‚an sich etwas Schlechtes ist‘, und Zwang aus diesem Grunde nur zur Durchsetzung allgemeiner und abstrakter Rechtsregeln erlaubt ist. Hier ist erkennbar, daß Hayek unter Zwang in erster Linie Zwang durch den Staat versteht; ‚freiwillige Regelbefolgung‘ bedeutet demnach nur, daß das Individuum nicht durch staatlichen Zwang zur Befolgung von Moralre-

---

und seiner Geschäfte durch die Bildung von Kapital sorgte [...]. Zu deren Moral gehörte es, dem persönlich bekannten bedürftigen Nachbarn vorzuenthalten, was er vielleicht brauchte, um den unbekannten Bedürfnissen Tausender unbekannter anderer zu dienen.“ Ebd., S. 468: „Es ist kaum zu bezweifeln, daß alles – von der Duldung des Tauschhandels mit Fremden, über die Anerkennung abgegrenzten Privateigentums, besonders an Grund und Boden, die Durchsetzung vertraglicher Verpflichtungen, den Wettbewerb mit Handelskollegen, die Veränderbarkeit zunächst gewohnheitsmäßiger Preise, bis hin zum Geldverleih, besonders gegen Zinsen – ursprünglich die Übertretung von Gewohnheitsregeln bedeutete: jedes Mal ein Sündenfall.“

[196] Vgl. Hayek (1979b), S. 478; ders. (1988a), S. 74: „Es gibt erstens [...] die sogenannten angeborenen Moralvorstellungen unserer Instinkte (Solidarität, Altruismus, Gruppenentscheidung und dergleichen), deren Niederschlag im praktischen Leben nicht ausreicht, um unsere erweiterte Ordnung und deren Bevölkerung zu erhalten. Zweitens gibt es die im Zuge der Entwicklung ausgebildete Moral (Sparsamkeit, Sondereigentum, Ehrlichkeit usw.), welche die erweiterte Ordnung schuf und regelt. Wie wir bereits sahen, steht diese Moral *zwischen* Instinkt und Vernunft.“

[197] Hayek (1960b), S. 83 (Einfügungen P.B.).

geln angehalten wird. Doch dagegen ist einzuwenden, daß auch der gesellschaftliche Druck zur Durchsetzung von Moralregeln das Ausmaß schweren Zwangs annehmen kann: Der Verstoß gegen Moralregeln wird, je fester diese in der Tradition einer Gesellschaft oder einer Kleingruppe als Teil der Großen Gesellschaft verankert sind, mit sozialer Ächtung bis hin zum Ausstoß des die Moralregeln wiederholt oder sie schwerwiegend verletzenden Mitgliedes aus seiner Gruppe sanktioniert.[198] Mit der Frage, ob ein solcher Gruppendruck echten, schweren Zwang oder lediglich milden Zwang darstellt, befaßt sich Hayek nicht abschließend.[199] Mit Blick auf John Stuart Mill und dessen Erfahrungen des viktorianischen Zeitalters, in dem, wie Hayek betont, „zugleich der Zwang des Staates auf ein Minimum beschränkt war", anerkennt Hayek, daß moralischer Zwang auch schwerer Zwang sein kann, wenngleich er Mills Kritik am moralischen Zwang als „übertrieben" bezeichnet.[200] Auch Gruppen oder ‚herrschende Meinungen' können auf ein Individuum „mit normaler Willensstärke" so erheblichen Druck ausüben, daß sie schweren Zwang ausüben; nicht zuletzt Hayeks Überlegungen zur Macht kollektiver Akteure zei-

---

[198] Hayek (1967d), S. 88: „Der Ausschluß aus der Gruppe ist wahrscheinlich die früheste und wirksamste Sanktion oder »Strafe«, die die Konformität sichert; zunächst durch die bloße tatsächliche Eliminierung [...], während später, auf höheren Stufen der geistigen Entwicklung [der Kleingruppe – P.B.], bereits die Angst vor dem Ausschluß abschreckend wirken kann." Vgl. auch ders. (1979b), S. 478: „Ich bezweifle, daß sich irgendeine Moralregel aufrechterhalten ließe, wenn diejenigen, die regelmäßig dagegen verstoßen, nicht aus der anständigen Gesellschaft ausgeschlossen würden [...]. Sanktionen moralischen Verhaltens wirken durch die Trennung von Gruppen und deren unterschiedliche Zulassungsrichtlinien."

[199] Hayek (1960b), S. 187: „Jedenfalls fördert es die Klarheit, wenn man den Druck, den die öffentliche Zustimmung oder Ablehnung ausübt, um die Befolgung von Moralregeln und Konventionen zu sichern, nicht Zwang nennt." Vgl. allerdings auch ebd., S. 188: „Ob wir nun die milderen Formen des Drucks, den die Gesellschaft anwendet, Zwang nennen wollen oder nicht – [...] diese Moralregeln und Konventionen [... haben – P.B.] eine wichtige und sogar unentbehrliche Rolle zu erfüllen und [...haben – P.B.] ebenso zur Erleichterung des Lebens in der Gesellschaft beigetragen wie die eigentlichen Gesetzesregeln." Vgl. auch ebd. (Hervorhebung P.B.): „*Im großen und ganzen* stellen die Konventionen und Normen [...] keine ernstliche Beeinträchtigung der persönlichen Freiheit dar [...]."

[200] Hayek (1960b), S. 187: „Vor hundert Jahren, als in der strengeren moralischen Atmosphäre des viktorianischen Zeitalters zugleich der Zwang des Staates auf ein Minimum beschränkt war, richtete John Stuart Mill seine heftigsten Angriffe gegen solchen »moralischen Zwang«. Damit übertrieb er wohl die Forderungen nach Freiheit." Diese Aussage kann insbesondere vor dem Hintergrund der Anmerkung, daß der staatliche Zwang durch das Vorherrschen moralischen Zwangs ‚auf ein Minimum beschränkt war', als Billigung des moralischen Zwangs verstanden werden. Mit einer solchen Konnotation gelesen, kann sie als ein Beleg für die in dieser Arbeit unter anderen in III.5.5. diskutierte Asymmetrie zwischen staatlichem und privatem Zwang im Denken Hayeks angeführt werden.

gen, daß eine klare Unterscheidung an dieser Stelle schwierig und diskussionswürdig ist.[201]

Unabhängig von der aufgezeigten Unschärfe bei Hayeks Unterscheidung zwischen staatlichem und moralischem Zwang muß nach Auffassung dieser Interpretation auch die Frage gestellt werden, inwieweit der gesellschaftliche Druck zur Durchsetzung von Moralregeln überhaupt als Zwang im Sinne der Definition bezeichnet werden kann, wenn entlang Hayeks Theorie der kulturellen Evolution angenommen wird, daß Moralregeln nicht durch Setzung oder bewußte Übereinkunft etabliert werden, sondern das Ergebnis eines weitgehend unintendierten, nicht bewußt gesteuerten Selektionsprozesses sind, und sie folglich niemandes Willen dem eines anderen unterwerfen. Moralischer Zwang müßte unter dieser Annahme vielmehr als Sachzwang gedeutet werden, es sei denn, eine gesellschaftliche Institution oder eine Gruppe innerhalb der Großen Gesellschaft würde die Verbalisierung und Sanktionierung von Moralregeln vornehmen und diese Funktion für die Verwirklichung ihrer eigenen Ziele gebrauchen können; doch dies sind Überlegungen, die Hayek nicht anstellt.[202]

---

[201] Beispielsweise stellt für Hayek der soziale Druck, den Streikposten auf den einzelnen Streikbrecher ausüben, „auch in den friedlichsten Formen ein Zwangsmittel [dar]“ (Hayek (1960b), S. 376). Zwischen dem organisierten Gruppendruck und dem gesellschaftlichen Druck zur Sanktionierung tradierter Moralregeln besteht der definitionsentscheidende Unterschied, daß ersterer in der Regel einem konkreten Ziel folgt (in diesem Beispiel: Durchsetzung von Lohnforderungen mit den Mitteln des Streiks). Aber grundsätzlich wäre hier zu überlegen: Wenn der Gruppendruck im einen Fall als schwer genug eingestuft wird, um Grundlage für echten Zwang im Sinne der Definition zu sein, muß er es auch im analogen Fall. Wenn die Definition bei der Bewertung der Schwere des ausgeübten Gruppendrucks nach den gesellschaftlichen (nicht-staatlichen) Akteuren, von denen er ausgeht, oder gar den Inhalten ihrer Anliegen unterschiede, wäre Zwang nicht mehr formal definiert.

[202] Vgl. Hayek (1960b), S. 194: „Obwohl er nicht dem Willen eines anderen, sondern *unpersönlichem Brauch* folgt, schränkt die Notwendigkeit, ein strenges Ritual zu befolgen, [...] seine Wahl [...] weit mehr ein, als notwendig wäre, um anderen gleiche Freiheit zu sichern. Der »Druck der Sitte« wird erst zum Hindernis, wenn die gewohnte Art zu handeln nicht mehr die einzige ist, die der Einzelne kennt [...].“ Eine weitere Frage lautet außerdem, wie die Billigung moralischen Zwangs, verstanden als schwerer Zwang im Sinne der Arbeitsdefinition, mit Hayeks Konzeption des Rechtsstaates vereinbar sein kann – denn das Gewalt- und Zwangsmonopol ist dem Rechtsstaat vorbehalten, dessen Hauptfunktion es ist, Zwang in der Gesellschaft zu minimieren. Die Ausübung moralischen Zwangs wäre demnach ein Verstoß gegen das staatliche Gewalt- und Zwangsmonopol bzw. eine Verletzung seiner Funktion, Zwang zu verhindern. Dieses Argument gilt generell in der Auseinandersetzung zwischen privatem bzw. gesellschaftlichem Zwang einerseits und staatlichem Zwang andererseits. Wenn etwa eine nichtstaatliche Institution zur Sicherstellung der Einhaltung moralischer Normen echten Zwang androhen und ausüben könnte, wäre diese mit einer Machtfülle und Zwangsgewalt ausgestattet, die erheblich genug sein könnte, um das Zwangs- und Gewaltmonopol des Staates in bestimmten Lebensbereichen aufzuheben. Moralregeln wären in einer solchen Gesellschaftsordnung auch nicht länger ‚nicht zwingende Regeln‘, selbst wenn sie nicht vom Staat erzwungen wären. Vor diesem Hintergrund bezieht sich Hayeks Einwand

(2.) Die Ablehnung der Anwendung von Zwang zur Durchsetzung von Moralregeln mit der Begründung, daß diese im Interesse ihrer kulturellen Evolution grundsätzlich übertretbar bleiben müssen, bezieht sich nach Auffassung dieser Interpretation auf jeden Zwang, gleichgültig, von wem er ausgeübt wird. Mit dieser Begründung ist auch die Anwendung nicht-staatlichen Zwangs zur Durchsetzung von Moralregeln abzulehnen.

Jedoch ist der milde moralische Zwang, d.h. der zur Durchsetzung von Moralregeln in der Großen Gesellschaft notwendige soziale Druck, zusammenfassend betrachtet von der Definition des Zwangsbegriffs Hayeks auszunehmen, solange es sich bei ihm nicht um staatlichen Zwang handelt. Ebenso ist die Ausübung von Zwang im Kontext der kleinen Lebensgemeinschaften für Hayek nicht Gegenstand staatlichen Gegenzwangs, solange sie nicht gegen allgemeines und abstraktes Recht verstößt. Der Begriff des Zwangs bezieht sich bei Hayek auf den Kontext der Großen Gesellschaft, den Geltungsbereich allgemeiner und abstrakter Rechtsregeln.

In der Unterscheidung zwischen den freiwillig zu befolgenden Moralregeln der Kleingruppe und den mit staatlichem Zwang zu sanktionierenden Regeln des gerechten Verhaltens auf der Ebene der Großen Gesellschaft, zeigt sich allerdings das von Hayek nicht diskutierte Problem, daß eine Ausweitung der Moralprinzipien der Großen Gesellschaft auf die Ebene der kleinen Gemeinschaften rasch zu deren fortlaufender Erosion führen kann und somit eine wichtige Säule der freiheitlichen Gesellschaft abhanden zu kommen droht. Mit diesem inhärenten Problem der kulturellen Evolution befaßt sich Hayek nicht.

7.4. Zusammenfassung

Die Diskussion der verschiedenen Ausschlüsse von der Definition zeigt, daß Hayek von einem extrem engen Begriff des Zwangs ausgeht. In den dargestellten Ausschlüssen von der Definition des Zwangsbegriffs vollzieht sich die Abgrenzung des negativen vom positiven Freiheitsverständnis. Im Sinne der Definition frei von Zwang ist das Individuum in der Großen Gesellschaft auch dann, wenn es unter natürlichen und ordnungsbedingten Sachzwängen handelt und wenn es in seinem Handeln von den unintendierten Folgen der Handlungen anderer behindert wird; es ist im Sinne der Definition frei, selbst wenn es von inneren Zwängen behindert wird, wenn es unter dem Eindruck milden Zwangs und sogar, wenn es unter echtem Zwang im unmittelbaren, familiären Umfeld handelt; wenn seine Handlungsspielräume nicht allein durch rechtsstaatliche, sondern auch private Macht begrenzt sind, und es ist

---

gegen John Stuart Mill, er „übertrieb [...] wohl die Forderungen nach Freiheit", primär auf die Minimierung *staatlichen* Zwangs, aber er verliert seine Überzeugungskraft, wenn die Vermeidung *jeglichen* schweren Zwangs im Mittelpunkt der Bemühung um die Etablierung und Aufrechterhaltung einer freiheitlichen Gesellschaftsordnung steht.

auch frei, ja, stützt implizit die Tradition der Freiheit, wenn es in seinem Handeln von gesellschaftlich sanktionierten Moralregeln geleitet ist.

Alle diese Beschränkungen und Hindernisse des täglichen Lebens in der Großen Gesellschaft lassen sich im Sinne der Definition nicht unter den Begriff des Zwangs subsumieren, und negative Freiheit wäre folglich nicht zutreffend beschrieben als die Summe ihrer Abwesenheit.

Hayeks Begriff des Zwangs beschreibt ausschließlich die gezielte Unterwerfung des Willens eines Individuums gegen seinen Willen unter den Willen eines anderen.

II. Teil

Zwang als Moralbegriff

1. Die drei Argumente für die Verwerflichkeit des Zwangs

1.1. Hayeks Beschreibung des Zwangsbegriffs

Noch vor der Besprechung seines Zwangsbegriffes führt Hayek in der ›*Verfassung der Freiheit*‹ die folgende Begriffsbeschreibung an:

> „Unter »Zwang« wollen wir eine solche Veränderung der Umgebung oder der Umstände eines Menschen durch jemand anderen verstehen, daß dieser, um größere Übel zu vermeiden, nicht nach seinem eigenen zusammenhängenden Plan, sondern im Dienste der Zwecke des anderen handeln muß.
>
> Außer in dem Sinn, daß er in der von dem anderen geschaffenen Situation das geringste Übel wählt, kann er weder seinen Verstand oder sein Wissen verwenden noch seinen eigenen Zielen oder Überzeugungen folgen."[203]

Diese Begriffsbeschreibung soll als Grundlage für die Ermittlung der Arbeitsdefinition des Zwangsbegriffs Hayeks dienen. Sie setzt sich aus zwei Teilen zusammen, die einander ergänzen, obgleich das Wesen des Zwangs mit dem ersten Teil bereits beschrieben ist.[204] Im zweiten Teil dieser Beschreibung aber ist das erkenntnistheoretische Element, das den Kern der Begründung Hayeks für die Verwerflichkeit des Zwangs bildet, deutlich zum Ausdruck gebracht. Aus diesem Grunde wäre die Beschreibung des Zwangsbegriffs Hayeks unvollständig, würde sie auf den ersten Teil beschränkt. Der Gezwungene kann seine spezifisch individuellen Fähigkeiten und Präferenzen

---

[203] Hayek (1960b), S. 29; vgl. den englischen Originaltext, ders. (1960a), S. 20: „By »coercion« we mean such control of the environment or circumstances of a person by another that, in order to avoid greater evil, he is forced to act not according to a coherent plan of his own but to serve the ends of another. Except in the sense of choosing the lesser evil in a situation forced on him by another, he is unable either to use his own intelligence or knowledge or to follow his own aims and beliefs." Die Formulierung ‚to serve the ends of another' läßt sich auch mit ‚im Dienste der *Ziele* eines anderen handeln' übersetzen; zu dieser Frage sowie zur Frage der Verwendung des Begriffs ‚Übel' bei Hayek und in dieser Arbeit siehe I.1.1.2. und I.1.2.4. sowie ergänzend die Anmerkung zum Begriff des Übels im folgenden Abschnitt.

[204] Die angeführte Begriffsbeschreibung ist in der Literatur zumeist als stehende Definition des Zwangsbegriffs Hayeks herangezogen worden, wobei in der Regel nur der erste Teil angeführt wurde. So geschehen zum Beispiel bei Watkins (1961), S. 42 und bei Bouillon (1997), S. 57, S. 58ff, S. 62.

nicht entfalten und ist dadurch der Nutzbarmachung seines Wissens beraubt. Im zweiten Teil dieser Begriffsbeschreibung wird außerdem präzisiert, worin die ‚Veränderung der Umgebung oder der Umstände eines Menschen durch jemand anderen' besteht: Der Zwingende stellt den Gezwungenen vor die Wahl zweier Möglichkeiten. Er stellt ihn vor die Wahl, entweder einen Nachteil erleiden zu müssen, oder sein Verhalten so zu verändern, daß es dem Willen des Zwingenden entspricht.

Die angeführte Begriffsbeschreibung zeigt die wesentlichen Merkmale und das Grundmuster des Zwangs auf, und doch umfaßt sie nicht alle Formen und Erscheinungen des Zwangs, die Hayek in der Erörterung seines Zwangsbegriffs nennt. Hayeks Zwangsbegriff läßt sich mit der zitierten Beschreibung erklären, nicht aber abschließend definieren, weil darin nicht alle seine Überlegungen Eingang gefunden haben. In Vorwegnahme der Untersuchungen im dritten Teil dieser Arbeit läßt sich dies exemplarisch an zwei Fragestellungen veranschaulichen: (1.) Stellt der Zwang zur bloßen Unterlassung einer Handlung in enger Auslegung dieser Begriffsbeschreibung echten Zwang dar? Handelt der Gezwungene noch ‚im Dienste der Zwecke [bzw. Ziele – P.B] eines anderen', wenn ihm gar kein fremdes Ziel vorgegeben wird, sondern er schlicht daran gehindert wird, seine eigenen Ziele zu verfolgen (III.3.)? (2.) Liegt Zwang nur dann vor, wenn der Gezwungene „*weder* [...] sein Wissen verwenden *noch* seinen eigenen Zielen [...] folgen" kann – oder liegt Zwang auch dann vor, wenn ein Mensch zwar sein Wissen verwenden, nicht aber seinem eigenen Ziel folgen oder umgekehrt er zwar seine eigenen Ziele verfolgen, hierfür aber nicht vollständig sein Wissen verwenden darf? In welchem Verhältnis stehen Ziele und Mittel, Werten und Denken des Menschen in bezug auf den Zwangsgehalt ihrer Fremdbestimmung (III.1.2.)?

Während sich diese Fragestellungen durch Ergänzungen und Präzisierungen der einzelnen Bestandteile der angeführten Begriffsbeschreibung lösen lassen, birgt diese noch eine weitere grundsätzliche Schwierigkeit. Die angeführte Begriffsbeschreibung gibt keine Kriterien für die Unterscheidung zwischen mildem und schwerem Zwang an.[205] Sie bestimmt Zwang nicht graduell, sondern erklärt dessen allgemeines Grundmuster in der schweren Form. Dabei zeigen die Formulierungen ‚um *größere* Übel zu vermeiden' und ‚in der geschaffenen Situation das *geringste* Übel wählt', daß es sich bei der Wahl, vor die der Zwingende den Gezwungenen stellt, um eine Abwägung handelt, zu deren objektiver Nachvollziehbarkeit auch entsprechende Kriterien notwendig sind. Fehlen diese Kriterien, kann die Bemessung der Schwere des ausgeübten Zwangs nur in Kenntnis der Innenansichten des Gezwungenen erfolgen, was ausgehend von den erkenntnistheoretischen und anthropologischen Grundlagen der Gesellschaftstheorie Hayeks in der Großen Gesellschaft und im Rahmen ihrer abstrakten Rechtsordnung unmöglich ist.

---

[205] Vgl. auch die Kritik von Viner (1961), S. 231.

1.2. Die zwei Komponenten des Zwangsaktes

Um die Diskussion klarer und übersichtlicher zu gestalten, wird im Folgenden unter der Bezeichnung ‚Zwangsakt' der Akt der Zwangausübung, d.h. die Androhung eines Nachteils mit dem Ziel der Willensunterwerfung, verstanden, im Gegensatz zur ‚Zwangshandlung', mit der die aus dem erfolgreichen Zwangsakt hervorgehende, erzwungene Handlung bezeichnet wird. Diese und die nachfolgende Unterscheidung trifft Hayek selbst nicht explizit; es handelt sich hierbei um Hilfskonstruktionen, die es ermöglichen sollen, die Analyse des Zwangsbegriffs Hayeks in eine systematische Struktur zu bringen.

Der von Hayek beschriebene Zwangsakt setzt sich aus zwei Komponenten zusammen:

(1.) Die erste Komponente des Zwangsaktes besteht in der ‚Veränderung der Umgebung oder der Umstände eines Menschen durch jemand anderen.' Sie bezieht sich auf das *Mittel*,[206] mit dem der Zwingende versucht, einen anderen Menschen zu bestimmten Handlungen zu bewegen, die dieser seinem eigenen Willen nach nicht ausführen würde. ‚Veränderung der Umgebung oder der Umstände eines Menschen' bedeutet, daß der Zwingende aktiv in das Handlungsumfeld des Gezwungenen eingreift. ‚[I]n der vom anderen geschaffenen Situation' muß der Betroffene eine Wahl zwischen zwei Handlungsoptionen treffen, die der Zwingende vorlegt. Welcher Art die Veränderung der Handlungsumstände des Betroffenen ist, verdeutlicht der zweite Teil der angeführten Begriffsbeschreibung: Es ist die glaubhafte Androhung eines ‚Übels', das empfindlich genug ist, daß der Betroffene von seiner ursprünglich gewollten Handlung absieht und zur Vermeidung des ‚angedrohten Übels' dem Willen des Zwingenden nach handelt.[207]

Das angedrohte Übel wird in dieser Arbeit – anders als dies bei Hayek der Fall ist – als ‚Nachteil' bezeichnet, um Verwechslungen mit dem Begriff des *moralischen* Übels auszuschließen (I.1.2.4). Weil der angedrohte Nachteil

---

[206] ‚Mittel' ist in diesem Zusammenhang im rein technischen, deskriptiven Sinne zu verstehen, im Gegensatz zur normativ relevanten Instrumentalisierung des Gezwungene als ‚Mittel' für die Verwirklichung der Ziele des Zwingenden.

[207] In Anlehnung an eine Überlegung von Nozick (1969), S. 453ff, muß es sich um eine gezielte *Androhung* eines Nachteils, nicht etwa um eine *Warnung* handeln, damit der Intention Hayeks nach von echtem Zwang gesprochen werden kann. Im Gegensatz zur Androhung eines Nachteils erfolgt die Warnung vor einem Nachteil nicht notwendig in der Absicht, den Gewarnten dem Willen des Warnenden zu unterwerfen. Damit eine Warnung vor einem Nachteil überhaupt in Verdacht kommen kann, im Kontext eines Zwangsaktes zu stehen, muß die Warnung sich auf einen Nachteil beziehen, den der Warnende abhängig vom Verhalten des Gewarnten wahrmachen oder verhindern kann. Die Grenzziehung zwischen Androhung eines Übels und Warnung vor einem Übel ist insbesondere mit Blick auf die objektive Feststellbarkeit der *Absicht* des Warnenden bzw. des Zwingenden im Rahmen einer abstrakten Definition schwierig. Mit der Differenzierung zwischen Androhung eines Nachteils und Warnung vor einem solchen befaßt sich Hayek nicht.

nicht einfach irgendeine Unannehmlichkeit, sondern – wie Hayek mit der Bezeichnung ‚Übel' zum Ausdruck bringen möchte – ein echtes Unheil ist, geeignet, den Willen eines Menschen dem eines anderen zu unterwerfen, wird in dieser Arbeit bevorzugt von einem ‚*schweren* Nachteil', gelegentlich auch von einem ‚schweren Schaden' gesprochen. Die erste Komponente des Zwangsakts bezieht sich auf die erste der beiden Optionen, zwischen denen die Zielperson des Zwangsaktes zu wählen hat: Erleiden eines gravierenden Nachteils, den der Zwingende dem Betroffenen zufügen wird, wenn dieser nicht dem Willen des Zwingenden nach handelt.

(2.) Die zweite Komponente des Zwangsaktes bezeichnet das *Ziel* des Zwingenden, den anderen ‚nicht nach seinem eigenen zusammenhängenden Plan, sondern im Dienste der Zwecke [bzw. Ziele – P.B.] des anderen [d.h. des Zwingenden – P.B.] handeln' zu lassen. Sie bezieht sich auf die eigentliche Willensunterwerfung, d.h. auf die Indienstnahme eines Menschen als Mittel für die Verwirklichung der Handlungsziele eines anderen. Mit der zweiten Komponente des Zwangsaktes ist die Verhaltensmanipulation des Zwingenden beschrieben, in deren Folge der Gezwungene gegen seinen Willen ‚weder seinen Verstand oder sein Wissen verwenden noch seinen eigenen Zielen und Überzeugungen folgen' kann. Sie hat ihren systematischen Ort in der zweiten der beiden Optionen, zwischen denen die Zielperson des Zwangsaktes zu wählen hat: Handeln dem Willen des Zwingenden nach.

Erst das Vorhandensein *beider* Komponenten des Zwangsaktes – (1.) Androhung eines Nachteils, (2.) mit dem Ziel der Willensunterwerfung – erlaubt es, in der vorliegenden Terminologie eine Handlung im eigentlichen Sinne als zwangvoll zu bezeichnen:

> „Zwang setzt sowohl eine Drohung voraus, Schaden anzurichten, als auch die Absicht, dadurch ein bestimmtes Verhalten zu erreichen."[208]

Damit kristallisiert sich bereits ein erstes Zwischenergebnis für die Arbeitsdefinition des Zwangsbegriffs Hayeks heraus: Handlungen, die jeweils nur aus einer der beiden Komponenten des Zwangsaktes bestehen – die *unmittelbare Zufügung eines Nachteils*, sowie die *unmittelbare Willensunterwerfung* – können in der Terminologie Hayeks nicht als ‚Zwang' bezeichnet werden. Zwang im engen Sinne der Definition stellt somit auch nicht die einzige Form der Freiheitsberaubung dar, denn die unmittelbare Willensunterwerfung und die unmittelbare Schadenszufügung bedeuten Übergriffe in den geschützten Bereich des Menschen, die geeignet sind, ihn daran zu hindern, seinem eigenen Willen nach zu handeln, obwohl das charakteristische Element der Wahlsituation in diesen Fällen fehlt.[209] Diesem Definitionsproblem wird im dritten

---

[208] Hayek (1960b), S. 172, S. 174: „[Zwang ist] andere Menschen durch die Drohung, ihnen Schaden zuzufügen, dem Willen eines anderen dienstbar zu machen."

[209] Hayek (1960b), S. 171f.

Teil dieser Arbeit nachgegangen, wenn in Abgrenzung zur Arbeitsdefinition des Zwangsbegriffs auch Hayeks Begriff der Gewalt bestimmt wird (III.6.).

Die folgende Untersuchung des Zwangsbegriffs orientiert sich strukturell an der Gliederung des Zwangsaktes in diese beiden Komponenten. Dabei ist die Untersuchung der zweiten Komponente – die Willensunterwerfung – der Erörterung der ersten Komponente vorangestellt, weil sie die Grundlage zum Verständnis der Konzeption des Zwangs bei Hayek eröffnet. Sie berührt unmittelbar die für die Konzeption entscheidende Frage, *mit welcher Begründung* Hayek Zwang als Grundübel in der Gesellschaft wertet, dessen Verhinderung im Rahmen allgemeiner und abstrakter Rechtsregeln für Hayek die einzige Rechtfertigung für Beschränkungen der Freiheit ist. In den folgenden Abschnitten sei damit zunächst die Frage, *was genau Hayek unter Zwang versteht*, zugunsten der Frage, *warum Zwang für Hayek ein Übel* ist, zurückgestellt.

1.3. Die drei Argumente für die Verwerflichkeit des Zwangs

1.3.1. Entwicklung der drei Argumente

Die Willensunterwerfung des Gezwungenen ist das zentrale Definitionsmerkmal und gleichermaßen der Hauptaspekt der ethischen Diskussion des Zwangsbegriffs Hayeks. Dem Willen eines anderen unterworfen sein, bedeutet, dessen Ziele verfolgen zu müssen (I.1.2.1.). Im Gegensatz zur freiwilligen Befolgung eines fremdvorgegebenen Ziels, wie dies etwa bei der freiwilligen Zusammenarbeit in einer Organisation der Fall ist, erfolgt die Willensunterwerfung in der Zwangssituation unter Androhung eines empfindlichen Nachteils. Der Gezwungene ordnet sich *gegen seinen Willen* dem Willen eines anderen unter.

Als unmittelbare Folge der Willensunterwerfung sind das spezifische Wissen, die Überzeugungen und die Fähigkeiten des Gezwungenen – mithin der Kern dessen, was das Individuum in der Erkenntnis- und Gesellschaftstheorie Hayeks einzigartig macht – in den Dienst der Zielverwirklichung eines anderen gestellt. Die Ausschaltung des Individuums als Träger einzigartigen, im einzelnen unbekannten Wissens und eigener Wertsetzungen, ist das entscheidende Kriterium, durch das Zwang im Verständnis Hayeks zum Übel wird:

> „Zwang ist gerade deshalb ein Übel, weil er [1.] [...] ein Individuum als denkendes und wertendes Wesen ausschaltet und es [2.] zum bloßen Werkzeug zur Erreichung der Zwecke [*ends*] eines anderen macht.“[210]

---

[210] Hayek (1960b), S. 29 (Einfügungen P.B.); vgl. den englischen Originaltext, ders. (1960a), S. 21 (Hervorhebung P.B.): „Coercion is evil precisely because it thus eliminates an individual as a thinking and valuing person and makes him a bare tool in the achievement of the *ends* of another.“ Die Formulierung ‚Ausschaltung als denkendes und wertendes Wesen‘ wirft die Frage auf, in welche Beziehung Hayek das *Denken* und das *Werten* des Menschen

Es ist nicht allein die Tatsache, daß ein Mensch gegen seinen Willen zum bloßen Mittel, zum ‚Werkzeug‘ für die Ziele eines anderen wird, mit der Hayek die Verwerflichkeit des Zwangs begründet. Hayek bezieht die unmittelbaren Konsequenzen der Verzwecklichung des Gezwungenen, insbesondere in erkenntnistheoretischer und schließlich – wenngleich in der angeführten Textstelle noch nicht erkennbar – in evolutionstheoretischer Hinsicht in die Begründung für die Verwerflichkeit des Zwangs ein. Zwang bedeutet demnach (1.) die Verzwecklichung eines Menschen gegen seinen Willen als Mittel für die Verwirklichung der konkreten Ziele eines anderen und (2.) dadurch seine Ausschaltung als wertendes und als denkendes Wesen. Aus dieser Differenzierung lassen sich zwei Begründungen für die Verwerflichkeit des Zwangs ableiten, die Hayek in der oben zitierten Aussage implizit zusammengefaßt hat, und deren Unterscheidbarkeit er nicht deutlicher als in dieser Aussage zum Ausdruck bringt. Aus diesen beiden Begründungen soll nun die Ausdifferenzierung der Argumente, mit denen im Denken Hayeks die Verwerflichkeit des Zwangs begründet werden kann, entwickelt werden:

Die erste Begründung für die Verwerflichkeit des Zwangs hat ihre Wurzel im praktischen Imperativ Kants und soll in dieser Arbeit wegen ihrer Letztverwiesenheit auf die Selbstzwecklichkeit des Menschen kurz das ‚*Selbstzwecklichkeitsargument*‘ genannt werden. Die zweite Begründung bezieht sich auf die unter Zwang erfolgende Behinderung der Entfaltung der geistigen Fähigkeiten des Gezwungenen und soll in dieser Arbeit als das ‚*Wissensargument*‘ bezeichnet werden. Während das Selbstzwecklichkeitsargument das Individuum ganz in die Mitte der Betrachtung stellt, führt das Wissensargument aufgrund seiner Verwiesenheit auf Hayeks evolutionäre Erkenntnistheorie zur dritten Begründung für die Verwerflichkeit des Zwangs im Denken Hayeks, die in dieser Arbeit das ‚*Evolutionsargument*‘ genannt werden soll. Das Evolutionsargument kommt zwar in der oben angeführten Begriffsbeschreibung noch nicht erkennbar zum Ausdruck, weil diese zunächst nur die unmittelbaren individuellen Folgen der Zwangausübung im Blick hat, es

stellt und inwieweit sich aus der getrennten Anführung von Denken und Werten auch auf unterschiedliche Arten des Zwangs schließen läßt. Vgl. auch die ähnlichlautende Beschreibung des Zwangs, wonach der Gezwungene ‚weder seinen Verstand oder sein Wissen verwenden [*Denken* – P.B.] noch seinen eigenen Zielen oder Überzeugungen [*Werten* – P.B.] folgen kann‘ (Ders. (1960b), S. 29). Angesichts des von Hayek vertretenen kritischen Rationalismus und des ihm zugrundeliegenden umfassenden Wissensbegriffes liegt die Annahme nahe, daß eine präzise Unterscheidung zwischen der Ausschaltung eines Menschen als wertendes Wesen und der Ausschaltung als denkendes Wesen kaum möglich ist. Daher sei die Deutung vorgeschlagen, daß Hayek mit der angeführten Beschreibung des Zwangs lediglich die umfassende Unterdrückung der Individualität des Gezwungenen und das ganze Ausmaß seiner Instrumentalisierung für die Zwecke eines anderen rhetorisch hervorhebt und daß sie nicht als Hinweis für einen Dualismus zwischen dem Denken und dem Werten des Menschen zu verstehen ist.

nimmt jedoch in der Konzeption Hayeks insgesamt, und zunehmend im Spät- und Alterswerk Hayeks,[211] breiten Raum ein.

In der Struktur dieser drei Argumente – Selbstzwecklichkeitsargument, Wissensargument und Evolutionsargument – werden Hayeks Ausführungen zum Zwang als Moralbegriff in dieser Arbeit diskutiert. Diese Dreiteilung der Argumentation ist weder von Hayek selbst noch in der Hayek-Rezeption bislang vorgeschlagen worden. Sie impliziert nicht, daß die drei genannten Argumente voneinander trennbar seien in dem Sinne, daß sie sich in der theorieimmanenten Betrachtung erkennbar miteinander in Konflikt bringen ließen. Theorieimmanent betrachtet geht das eine Argument vielmehr aus dem anderen hervor, referiert das eine jeweils auf das andere. Wie kohärent dies jedoch möglich ist, und welche Schlußfolgerungen aus den Spannungen zwischen den drei Argumenten für die Definition des Zwangsbegriffs gezogen werden können, wird in den folgenden Kapiteln ermittelt.

1.3.2. Das Selbstzwecklichkeitsargument

Das Selbstzwecklichkeitsargument findet seine Entsprechung in der Aussage Hayeks, Zwang sei ein Übel, weil er ein Individuum zum bloßen Werkzeug für die Erreichung der Zwecke eines anderen mache. In der Perspektive dieses Arguments ist Zwang ein absolutes Übel und somit *der* Gegenbegriff zur individuellen Freiheit als absolutem Wert. Jede Verzwecklichung eines mündigen Menschen ohne seine freiwillige Zustimmung zur Verwirklichung der Ziele eines anderen ist in der Sicht des Selbstzwecklichkeitsarguments ein Übel, unabhängig von den konkreten Umständen und den Folgen der Zwangausübung. Das Selbstzwecklichkeitsargument kann als das Fundament einer deontologischen Begründung der Verwerflichkeit des Zwangs angesehen werden, es steht bei Hayek aber nicht im Vordergrund der Diskussion. Hayek beruft sich in den entsprechenden Textpassagen auf Kant, entfaltet dann aber den einmal hergestellten Bezug zu Kant bei der Besprechung des Zwangsbegriffs nicht weiter.[212] Die Untersuchung des Einflusses Kants auf Hayeks Moraltheorie und insbesondere auf die Begründung für die Verwerflichkeit des Zwangs als Fundierung einer deontologischen Konzeption des Zwangs wird in Abschnitt II.4.2. fortgesetzt.

---

[211] Vgl. hierzu auch die Einschätzung von Hennecke (2000), S. 24, S. 365f. Vgl. in dieser Arbeit Einleitung, 2.2. und II.3.4.2.

[212] Hayek (1960b), S. 181. Kant, ›*Grundlegung der Metaphysik der Sitten*‹, A66, Akademieausgabe, Bd. 4, S. 429; vgl. Ricken (2003), S. 146ff, S. 176, S. 222.

1.3.3. Das Wissensargument

Das Wissensargument kommt besonders in der Wendung, wonach der Gezwungene ‚als denkendes und wertendes Wesen aus[ge]schaltet' ist, zum Ausdruck. In der erkenntnistheoretischen Perspektive ist der Gezwungene „der Möglichkeit beraubt, sein Wissen für seine eigenen Ziele zu verwenden."[213] Zwang verhindert sowohl die Nachahmung, Revision und Optimierung bereits bestehenden wie auch die Entwicklung neuen Wissens und seine Erprobung in der Wirklichkeit vermittels der individuellen, an eigenen Zielen ausgerichteten Handlung. Unter Zwang ist der Prozeß des *Lernens*, der experimentellen Wissensvermehrung auf den Umfang des Wissens und auf die Wertungen dessen reduziert, der die Handlungen des Gezwungenen bestimmt.[214]

Wie zentral dieses Argument für das Verständnis der Konzeption des Zwangs bei Hayek ist, läßt sich spiegelbildlich an einer positiven Beschreibung des Begriffs der individuellen Freiheit zeigen, die Hayek im zweiten Band von ›*Recht, Gesetz und Freiheit*‹ anführt und mit der er die Begriffsdiskussion in der ›*Verfassung der Freiheit*‹ zusammenfaßt:[215]

> „[Individuelle Freiheit ist jener – P.B.] Zustand, in dem jeder sein Wissen für seine Zwecke gebrauchen kann [...]."[216]

Aus der negativen Definition der Freiheit als der Abwesenheit von Zwang folgt nun notwendig, daß Zwang als jener Zustand definiert werden muß, in dem ein Mensch sein Wissen *nicht* für seine Ziele gebrauchen kann. Da Freiheit und Zwang einander Gegenbegriff sind, sind die Argumente für die Freiheit als höchsten Wert in der Umkehrung zugleich Argumente für die Verwerflichkeit des Zwangs. In der ›*Verfassung der Freiheit*‹ stellt Hayek der Besprechung seines Zwangsbegriffs die Erörterung des „Arguments für die Freiheit" voran,[217] dessen Verständnis für ihn die Voraussetzung für die Definition des Begriffspaars Freiheit und Zwang ist.[218] Das ‚Argument für die

---

[213] Hayek (1960b), S. 172.

[214] Vgl. noch einmal Hayek (1960b), S. 49.

[215] Hayek (1973d), S. 57: „Ich werde hier [›*Recht, Gesetz und Freiheit*‹ – P.B.] keine umfassende Definition des Begriffs »Freiheit« zu geben versuchen oder ausführlich darlegen, warum wir individuelle Freiheit für so wichtig halten. Das habe ich in einem anderen Buch [›*Die Verfassung der Freiheit*‹ – P.B.] versucht." Vgl. ebd., S.14f.

[216] Hayek (1973d), S. 58; ders. (1971b), S. 29; ders. (1960b), S. 39: „Das Wesentliche [...] ist, daß jeder Einzelne die Möglichkeit hat, nach seinen besonderen Kenntnissen zu handeln, die immer einzigartig sind, [...] und daß er seine persönlichen Fertigkeiten und Gelegenheiten, innerhalb der ihm bekannten Grenzen für seinen eigenen persönlichen Zweck verwenden kann."

[217] Hayek (1960b), S. 44.

[218] Hayek (1960b), S. 28: „[...B]evor wir den Leser bitten müssen, uns durch die trockene Aufgabe präziser Begriffsdefinitionen zu folgen, wollen wir versuchen zu erklären, warum die Freiheit, die wir umschrieben haben, so wichtig ist." Ebd., S. 17.

Freiheit' beruht auf der Anerkennung der Begrenztheit des Wissens des Menschen über die meisten Einzeltatsachen in der spontanen Ordnung der Großen Gesellschaft.[219] Dieses Tatsachenwissen existiert nur individuell,[220] und es kann nur genutzt und erweitert werden, indem es jedem einzelnen freisteht, es im Interesse seiner eigenen Ziele zu entfalten.[221] Der ‚Hauptzweck der Freiheit' besteht für Hayek darin, Wissen nutzbar zu machen, das in der Fremdbestimmung des Menschen nicht zur Entfaltung kommen kann:

> „[...D]er Hauptzweck der Freiheit ist, sowohl die Gelegenheit als auch den Anreiz zu bieten, um die höchstmögliche Nutzung der Kenntnisse zu sichern, die ein Einzelner erreichen kann."[222]

Das Wissensargument ist das Kernargument in Hayeks Konzeption von Freiheit und Zwang. In seiner Bedeutung tritt demgegenüber das Selbstzwecklichkeitsargument in den Hintergrund. Das Wissensargument hat den Charakter einer Letztbegründung, wenn Hayek etwa schreibt:

> „Wenn es allwissende Menschen gäbe, wenn wir nicht nur alles wissen könnten, wovon die Erfüllung unserer gegenwärtigen Wünsche abhängt, sondern auch alle unsere zukünftigen Bedürfnisse und Wünsche, gäbe es wenig zugunsten der Freiheit zu sagen."[223]

Das Wissensargument bildet die Grundlage der Konzeption Hayeks und wird in der weiteren Diskussion fortlaufend vertieft werden.

1.3.4. Das Evolutionsargument

Das Wissensargument führt zu Hayeks Theorie der kulturellen Evolution. Motor der kulturellen Evolution ist die Freiheit des Individuums, in der Verfolgung seiner selbstgefaßten Ziele seine genuin individuellen Fähigkeiten zu entfalten. In der Perspektive des Evolutionsarguments ist Zwang das Grundübel in der Gesellschaft, weil Zwang die Kräfte, welche die kulturelle Evolution bedingen und vorantreiben, ausschaltet.[224] Mit jeder Handlung in Freiheit

---

[219] Hayek (1960b), S. 40.

[220] Hayek (1960b), S. 34: „Wissen existiert nur als Wissen von Einzelnen."

[221] Hayek (1973a), S. 116: „Die Hauptquelle individuellen Wissens [...] ist das Handeln." Ders. (1976b), S. 158: „Die Nutzung von Tatsachenwissen, das sich auf Millionen von Einzelmenschen weithin verteilt, ist offensichtlich nur möglich, wenn diese einzelnen ihre Handlungsentscheidungen aufgrund dessen treffen können, was sie eben wissen. [... Sie] können das nur tun, wenn sie auch entscheiden dürfen, für welche Zwecke sie ihr Wissen verwenden wollen." Ders. (1960b), S. 42.

[222] Hayek (1960b), S. 105.

[223] Hayek (1960b), S. 40.

[224] Hayek (1960b), S. 50: Zwang bedroht die Erhaltung der betroffenen Gesellschaft in der Zivilisation, weil er „[...] jene spontanen Kräfte zerstören [wird – P.B.], die den Fortschritt möglich machten." Entsprechend findet sich in der Literatur die Auslegung, Freiheit beziehe im Denken Hayeks ihre Wertigkeit (und Zwang im Umkehrschluß seine Verwerf-

wird im umfassenden Sinne des Wissensbegriffs Hayeks *Wissen* umgesetzt und verwertet, das zur kulturellen Evolution der jeweiligen Gesellschaft beiträgt:

„Zwang ist also böse [*bad*], weil er verhindert, [1.] daß ein Mensch seine geistigen Fähigkeiten voll nützt und [2.] damit auch, daß er den besten seinen Fähigkeiten entsprechenden Beitrag für die Gemeinschaft leistet."[225]

In dieser Beschreibung des Zwangs kommt deutlich zum Ausdruck, daß Hayek die Verwerflichkeit des Zwangs sowohl individualistisch als auch gesellschaftlich begründet. Sie ist ein wesentlicher Beleg für die hier vorgeschlagene Differenzierung zwischen dem Wissensargument einerseits und dem Evolutionsargument andererseits. Die zitierte Beschreibung setzt sich aus zwei Teilen zusammen, aus denen sich beide Argumente entwickeln lassen.

(1.) Der erste Teil der Beschreibung bildet noch einmal das Wissensargument, wie auch, gewissermaßen im Hintergrund, das Selbstzwecklichkeitsargument ab. Im Mittelpunkt steht dabei zunächst allein das Individuum: Zwang ist ein Übel, weil er verhindert, daß das Individuum seine geistigen Fähigkeiten bestmöglich verwirklicht, was den anthropologischen Annahmen Hayeks zufolge nur möglich ist, wenn es selbst entscheidet, wofür es sie einsetzt.

(2.) Der zweite Teil der Beschreibung erweitert die Blickrichtung der Argumentation vom Individuum hin zu den sozialen Konsequenzen des Zwangs: In einer Gesellschaft, in der systematisch Zwang vorherrscht, wird vielfältig nutzbares Einzelwissen unterdrückt und dadurch die Entwicklung des Wissens in der Gesellschaft insgesamt behindert. Wo Zwang, wo Wille und von ihm abgeleitete Befehle und Gesetze die Gesellschaft organisieren, herrschen Stagnation und Begrenzung des Wissens durch das Wissen und die Wertungen derer, welche die Macht haben, andere zu zwingen. Ausschlaggebend für diese Bewertung des Zwangs ist nicht mehr in erster Linie die Indienstnahme des Gezwungenen für die Verwirklichung fremder Ziele, die Verhinderung seiner Selbstentfaltung durch seine Ausschaltung als denkendes und wertendes Wesen, als vielmehr der daraus resultierende allgemeine Wissensverlust

---

lichkeit) nur mit Blick auf die Funktion der Freiheit für den Fortschritt, wobei Fortschritt sogar materiell als Steigerung des Wohlstandes begriffen wird; vgl. Zintl (1983), S. 194f.

[225] Hayek (1960b), S. 173 (Einfügungen P.B.); vgl. den englischen Originaltext, ders. (1960a), S. 134 (Hervorhebungen P.B.): „Coercion is bad because it prevents a person from using his mental powers to the full and consequently from making the greatest contribution that he is capable of to the community." Im Folgenden wird ‚*bad*' in der indirekten Zitierung dieser Passage mit ‚schlecht' übersetzt. Im Original kommt die Kausalität zwischen der Unterdrückung des Individuums und der Schädigung der Gesellschaft deutlicher zum Ausdruck als in der deutschen Übersetzung, die durch die Einfügung des Wortes ‚auch' die Unmittelbarkeit des Zusammenhangs beider im Zitat angeführten Begründungen für die Verwerflichkeit des Zwangs abschwächt.

und in seiner Summe der Rückfall der betroffenen Gesellschaft in der kulturellen Evolution.

Daß sich das Evolutionsargument in seiner Blickrichtung von den ersten beiden Argumenten grundsätzlich unterscheidet, läßt sich verdeutlichen, wenn es von den ersten beiden Argumenten losgelöst und isoliert betrachtet wird:

> „Zwang ist [...] böse, weil er verhindert, daß ein Mensch [...] den besten seinen Fähigkeiten entsprechenden Beitrag für die Gemeinschaft leistet.“[226]

In dieser reduzierten Betrachtung wird deutlich, daß sich das Evolutionsargument auf die im einzelnen zwar unbekannten, doch von Hayek für das *Wohl des Ganzen in der Summe als förderlich angenommenen Folgen* der Freiheit bezieht. Wenngleich das Evolutionsargument die *konkreten Folgen* der Freiheit *im Einzelfall* – und im Umkehrschluß auch die konkreten Folgen des jeweiligen Zwangsaktes – als unbekannt und unvorhersehbar, und also ungeeignet für die Begründung der Verwerflichkeit des Zwangs betrachtet, impliziert es dennoch, daß sich die Entfaltung der individuellen Freiheit in der spontanen Ordnung *insgesamt* zum Guten auswirken wird, wenn auch bzw. *gerade weil* ihre Ergebnisse unvorhersehbar sind. Die Wirkung der Freiheit zum Guten besteht darin, Motor der kulturellen Evolution zu sein, verstanden als der Ermöglichung des Unbekannten: Dies ist Hayeks ‚Glaube an die Freiheit‘.[227]

Im Zusammenhang mit den hier unter dem ‚Evolutionsargument‘ zusammengefaßten Überlegungen greift Hayek deutlich erkennbar auf die schottische Tradition und auf die Evolutionstheorien der Vordenker Darwins zurück.[228] Das Evolutionsargument referiert auf Adam Smiths Paradigma der

[226] Hayek (1960b), S. 173. Vgl. auch ders. (1973a), S. 101: „Den Hauptvorteil, den die Freiheit des Einzelnen für alle Anderen mit sich brachte, sah man darin, daß er das Beste leistete, zu dem er durch seine besonderen Umstände und Fähigkeiten, von denen keine Autorität Kenntnis hatte, in der Lage war.“

[227] Hayek (1960b), S. 42, S. 89; ders. (1961a), S. 66: „Das Verständnis für und der Glaube an die Freiheit sind in hohem Maße dadurch zerstört worden, daß die Bedeutung des Wortes so ausgedehnt wurde, daß es jeden klaren Sinn verloren hat. [...] Eine erfolgreiche Lösung dieser Aufgabe mag uns in die Lage versetzen, die Argumente zu widerlegen, die in der Vergangenheit den Glauben an die Freiheit zerstört haben. Aber damit ist der Glaube noch nicht wiederhergestellt. Der Sieg der Freiheit verlangt mehr als rationale Einsicht in ihre Vorteile [...].“ Ders. (1961a), S. 67: „[...D]as Ideal der Freiheit [bedarf] zwar der rationalen Rechtfertigung [...] und [ist dazu] fähig [...], aber gewiß [ist es] nie ohne die Unterstützung emotioneller Faktoren zum Sieg gekommen [...].“ Vgl. in dieser Arbeit Fußnote 296.

[228] Hayek sieht sich selbst in der denkerischen Tradition der „Darwinisten vor Darwin“: Hayek (1973d), S. 25; ders. (1979b), S. 463, S. 461: „Die Idee der kulturellen Evolution ist [...] zweifellos älter als der biologische Evolutionsbegriff. Es ist sogar wahrscheinlich, daß seine Anwendung auf die Biologie durch Charles Darwin sich über dessen Großvater Erasmus vom kulturellen Evolutionsbegriff Bernard Mandevilles und David Humes herleitet [...].“ Ders. (1963c), S. 237: „Hume kann als Darwins Vorläufer auf dem Gebiet der Ethik gelten.“ Ders. (1960b), S. 77; ders. (1966c), S. 142; ders. (1967b), S. 105; ders. (1970), S. 23;

invisible hand[229] sowie in besonderer Weise auf Bernard Mandevilles Paradigma der *Bienenfabel.* Die entscheidende Erkenntnis, die Mandeville mit der Bienenfabel zum Ausdruck brachte, lautet in der Sicht Hayeks,

> „[...] daß in der komplexen Gesellschaftsordnung die Ergebnisse menschlichen Handelns sehr verschieden [... sind – P.B.] von denen, die beabsichtigt waren, und daß die Individuen, indem sie ihre eigenen Ziele verfolgen, gleichgültig, ob altruistische oder egoistische, nützliche Ergebnisse für andere [... hervorbringen – P.B.], die sie nicht vorhergesehen, ja nicht einmal gekannt [... haben – P.B.]; und schließlich, daß die ganze Gesellschaftsordnung und auch all das, was wir Kultur nennen, das Ergebnis individuellen Strebens ist, dem kein derartiges Ziel vorschwebte, sondern das dahin gelenkt worden war, solchen Zwecken zu dienen, durch Einrichtungen, Gewohnheiten und Regeln, die auch nie bewußt erfunden worden waren, vielmehr hervorgewachsen aus dem Überleben dessen, was sich bewährt hatte."[230]

Die treibende Kraft der kulturellen Evolution besteht in dieser Sicht im Antrieb des Menschen, dem eigenen Willen nach zu handeln, und die normative Folgerung daraus lautet, daß die Zivilisation nur dort Bestand hat, wo die bestmöglichen Voraussetzungen dafür gegeben sind, daß das Individuum in der Gesellschaft frei ist, unabhängig vom Willen eines anderen und im Rahmen abstrakter, für alle gleichermaßen geltender Rechtsregeln seinem Willen nach zu handeln.

2. Die Deontologiethese

2.1. Grundlagen der Deontologiethese

Die herausdifferenzierten drei Argumente für die Verwerflichkeit des Zwangs folgen unterschiedlichen Begründungsansätzen. Am deutlichsten läßt sich dies am Selbstzwecklichkeits- und am Evolutionsargument zeigen: Während das Selbstzwecklichkeitsargument allein das gezwungene Individuum als Opfer des Zwangs betrachtet und darüber hinaus die Verwerflichkeit des Zwangs allein mit der Tatsache der Willensunterwerfung begründet, stellt das Evolutionsargument die Gesellschaft in den Mittelpunkt der Betrachtung und

---

vgl. die Differenzierung zwischen darwinistischer Evolutionstheorie und der an der lamarckistischen Theorie angelehnten Kulturevolutionstheorie Hayeks, ausgeführt in dieser Arbeit in II.3.4.2., besonders Fußnote 329.

[229] Smith (1776), S. 371: „Tatsächlich fördert er [jeder einzelne – P.B.] in der Regel nicht bewußt das Allgemeinwohl, noch weiß er, wie hoch der eigene Beitrag ist. [...E]r wird [...] von einer unsichtbaren Hand geleitet, um einen Zweck zu fördern, den zu erfüllen er in keiner Weise beabsichtigt hat." Ders. (1759), S. 316: „[...V]on einer unsichtbaren Hand werden sie [die Menschen – P.B.] [...] geführt, [...] und so fördern sie, ohne es zu wissen, das Interesse der Gesellschaft." Vgl. Hayek (1959a), S. 85; ders. (1960b), S. 73; ders. (1966c), S. 135; ders. (1967b), S. 182; ders. (1973a), S. 93; ders. (1988a), S. 157f; vgl. ders. (1979b), S. 465.

[230] Hayek (1966c), S. 130.

begründet darüber hinaus die Verwerflichkeit des Zwangs mit den Folgen der Willensunterwerfung.

In diesem und den beiden folgenden Kapiteln wird nun der Frage nachgegangen, ob die herausdifferenzierten drei Argumente Zwang als unbedingtes oder als bedingtes Übel begründen. Eine solche Diskussion des Begründungsansatzes führt Hayek nicht, und auch das Begriffspaar ‚Deontologie' und ‚Konsequentialismus', an dem in dieser Arbeit die Kontroverse um die unterschiedlichen Begründungsansätze diskutiert werden soll, findet sich bei Hayek nicht.

Im Begriffsverständnis dieser Arbeit ist die herausdifferenzierte Argumentation *deontologisch*, wenn sie Zwang als unbedingtes Übel begründet bzw. *konsequentialistisch*, wenn sie Zwang zunächst als bedingtes Übel begründet.[231] Im deontologischen Verständnis ist Zwang ein durch nichts zu rechtfertigendes Übel, während es im konsequentialistischen Verständnis möglich ist, Zwang von seinen Folgen her zu rechtfertigen. Der deontologische Ansatz beansprucht streng freiheitlich zu sein, weil er kein bestimmtes Ziel kennt, an dem sich die Verwerflichkeit des Zwangs messen läßt; er betrachtet Zwang ausnahmslos als Übel. Der deontologische Ansatz schreibt dem Menschen kein Ziel vor, an dem er sein Handeln auszurichten habe, sondern formuliert Einschränkungen bei der Verfolgung seiner individuellen Ziele.[232] Diese Sicht steht in breiter Übereinstimmung mit Hayeks Auffassung von den allgemeinen und abstrakten Regeln des gerechten Verhaltens, die keinen Zielen folgen, sondern allgemeine Begrenzungen des Handelns formulieren, und die darin Bedingung für die Freiheit des Individuums in der Gesellschaft sind, seine eigenen Ziele zu verfolgen, ohne die Freiheit des anderen aufzuheben.

Zwischen der Art der Begründung für die Verwerflichkeit des Zwangs und der Unterscheidung zwischen dem formalen und dem materialen Zwangsbegriff herrscht ein enger Zusammenhang. Grundlage der in dieser Arbeit vertretenen These – der Deontologiethese – ist die folgende Zuordnung:

---

[231] Eine Sonderstellung nimmt hierbei eine konsequentialistische Begründung für die Verwerflichkeit des Zwangs ein, die sich bei der Einbeziehung der Konsequenzen des Zwangs nur selbst wieder auf die Freiheit als letztem Wert bzw. den Zwang als Grundübel bezieht. Eine solche streng formale, nur auf die Freiheit bezogene konsequentialistische Begründung steht mit dem deontologischen Begründungsansatz im Einklang (‚abstrakter Konsequentialismus'). Vgl. hierzu besonders die in dieser Arbeit vorgeschlagene Interpretation der Evolutionstheorie Hayeks (II.3.6.).

[232] Vgl. Ricken (2003), S. 297: „Der Konsequentialismus schreibt ein *objektives Ziel,* einen Zustand der Welt vor; eine kantische Theorie schreibt die *Art und Weise* vor, wie ich meine *subjektiven Ziele* verfolgen darf." Ebd.: „Der Konsequentialismus schreibt ein Ziel vor, anhand dessen ich meine Handlungsmöglichkeiten zu bewerten habe. [...] Dagegen schreibt der kantische Ansatz kein Ziel, sondern nur Einschränkungen vor, unter denen ich meine persönlichen Ziele verfolgen darf."

Der formale Zwangsbegriff korrespondiert unmittelbar mit der deontologischen Begründung für die Verwerflichkeit des Zwangs (II.2.1.1), während materiale Deutungen des Zwangsbegriffs unmittelbar mit konsequentialistischen Begründungen für die Verwerflichkeit des Zwangs korrespondieren (II.2.1.2.).

2.1.1. Formaler Zwangsbegriff und deontologische Begründung der Verwerflichkeit des Zwangs

Im formalen Verständnis ist Zwang definiert als Unterwerfung des Willens eines Menschen unter den Willen eines anderen mittels der Androhung eines schweren Nachteils. Diese Definition ist rein formal, weil sie sich mit den jeweiligen Inhalten und Folgen des Zwangs nicht befaßt. Im formalen Verständnis ist allein die *Tatsache der Willensunterwerfung* definitionsentscheidend.

Nun entsprechen einander die formale Definition des Zwangs und die deontologische Begründung für die Verwerflichkeit des Zwangs darin, daß Zwang in beiden Hinsichten nur seiner Form nach betrachtet wird. Auf der Grundlage des formalen Zwangsbegriffs läßt sich die Verwerflichkeit des Zwangs nicht mit seinen Inhalten und Folgen begründen, weil Inhalte und Folgen des Zwangs gar nicht Bestandteile der Definition des Zwangs sind. Die Gemeinsamkeit zwischen der formalen Definition des Zwangs und der deontologischen Begründung seiner Verwerflichkeit besteht darin, daß beide nicht als ausschlaggebend erachten, *zu was* ein Mensch gezwungen wird, sondern einzig, *daß* er gezwungen wird, daß er – wie besonders das Selbstzwecklichkeits- und das Wissensargument hervorheben – mittels der Androhung eines schweren Nachteils daran gehindert wird, seine geistigen Fähigkeiten für die Verwirklichung seiner selbstgewählten Ziele zu verwenden. Im formalen und deontologischen Verständnis des Zwangs kann es grundsätzlich keine Inhalte oder Folgen des Zwangs geben, die Zwang auf das Individuum in der Gesellschaft rechtfertigen würden. Zwang ist ein Übel, weil der Gezwungene daran gehindert wird, seinem eigenen Willen nach zu handeln.

2.1.2. Materiale Zwangsbegriffe und konsequentialistische Begründungen der Verwerflichkeit des Zwangs

Im materialen Verständnis ist nicht *jede* Willensunterwerfung Zwang, sondern nur die *schädliche* Willensunterwerfung. Der materiale Ansatz kennt zwei grobe Unterteilungen, zwei Varianten, je nachdem, *wessen* Schädigung durch den Zwangsakt als definitionsentscheidend für den Zwang betrachtet wird: (1.) die Schädigung des gezwungenen Individuums oder (2.) die Schädigung der Gesellschaft, der das gezwungene Individuum angehört.

(1.) In der ersten Variante ist Zwang dadurch definiert, daß der Gezwungene vom Zwingenden vor die Wahl zweier sich alternativ gegenüberliegender Möglichkeiten gestellt wird, von denen beide Möglichkeiten mit einer tatsächlichen Schädigung des Gezwungenen verbunden sind. Zwang ist somit nicht – wie im formalen Verständnis – als *bedingte Schadenszufügung* (*Androhung* eines Schadens) zu verstehen, sondern als *bedingungslose Schadenszufügung*. Da der Gezwungene zwischen zwei Nachteilen wählen muß, erfährt er einen Nachteil, gleichgültig wie er sich entscheidet. Das Spektrum der Fälle, in denen die Definition des Zwangs zur Anwendung kommt, ist dadurch kleiner als in der formalen Definition: Die Unterwerfung des Willens eines Menschen unter den Willen eines anderen ist in dieser Perspektive kein Zwang, wenn sie dem Betroffenen nach bestimmten Kriterien ‚nützt' und unter Umständen auch, wenn sie sich als unschädlich für ihn erweist (III.2.2.). Die Verwerflichkeit des Zwangs leitet sich in dieser Perspektive von der konkreten Schädigung des Gezwungenen ab. Zwang ist ein Übel, weil der Gezwungene in Folge des Zwangsaktes geschädigt wird.

(2.) In der zweiten Variante ist Zwang dadurch definiert, daß die Gesellschaft insgesamt, der der Gezwungene angehört, durch die Unterwerfung seines Willens geschädigt wird. In dieser Variante gilt nicht jede Willensunterwerfung und auch nicht jede das gezwungene *Individuum* schädigende Willensunterwerfung als Zwang, sondern nur jene, die der Verwirklichung übergeordneter, gesellschaftlicher Ziele schadet. Durch diese Einschränkung wird das Spektrum der Definition des Zwangs gegenüber der formalen und gegenüber der individualistischen Variante der materialen Definition nochmals kleiner.[233] Die Verwerflichkeit des Zwangs besteht in dieser Perspektive in der Schädigung eines übergeordneten, gesellschaftlichen Ziels. Zwang ist ein Übel, weil die Gesellschaft als Ganze geschädigt wird.

In beiden materialen Perspektiven ist Zwang nur ein bedingtes Übel in der Gesellschaft, denn das eigentliche Übel des Zwangs besteht in der Schädigung, die von ihm ausgeht.

2.2. Die Deontologiethese

Die in dieser Arbeit vertretene Deontologiethese besagt, daß einzig die formale Definition des Zwangsbegriffs Hayeks und einzig die deontologische Begründung für die Verwerflichkeit des Zwangs zutreffend, d.h. in der theorieimmanenten Betrachtung des Werkes Hayeks widerspruchsfrei sind.

---

[233] Je materialer der Zwangsbegriff, desto kleiner sein Definitionsbereich. Eine Relation, die auch Hayek analog beim Begriffspaar ‚abstrakt' und ‚konkret' kennt – Hayek (1963a), S. 17: „Der Unterschied zwischen einer abstrakten und einer [...] konkreten Ordnung ist derselbe wie der zwischen einem Begriff mit kleinem Inhalt und daher großem Umfang und einem Begriff von reichem Inhalt und einem entsprechend kleinen Umfang."

Im Verständnis der Deontologiethese definiert Hayek Zwang streng formal als Unterwerfung des Willens eines Menschen unter den eines anderen und bewertet ihn als durch nichts zu rechtfertigendes, absolutes Übel in der Gesellschaft. Die Deontologiethese behauptet, daß in der Sozialphilosophie Hayeks die Freiheit des Individuums, seinem eigenen Willen nach zu handeln, der höchste Wert und Zwang als Gegenbegriff der Freiheit das Grundübel in der Gesellschaft ist.

3. Hayeks Moraltheorie und die Theorie der kulturellen Evolution

3.1. Hayeks Auseinandersetzung mit dem Utilitarismus

Ziel dieses Kapitels ist es, den Nachweis zu erbringen, daß die Deontologiethese mit der evolutionären Moraltheorie Hayeks in Einklang stehen kann und zugleich die Spannungen aufzuzeigen, aufgrund derer die Deontologiethese in der theorieimmanenten Betrachtung anfechtbar ist. Grundgedanke dieser Untersuchung ist, daß die herausgestellten drei Argumente für die Verwerflichkeit des Zwangs ein Abbild der Moraltheorie Hayeks darstellen, der methodischen Hypothese dieser Arbeit folgend, daß sich im Zwangsbegriff Hayeks seine gesamte Sozialphilosophie verdichtet. Einstieg in die Diskussion der Moraltheorie Hayeks soll Hayeks Utilitarismuskritik sein, weil sie, angewendet auf den Zwang, implizit die Grundfrage der Kontroverse zwischen Deontologie und Konsequentialismus aufwirft: Kann es im Denken Hayeks einen der Freiheit übergeordneten Wert geben, mit dem sich Zwang in der Gesellschaft rechtfertigen läßt? Die Untersuchungen in den folgenden Abschnitten haben nicht unmittelbar Hayeks *Begründungen für die Verwerflichkeit des Zwangs* zum Gegenstand, sondern in einem umfassenderen Sinne den *Begründungsansatz* seiner Moraltheorie.

Hayek versteht sich als strenger Kritiker des klassischen Utilitarismus nach Jeremy Bentham, den er als Spielart des ‚konstruktivistischen Rationalismus' beschreibt. Auf einer ersten Stufe der Betrachtung stützt Hayeks strikte Ablehnung des Utilitarismus die Deontologiethese. Auf einer zweiten Stufe der Betrachtung jedoch unterliegt Hayeks Auseinandersetzung mit dem Utilitarismus einer Entwicklung, durch welche die Entschiedenheit seiner Ablehnung utilitaristischer Ansätze wieder in Frage gestellt scheint. Eine ablehnende Haltung zum klassischen Utilitarismus muß zudem nicht notwendig eine Ablehnung anderer konsequentialistischer Ethikentwürfe bedeuten: Aus der Kritik am *klassischen* Utilitarismus kann zunächst lediglich auf eine Ablehnung von Begründungsansätzen geschlossen werden, die in der Bewertung der Richtigkeit von Einzelhandlungen von einem allgemeinen, meßbaren Nutzen ausgehen.

In seiner Utilitarismuskritik differenziert Hayek zwischen zwei utilitaristischen Grundpositionen: (1.) zwischen dem klassischen Utilitarismus, den er auch als ‚partikularistischen' bzw. als ‚Handlungsutilitarismus' bezeichnet (II.3.1.1.) und (2.) dem ‚generischen' bzw. dem ‚Regelutilitarismus', den er am klarsten bei William Paley formuliert sieht (II.3.1.2.).[234] Diese Unterscheidung löst eine ältere Unterscheidung Hayeks zwischen dem *konstruktivistischen* und dem *generischen* Utilitarismus ab, deren Bedeutung der Übersichtlichkeit halber erst im Abschnitt II.3.2. diskutiert werden soll; die ältere Unterscheidung mißt dem Wort ‚generisch' eine andere Bedeutung bei, wodurch Hayeks Utilitarismuskritik stellenweise widersprüchlich scheint.[235] Aus Hayeks Auseinandersetzung mit dem generischen Utilitarismus in Abgrenzung zum Regelutilitarismus soll schließlich als dritte Position Hayeks eigener Begründungsansatz entwickelt werden (II.3.2.). Der Gang der Untersuchung führt in den folgenden beiden Abschnitten zunächst zu Hayeks Unterscheidung zwischen dem *Handlungs*utilitarismus und dem *Regel*utilitarismus sowie der Kritik an beiden Ansätzen.

3.1.1. Hayeks Kritik am Handlungsutilitarismus

Hayeks Kritik am Handlungsutilitarismus variiert die bereits bekannten erkenntnistheoretischen Argumente, deretwegen Hayeks Begründungsansatz ohne offenen immanenten Widerspruch nicht handlungsutilitaristisch sein kann: Angesichts der Begrenztheit des Wissens des Menschen über Folgen und Wirkungen seiner Handlungen lassen sich in komplexen Gesellschaftsordnungen keine objektiven Kriterien aufstellen, nach denen sich dessen Handlungen mit Blick auf einen meßbaren allgemeinen Nutzen beurteilen lassen. Ein objektives ‚Lust-Unlust-Kalkül', nach dem sich die Nützlichkeit von Einzelhandlungen bilanzieren läßt, ist in dieser Sicht unmöglich, ohne einer *Anmaßung von Wissen* zu erliegen und damit Zwang zu rechtfertigen. Vor diesem erkenntnistheoretisch geprägten Hintergrund ist der klassische Utilitarismus für Hayek „nur eine Sonderform des Konstruktivismus."[236] Entsprechend führt Hayek in seiner Utilitarismuskritik in weiten Teilen die bereits bekannten Argumente gegen Gesellschaftstheorien an, die von der Planbarkeit und Konstruierbarkeit komplexer Ordnungen ausgehen: Da niemand in der modernen Zivilisation über die Summe des weitverstreuten, individu-

---

[234] Hayek (1976b), S. 170; ebd., S. 169, Anmerkung 16: „Was im Text »partikularistischer« Utilitarismus genannt und heute zumeist als »Handlungsutilitarismus« bezeichnet wird, wurde auch als »grober«, »extremer« und »direkter« Utilitarismus bezeichnet, während das, was wir »generisch« nennen und was üblicherweise »Regel-Utilitarismus« heißt, auch »modifizierter«, »eingeschränkter« und »indirekter« Utilitarismus genannt wird."

[235] In seinen früheren Auseinandersetzungen mit dem Utilitarismus ordnet sich Hayek selbst dem generischen Utilitarismus zu. Vgl. ders. (1960b), S. 204; ders. (1976b), S. 170.

[236] Hayek (1976b), S. 172; vgl. ebd., S. 168.

ellen und fortwährender Entwicklung unterworfenen Tatsachenwissens verfügen kann, ist es unmöglich, sämtliche Wirkungen einer Handlung sicher bestimmen zu können. Ebenso ist es unmöglich, einen allgemeinen, meßbaren Nutzen zu definieren, denn Präferenzen differieren individuell. Das hierzu erforderliche Wissen ist so umfassend, daß der konsequente Utilitarist Allwissenheit für sich in Anspruch nehmen müßte und somit die Notwendigkeit von Verhaltensregeln nicht mehr gegeben wäre, denn:

> „Verhaltensregeln hat der Mensch entwickelt, nicht weil er weiß, sondern weil er nicht weiß, welche Folgen eine einzelne Handlung insgesamt haben wird. Und das bezeichnendste Merkmal von Moral und Recht, wie wir sie kennen, ist es daher, daß sie aus Regeln bestehen, die ungeachtet der bekannten Wirkungen der einzelnen Handlung zu befolgen sind.“[237]

Der klassische Utilitarismus ist unvereinbar mit dem Grundsatz der Sozialphilosophie Hayeks, wonach menschliches Verhalten in erster Linie zur Bewältigung der Unwissenheit regelhaft strukturiert ist. Der Handlungsutilitarismus stellt die universale Gültigkeit von Verhaltensregeln in Frage, weil er die Grundlage für die Rechtfertigung von Regelverstößen mit der Nützlichkeit der regelverletzenden Einzelhandlung schafft. Die Nichtanerkennung der moralischen Tradition wird von Hayek als gleichbedeutend mit der Infragestellung der bestehenden, gewachsenen Regelordnung und der Werte, die sie enthält,[238] angesehen:

> „Es ist ziemlich klar, daß diese Art des Rationalismus zur Zerstörung aller moralischen Werte [...] führt [...] und daß diese Art des Rationalismus alle Mittel von den angestrebten Zwecken her rechtfertigt.“[239]

Mit dieser Argumentation läßt sich jede konsequentialistische Begründung, nicht allein die handlungsutilitaristische, angreifen. Was für das Wissen über den *Nutzen* einer bestimmten Einzelhandlung gilt, gilt ebenso für das Wissen um ihre konkreten Folgen in bezug auf ein übergeordnetes gesellschaftliches Ziel, einen gewollten Zustand, wie die Welt zu sein habe. Deutlich wird zudem, daß Hayeks Moraltheorie nicht Einzelhandlungen, sondern ausschließlich Verhaltensregeln zum Gegenstand der ethischen Reflexion erhebt, und sie daher eine Theorie der Regelbegründung ist.

---

[237] Hayek (1976b), S. 171; ders. (1960b), S. 204: „Die Vorstellung, daß jeder Konflikt, im Recht oder in der Moral, so entschieden werden sollte, wie es dem, der alle Folgen dieser Entscheidung erfassen könnte, am zweckmäßigsten schiene, bedeutet die Leugnung der Notwendigkeit von Regeln überhaupt.“

[238] Zur Gleichsetzung von Regeln und Werten bei Hayek siehe in dieser Arbeit II.3.2.3.

[239] Hayek (1964a), S. 83; ders. (1959a), S. 94f.

3.1.2. Hayeks Kritik am Regelutilitarismus

Dem *Regelutilitarismus* hält Hayek entgegen, daß allgemeine und abstrakte Regeln des gerechten Verhaltens ihre Verbindlichkeit nicht aus ihrer erwiesenen Nützlichkeit im Einzelfall erfahren, sondern aus ihrer Herkunft aus der kulturellen Evolution.[240] Der Irrtum des regelutilitaristischen Ansatzes besteht für Hayek in der Annahme, daß Regelsysteme sich auf einen konkreten Nutzen hin konstruieren ließen.[241] Der Regelutilitarismus ist für Hayek „nicht konsequent durchführbar", weil er von der rationalistischen Voraussetzung ausgeht, es seien sämtliche Wirkungen der Befolgung einer einzelnen Regel besonders im Zusammenwirken mit anderen Regeln der gleichen Art bekannt und mit Blick auf einen bekannten, allgemeinen Nutzen hin bewertbar und konstruierbar.[242] Dieser Kritik zufolge verkennt der Regelutilitarismus, daß abstrakte Regelsysteme nicht vom Menschen geplant und bewußt geschaffen werden können, weil sie an Komplexität und Wissensgehalt bei weitem alles übersteigen, was der Mensch bewußt erschaffen kann. Die Ordnung der Regeln des gerechten Verhaltens ist in der Sicht Hayeks das immer nur gegenwärtige Ergebnis anonymer und sich weitgehend selbst steuernder Selektions- und Anpassungsprozesse, die keinem Ziel oder gar Nutzen dienen, sondern notwendig ziel- und ergebnisoffen sind.[243] Verhaltensregeln, seien es Moral- oder festgeschriebene Rechtsregeln, werden vom Menschen ohne explizites Wissen um ihre konkrete Wirkung im Einzelfall und oftmals ohne Wissen um ihre Existenz befolgt. Wenn hingegen nur jene Regeln bindend sind, deren konkrete Nützlichkeit bekannt und für jeden besonderen Einzelfall erwiesen ist, verlieren die meisten allgemeinen und abstrakten Regeln des gerechten Verhaltens ihre von Hayek postulierte universale Gültigkeit.[244] Der Regelutilitarismus führt für Hayek zu einer Aufhebung bestehender, aus der kulturellen Evolution hervorgegangener Regelsysteme und ist daher mit seiner Moraltheorie unvereinbar.[245] Auch Hayeks Kritik am Regelutilitarismus argumentiert wesentlich mit der Unwissenheit des Menschen und ihrer Bewälti-

---

[240] Vgl. Hayek (1960b), S. 203f.

[241] Hayek (1976b), S. 170.

[242] Hayek (1970), S. 28.

[243] Hayek (1976b), S. 171; vgl. in dieser Arbeit II.3.3.

[244] Hayek (1959a), S. 94f.

[245] Hayek (1960b), S. 204: „Doch haben nicht viele Anschauungen auf die Achtung vor den Regeln des Gesetzes und der Moral vernichtender gewirkt als die Idee, daß eine Regel nur dann bindend ist, wenn die wohltätige Wirkung ihrer Befolgung im besonderen Fall erkennbar ist." Vgl. ebd., S. 234. Ders. (1968b), S. 166: „Der grundsätzliche Irrtum des partikularistischen Utilitarismus besteht darin, daß er annimmt, Regeln des gerechten Verhaltens seien auf bestimmte konkrete Ziele gerichtet und müßten von dorther beurteilt werden." Unter dem ‚partikularistischen Utilitarismus' versteht Hayek in dieser Textstelle offensichtlich entgegen seiner eingeführten Terminologie den Regelutilitarismus, siehe auch in dieser Arbeit II.3.1., besonders Fußnote 234.

gung durch die gewachsene Ordnung aus allgemeinen und abstrakten Regeln des gerechten Verhaltens.[246]

Hayeks Auseinandersetzung mit dem Regelutilitarismus ist einer Entwicklung unterworfen, die Aufschluß über seine eigene Position gibt: In der Werkphase um die ›*Verfassung der Freiheit*‹ gilt Hayeks Kritik noch in erster Linie dem Handlungsutilitarismus, wohingegen die Begriffe ‚generischer Utilitarismus' und ‚Regelutilitarismus' noch keine Zuordnung zueinander erfahren und auch noch nicht expliziter Gegenstand der Kritik sind.[247] Erst im Spätwerk, in ›*Recht, Gesetz und Freiheit*‹, führt Hayek die Einteilung in den handlungs- und den regelorientierten Utilitarismus ein, und erst in dieser Werkphase grenzt sich Hayek selbst deutlich vom Regelutilitarismus ab. Dabei ist erkennbar, daß zwischen dem Regelutilitarismus und der Position Hayeks Gemeinsamkeiten bestehen, die auch die späte Abgrenzung erklären.

3.2. Der generische Utilitarismus und der Ansatz Hayeks

3.2.1. Hayeks Kritik am ‚generischen Utilitarismus' im Licht der Deontologiethese

Über die Unterscheidung zwischen dem Handlungs- und dem Regelutilitarismus hinaus verwendet Hayek den Begriff ‚Utilitarismus' in seiner dritten Bedeutung als Bezeichnung für seinen eigenen Begründungsansatz. Die Untersuchung dieser dritten Bedeutungsunterlegung des Begriffs ‚Utilitarismus' bei Hayek ist zentral für das Verständnis seiner Moraltheorie und ihres Begründungsansatzes. In der Perspektive der Deontologiethese scheint sich Hayek durch sein eigenes Bekenntnis zum Utilitarismus zunächst weit vom deontologischen Ansatz zu entfernen und im Gegenteil eindeutig dem Konsequentialismus zuordenbar zu machen. Lediglich sein Nutzenbegriff kann dann noch Aufschluß darüber geben, innerhalb welchen Spektrums des Konsequentialismus sich Hayeks Moraltheorie ansiedeln läßt – aber die Überlegung, daß sie deontologisch sein könnte, wäre diesem ersten Anschein nach sofort hinfällig.

Dem sei in dieser Arbeit die Deutung entgegengehalten, daß Hayek unter dem Begriff ‚Utilitarismus' dort, wo er ihn auf seine eigene Theorie anwendet, einen *rein formalen, abstrakten* Konsequentialismus versteht, der mit der Deontologiethese vereinbar sein kann, wenn er sich selbst nur auf die Freiheit als höchsten Wert und den Zwang als Grundübel in der Gesellschaft bezieht. Ein solcher *abstrakter* Konsequentialismus betrachtet lediglich die Konsequenzen der Befolgung allgemeiner und abstrakter Regeln des gerechten Ver-

[246] Hayek (1976b), S. 170: „Das Schwierige an dem ganzen utilitaristischen Ansatz ist, daß er als Theorie [...] denjenigen Faktor völlig beiseite läßt, der Regeln notwendig macht, nämlich unsere Unwissenheit."

[247] Hayek (1960b), S. 203ff.

haltens für die dauerhafte Sicherung der Freiheit des Individuums in der Großen Gesellschaft. Er ist aus zwei Gründen *abstrakt*: zum einen beobachtet er nicht konkrete Einzelereignisse, sondern ausschließlich allgemeine, abstrakte Verhaltensregeln und die Ordnung, die sie konstituieren, und zum anderen bewertet er die Konsequenzen der Regelbefolgung nur mit Beug auf den Wert der Freiheit. Entsprechend dieser Deutung kann Hayeks Position nicht als utilitaristisch und auch nicht als konsequentialistisch im materialen, in Abschnitt II.2.1.2. vorgestellten Sinne begriffen werden. Mit dem Regelutilitarismus hat Hayeks Position demnach lediglich gemein, eine Theorie der *Regel*überprüfung zu sein. Diese Deutung wird wesentlich gestützt durch das *Immanenzprinzip* sowie das eng mit ihm verbundene *Universalisierbarkeitsprinzip* als den beiden von Hayek vorgeschlagenen Kernprinzipien der Regelüberprüfung (III.3.2.3.). Ein weiterer wichtiger Pfeiler dieser Deutung ist außerdem Hayeks Nutzenbegriff, dessen Klärung angesichts seiner Verwiesenheit auf Hayeks Theorie der kulturellen Evolution und ihrer kontrovers diskutierbaren normativen Implikationen ein eigener Untersuchungsgang gewidmet ist (III.3.3.).

3.2.2. Die Doppelbedeutung der Bezeichnung ‚generischer Utilitarismus' bei Hayek

In seinem Aufsatz *›Arten des Rationalismus‹* (1964a) bezeichnet Hayek die Moraltheorie von David Hume als Utilitarismus „in seiner ersten und legitimen Form".[248] Hayek nennt diesen Ansatz, den er auch für sich in Anspruch nimmt, ‚generisch utilitaristisch'. Anders als in seinen späteren Schriften bezieht sich Hayek dabei nicht auf den Gegensatz zwischen dem *partikularistischen* (Handlungs-) einerseits und dem *generischen* (Regel-)Utilitarismus andererseits, die er wie gesehen beide ablehnt, sondern auf ein anderes Gegensatzpaar: einerseits den *konstruktivistischen* Utilitarismus, den er als rationalistisch verwirft, und als Gegenpol hierzu andererseits den *generischen* Utilitarismus, in dessen geistiger Tradition sich Hayek nun sieht:

> „Während der *generische Utilitarismus* von Hume auf einer Erkenntnis der Grenzen unserer Vernunft beruht und ihren besten Gebrauch aus einer strengen Befolgung abstrakter Regeln erwartet, beruht der *konstruktivistische*, sich davon unterscheidende Utilitarismus auf dem Glauben, daß die Vernunft fähig sei, alle Einzelheiten einer komplexen Gesellschaft unmittelbar bestimmen zu können."[249]

---

[248] Hayek (1964a), S. 81. Vgl. als Beispiel für die verschiedene Führung der Bezeichnung ‚Utilitarismus', ders. (1983b), S. 23f: „Die entscheidende philosophische Einsicht [...] verdanken wir David Hume, der erkannte, daß die Regeln der Moral nicht Schlußfolgerungen unserer Vernunft sind. Es ist darum [...] auch ganz falsch, Hume als Begründer des Utilitarismus zu betrachten."

[249] Hayek (1964a), S. 82 (Hervorhebungen P.B.); vgl. ders. (1988a), S. 52.

Die beiden Gegensatzpaare, mit denen Hayek jeweils zwei Arten des Utilitarismus unterscheidet – konstruktivistisch vs. generisch und partikularistisch vs. generisch – besitzen große Deckungsgleichheiten, jedoch weisen sie auch eine Differenz auf, deren Klärung für das Verständnis des Ansatzes Hayeks entscheidend ist. Der Unterschied zwischen beiden Gegensatzpaaren besteht darin, daß Hayek sich in seinen früheren Schriften selbst dem generischen Utilitarismus zuordnet, und er damit aus Sicht seiner späteren Kritik den konstruktivistischen Utilitarismus lediglich als gemäßigter Utilitarist, nämlich als Regelutilitarist kritisiert.[250]

Zentral für das Verständnis des Begründungsansatzes Hayeks ist der Bedeutungswandel des Ausdrucks ‚generischer Utilitarismus': In der Werkphase um die ›*Verfassung der Freiheit*‹ verwendet Hayek ihn als Bezeichnung für den Utilitarismus ‚in seiner ersten und legitimen Form', wohingegen er ihn in den späteren Schriften als synonyme Bezeichnung für den von ihm als konstruktivistisch kritisierten *Regel*utilitarismus verwendet. Um dieser Veränderung Rechnung zu tragen, müßte die Bezeichnung ‚generischer Utilitarismus' nun genaugenommen weiter ausdifferenziert werden in einen *konstruktivistisch*-generischen (nämlich Regel-) Utilitarismus und einen *nicht-konstruktivistisch*-generischen ‚Utilitarismus'. Der nicht-konstruktivistisch-generische wäre jener ‚Utilitarismus im weiteren Sinne',[251] dem Hayek sich selbst zuordnet und den er im Grundsatz bereits bei David Hume formuliert sieht. Auch in späteren Schriften bezeichnet sich Hayek gelegentlich als Utilitarist in diesem weiten Begriffsverständnis. So nennt Hayek in einer Anmerkung im zweiten Band von ›*Recht, Gesetz und Freiheit*‹ seinen Ansatz auch „eine Art evolutorischen Utilitarismus".[252] Diese Bezeichnung gibt einen weiteren wichtigen Hinweis auf die Art des Konsequentialismus, die Hayek vertritt, und sie gibt zugleich einen Ausblick auf die Spannungen, die von ihm für die Aufrechterhaltung der Deontologiethese ausgehen (II.3.4.).

[250] Eine Erklärung für den Wechsel seines Standpunktes wäre, daß Hayeks relativ späte Auseinandersetzung mit dem Regelutilitarismus eine solche Abgrenzung nötig machte; jedoch würde diese Erklärung das Bild eher festigen, daß Hayeks Utilitarismuskritik selbst nicht frei von utilitaristischen Annahmen ist. Diese Überlegungen würden jenen Interpretationen recht geben, die Hayek als gemäßigten oder sogar als klassischen Utilitaristen einstufen: Als Regelutilitaristen stuft z. B. Yeager Hayek ein – Yeager (1984), S. 73; ders. (1989), S. 331ff; Berührungspunkte mit utilitaristischen Ansätzen sehen auch Gray (1995), S. 60, und Kukathas (1989), S. 63, S. 135, S. 191ff, die allerdings beide jeweils den Einfluß Kants im Denken Hayeks betonen; ebenso Dasgupta (1982), S. 214ff.

[251] Hayek (1976b), S. 168.

[252] Hayek (1976b), S. 168, Anmerkung 13.

3.2.3. Hayeks Theorie der Regelkritik: Immanenz- und Universalisierbarkeitsprinzip

Als Grundlage für das Verständnis des ‚nicht-konstruktivistischen generischen' Ansatzes Hayeks eignet sich besonders die folgende Begriffsabgrenzung im zweiten Band von *›Recht, Gesetz und Freiheit‹*:

> „In einem weiteren Sinne gebraucht man den Ausdruck [»Utilitarismus« – P.B.] aber auch für jede kritische Untersuchung solcher Regeln und Institutionen im Hinblick auf die Funktion, die ihnen im Gesellschaftsgefüge zukommt. In diesem weiten Sinne wäre jeder als Utilitarist zu bezeichnen, der nicht alle existierenden Werte für unbestreitbar hält, sondern bereit ist, zu fragen, warum man an ihnen festhalten sollte."[253]

In dieser Textstelle umreißt Hayek in Abgrenzung zum Regelutilitarismus seinen eigenen Begründungsansatz. Er zielt darauf ab, eine kritische Untersuchung von Verhaltensregeln zu ermöglichen. Hayeks Ziel ist es, eine *Theorie der Regelkritik* bzw. eine Theorie der Begründung von allgemeinen und abstrakten Regeln des gerechten Verhaltens zu formulieren. In der angeführten Textstelle wird zudem deutlich, daß Hayek Regeln des gerechten Verhaltens eine so zentrale Bedeutung beimißt, daß er zwischen Regeln und Werten begrifflich nicht unterscheidet. Werte können für Hayek nur in Regeln existieren, nicht aber losgelöst von ihnen.[254] Hayeks Ansatz liegt die Vorstellung zugrunde, daß alle Ethik in Regeln verankert ist.[255] Aus diesem Grunde ist für Hayek die Infragestellung der tradierten, gewachsenen Ordnung der allgemeinen und abstrakten Regeln des gerechten Verhaltens einer Gesellschaft gleichbedeutend mit der Infragestellung ihrer Werteordnung, ebenso wie eine unkritische Übernahme bestehender Regeln für Hayek gleichbedeutend ist mit einer Position, die ‚alle existierenden Werte für unbestreitbar hält'.

Besonders das *Immanenzprinzip* als Methode der von Hayek vertretenen Regelkritik stützt die Deontologiethese:

> „Wenn wir sagen, daß alle Kritik an Regeln immanente Kritik sein muß, meinen wir, daß als Kriterium, anhand dessen wir die Angemessenheit einer bestimmten Regel beurteilen können, immer irgendeine andere Regel herangezogen wird, die wir für den jeweiligen Zweck als nicht hinterfragbar ansehen."[256]

---

[253] Hayek (1976b), S. 168.

[254] Hayek (1976b), S. 165: „Abstrakte Regeln fungieren als oberste Werte [...]." Ders. (1970), S. 22.

[255] Vgl. Hayek (1976b), S. 175: „Alle echten Moralprobleme werden durch Regelkonflikte geschaffen [...]."

[256] Hayek (1976b), S. 175; ders. (1973a), S. 107 (Hervorhebung P.B.): „Entsteht irgendein Zweifel an der Gerechtigkeit einer bestimmten Regel, so muß er im Gesamtzusammenhang aller allgemein anerkannten Regeln gelöst werden, und zwar so, daß die fragliche Regel mit allen übrigen Regeln vereinbar sein, *d.h. jede Regel muß der Bildung derselben abstrakten Ordnung des Handelns dienen wie alle anderen Verhaltensregeln* [...]." Ders. (1970), S. 33f; ders. (1976c), S. 155.

Die *immanente* Regelkritik hat die Anerkennung der Gültigkeit aller übrigen Regeln der Ordnung, auf welche die kritische Überprüfung jener einen fraglichen Regel referiert, notwendig zur Voraussetzung. Sie löst zugleich das erkenntnistheoretische Problem, daß das Verständnis der konkreten Funktionen im Sinne der Nützlichkeit einer einzelnen Regel das Verständnis ihres Zusammenwirkens mit anderen Regeln und schließlich das Verständnis der gesamten Ordnung der Regeln zur Voraussetzung hat, ein solches Verständnis aber die Erkenntnisfähigkeit des Menschen übersteigt. Die immanente Regelkritik beläßt das Wissen im umfassenden Sinne des Wissensbegriffs Hayeks bei den Regeln des gerechten Verhaltens und versucht nur, die einzelne Verhaltensregel vor dem Hintergrund der anderen Regeln zu verstehen.[257] Maßstab der immanenten Regelkritik ist die Kohärenz der Regeln innerhalb der Ordnung, die sie bilden. Die immanente Regelkritik würdigt den Universalcharakter der Regeln des gerechten Verhaltens und betont damit die Notwendigkeit ihrer ausnahmslosen Befolgung.

Analog zum Immanenzprinzip als Methode der Regelkritik untersucht der von Hayek in diesem Zusammenhang ebenfalls angeführte *Universalisierbarkeitstest*, ob durch die allgemeine Befolgung einer Verhaltensregel andere Regeln derselben Ordnung verletzt werden.[258] Ausgehend vom Universalisierbarkeitsprinzip wird die *allgemeine*, *widerspruchsfreie* Anwendbarkeit der zu untersuchenden Regel überprüft, wenngleich einer solchen Überprüfung ausgehend von Hayeks erkenntnistheoretischen Prämissen enge Grenzen gesetzt sind.[259] Kriterium des Universalisierbarkeitstests kann deshalb nicht sein, welche *konkreten Konsequenzen* die allgemeine Befolgung der untersuchten Verhaltensregel hat, sondern einzig, ob ihre Verallgemeinerung ihrer *abstrakten Funktion*, eine Ordnung dauerhafter individueller Freiheit herzustellen, förderlich ist.[260] Da diese abstrakte Funktion nur durch das Zusam-

---

[257] Hayek (1973d), S. 122 (Klammer im Original): „Solch »immanente Kritik« ist der Hauptträger der Evolution des Denkens und das Verständnis dieses Vorgangs typischerweise das Ziel eines evolutionären (oder kritischen) im Unterschied zum konstruktivistischen (oder naiven) Rationalismus."

[258] Hayek (1976b), S. 178: „Als Kriterium für die Angemessenheit einer Regel kommt die Möglichkeit ihrer Verallgemeinerung oder Universalisierung einer Prüfung der Konsistenz oder Vereinbarkeit mit dem Rest des geltenden Regel- oder Wertesystems gleich." Ebd., S. 179: „Die Prüfung einer beliebigen Regel auf ihre »Universalisierbarkeit« kommt einer Prüfung ihrer Vereinbarkeit mit dem ganzen System geltender Regeln gleich." Ders. (1966a), S. 77.

[259] So läßt sich gegen den Universalisierbarkeitstest nach Hayek in letzter Konsequenz Hayeks eigene Kritik am Regelutilitarismus anbringen. Dem wiederum wäre entgegenzuhalten, daß Hayeks Theorie der Regelkritik nur eine behutsame, sich der Grenzen der Vernunft so weit als möglich bewußte Korrektur bestehender Regeln impliziert, wie Hayek wiederholt zum Ausdruck bringt; vgl. ders. (1976b), S. 174ff; ders. (1966a), S. 77.

[260] Der Begriff der *abstrakten Funktion* sei in dieser Arbeit als geeignetere Formulierung für Hayeks abstrakten Nutzenbegriff vorgeschlagen und wird in den folgenden Teilabschnit-

menwirken der einzelnen Regeln erreicht wird, lautet das entscheidende Kriterium des Universalisierbarkeitstests, daß die untersuchte Regel mit den übrigen Regeln derselben Ordnung *ihrer Art* nach kohärent sein muß.[261] Den Universalisierbarkeitstest werden für Hayek nur jene Verhaltensregeln bestehen, die ihrer Art nach negativ,[262] zweckfrei und allgemeingültig sind, d.h. Regeln, die systematisch keinen Zwang im Sinne der Definition ausüben, sondern vielmehr Bedingung der individuellen Freiheit in der Großen Gesellschaft sind; ihre sie verbindende abstrakte und darin normative Funktion besteht in der Bildung und Erhaltung der spontanen Ordnung als Voraussetzung für die Freiheit des Individuums in der Gesellschaft.[263]

Die Methode der ordnungsimmanenten Regelkritik würdigt die herausragende Stellung der *moralischen Tradition* im Werk Hayeks in besonderer Weise.[264] Sie weist den Regeln des gerechten Verhaltens aufgrund ihres Hervorgegangenseins aus der Tradition universale Gültigkeit zu, indem sie nur die Infragestellung einzelner Regeln zuläßt, die ihren Bezug ausschließlich in den übrigen Regeln derselben Ordnung hat. Regeln des gerechten Verhaltens besitzen deshalb für Hayek *zunächst* bereits aufgrund ihrer Existenz als tradierte Rechts- oder Moralregeln Gültigkeit.[265] Am Immanenzprinzip als ent-

---

ten weiter entwickelt, siehe II.3.3.2 sowie besonders Fußnoten 277 und 286. Mit dem Begriff soll eine *abstrakte Nützlichkeit* zum Ausdruck gebracht werden, deren normativer Bezugspunkt die individuelle Freiheit ist.

[261] Hayek (1966a), S. 75ff; ders. (1976b), S. 178f: „Die richtige Interpretation [des Universalisierbarkeitstests – P.B.] ist in der Art und Weise angedeutet, in der Kant sich dem Problem näherte, nämlich mit der Frage, ob wir »wünschen« oder »wollen« können, daß solch eine Regel allgemein angewendet wird. [...D]as Hindernis für die erwogene Verallgemeinerung [einer Regel im Zweifelsfalle ist deshalb – P.B.] offensichtlich [...] moralischer Natur; und das muß einen Konflikt mit einer anderen Regel oder einem anderen Wert bedeuten, die wir nicht aufgeben wollen."

[262] Hiervon ausgenommen sind nur wenige von Hayek für notwendig befundene *positive* allgemeine und abstrakte Regeln des gerechten Verhaltens, deren Bedeutung in III.6.6. eingehend untersucht wird.

[263] Hayek (1976b), S. 175: „Das Gros der Regeln [...] bestimmt das Ziel, dem auch die in Frage stehenden Regeln dienen müssen; und dieses Ziel ist [...] nicht irgendein Einzelereignis, sondern die Erhaltung oder Wiederherstellung einer Handelnsordnung [...]." Ders. (1966a), S. 77.

[264] Vgl. Hayek (1973d), S. 122.

[265] Regeln des gerechten Verhaltens haben deshalb für Hayek in einem ursprünglichen Sinne *naturrechtlichen* Charakter: Hayek, Nachlaß, Box 5-15, Brief an Virginia Black, 2. Januar 1981: „Briefly my attitude is that I have much sympathy with the original conception of Natural Law before it was turned in the 18th century into Law of Reason, indeed I have maintained that my own approach is what this earlier writers really intended, though they are rarely any longer thus understood." Ders. (1966c), S. 132: „[...E]s ist erregend, wie weit die älteren Theoretiker des Naturrechts [...] in die Geheimnisse der spontanen Bildung gesellschaftlicher Ordnungen eindrangen, bevor sie von der gänzlich anders gearteten rationalistischen Naturrechtslehre des 17. Jahrhunderts verdrängt wurden. [...] Besonders in den Werken der Spätscholastiker, der spanischen Jesuiten des 16. Jahrhunderts, führte diese Tradition zur

scheidendem Kriterium der Regelkritik wird noch einmal deutlich, daß in der Moraltheorie Hayeks keine Werte außerhalb der Ordnung existieren können, deren Regeln Gegenstand der kritischen Überprüfung sind. Da Hayek zwischen Regeln und Werten begrifflich nicht präzise unterscheidet, impliziert die ordnungsimmanente Regelkritik notwendig, daß die Werte, auf die hin die zu untersuchenden Regeln reflektiert werden, auch ausschließlich innerhalb der bestehenden Werteordnung liegen:

> „Wir können niemals ein Regelsystem oder alle Werte insgesamt auf eine zweckbestimmte Konstruktion reduzieren, sondern müssen mit unserer Kritik immer bei etwas aufhören, das keinen besseren Daseinsgrund hat, als daß es die anerkannte Grundlage einer bestimmten Tradition ist. So können wir immer einen Teil des Ganzen nur im Hinblick auf jenes Ganze untersuchen, [...] von dem wir den Großteil unbefragt übernehmen müssen."[266]

Auf diese Weise ist die jeweils fragliche Regel, weil sie „ein Ergebnis der Tradition ist, sowohl Gegenstand als auch Maßstab der Kritik."[267] Obgleich Regeln des gerechten Verhaltens für Hayek ausnahmslose Gültigkeit besitzen, bleibt doch die jeweilige *einzelne* Regel ordnungsimmanent modifizierbar. In diesem Schnittpunkt nun kommt ein Spannungsverhältnis zwischen zwei Argumentationslinien in Hayeks Moraltheorie zum Vorschein: Einerseits haben sich allgemeine und abstrakte Regeln des gerechten Verhaltens in ihrer Evolution frei von jeder menschlichen Absicht oder bewußten Planung entwikkelt; die meisten von ihnen werden weitgehend ungefragt befolgt und wurden in ihrer Entwicklungsgeschichte nur durch einzelne Regelbrüche und Experimente, die nicht in planender Absicht, sondern spontan geschahen, neuen Umständen und Erfahrungen der sie befolgenden Gesellschaft angespaßt; einerseits also stehen tradierte Verhaltensregeln für Hayek immer unter der Richtigkeitsvermutung, daß sie, *weil* sie tradiert sind, gültig sind. Andererseits sind Regeln des gerechten Verhaltens in der Rechts- und Moraltheorie Hayeks nicht nur veränderlich, sondern vom Menschen bewußt veränderbar, ja, sie *sollen* im Rahmen der regelsystemimmanenten Kritik und des Universalisierbarkeitstests auf ihre Widerspruchsfreiheit, auf ihre ‚Funktion [...] im Gesellschaftsgefüge' hin überprüft und folglich korrigiert werden, falls sie sich als immanent widersprüchlich erweisen. Keineswegs sind also *alle* gewachsenen Verhaltensregeln nur, weil sie Ergebnisse der kulturellen Evolution sind, gültig.[268] Der Grundsatz Hayeks besteht vielmehr darin, „daß wir zwar bemüht

---

systematischen Fragestellung, wie sich die Dinge selbst regelten, wenn sie nicht anderweitig durch bewußt getroffene Maßnahmen der Staatsgewalt angeordnet werden; so kam etwas zustande, was ich die ersten modernen Gesellschaftstheorien nennen würde [...]." Vgl. auch ders. (1973a), S. 92; ders. (1973d), S. 23, S. 87; ders. (1976b), S. 209ff. Zur Nähe Hayeks zu den spanischen Spätscholastikern, besonders zu Luis Molina, vgl. Rothlin (1992), S. 24ff.

[266] Hayek (1976b), S. 175; ders. (1970), S. 33.

[267] Hayek (1976b), S. 175.

[268] Vgl. z.B. Hayek (1970), S. 23f.

sein müssen, unsere Einrichtungen zu verbessern, wir sie aber nie als Ganzes neu schaffen können [...].“[269]

Die Infragestellung der Tradition als Ganzer und die damit einhergehende Notwendigkeit, die infragegestellte moralische Tradition durch ein anderes Moralsystem zu ersetzen, ist für Hayek das Hauptmerkmal rationalistischer, konstruktivistischer Moral- und Gesellschaftstheorien. Trotz dieser herausragenden Bedeutung der Tradition in der Moraltheorie Hayeks weist Hayek aber nur jener Tradition Gültigkeit zu, die in der *individuellen Freiheit* ihren höchsten Wert hat – im Gegensatz zur Tradition der ‚instinktiven‘ Solidaritätsmoral der Kleingruppe, die sich über gemeinsame, konkrete Ziele definiert und in der die Freiheit des Individuum folglich nur ein untergeordneter, relativer Wert ist. Nicht *jede* moralische Tradition ist in der Argumentation Hayeks Rechtfertigungsgrund für die ausnahmslose Gültigkeit von Verhaltensregeln, sondern nur die *freiheitliche*. Wäre dem nicht so, müßten in der evolutionären Perspektive auch die überlieferten Regelsysteme der Kleingruppe, die dem von Hayek rigide abgelehnten Ideal der ‚sozialen Gerechtigkeit‘ verpflichtet sind und die dennoch einstweilen die Selektion der kulturellen Evolution überdauert haben, und andere, sich in der Evolution spontan entwickelnde, z. B. eben auch zwangvolle Regelsysteme als universal gültig angenommen werden. In diesem Fall würde dann die bloße Tatsache der Überlieferung ausreichen, um Regelsysteme zu rechtfertigen, die nach Auffassung der Moraltheorie Hayeks nicht freiheitlich sind.[270] Doch dies ist nicht

---

[269] Hayek (1960b), S. 84; ders. (1973d), S. 103.

[270] So lautet eine ernstzunehmende, theorieimmanente Kritik am evolutionären Ansatz Hayeks. Vanberg kritisiert ebenso wie Buchanan, daß die Tatsache des Hervorgegangenseins einer Verhaltensregel aus der kulturellen Evolution noch kein alleiniges Kriterium für ihre Gültigkeit sein kann (Buchanan (1981), S. 45f; ders. (1984), S. 250f; Vanberg (1994), S. 37f. Vgl. auch Stefan Böhm (1996), S. 110; Caldwell (2004), S. 347. Für diese Kritik gibt es zahlreiche Angriffsflächen insbesondere im Alterswerk Hayeks (vgl. II.3.4.). Dem wird in dieser Arbeit entgegengehalten: Hayek formuliert eine Theorie der Regel*kritik* und stellt mit dem Immanenzprinzip und dem Universalisierbarkeitstest Methoden *für* eine *systemimmanente Regelverbesserung* bereit. Vgl. dazu Hayek explizit: ders. (1988), S. 167, (darin sich selbst zitierend, ders. (1944), S. 33f): „[...Ich] kann nur wiederholen, was ich vor mehr als 30 Jahren [...] in einem populären Buch [›*Der weg zur Knechtschaft*‹ – P.B.] erklärte: [...J]eder, der nicht völliger Fatalist ist, [ist] ein Planwirtschaftler, [...] jeder politische Akt [ist] ein Akt der Planung [...]. [...D]ieser liberale Plan ist [es ...], ein möglichst rationales System von dauernden Rahmenbedingungen festzulegen, unter denen die einzelnen ihre mannigfaltigen Tätigkeiten gemäß ihren individuellen Plänen durchführen. [...] Es dreht sich also nicht darum, *ob*, sondern *wie* wir am besten planen[: ... d]ie Bedingungen zu schaffen, die dem Wissen und der Initiative der einzelnen den größten Spielraum gewähren, so daß *diese* mit Erfolg selber planen können [...].“ Vgl. gegen den Fatalismusvorwurf auch Hayek (1976b), S. 207: „Eine [...] Frage ist, ob das Vorhandensein weitverbreiteter und starker moralischer Überzeugungen [...] für sich alleine schon deren Durchsetzung rechtfertigt. Die Antwort dürfte lauten: Innerhalb einer spontanen Ordnung läßt sich die Anwendung von Zwang nur dort rechtfertigen, wo sie zur Sicherung der Privatsphäre des einzelnen vor Übergriffen anderer notwendig ist [...].“ Vor

der Ansatz Hayeks. In der hohen Bedeutung, die Hayek der moralischen Tradition beimißt, liegt zwar ein wichtiger Schlüssel zum Verständnis seiner Moraltheorie und in dieser Arbeit eine wesentliche Motivation, sie als vereinbar mit der Deontologiethese zu bezeichnen; aber die moralische Tradition erweist sich für Hayek als universal gültig erst, wenn sie auch die Freiheit hervorbringt und eine Werteordnung begründet, in der die Freiheit des Individuums der höchste Wert ist.

Als erstes Zwischenergebnis läßt sich die Überlegung, daß Hayeks Moraltheorie nicht im materialen Sinne konsequentialistisch, sondern mit der Deontologiethese vereinbar sei, nun noch weiter präzisieren. Wenn sich die Moraltheorie Hayeks ausschließlich auf allgemeine und abstrakte Verhaltens*regeln* bezieht und ihre Gültigkeit allein mit ihrer Bedeutung für die individuelle Freiheit – die Verhinderung von Zwang – begründet, so handelt es sich bei ihr um eine im strengen Sinne freiheitliche, *regel*deontologische Theorie. Nicht die einzelne Handlung, sondern nur Verhaltensregeln bilden darin den Gegenstand der ethischen Überprüfung, und ihr Kriterium ist die Erhaltung und Förderung der individuellen Freiheit. Die Ordnungsbezogenheit der Regelkritik unterstreicht noch einmal den generischen Charakter der Moraltheorie

---

diesem Hintergrund wird die Kritik, Hayeks Ansatz basiere auf einem – überspitzt formuliert – „fatalistic conceit" (Miller (1989), S. 310ff), dem zufolge bei Hayek kein Spielraum für bewußte institutionelle Veränderungen gegeben sei, hier ausdrücklich nicht geteilt. Vgl. dazu noch einmal Hayeks Haltung zur analogen Kritik an Adam Smiths Paradigma der *unsichtbaren Hand* – Hayek (1967b), S. 183: „Die heftige Reaktion gegen die Smithsche Formel war vielleicht in gewisser Weise zu entschuldigen; denn er schien die Ordnung, die sich spontan von selbst gebildet hatte, zu selbstverständlich auch als die beste aller möglichen Ordnungen anzusehen." Vgl. auch Hayeks Überlegung in ders. (1973d), S. 48, wonach „[...] sogar eine Ordnung, die auf *erzeugten* Regeln beruht, spontanen Charakter haben kann [...]." Ebd.: „[...E]s kann eine Ordnung, die man noch immer als spontan bezeichnen würde, auf Regeln beruhen, welche zur Gänze das Ergebnis eines wohlüberlegten Plans sind." Wenn auch letztere Überlegung Hayeks nur hypothetischer Natur ist: Die fortwährende Optimierung der spontanen Ordnung durch die Nutzung der angeführten Methoden der Regelkritik ist für Hayek Aufgabe der Ethik und der Rechtsgestaltung, vgl. etwa bezogen auf Mandeville, Hayek (1966c), S. 137: „Was Mandeville im Auge hatte, war, daß Gesetze, die die Menschen nicht mit Vorbedacht geschaffen hatten – obschon es die Aufgabe des Gesetzgebers ist, sie zu verbessern –, es zuwege bringen, die widerstreitenden Interessen der Individuen miteinander zu versöhnen." Speziell mit Blick auf die Kritik Buchanans ist zu bemerken, daß allerdings der Test bzw. das Kriterium zur Regeloptimierung bei Buchanan vertragstheoretisch und damit ein anderes ist als bei Hayek und offensichtlich auch ein anderes als bei Vanberg, der wiederum den vertragstheoretischen Ansatz Buchanans mit dem evolutionistischen Hayeks zu versöhnen versucht (Vanberg (1981), S. 41); Buchanan (1981), S. 47 (Hervorhebungen P.B.): „[....Planvolle – P.B.] Veränderungen [institutioneller Strukturen – P.B.] [sind] stets dem Test vorstellbarer *vertraglicher Übereinkunft* zu unterwerfen [...]." Bei Hayek ist Kriterium der Überprüfung einer Regel nicht ihre Eignung als Gegenstand vertraglicher Übereinkunft, sondern ihre Vereinbarkeit mit den übrigen Regeln derselben Ordnung, die Einhaltung des Immanenzprinzips und das Bestehen des Universalisierbarkeitstests. Vgl. hierzu auch Barry (1989), S. 278.

Hayeks, die dadurch nicht allein Regel-, sondern vor allem Ordnungstheorie und Ordnungsethik ist.

3.3. Hayeks Nutzenbegriff

3.3.1. Differenzierungen des Nutzenbegriffs Hayeks

Hayeks Ansatz grenzt sich vom Utilitarismus besonders durch den zugrundeliegenden *Nutzenbegriff* ab. These dieser Arbeit ist, daß Hayek mit einem inhaltlich leeren, d.h. streng formalen Nutzenbegriff operiert. ‚Nutzen' bzw. ‚Nützlichkeit' beschreibt bei Hayek nur eine abstrakte Funktionalität von Verhaltensregeln und der von ihnen erzeugten Ordnung für die Verfolgung unbekannter Einzelziele, d.h. für die individuelle Freiheit. Ein inhaltlich leerer Nutzenbegriff aber ist ungeeignet für die Formulierung einer utilitaristischen Theorie.

Dennoch läßt sich Hayeks Vorstellung von einem ‚Nutzen' bzw. von einer ‚Nützlichkeit' der Regeln des gerechten Verhaltens auf unterschiedlichen Argumentationsebenen und in den Perspektiven verschiedener Werkphasen Hayeks so vexieren, daß sie Konnotationen erhält, die seinen Begründungsansatz als konsequentialistisch, ja, sogar als regelutilitaristisch erscheinen lassen. In den folgenden Teilabschnitten sollen daher die verschiedenen Aspekte des Nutzenbegriffs Hayeks ausdifferenziert und gegeneinander abgewogen werden. Die folgende Differenzierung des Nutzenbegriffs Hayeks wird von Hayek selbst nicht diskutiert.

In der streng freiheitlichen Auslegung muß Hayeks Begriff des Nutzens aus seinem kritischen Rationalismus heraus entwickelt werden. Der Begriff ist inhaltlich so offen, daß es fraglich ist, ob er für das, was er ausdrücken möchte, überhaupt sinnvoll eingesetzt ist.[271] Unter ‚Nutzen' versteht Hayek nicht einen meßbaren allgemeinen Nutzen, sondern vielmehr die *Nützlichkeit* von Regeln für die Verfolgung unzähliger und unbekannter Einzelziele:

> „Der einzige »Nutzen«, von dem man sagen kann, er habe die Verhaltensregeln bestimmt, ist [...] nicht ein Nutzen, der dem Handelnden oder sonst jemandem bekannt wäre, sondern nur ein hypothetischer »Nutzen« für die Gesellschaft insgesamt."[272]

Ein ‚hypothetischer Nutzen' ist lediglich ein abstraktes Medium der Zweckdienlichkeit für die Verfolgung unzählbar vieler, inhaltlich unbekannter indi-

---

[271] Hayek (1976b), S. 516, Anmerkung 168:14: „Ich weiß nicht, ob Bentham jemals ausdrücklich sagte [...], daß Humes Vorstellung von Nutzen »ungenau war, da er einfach als gleichbedeutend mit Dienlichkeit für ein Ziel verwendet wurde und ohne jede Andeutung, daß mit der Vorstellung ein Glücksgefühl verbunden sei.« Wenn er das tat, so hatte er ein richtiges Gefühl für die Bedeutung des Wortes." Darin zitiert Everett (1931), S. 45.

[272] Hayek (1976b), S. 172.

vidueller Ziele,[273] und er ist darin ein ‚hypothetischer »Nutzen« *für die Gesellschaft insgesamt*‘, weil die unzähligen Handlungen in Freiheit jene Entwicklung des *Wissens* im umfassenden Sinne des Wissensbegriffs Hayeks, die *kulturelle Evolution*, vorantreiben, der sich die spontane Ordnung der Großen Gesellschaft und damit die Freiheit des Individuums in der Gesellschaft verdanken. Angesichts des Formalcharakters dieses Nutzenbegriffs muß Hayek ihn zur Abgrenzung vom klassischen Nutzenbegriff in Anführungszeichen setzen. Dieser Nutzenbegriff beschreibt keinen gesellschaftlichen Zielzustand, kein Lust-Unlust-Kalkül oder das ‚größte Glück der größten Zahl‘,[274] sondern trifft lediglich eine formale Aussage über die Nützlichkeit von Verhaltensregeln, die eine abstrakte Nützlichkeit für die Verfolgung unbekannter Einzelziele ist. Der ‚hypothetische Nutzen‘ der allgemeinen und abstrakten Regeln des gerechten Verhaltens besteht darin, in letzter Hinsicht dauerhafte individuelle Freiheit herzustellen. Es handelt sich hierbei weder um einen Nutzen noch um einen *Zweck*, um ein übergeordnetes gesellschaftliches Ziel, sondern vielmehr um ein *Mittel* für die Erreichung zahlloser, inhaltlich unbekannter individueller Ziele.[275]

Ebenso wie die spontane Ordnung, die die allgemeinen und abstrakten Regeln des gerechten Verhaltens konstituieren, keinem übergeordneten, bestimmten Ziel folgt,[276] folgen die allgemeinen und abstrakten Regeln des gerechten Verhaltens keinem Ziel oder dienen der Verwirklichung eines bestimmten Nutzens, sondern lediglich der *abstrakten Funktion*, die Verwirkli

---

[273] Hayek (1976b), S. 168: „Ursprünglich drückte »Nutzen«, so wie es das Wort »Nützlichkeit« offensichtlich noch immer tut, eine Eigenschaft von Mitteln aus – die Eigenschaft, für potentielle Verwendung brauchbar zu sein."

[274] Vgl. allerdings Hayeks Einschränkung hierzu in ders. (1976b), S. 173: „Natürlich können wir das »größte Glück der größten Zahl« anstreben, solange wir uns nicht einbilden, daß wir die Summe dieses Glückes irgendwie berechnen könnten oder zu irgendeinem Zeitpunkt ein Gesamtergebnis feststellbar wäre."

[275] Hayek (1966b), S. 31f: „Während eine solche sich selbst bildende Ordnung jedem Individuum Gelegenheiten bietet, sein eigenes Wissen im Hinblick auf die Erreichung seiner eigenen Ziele zu nutzen, dient sie als Ordnung jedoch selbst keinem konkreten Zweck. Sie produziert lediglich Gelegenheiten für jeden einzelnen." Vgl. ders. (1973d), S. 116: „Im gewöhnlichen Sinn des Wortes Zweck ist Recht daher nicht ein Mittel zu einem bestimmten Zweck, sondern nur eine Voraussetzung für die gedeihliche Verfolgung der meisten Zwecke. [...] [Das Recht – P.B.] wurde nicht für irgendeinen bekannten Zweck geschaffen, sondern entwickelte sich vielmehr, weil es Menschen, die unter ihm agierten, ihre Zwecke wirksamer verfolgen ließ."

[276] Hayek (1968b), S. 153, Anmerkung 4: „Die einzige mir bekannte Stelle, in welcher der gewöhnlich nur implizit vorkommende Irrtum, daß »Ordnung ein Ziel voraussetzt« (»order supposes an end«) ausdrücklich mit Worten behauptet wird, erscheint bezeichnenderweise in den Schriften Jeremy Benthams [...]." Bentham, Works (1789), S. 399, zitiert nach Hayek.

chung im einzelnen unbekannter, individueller Ziele zu ermöglichen, d.h. individuelle Freiheit herzustellen.[277]

3.3.2. Regelbezogene und ordnungsbezogene Auslegung

Eine Schwierigkeit dieses abstrakten Nutzenbegriffs besteht in der Korrelation von Regeln und der Ordnung, die sie bilden, im Denken Hayeks, weil Hayek diese Korrelation mit Blick auf ihre Funktion für die Verwirklichung des Wertes der Freiheit nicht abschließend untersucht hat. Aus ihr erwächst nun eine zweite Bedeutung des abstrakten ‚Nutzens' der Regeln des gerechten Verhaltens, nämlich ihre Bedeutung als funktionale Voraussetzung für die spontane Ordnung.

In einem solchen ordnungsfunktionalen Zusammenhang betrachtet, besteht der abstrakte ‚Nutzen' der allgemeinen und abstrakten Regeln des gerechten Verhaltens darin, eine dauerhafte *spontane Ordnung* zu schaffen.[278] Die abstrakte Funktion der allgemeinen und abstrakten Regeln des gerechten Verhaltens *für die Gesellschaft insgesamt* ist es, die sie befolgenden Menschen, indem sie in Freiheit handeln, zu Verhaltensweisen zu bewegen, mit denen sie – ohne dies notwendig beabsichtigen zu müssen – eine spontane Ordnung der Gesellschaft, der sie angehören, bilden und erhalten.[279] Ist also die Ordnung im Denken Hayeks der eigentliche Wert, dem die Regeln und die Freiheit, die sie schaffen, lediglich als Mittel dienen? Die Funktion der allgemeinen und abstrakten Regeln des gerechten Verhaltens besteht nicht darin, irgendeine Art von Ordnung herzustellen, sondern eine *spontane* Ordnung, d.h. eine sich selbst erzeugende und durch fortlaufende Anpassung selbst erhaltende Ordnung der Großen Gesellschaft, eine Ordnung, in der die Menschen frei sind, ihrem eigenen Willen nach zu handeln. *Indem* sie ihrem eigenen Willen nach handeln, entwickeln sie und setzen sie im umfassenden Sinne des Wissensbe-

[277] Vgl. besonders Hayek (1973d), S. 41: „[...E]ine [... spontane – P.B.] Ordnung [...] kann [...] als solche keinen Zweck haben [...]." Ebd.: „Im allgemeinen [...] empfiehlt es sich, in diesem Zusammenhang den Ausdruck »Zweck« zu vermeiden und statt dessen von »Funktion« zu sprechen." Ebd., S. 30: „[...E]ine Funktion kann erfüllt werden, ohne daß der handelnde Teil wüßte, welchem Zweck seine Handlung dient." Ders. (1976b), S. 173. Vgl. auch ders. (1959a), S. 85: „Die spontan entstandenen [sozialen – P.B.] Institutionen sind »nützlich«, weil sie die Voraussetzungen waren, auf denen die weitere Entwicklung des Menschen gründete – weil sie ihm die Fähigkeiten gaben, die er verwendete."

[278] Hayek (1973d), S. 38; vgl. ders. (1959a), S. 83: „Wenn wir uns die verschiedenen Gebiete anschauen, in denen wir ständig [...] Erscheinungen als »zweckmäßig« bezeichnen, obwohl sie nicht von einem bewußten Verstand gelenkt sind, wird bald klar, daß das »Ziel« oder der »Zweck«, dem sie angeblich dienen, immer die Erhaltung eines »Ganzen«, einer dauernden Struktur von Beziehungen ist, deren Bestand uns selbstverständlich ist, noch bevor wir die Natur des Mechanismus verstehen, der die Teile zusammenhält." Vgl. in dieser Arbeit Fußnote 70 sowie hinsichtlich der Unterscheidung zwischen ‚Ziel' und ‚Zweck' noch einmal Abschnitt I.1.2.2.

[279] Hayek (1967c), S. 38, S. 46f.

griffs Hayeks *Wissen* um, dem sich wiederum die Erhaltung der spontanen Ordnung verdankt. Die Freiheit ist nicht lediglich Mittel zur Herstellung der spontanen Ordnung, sondern sie ist zugleich ihr höchster Wert. Wenngleich die an Selbstreferentialität grenzende Verwiesenheit von Regeln und Freiheit, Regeln und Ordnung und Ordnung und Freiheit bei Hayek selten deutlich formuliert wird, besteht nach Auffassung der in dieser Arbeit vertretenen Interpretation der ‚abstrakte Nutzen' bzw. die abstrakte Funktion der allgemeinen Regeln des gerechten Verhaltens darin, vermittels der Herstellung individueller Freiheit die Erzeugung und Erhaltung der spontanen Ordnung der Großen Gesellschaft zu ermöglichen, deren höchster Wert die Freiheit des Individuums ist. Der Konsequentialismus, der in dieser Argumentation gesehen werden kann, ist mit dem deontologischen Begründungsansatz vereinbar, weil ihr zufolge die individuelle Freiheit sowohl ein funktionales Mittel zur Entwicklung und Erhaltung der spontanen Ordnung als auch zugleich und durchgängig der höchste normative Wert der spontanen Ordnung ist. Inbegriff dieser Verwiesenheit auf den Wert der Freiheit ist die *Zieloffenheit* der spontanen Ordnung als ihrem wesensbestimmenden Merkmal:

> „Die allgemeinen Rechtsregeln, auf denen eine spontane Ordnung beruht, haben eine abstrakte Ordnung zum Ziel, deren spezifischer oder konkreter Inhalt niemandem bekannt und von niemandem vorhersehbar ist."[280]

Es lassen sich folglich zwei Auslegungen des abstrakten Nutzenbegriffs Hayeks entwickeln, eine *regelbezogene* und eine *ordnungsbezogene*. In der *regelbezogenen* Auslegung kommt der *einzelnen* Regel eine unmittelbare Funktion für die Herstellung und Erhaltung individueller Freiheit zu, wohingegen in der *ordnungsbezogenen* Auslegung erst das Zusammenwirken aller Regeln zu einer *Ordnung* die dauerhafte Freiheit des Individuums sichert. Diese Unterscheidung bleibt bei Hayek weitgehend implizit.[281] Der regelbezogene Ansatz läßt sich strenggenommen immanent mit Hayeks Kritik am Regelutilitarismus angreifen, weil er von der Begreifbarkeit des konkreten Zusammenwirkens der untersuchten Regel mit den übrigen Regeln der glei-

[280] Hayek (1973d), S. 52; ders. (1979b), S. 436: „Nur solche negativen Regeln ermöglichen die Bildung einer selbstgenerierenden Ordnung, welche das Wissen der einzelnen nutzt und deren Wünschen dient."

[281] Hayek (1973d), S. 48: „Der spontane Charakter der resultierenden Ordnung muß [...] unterschieden werden von der spontanen Entstehung der Regeln, auf denen sie beruht [...]." Ebd., S. 41 (Hervorhebung P.B.): „[...E]ine derartige Ordnung [...] kann [...] als solche keinen Zweck haben, auch wenn ihr Vorhandensein den einzelnen, die sich in solch einer Ordnung bewegen, sehr zustatten kommen mag. *In einem anderen Sinn* [...] [beruht – P.B.] die [spontane – P.B.] Ordnung [...] auf zweckgerichtetem Handeln ihrer Elemente, wobei »Zweck« [...] nicht mehr bedeutet, als daß deren Handeln die Erhaltung oder Wiederherstellung eben dieser Ordnung zu sichern pflegt [... und – P.B.] wir nicht den Elementen ein Zweckbewußtsein unterstellen [...]."

chen Ordnung ausgeht und damit einem ähnlichen Denkfehler unterliegt wie der Darstellung Hayeks nach der Regelutilitarismus; entsprechend verleitet der regelbezogene Ansatz dazu, allgemeinen Regeln des gerechten Verhaltens *bestimmte* Funktionen zuzuschreiben, deretwegen sie sich in der kulturellen Evolution durchgesetzt haben.[282]

Auch in der ordnungsbezogenen Auslegung des Ansatzes Hayeks kommen den einzelnen Regeln eines bestehenden Regelsystems – weitgehend unerforschte und im einzelnen unbekannte, jedoch auch konkrete – Funktionen zu, aufgrund derer sie aus der Regelselektion hervorgegangen sind.[283] Der ordnungsbezogene Ansatz verharrt allerdings nicht bei der Untersuchung der konkreten Funktionen der *einzelnen* Verhaltensregel, sondern rückt deren langfristige, umspannende und abstrakte Funktion im Zusammenwirken mit anderen Regeln der gleichen Art in den Mittelpunkt der ethischen Betrachtung, d.h. letztlich die „Funktion des Rechtssystems als Ganzes".[284] Der ordnungsbezogene Ansatz geht über die Einzelbetrachtung von Regeln hinaus und untersucht die von ihnen gebildete Gesamtordnung, und zwar besonders vor dem Hintergrund der Annahme, daß weder die einzelne Regel noch insbesondere die spontane Ordnung, die sich aus dem komplexen Zusammenspiel der verschiedenen Regeln bildet, vom Menschen jemals bewußt konstruiert wurde oder sich vom Menschen in dieser Komplexität bewußt konstruieren ließe. Im ordnungsbezogenen Verständnis stellen die allgemeinen und abstrakten Regeln des gerechten Verhaltens zwar durchaus „Vielzweckinstrumente" bei der Verfolgung unzähliger und inhaltlich unbekannter subjektiver Ziele dar,[285] weshalb sie der Verwirklichung des Wertes der individuellen

---

[282] Vgl. vor dem Hintergrund der Kritik Hayeks am Regelutilitarismus seine Überlegung in ders. (1960b), S. 201 (Hervorhebung P.B): „In den meisten Fällen gibt es [...] niemanden und hat es nie jemanden gegeben, der alle Gründe und Überlegungen kennt, die dazu geführt haben, daß eine Regel eine bestimmte Form erhalten hat. Wir müssen uns daher oft erst darum bemühen, die *Funktion*, der eine Regel *tatsächlich* dient, zu entdecken." Als problematisch kann sich vor diesem Hintergrund auch Hayeks erklärender Vergleich zwischen Regeln und Werkzeugen erweisen, wenn der Vergleich eine konkrete Funktion der jeweiligen *einzelnen* Regel impliziert. In der *›Verfassung der Freiheit‹* betont Hayek allerdings die Unwissenheit des Menschen im Gebrauch dieser Werkzeuge – ebd., S. 37: „Der Mensch weiß im allgemeinen weder, warum er eine bestimmte Form von Werkzeugen gebraucht [...], noch, [...] daß er sich [dabei – P.B.] an Bräuche hält, deren Bestehen ihm gar nicht zu Bewußtsein kommt."

[283] Hayek (1967d), S. 79; ders. (1973d), S. 19f, S. 46; ders. (1976b), S. 158.

[284] Hayek (1973d), S. 116.

[285] Hayek (1976b), S. 171: „Wie alle Instrumente sind uns Regeln dienlich, weil sie an die Lösung wiederkehrender Problemsituationen angepaßt wurden und dadurch den Mitgliedern der Gesellschaft, in der sie gelten, die wirksamere Verfolgung ihrer Ziele erlauben." Ders. (1960b), S. 37f; ders. (1961d), S. 301: „[...D]as System selbst ist nur ein Mittel, und seine unendlichen Möglichkeiten müssen im Dienst von Zielen genützt werden, die für sich stehen."

Freiheit dienen, in dieser Eigenschaft aber tragen sie erst zur Bildung und Erhaltung der spontanen Ordnung bei, welche in der ordnungsbezogenen Betrachtung der eigentliche Bezugspunkt des abstrakten Nutzenbegriffs Hayeks ist. In dieser Sicht besteht die abstrakte *Nützlichkeit*, besser: die abstrakte *Funktion* der allgemeinen Regeln des gerechten Verhaltens in der Bildung und Aufrechterhaltung der spontanen Ordnung der Großen Gesellschaft, die selbst keinem Nutzen oder Ziel dient, sondern allein in der individuellen Freiheit ihren höchsten normativen Wert hat. [286]

3.3.3. Wem dient der abstrakte Nutzen? Individual- oder Gruppenselektion?

Eine weitere, ebenfalls von Hayek selbst nicht diskutierte Differenzierung seines abstrakten Nutzenbegriffs bezieht sich auf die Fragestellung, ob der von ihm vertretene Ansatz im strengen Sinne *individualistisch* ist, indem er auf der Annahme basiert, daß die Regeln des gerechten Verhaltens *dem Individuum* im abstrakten Sinne nützlich sind, oder ob er auf eine Nützlichkeit der allgemeinen und abstrakten Regeln des gerechten Verhaltens für die *Gesellschaft insgesamt* abhebt. An diese Differenzierung geknüpft ist die insbesondere von Viktor Vanberg untersuchte Fragestellung, ob es sich bei der Regelauswahl in der kulturellen Evolution der Theorie Hayeks zufolge um eine Selektion von Individuen oder um eine Gruppenselektion handelt.[287] In der Argumentation Hayeks scheint sich die folgende Spannung darzustellen:

---

[286] Hayek (1976b), S. 173: „Regeln in diesem Sinn haben in einem im Gang befindlichen System eine Funktion, aber nicht einen Zweck – eine Funktion, die sich nicht aus bekannten einzelnen Auswirkungen auf einzelne Bedürfnisse ableiten läßt, sondern nur aus einem Verständnis des Gesamtgefüges. Freilich hat bislang noch niemand ein so volles Verständnis erworben [...].“ Ders., *›Arten der Ordnung‹* (1963a), S. 22: „Das wesentliche ist, daß diese Ordnung eine Anpassung an eine Vielheit von Umständen darstellen wird, die nur den einzelnen Gliedern, aber nicht irgendeinem von ihnen als eine Gesamtheit bekannt sind, und daß eine Ordnung resultieren wird, nur deswegen, weil die einzelnen Individuen in ihren Reaktionen auf die ihnen bekannten besonderen Umstände ähnliche Regeln befolgen.“ Vgl. dazu ders., Nachlaß, Box 8-2, Brief an Hermann Strasser, 20. Juni 1970: „Freilich ist gerade der Aufsatz *›Arten der Ordnung‹* [...] für mich jetzt nicht befriedigend, da er noch nicht herausbringt, daß, was ich eine spontane Ordnung nenne, zwar einer Unzahl verschiedener und selbst widersprechender Einzelzwecke dienlich sein kann, selbst aber keinen konkreten Zweck hat.“

[287] Vanberg (1986), S. 75ff; ders. (1994), S. 22ff. Zur besonderen Bedeutung der Untersuchungen Vanbergs vgl. Hayek, Nachlaß, Box 30-27, Brief an Israel Kirzner, 30. März 1985: „It so happens that I found [...] here [...] another most interesting long article about the more recent development of my ideas by [...] Viktor Vanberg: *›Spontaneous Market and Social Rules – A Critical Examination of F.A. Hayek's Theory of Cultural Evolution‹* with which I am still struggling.“ Hayek, Nachlaß, Box 21-23, Brief an Karen Vaughn, 13. Mai 1985: „[... Viktor Vanberg – P.B.] seems to me the most interesting and promising of the younger German scholars in our field. [....] I still was anxious to discuss with him [Viktor Vanberg – P.B.] the most interesting critical paper he had written [...] with some very sensible doubts about my argumentation.“

Einerseits besteht der ‚abstrakte Nutzen' der allgemeinen Regeln des gerechten Verhaltens bzw. der spontanen Ordnung, die sie bilden, darin, die Voraussetzungen für die Verfolgung unzählbar vieler, inhaltlich unbekannter Einzelziele zu schaffen, d.h. individuelle Freiheit zu ermöglichen und zu fördern. In dieser Sicht sind die Regeln des gerechten Verhaltens für *das Individuum* in einem abstrakten Sinne ‚nützlich', und der vertretene Ansatz ist somit individualistisch.[288] Andererseits aber folgen die Regeln des gerechten Verhaltens einem abstrakten Nutzen *für die Gesellschaft* insgesamt, nicht nur, *weil* sie der Großen Gesellschaft eine spontane Ordnung geben, sondern, weil sie bzw. die Ordnung, die sie bilden, es der jeweiligen Gruppe bzw. *Gesellschaft* ermöglichen, in der Gruppenselektion der kulturellen Evolution ‚erfolgreich zu überleben' (vgl. besonders II.3.4.). In dieser Sicht nun folgen die Regeln des gerechten Verhaltens gerade nicht einem *individuellen* ‚abstrakten Nutzen', sondern einem ‚abstrakten Nutzen' für die Gesellschaft insgesamt, und von daher sind die *Konsequenzen* der allgemeinen Regelbefolgung *für das soziale Ganze* der eigentliche Bezugspunkt der evolutionär ausgerichteten Begründung der Verwerflichkeit des Zwangs.[289]

---

[288] Bspw. durch die Nutzbarmachung nur individuell verfügbaren Tatsachenwissens in der Zivilisation – Hayek (1973d), S. 16: „[...E]in »zivilisierter« Mensch kann sogar sehr unwissend sein, unwissender als so mancher Wilde, und dennoch aus der Zivilisation, in der er lebt, großen Nutzen ziehen." Vgl. auch mit einer stark materialen Konnotation, ders. (1966a), S. 83 (Hervorhebung P.B.), wonach die Katallaxie eine wünschenswerte Ordnung ist, weil sie geeignet ist, „[...] für jedes zufällig herausgegriffene Mitglied der Gesellschaft die Chancen zu verbessern, die es hat, *ein hohes Einkommen zu erzielen* [...]", sowie ders. (1976b), S. 283: „Die Gute Gesellschaft ist eine Gesellschaft, in der die Chancen jedes zufällig Ausgewählten größtmöglich sind." Vgl. ebd., S. 265: „Der Markt ist das einzige bekannte Verfahren mit dem [...] allein anhand eines Gegenseitigkeitsprinzips [...] die Möglichkeiten jedes einzelnen wahrscheinlich größer sind, als sie es andernfalls wären." Gray (1995), S. 60, sieht in diesen Überlegungen einen Beleg für eine Tendenz zum „modernen Präferenzutilitarismus" in Hayeks Moraltheorie und vertritt damit hinsichtlich der Frage, ob Hayeks Konsequentialismus an einem individuellen oder einen sozialen ‚Nutzen' ausgerichtet ist, den Standpunkt, Hayek vertrete einen auf das Individuum bezogenen Utilitarismus. Vgl. zur Widerlegung der Kritik Grays eine rein *formale*, im Sinne der in dieser Arbeit vertretenen Interpretation *abstrakte* Formulierung des individualistischen Nutzenprinzips bei Hayek – Hayek (1968a), S. 138 (Hervorhebung P.B.): „[...E]s ist [...] sinnvoll, [...] Bedingungen zu schaffen, in denen die Aussichten, *seine Ziele wirksam zu verfolgen*, für jeden beliebigen, willkürlich herausgegriffenen einzelnen so gut wie möglich sind [...]." Über die tatsächliche Nützlichkeit der Verfolgung der individuellen Ziele wird in dieser Formulierung keine Aussage getroffen, weswegen sie abstrakt und formal ist: im Mittelpunkt steht allein die Ermöglichung der Zielverfolgung, d.h. die Freiheit. Vgl. auch ders. (1976b), S. 265.

[289] Hayek (1978b), S. 52: „Nicht was der Mensch am meisten wünschte, sondern was dazu beitrug, die Gruppe, die die Regeln praktizierte, zahlreich und machtvoll zu machen, entschied darüber, welche Übungen sich verbreiten sollten. Die konstruktivistischen Theorien des Utilitarismus, die die heute gültigen Regeln von ihrer Funktion für das individuelle Glück ableiten, gehen [...] völlig in die Irre." Ders. (1960b), S. 43f: „Wir haben einen Anspruch auf Freiheit nicht deswegen, weil wir gerne bestimmte Dinge tun möchten, nicht, weil wir

Auf den ersten Blick scheinen sich beide Argumentationslinien im Denken Hayeks zu widersprechen.[290]

In einer anderen Vexierung dieser Fragestellung betrachtet und unter Berücksichtigung des weiten Wissensbegriffs, den Hayek seinem evolutionären Rationalismus zugrundelegt, läßt sich in Abhängigkeit von der Art des selektierten Wissens zwischen Individual- und Gruppenselektion in der kulturellen Evolution zu unterscheiden; demnach ist das Wissen im engen Sinne des Begriffs, verstanden als Tatsachen- und rationales Wissen, Ergebnis individueller Selektion, das überzeitliche und normativ relevante Wissen, das in Verhaltensregeln gespeichert ist, hingegen Ergebnis einer Gruppenselektion.[291]

Auch hier kann auf die Unterscheidung zwischen beiden Prinzipien der Regelselektion in der Theorie Hayeks keine abschließendere Antwort gegeben werden als diese. Allerdings ist noch einmal hervorzuheben, daß im Denken Hayeks ein echter Konflikt zwischen Individual- und Gruppeninteresse erst dann entsteht, wenn das Individuum in der Wahl seiner eigenen Ziele nicht frei ist. Hayeks Verständnis der kulturellen Evolution und der spontanen Ordnung als ihrem *Zwillingsbegriff*[292] wohnt das Grundprinzip inne, daß das Individuum, geleitet nur von zweckfreien allgemeinen Regeln, indem es seinen eigenen Zielen folgt, im abstrakten Sinne ‚Nutzen' für die Gesellschaft insgesamt stiftet, ohne dies notwendig beabsichtigen zu müssen.[293] Besonders an-

---

irgendeine bestimmte Freiheit als wesentlich für unser Glück betrachten. [...] Das Wesentliche ist [...], welche Freiheit irgend jemand braucht, um für die Gesellschaft nützliche Dinge zu tun. Diese Freiheit können wir für die unbekannte Person nur dadurch sichern, daß wir sie allen geben."

[290] Vanberg (1986), S. 75-100; ders. (1994), S. 22-27; vgl. Caldwell (2004), S. 355f.

[291] Hayek, Nachlaß, Box 5-15, Brief an W.J.H. Caron, 12. Juli 1985: „Scientific knowledge is only part of the mental endowment that has enabled us to create an extended order that transcends our perception and in which we serve purpose which we do not know and are kept alive by persons we do not know. Rational knowledge is a product of the evolutionary selection of individuals. But the traditions of morals, especially the institutions of property and the family, are the result not of the selection of individuals but of group selection."

[292] Hayek (1966c), S. 128; ders. (1973d), S. 25; ders. (1979b), S. 465; ders. (1984a), S. 193; ders. (1988a), S. 157.

[293] Hayek, Nachlaß, Box 57-12, Brief an Watkins, 15. Mai 1985: „I am not surprised that in biological evolution group selection should not be significant. But cultural selection is in so many respects different from the biological one that this does not really affect my argument, which seems to me more and more important. [The fact] that the effects of actions which are not observable to the individual can have an influence on selection and that in this sense the development of traditional morals, especially [with regards to] property and the family is a result of group selection [which is] unintelligible to our intelligence seems to me of crucial importance." Veranschaulicht am Katallaxiespiel als *dem* Paradigma der spontanen Ordnung der Großen Gesellschaft im Denken Hayeks, ders. (1976e), S. 206: „Das Spiel [der Katallaxie – P.B.] beruht auf einer Methode, die anderen dadurch Vorteile verschafft, daß der einzelne das meiste leistet, wenn er, im Rahmen der konventionellen Regeln, gänzlich seine eigenen Interessen verfolgt [...]." Vgl. in dieser Arbeit Fußnoten 103 und 105.

schaulich kommt dieses Prinzip in der von Hayek zitierten Bienenfabel Mandevilles zum Ausdruck.[294] In der individualistischen Perspektive leitet sich aus dem individuellen ‚Nutzen' ein ‚Nutzen' für die Gesellschaft ab; wie sich an der folgenden Überlegung Hayeks zur Regelevolution durch Regelbrüche noch einmal deutlich zum Ausdruck bringen läßt:

> „Und die Rechtsbrecher, die zu Bahnbrechern werden sollten, führten diese neuen Regeln sicherlich nicht deshalb ein, weil sie erkannt hätten, daß sie für das Gemeinwesen von Vorteil wären, sondern sie begannen einfach mit einem für sie vorteilhaften Verhalten, das sich dann als vorteilhaft für die Gruppe erwies, in der es sich durchsetzte."[295]

Aus diesem ‚Glauben an die Freiheit' heraus läßt sich eine Dichotomie zwischen einer abstrakten Nützlichkeit der allgemeinen Regeln des gerechten Verhaltens für das Individuum und ihrer abstrakten Nützlichkeit für die Gesellschaft insgesamt nicht herstellen, weil alles, was im abstrakten Sinne für die Ermöglichung der individuellen Freiheit und damit dem Individuum ‚nützlich' ist, zugleich im ebenso abstrakten Sinne für die Gesellschaft insgesamt ‚nützlich' ist.

3.3.4. Abstrakter oder langfristiger Nutzen der Freiheit?

Aus Hayeks Glauben an die Freiheit läßt sich eine weitere Differenzierung seines abstrakten Nutzenbegriffs ableiten; sie läßt sich versinnbildlichen an der Fragestellung, ob es sich bei den wohltätigen Wirkungen der Freiheit um einen langfristigen, dennoch letztlich konkreten, oder um einen ‚abstrakten Nutzen' handelt. Hayek lehnt jede im engen Sinne konsequentialistische Begründung der Regeln des gerechten Verhaltens, der zufolge die Ausübung der Freiheit erwünscht sei, weil sie einem bestimmten Ziel dienlich sei, streng ab. Sämtliche Begründungen des Wertes der individuellen Freiheit, die mit bekannten Folgen der Freiheit im Einzelfall und kurzfristigen wohltätigen Wirkungen der Freiheit argumentieren, liefern Hayeks Auffassung zufolge zugleich die Argumente für die Anwendung von Zwang – denn dieselben kurzfristigen wohltätigen Wirkungen, deretwegen die Freiheit als Wert begriffen werden kann, sind es auch, mit denen sich zu einem anderen Zeitpunkt die Ausübung von Zwang begründen läßt.[296]

---

[294] Hayek (1966c), S. 128ff.

[295] Hayek (1979b), S. 468.

[296] Hayek (1973d), S. 59: „Wird somit die Entscheidung zwischen Freiheit und Zwang zu einer Frage der Zweckmäßigkeit, so muß die Freiheit in fast allen Fällen geopfert werden." Ders. (1961a), S. 65: „Eine wirksame Verteidigung der Freiheit muß [...] notwendig unbeugsam, dogmatisch und doktrinär sein und darf keine Zugeständnisse an Zweckmäßigkeitsüberlegungen machen." Ders. (1973d), S. 63; ders. (1960b), S. 90.

Die Kernaussage, die Hayek in seinem Gesamtwerk eindringlich wiederholt, lautet entsprechend,

> „[...d]aß sich die Freiheit nur bewahren läßt, wenn sie als oberster Grundsatz gilt, der nicht bestimmten Vorteilen zum Opfer gebracht werden darf."[297]

Und:

> „Wie alle Prinzipien der Moral muß sie [die Freiheit – P.B.] als ein Wert an sich genommen werden, [ihre Verteidigung – P.B.] als ein Grundsatz, der respektiert werden muß, ohne Rücksicht darauf, ob die Folgen im besonderen Fall wohltätig sein werden."[298]

Doch beide Textstellen lassen Raum für die Auslegung, daß Hayek sich zwar gegen die Begründung der Wertigkeit der Freiheit mit *kurzfristigen Folgen* oder *bestimmten Vorteilen* der Freiheit wendet, er aber die *allgemeinen* Folgen, die *langfristigen* Vorteile der Freiheit durchaus in seine Begründung für die Wertigkeit der Freiheit einbezieht. In dieser Sicht kann sich die langfristig günstige Wirkung der Freiheit erst entfalten, wenn die Bewahrung der Freiheit als Grundsatz betrachtet wird, unabhängig von ihren Einzelwirkungen im besonderen Fall.[299] Es besteht aber ein Unterschied darin, ob die ausnahmslose Befolgung von Regeln, deren abstrakte Funktion die Herstellung dauerhafter individueller Freiheit ist, mit langfristigen, aber konkreten Folgen der individuellen Freiheit oder – wie im Falle des Selbstzwecklichkeitsarguments – mit der individuellen Freiheit als unbedingtem, unhinterfragbarem Wert begründet wird:

> „Unser Vertrauen auf die Freiheit beruht nicht auf den voraussehbaren Ergebnissen in bestimmten Umständen, sondern auf dem Glauben, daß sie *im ganzen* mehr Kräfte zum Guten als zum Schlechten auslösen wird."[300]

Mit diesem ‚Glauben an die Freiheit' begründet Hayek die Notwendigkeit der ausnahmslosen Beachtung der allgemeinen und abstrakten Regeln des gerechten Verhaltens. Mögen auch die Folgen der Freiheit im ‚besonderen Fall' nicht Kriterium ihrer Rechtfertigung sein, ihre *allgemeinen* Folgen müssen von Hayek als wohltätig angenommen werden, weil sich andernfalls jene Re-

---

[297] Hayek (1973d), S. 59.

[298] Hayek (1960b), S. 89; vgl. ebd., S. 84.

[299] Hayek (1960b), S. 89: „Wir werden die erwünschten Ergebnisse nicht erreichen, wenn wir sie [die Freiheit – P.B.] nicht als ein Glaubensbekenntnis hinnehmen, als eine Präsumption, die so stark ist, daß ihr keine Zweckmäßigkeitsüberlegungen Grenzen setzen dürfen." Vgl. auch die Überlegung Hayeks ebd., S. 86: „Die Zweckmäßigkeit unseres Handelns hängt nicht notwendig davon ab, daß wir wissen, warum es zweckmäßig ist." Vgl. ders. (1973d), S. 113: „Wir werden dann sehen, daß [...] das Recht jene auf ausgedehnter und spontaner Arbeitsteilung beruhende Ordnung schaffen helfen kann, der wir unseren materiellen Reichtum verdanken."

[300] Hayek (1960b), S. 42.

geln, deren ‚Artefakt' die individuelle Freiheit ist,[301] in der kulturellen Evolution nicht bewährt hätten. Hayeks ‚Glaube an die Freiheit', wonach sich die Ausübung der Freiheit langfristig zum Wohle aller auswirke, kommt – so der Kern der in dieser Arbeit vertretenen Interpretation der Theorie der kulturellen Evolution – analog auch in der Tatsache zum Ausdruck, daß sich im Denken Hayeks offensichtlich die abstrakten Selektionskriterien beider Arten von Evolution, das abstrakte Selektionskriterium ‚Erhaltung des Lebens' als dem Selektionskriterium der *biologischen* Evolution einerseits und das abstrakte Selektionskriterium ‚individuelle Freiheit' als dem Selektionskriterium der *kulturellen* Evolution andererseits, nicht in Konflikt bringen lassen (II.3.4.3.). Aus diesem Grunde ist Hayeks Glaube an die Freiheit vor allem als Evolutionsoptimismus zu begreifen.[302]

3.3.5. Hayeks abstrakter Nutzenbegriff in der deontologischen Sicht

In der streng freiheitlichen, in diesem Sinne deontologischen Betrachtung besteht die abstrakte, umfassende Funktion der Regeln des gerechten Verhaltens darin, eine sich selbst erzeugende und erhaltende spontane Ordnung der Großen Gesellschaft zu bilden, deren höchster Wert die Freiheit des Individuums in der Gesellschaft ist. Ihre ordnungsschaffende Funktion können die Regeln des gerechten Verhaltens der Theorie Hayeks zufolge nur erfüllen, wenn sie *ausnahmslos* befolgt werden und wenn sie in der individuellen Freiheit ihren höchsten normativen Wert haben:

> „Nur bei universaler Anwendung ohne Rücksicht auf ihre Auswirkungen im Einzelfall werden sie [die allgemeinen Regeln des gerechten Verhaltens – P.B.] der bleibenden Erhaltung der abstrakten Ordnung dienen, einem zeitlosen Zweck, die dem einzelnen [...] bei der Verfolgung seiner jeweiligen und noch unbekannten Ziele behilflich sein wird."[303]

---

[301] Zum Begriff des Artefaktes und zu seiner Anlehnung an die Moralphilosophie von David Hume vgl. Hayek (1963c), S. 237: „Er [Hume – P.B.] beweist, daß unsere moralischen Überzeugungen weder natürlich im Sinne von angeboren sind noch eine bewußte Erfindung der menschlichen Vernunft, sondern ein »Artefakt« in dem besonderen Sinn, den er diesem Ausdruck beilegt, das heißt, heute würde man ein Produkt der kulturellen Entwicklung dazu sagen." Ders. (1967b), S. 181f, Anmerkung 10.

[302] Als plastisches Beispiel hierfür siehe Hayek, Nachlaß, Box 36-7, Brief an Lenke Lührt, 7. Mai 1982: „Die schreckliche Gefahr des Atomkriegs ist sicher nicht das Ergebnis einer freien Entwicklung der Wirtschaft, sondern ausschließlich des Bestrebens, die Ordnung der Gesellschaft ideologischen Zielen mit Gewalt Untertan zu machen. Und obwohl die technologische Entwicklung ständig neue Gefahren heraufbeschwört, hat sie uns bisher doch von mehr alten Gefahren befreit, als neue geschaffen. Ich hoffe am Ende der Vorlesung noch auf die »Umweltprobleme« einzugehen, die ich sehr ernst nehme, aber über die besonders viel Unsinn geredet wird. Dort, wo die Umweltverschmutzung eine Gefahr geworden ist (wie etwa im London-Nebel) ist es dem technischen Fortschritt gelungen, sie viel geringer zu machen, als sie es seit 150 Jahren war!"

[303] Hayek (1976b), S. 167; ders. (1960b), S. 89; vgl. auch ders. (1973d), S. 117 (Hervorhebungen P.B): „Erst wenn man klar erkannt hat, daß die Handelnsordnung ein tatsächlicher

In dieser Passage kommt der nur *abstrakte* Konsequentialismus der funktionalen, ordnungsbezogenen Begründung für die ausnahmslose Gültigkeit der Regeln des gerechten Verhaltens deutlich zum Ausdruck: Regeln des gerechten Verhaltens müssen ausnahmslos befolgt werden, weil ihre Befolgung der Entstehung und Erhaltung einer zweckfreien, zieloffenen Ordnung dient, deren ‚abstrakter Nutzen', besser: deren abstrakte Funktion es ist, ‚dem einzelnen [...] bei der Verfolgung seiner jeweiligen und noch unbekannten Ziele behilflich' zu sein, d.h. seine individuelle Freiheit zu maximieren. Wenngleich also die Regeln als verschieden angesehen werden können von der Ordnung, die sie bilden, haben beide ihre normative Funktion *in letzter Hinsicht* in der Schaffung dauerhafter Freiheit des Individuums. Regeln und die Ordnung, die sie bilden, unterscheiden sich in ihrer Funktion lediglich darin, daß die Ordnung selbst keinen höheren Wert mehr kennt als die Freiheit des Individuums, wohingegen die sie konstituierenden Regeln in der Bildung und Erhaltung der Ordnung gewissermaßen ihr Zwischenziel bzw. ihr in einem abstrakten Sinne *funktionales* Ziel haben.[304]

Diese allgemeine, umspannende Funktion der Regeln des gerechten Verhaltens nennt Hayek im Zusammenhang mit seiner Auseinandersetzung mit dem Utilitarismus – und nur in diesem Zusammenhang – ‚Nutzen'. An anderer Stelle nennt er sie auch *utilitas publica*.[305] Hayeks Nutzenbegriff geht in dieser Auslegung letztlich im Begriff der Funktion im Sinne einer abstrakten, potentiellen Nützlichkeit auf und führt zum Gemeinwohlbegriff, mit dem er deckungsgleich ist. Zwischen diesen Begriffen unterscheidet Hayek nicht präzise, wie insbesondere die folgende Textpassage anschaulich zeigt:

> „Dieses ganze Regelsystem läßt sich [...] nie auf eine zweckgerichtete, und zwar auf bekannte Zwecke ausgerichtete, Konstruktion reduzieren, sondern muß für uns das ererbte, für die jeweilige Gesellschaft gültige Wertesystem bleiben. In diesem Sinne besteht das Allgemeinwohl [*general welfare*] [...] in [...] jener abstrakten Gesamtordnung, die nicht auf Erreichung bestimmter bekannter Ergebnisse abzielt, sondern als ein Mittel bewahrt wird, das die Verfolgung einer großen Vielfalt individueller Zwecke erleichtert."[306]

Die Sicherung des Gemeinwohls ist in diesem streng formalen Begriffsverständnis der einzige Rechtfertigungsgrund für Beschränkungen der Freiheit

---

Zustand ist, *verschieden von den Regeln, die sie herbeiführen helfen*, kann man verstehen, *daß solch eine abstrakte Ordnung das Ziel der Verhaltensregeln sein kann*."

304 Hayek (1970), S. 24: „Tatsächlich handelt es sich aber bei diesem »Zweck« des Rechts nur um Herbeiführung einer abstrakten Ordnung [...]."

305 Hayek (1973d), S. 136: „[...L]ange Zeit hindurch, besonders im Mittelalter, bedeutete der Ausdruck *utilitas publica* nicht mehr als jenen Frieden und jene Gerechtigkeit, welche die Durchsetzung von Regeln gerechten Verhaltens sichert."

306 Hayek (1976b), S. 155f (Einfügungen des englischen Originals P.B.; Hayek (1976a), S. 3); ders. (1968b), S. 169: „[...D]as »Öffentliche Wohl« oder »Gemeinwohl« [besteht – P.B.] ausschließlich in der Erhaltung jener abstrakten und Zweck-unabhängigen Ordnung, die durch die Befolgung abstrakter Regeln gerechten Verhaltens gesichert wird."

des Individuums in der Gesellschaft.[307] Insofern das Gemeinwohl in der Herstellung dauerhafter individueller Freiheit besteht, sind Beschränkungen der Freiheit nur um der Freiheit willen gerechtfertigt: sie sind nur erlaubt, wo sie der Durchsetzung allgemeiner und abstrakter Regeln des gerechten Verhaltens dienen, Regeln, deren abstrakte Funktion die Bildung und Erhaltung der spontanen Ordnung als einer Ordnung der Freiheit ist. Durch die vollständige Abwesenheit eines Ziels, eines Zwecks oder eines Nutzens – in der Abwesenheit eines sie bestimmenden Willens – unterscheidet sich der zur Regeldurchsetzung angewandte ‚Zwang' vom echten Zwang, den die Regeln des gerechten Verhaltens verhindern sollen.

Die abstrakte Funktion der allgemeinen und abstrakten Regeln des gerechten Verhaltens hat in dieser Auslegung ihren letzten Bezugspunkt in der individuellen Freiheit; die Ordnung ist nicht Ziel, sondern Dienstwert für die Freiheit als höchstem normativen Wert. In dieser Deutung steht die funktionale Begründung für die Gültigkeit der allgemeinen und abstrakten Regeln des gerechten Verhaltens nicht im Widerspruch zur Deontologiethese, weil sie sich in der Bewertung der Konsequenzen der Regelbefolgung in letzter Hinsicht nur auf die individuelle Freiheit als höchstem Wert bezieht.

3.4. Deontologiethese versus ‚evolutorischer Utilitarismus'

3.4.1. Die biologistische Sicht: Überleben und Fortpflanzung als Selektionsprinzip der kulturellen Evolution

In der *biologisch-evolutionären* Auslegung der Theorie der kulturellen Evolution ist der Nutzen der allgemeinen Regeln des gerechten Verhaltens nur insofern ein ‚hypothetischer', als sich dieser primär in der *biologischen* Evolution entscheidet. Das Selektionskriterium der kulturellen Evolution wird nun als identisch mit dem der *biologischen* Evolution angenommen: Die Entwicklung von Verhaltensregeln durch Selektion und Anpassung folgt dem Prinzip der Nützlichkeit für das Überleben und die Fortpflanzung der sie anwendenden Gruppe.

In dieser Sicht, die Hayek insbesondere im Alterswerk einnimmt, sind *erfolgreiche* Gruppen expandierende Gruppen, d.h. der *Erfolg der Gruppe* ist als Wachstum von Leben bestimmt.[308] Allgemeine und abstrakte Regeln des gerechten Verhaltens haben sich demnach in der kulturellen Evolution durchgesetzt, weil die Gruppen, die sie befolgten, durch eine größere Kinderzahl, durch Eingliederung anderer Gruppen sowie durch Zustrom von außen wuch-

---

[307] Hayek (1976b), S.151 (Einfügungen des englischen Originals P.B.; Hayek (1976a), S. 1): „Es ist eines der Axiome der Tradition der Freiheit, daß Zwang gegenüber einzelnen nur dort zulässig ist, wo er im Dienste des Allgemeinwohls [*general welfare*] oder des allgemeinen Besten [*public good*] notwendig ist [...]."

[308] Hayek (1988a), S. 72, S. 134, S. 155.

sen.[309] Jene Gruppen aber, deren Verhaltensregeln das Handeln des Individuums auf die Verwirklichung eines bestimmten Ziels hin einschränkten, stagnierten auf einer geringeren kulturellen Evolutionsstufe oder verschwanden. Geleitet von zielverknüpften Organisationsregeln, d.h. organisiert durch Zwang, konnten sie sich neuen Umweltbedingungen nicht rasch genug anpassen und entbehrten dadurch der Möglichkeit, sich zu erhalten. Im Vordergrund dieses Evolutionsbildes steht durchgängig der Gedanke der Erhöhung der Überlebenschancen der *Gruppe* als Prinzip der Regelselektion.[310] Die Fähigkeit zu Anpassung und Wachstum ist in dieser Sicht die Voraussetzung für das Überleben in der Evolution. Generalisierungen und Abstrahierungen von Verhaltensregeln wurden erforderlich, um dem Wachstum der erfolgreich überlebenden Gruppe und der mit dem Wachstum zunehmenden Vielfalt der Einzelziele ihrer Mitglieder gerecht zu werden und so den Fortbestand der gewachsenen und weiter wachsenden Gruppe sicherzustellen.[311]

---

[309] Hayek (1978b), S. 52: „Die kulturelle Auswahl von Verhaltensregeln wird [...] durch die wirksame Nützlichkeit für die Gruppe geleitet, die sie praktiziert, wobei »wirksam« den Beitrag zum Wachstum der Gruppe durch Fortpflanzung und Zustrom von außen bedeutet." Zu beachten ist, daß in der biologisch-evolutionären Betrachtung der kulturellen Evolution bei Hayek in der Regel der Gedanke der Gruppenselektion im Vordergrund steht. In der Endfassung des Aufsatzes ›*Die drei Quellen der menschlichen Werte*‹, die den Epilog des dritten Bandes von ›*Recht, Gesetz und Freiheit*‹ bildet, ist die angeführte Textpassage im übrigen nicht enthalten. Vgl. ders. (1979b), S. 470.

[310] Hayek (1973d), S. 19: „Er [der Geist – P.B.] ist das Ergebnis davon, daß sich der Mensch in der Gesellschaft entwickelte und jene Gewohnheiten und Handlungsweisen zu eigen machte, welche die Überlebenschancen der Gruppe, in der er lebte, erhöhten." Vgl. bereits in der ›*Verfassung der Freiheit*‹, ders. (1960b), S. 48 (Hervorhebung P.B): „[...*L*]*etzten Endes* bestimmt die Bedeutung dieser individuellen Wünsche für die Erhaltung der Gruppe oder der Art darüber, ob sie bestehen bleiben oder sich ändern werden."

[311] Hayek, Nachlaß, Box 50-19, Brief an Julian L. Simon, 22. März 1981: „The upshot of my theoretical work has been the conclusion that those traditional rules of conduct (esp. of several property) which lead to the greatest increases of the numbers of the groups practicing them leads to their displacing the others – not on »Darwinian« principles but because based on the transmission of learned rules – a concept of evolution which is much older than Darwin." Hayek, Nachlaß, Box 33-2, Brief an Ulrich Leffson, 9. Juni 1985: „Eine freiheitliche Ordnung verlangt die Anerkennung einer ethischen Tradition, die der Mensch nie erfunden und nur selten verstanden hat. Sie läßt sich nur nachträglich rational rechtfertigen, wenn wir erkennen, daß sie das Ergebnis einer Gruppenselektion ist, die die Gemeinschaften, die diese Anschauungen pflegten, sich stärker vermehren ließen als die, die glaubten, sich durch die erkennbaren Wirkungen ihres Handelns leiten lassen zu können." Ders. (1973d), S.102; ders. (1976b), S. 297; ders. (1982a), S. 78: „Solche neuen Regeln konnten sich durchsetzen und verbreiten, [...] weil sie jenen Gruppen, die annahmen, ermöglichten, sich zu vermehren – sowohl durch erfolgreichere Fortpflanzung als auch durch Anziehung von Außenstehenden." Ders. (1983b), S. 24: „[...J]ene Verhaltensregeln obsiegten, die das Wachstum der Gesellschaft ermöglichten."

In diese biologisch-evolutionäre Argumentation läßt sich nun die folgende *materiale* Deutung des Nutzenbegriffs Hayeks unterbringen: Der hypothetische Nutzen der allgemeinen Regeln bzw. der Ordnung, die sie erzeugen ‚für die Gesellschaft insgesamt', besteht durchaus nicht oder nicht allein darin, größtmögliche und dauerhafte individuelle Freiheit herzustellen, sondern vorrangig darin, dem Überleben und der Vermehrung von Leben *nützlich* zu sein. Den dieser Aussage impliziten Grundgedanken, daß ein erfolgreiches Überleben einer Gruppe ihre Expansion bedeutet, Erhaltung also nur durch Wachstum möglich sei, leitet Hayek von einer ökonomischen Interpretation der darwinistischen Evolutionstheorie ab, die für ihn im Kern und ihrer ideengeschichtlichen Herkunft nach eine sozialwissenschaftliche Theorie ist.[312] Die individuelle Freiheit ist in dieser Argumentation nur Dienstwert für die Vermehrung der Gruppe. Wenngleich Hayeks ‚Glaube an die Freiheit' einen Konflikt zwischen der solchermaßen als Dienstwert verstandenen individuellen Freiheit und dem höheren Wert, auf den sie sich bezieht – Leben – nicht kennt, läßt sich doch in der biologistischen Sicht die Aufhebung der Freiheit – die Ausübung von Zwang – mit dem Überleben und der Vergrößerung der Gruppe rechtfertigen, *wenn nur das Wissen darüber bestünde*, daß ihre Aufhebung dem Wachstum der Gruppe nützlich wäre. In eine ähnliche Richtung läßt sich auch Hayeks Überlegung deuten, der moderne Mensch sei „gegen seinen Willen zivilisiert" worden.[313] In der biologistischen Deutung impliziert diese Aussage, das Individuum sei gegen seinen Willen dazu bewegt worden, d.h. mitunter im Sinne der Definition *gezwungen* worden, Regeln zu befolgen, deren *Nutzen* im Überleben und in der Vermehrung der Gruppe gelegen hätte, und deren höchster Wert folglich nicht bzw. nur bedingt die individuelle Freiheit gewesen wäre.[314] In diesem Verständnis ist der hypothetische Nutzen der Regeln des gerechten Verhaltens inhaltlich definiert als ‚nützlich für das Überleben und die Vergrößerung der Gruppe', und die Freiheit des Individuums ist lediglich das beste unter den bekannten Mitteln zur Verwirklichung dieses Nutzens. Ein solcher vom *biologischen* Evolutionsverständnis her kommender Regelutilitarismus muß unterstellen, daß die Funktion der allgemeinen und abstrakten Regeln des gerechten Verhaltens in letzter Hinsicht darin besteht, das Leben und seine Vermehrung in der Gruppe bzw. der Gesellschaft, die diese Regeln befolgt, zu fördern. Ordnungsbezogen gedeutet, besteht in der biologisch-evolutionären Perspektive der hypothetische Nutzen der allgemeinen Regeln des gerechten Verhaltens darin, eine Ordnung zu

---

[312] Hayek (1988a), S. 158, S. 22: „[...D]em Werk von Darwin [waren] Jahrzehnte, ja ein Jahrhundert, der Forschungstätigkeit zum Thema der Entstehung hochkomplexer spontaner Ordnungen in einem Evolutionsprozeß vorausgegangen." Vgl. in dieser Arbeit Fußnote 228.

[313] Hayek (1979b), S. 475: „Der Mensch wurde durchaus gegen seinen Willen zivilisiert. Das war der Preis, den er dafür zu zahlen hatte, eine größere Zahl von Kindern aufziehen zu können."

[314] Hier wird eine Überlegung Vanbergs aufgegriffen. Vgl. Vanberg (1994), S. 26.

schaffen und zu erhalten, die dem Wachstum der Gesellschaft, die sie umfaßt, nützlich ist.[315]

Hayeks Ansatz ist von zwei Seiten gefährdet, in diese Richtung interpretierbar zu sein. Zum einen ist er ökonomisch orientiert und darin stark vom Prinzip der Expansion getragen. Das Prinzip des dynamischen Wachstums bildet den Kern der Erkenntnistheorie Hayeks, und es ist wesentlicher Bestandteil seiner Evolutionstheorie. Bevölkerungswachstum ist für Hayek in der Sicht seines Alterswerks sogar Voraussetzung für die moderne Zivilisation[316] und Beweis für die Leistungsfähigkeit der freiheitlichen Ordnung, die in der Marktwirtschaft, der Katallaxie, ihr Paradigma hat.[317] Sie findet ihre ökonomische Entsprechung in dem Prinzip der Arbeits- und Wissensteilung in der katallaktischen Ordnung, das dort nicht zum Tragen kommen kann, wo die Gruppe die für die Arbeitsteilung erforderliche Größe schlicht nicht erreicht. Je größer die Gruppe, d.h. in der Marktlogik betrachtet: je größer und vielfältiger der Wirtschaftsraum wird, desto differenzierter und dynamischer wird die Arbeits- und Wissensteilung und desto ‚erfolgreicher' überlebt die Gruppe.[318] In dieser Verknüpfung betrachtet, ist eben doch der ‚Nutzen' der Freiheit kein abstrakter, sondern ein langfristiger, konkreter: die Schaffung von Wohlstand, die der zunehmenden Erweiterung der freiheitlichen Gesellschaft durch Vermehrung und Zuzug den Boden bereitet; in dieser Perspektive ist ‚individuelle Freiheit' rasch auf ‚wirtschaftliche Freiheit' reduziert und spontane Ordnung, verstanden als marktwirtschaftliche Ordnung, synonym

[315] Vgl. die Kritik von Viner, die sich noch allein auf die *›Verfassung der Freiheit‹* bezieht, Viner (1961), S. 234: „On the level of final values, Hayek recognizes only the values of growth, of change in a desirable direction, economic, intellectual, cultural. Freedom is supported because it best promotes all kinds of desirable growth." In diesem Verständnis unterstellt Viner Hayek, ebd., daß „[…] freedom from coercion is supported for its instrumental value as serving growth, not as an end in itself [...]."

[316] Hayek (1983a), S. 96, S. 101ff; ders. (1988a), S. 146.

[317] Hayek (1983a), S. 99: „Meine Behauptung ist, daß sich diese moralischen Anschauungen durchgesetzt haben, weil jene, die das Privateigentum anerkannten, sich viel schneller vermehrt haben als alle anderen und auf diese Weise diese Tradition fortgesetzt haben." S. 101f: „Das Maß der Bevölkerungsvermehrung ist noch immer, nach Adam Smith, der beste Maßstab für das Funktionieren einer Wirtschaft." Ders. (1983b), S. 24: „Die durch abstrakte Verhaltensregeln bewirkte Koordination macht es möglich, daß heute mehr als vier Milliarden Menschen – statt der zehn Millionen vor zwanzigtausend Jahren – ernährt werden können."

[318] Hayek (1983a), S. 102: „[...W]arum die Bevölkerungsvermehrung eine sich selbst beschleunigende Tendenz hat [...?] Die Antwort ist sehr einfach: Je mehr Menschen in die Marktwirtschaft einrücken, desto größer wird die Arbeitsteilung, und die größere Teilung des Wissens führt schließlich zu einer größeren Ausnützung von weit verstreutem Wissen." Vgl. dagegen die Kritik von Radnitzky (1984), S. 22f, der herausstellt, daß „die Annahme eines Kausalzusammenhangs zwischen Gruppengröße und Macht [verstanden als ‚erfolgreiches Überleben' – P.B.] [...f]ür die wissenschaftlich-technische Zivilisation [...] nicht mehr [gilt]. Größenwachstum kann sogar zur Belastung werden."

für Wachstum und darin für Evolution.[319] In dieser Perspektive sind kulturelle Evolution und Katallaxie schnell gleichgesetzt, ebenso wie Zwang und Staat eine Gegeneinheit zur Evolution bilden, weil sie den spontanen Wirkkräften des Wettbewerbs in der Katallaxie und damit der Evolution entgegensteht.[320]

Zum anderen ist Hayeks Theorie der *kulturellen* Evolution von der Theorie der *biologischen* Evolution beeinflußt, die Hayeks Interpretation nach vom Gedanken der Expansion der Gattung als dem Prinzip ihrer biologischen Selbsterhaltung getragen ist. Insbesondere im Alterswerk gibt Hayek dem *Expansions*gedanken starkes Gewicht, während er in der Werkphase um die ›*Verfassung der Freiheit*‹ vielmehr den *Entwicklungs*gedanken betont und diesen noch nicht unter dem Topos der biologischen Evolutionstheorie diskutiert, sondern als kulturelles Phänomen. In der Werkphase um die ›*Verfassung der Freiheit*‹ scheint der Abstand zur Theorie der biologischen Evolution bzw. ihrer Interpretation durch Hayek dadurch größer.

3.4.2. Biologische und kulturelle Evolution im Vergleich

In der Akzentverschiebung im Alterswerk Hayeks läßt sich auch eine deutliche Akzentverschiebung hin zu einer konsequentialistischen Begründung der Wertigkeit der Freiheit und der Verwerflichkeit des Zwangs sehen.[321] In der Literatur wird häufig betont, daß diese Akzentverschiebung in Hayeks Evolutionstheorie besonders der inhaltlichen Einflußnahme des Herausgebers von Hayeks letztem Buch, ›*Die verhängnisvolle Anmaßung*‹ (1988a), William Bartley, geschuldet ist, da Hayek selbst die Kraft nicht mehr aufbrachte, das Werk zu Ende zu bringen.[322] Doch die Veränderungen in Hayeks Theorie der kulturellen Evolution sind bereits im Epilog zum dritten Band von ›*Recht, Gesetz und Freiheit*‹, dem Aufsatz ›*Die drei Quellen der menschlichen Werte*‹,

---

[319] Vgl. Hayek (1983a), S. 112: „Je besser die Wirtschaft funktioniert, um so mehr zusätzliche Menschen können erhalten werden und dies um so besser, wenn die Mittel, sich zu vermehren, nicht mehr dazu verwendet werden, um sich wirklich zu vermehren, sondern für andere Dinge eingesetzt werden."

[320] Hayek (1988a), S. 47: „[...N]ur was mehr Gewinn bringt, wird in der Regel mehr Menschen ernähren, denn es vernichtet weniger, als es schafft." In einer solchen extrem zugespitzten Verengung betrachtet, ist der Staat zugleich Inbegriff der Behinderung der Evolution und Inbegriff des Zwangs; ebd., S. 112: „Selektion durch Evolution wird durch Staatsmonopole verhindert, die wettbewerbliches Experimentieren unmöglich machen." In einer solchen Verengung betrachtet, muß dann auch die Kritik Hengsbachs zur Kenntnis genommen werden, wonach „[...] Hayeks Hypothese [zufolge – P.B.] moderne Verfahrensregeln der Gerechtigkeit *ausschließlich durch den Markt* definiert werden [...]" – Hengsbach (2003), S. 60 (Hervorhebung P.B.).

[321] Vgl. Vanberg (1994), S. 28, S. 47. Vanbergs Untersuchung der Theorie der kulturellen Evolution hat entsprechend an vielen Stellen den Charakter einer Kritik am Alterswerk Hayeks aus der Sicht des Gesamtwerks Hayeks.

[322] Caldwell (2000), S. 18; ders. (2004), S. 317; Vanberg (1994), S. 26, S. 28; Ebenstein (2001), S. 31; Hennecke (2000), S. 367.

deutlich erkennbar, ebenso wie in den Aufsätzen und Vorträgen zur Evolutionstheorie sowie der privaten Korrespondenz in den 1980er Jahren.[323] Der sicherste Weg, die vom Alterswerk Hayeks ausgehende Spannung aufzulösen, besteht nach Auffassung dieser Interpretation darin, sie philosophisch aufzuarbeiten und theorieimmanent zu verstehen zu versuchen, so sehr es auch deutliche Anhaltspunkte dafür gibt, daß Hayek sein letztes Buch nicht in eigener Kraft und unter Einwirkung von William Bartley fertiggestellt hat.[324]

Es ist unklar, ob es sich bei der Akzentverschiebung in Hayeks Evolutionstheorie um eine abschließende Präzisierung des bereits früher von ihm vertretenen Ansatzes oder um eine echte Veränderung seines Ansatzes handelt. Einerseits ist der Entwicklungsgedanke der Grundgedanke im Werk Hayeks.[325] Andererseits kann die Einssetzung der Prinzipien der Entwicklung des Wissens – der kulturellen Evolution – mit der biologischen Entwicklung des Lebens – der biologischen Evolution – einen Widerspruch zum Freiheitsgedanken bedeuten. Die Schärfe, mit der Hayek im Alterswerk die freiheitliche Ordnung als Voraussetzung für Bevölkerungswachstum und ökonomische Überlegenheit in der Gruppenselektion herausstellt, übertönt das in den früheren Werken Hayeks vertretene Prinzip der kulturellen Evolution, wonach die individuelle Freiheit die Ermöglichung des Unbekannten und damit nach Auffassung dieser Interpretation die funktionale und normative Voraussetzung der kulturellen Evolution als zieloffener Entwicklung ist, analog zu dem auch von Hayek als solchen bezeichneten *Zwillingsgedanken* der spontanen Ordnung, deren höchster Wert unter anderem aus den gleichen Gründen der Zieloffenheit notwendig die Freiheit ist (II.3.3.2.).

Wenn aber die Freiheit lediglich Dienstwert für Leben und Vermehrung von Leben ist, ist auch der Zwang als Gegenbegriff der Freiheit nur ein be-

---

323 Hayek, ›*Die drei Quellen der menschlichen Werte*‹ (1978b); ders., ›*Recht, Gesetz und Freiheit*‹, *Nachwort* (1979b); ders., ›*Die überschätzte Vernunft*‹ (1982a); ders., ›*Evolution und spontane Ordnung*‹ (1983a); ders., ›*Sitte, Ordnung und Nahrung*‹ (1983b); ders., ›*Einzelwissen und Gesamtordnung*‹ (1984a); ders., ›*The Presumption of Reason*‹ (1988b).

324 Hayek, Nachlaß, Box 39-1, Brief an Walter S. Morris, 6. Februar 1987 (Hervorhebung P.B.): „[...] I have now reached the stage when I can again take an interest in serious problems [...] but the main task of getting ›*The Fatal Conceit*‹ into a form which will satisfy me is still beyond me. Bill Bartley has devoted much time to make at least the first part more readable and has certainly made it a better book, but I *now* [no (?) – P.B.] longer feel that it is really mine; yet the final touching up which to me it still seems to need is still beyond my powers." Ebd.: „I trust that Bartley will again be coming for a period this spring both for work on ›*The Fatal Conceit*‹ and on my biography [...]." Vgl. auch die editorische Anmerkung zum letzten zu Lebzeiten Hayeks veröffentlichten Vortrag, den Hayek selbst nicht mehr halten konnte: Hayek (1988b), S. 255: „Professor Bartley notes that this [essay – P.B.] is only a draft of the talk that Professor von Hayek intended to deliver, one that he had intended to revise extensively. Professor Bartley takes full responsibility for any errors in translation. It is reproduced here in its original form because of the relevance of the ideas presented."

325 Hayek (1984a), S. 191; ders. (1960b), S. 72ff, siehe in dieser Arbeit I.2.3.

dingtes Übel. In dieser Sicht ist das Wachstum der Bevölkerung durch Vermehrung und Zuzug Gradmesser für den Erfolg der Gruppe bzw. der Gesellschaft. Wie sehr Hayek im Alterswerk in diesen Kategorien der biologischen Evolution denkt, zeigt besonders seine Kritik an der internationalen Hungerhilfe als ‚künstlichem' Impulsgeber für Bevölkerungswachstum, dem die natürliche, produktive Grundlage fehlt.[326] Die Verknüpfung von kultureller und biologischer Evolution stellt Hayek im Alterswerk auch selbst explizit her:

> „[...G]enauso wie unsere biologischen Strukturen dem Umstand zu verdanken sind, daß jene ausgewählt wurden, die es uns am besten möglich machten zu überleben und uns zu vermehren, [wurde] ebenso die Ethik durch einen Selektionsprozeß gebildet [...], bei dem jene Gewohnheiten ausgewählt wurden, die [...] den Menschen bessere Überlebenschancen und damit stärkere Vermehrung [...] ermöglichen."[327]

Worin also besteht dann in der Sicht des Alterswerks überhaupt noch der Unterschied zwischen der biologischen und der kulturellen Evolution? Hayek selbst nennt vier Aspekte, durch die sich seine Theorie der kulturellen Evolution von seiner Deutung der biologischen, im engeren Sinne der darwinistischen Evolutionstheorie abgrenzt:[328] (1.) Die Theorie der kulturellen Evolution hat die Entwicklung von *Kultur* und damit von *erworbenen* Eigenschaften zum Gegenstand, während der darwinistische Ansatz genetische Prozesse

---

[326] Hayek, Nachlaß, Box 30-4, Brief an Alfred Kastler, 12. Oktober 1981: „Die Vermehrung von Bevölkerungen in Umständen, in denen sie sich wahrscheinlich nie selbst erhalten werden können, wird wahrscheinlich viel größeres Leiden hervorrufen als wir jetzt zu mildern versuchen [...und] belastet den Westen mit einer Verantwortung, die er bald einfach nicht in der Lage sein wird, zu tragen." Ders., Nachlaß, Box 37-24, Brief an Professor Ernst Mayr, The Agassiz Museum, Harvard University, 14. Dezember 1983: „Freilich muß ich gestehen, daß [...] mich das eingehendere Studium überzeugt hat, daß die Probleme der Bevölkerungsvermehrung, die ich vor einigen Jahren selbst nicht geteilt hätte, überall dort nicht zutreffen, wo eine echte Steigerung der Produktivität der lokalen Bevölkerung diese möglich gemacht hat, sondern nur dort, wo sie durch gewaltsame Umverteilung, auswärtige Hilfen und dergleichen möglich gemacht wurde, oder, wo, wie in Irland im 19. Jh., Naturereignisse wie der Kartoffelkäfer in unvoraussagbarer Weise die Grundlage der Bevölkerungsvermehrung zerstört haben. Aber das ist ein zu schwieriges Problem, um es in einem Brief zureichend zu erklären und eine der schwierigsten Aufgaben des Buches, das mich augenblicklich beschäftigt." Vgl. ders. (1982a), S. 99: „Wenn wir jetzt der Bevölkerung der südlichen Sahara, wo heute schon die Naturkräfte nicht mehr ausreichen, dabei helfen, sich noch weiter zu vermehren, [...] verursachen wir eine Katastrophe, aber nirgends dort, wo die Bevölkerungsvermehrung durch eine Vermehrung der Produktivität möglich gemacht wurde. Und die Vermehrung der Produktivität ist unter den meisten Umständen eine Wirkung der Bevölkerungsvermehrung." Ders. (1983a), S. 100.

[327] Hayek (1984a), S. 195. Ders. (1982a), S. 98: „Jene Verhaltensregeln wurden ausgewählt, die der Vermehrung der Menschheit am besten halfen." Vgl. ebd. auch den biblischen Bezug, sowie ders. (1983b), S. 26.

[328] Hayek (1984a), S. 193ff; ders. (1983b), S. 25.

und damit *angeborene* Eigenschaften betrachtet;[329] (2.) die Theorie der kulturellen Evolution bezieht sich nicht auf unmittelbare Abstammung, sondern auf generations- und sogar gesellschaftsübergreifende Überlieferung und Entwicklung kultureller Traditionen;[330] (3.) sie betrachtet Evolution nicht als Selektion von Individuen, sondern von Gruppen bzw. von Gesellschaften,[331] und (4.) unterscheidet sie sich von der biologischen Evolution in der Deutung Hayeks durch die Annahme, daß die kulturelle Evolution mit anderen Mitteln – nämlich durch kulturelle Anpassung – fortsetzt, was in der biologischen Evolution durch genetische Veränderung bewirkt wird:[332] Die in der Theorie der kulturellen Evolution beobachteten Veränderungen vollziehen sich dadurch in einer *zeitlichen Perspektive*, die mit natürlichen genetischen Veränderungen nicht zu verwirklichen wären.[333] Die *Übereinstimmung* zwischen der biologischen und der kulturellen Evolution besteht in der Sicht des Alterswerks Hayeks zum einen im angenommenen *gemeinsamen* Selektionsprinzip beider Arten von Evolution – der Erhaltung und Vermehrung von Leben –[334] und zum anderen darin, daß sich für Hayek aus dem Wirken dieses gemeinsamen Selektionsprinzips keine Entwicklungsgesetze und keine Ziele der Evolution – und dem Zwillingsgedanken folgend: auch keine Ziele der spontanen Ordnung der Gesellschaft – ableiten lassen.[335] In beiden Evoluti-

---

[329] Hayek (1982a), S. 85: „Selbst wenn man Analogien zur biologischen Evolution betonen wollte, müßte die Theorie der kulturellen Evolution lamarckistisch und nicht darwinistisch genannt werden, denn sie beruht völlig auf Übertragung von erworbenen Eigenschaften, die zumindest in der modernen Version der darwinistischen Theorie völlig abgelehnt wird." Ders. (1976e), S. 208; ders. (1984a), S. 193; ders. (1988a), S. 21f.

[330] Hayek (1982a), S. 95: „In der kulturellen Entwicklung hat das Individuum seine Eigenschaften nicht nur von seinen physischen Eltern, sondern von Hunderten und Tausenden Vorfahren ererbt. Mein Wissen und meine Kenntnisse verdanke ich zwar zum Teil meinen Eltern, zum Teil aber ebenso der vorherigen und der gleichen Generation."

[331] Hayek (1970), S. 22; ders. (1982), S. 85; ders. (1983a), S. 96; vgl. in dieser Arbeit III.3.3.3., dort besonders Fußnote 289.

[332] Hayek (1988a), S. 13, mit Verweis Popper/Eccles (1977), S.75, wonach die „kulturelle Evolution die genetische Evolution mit anderen Mittel fortsetzt."

[333] Hayek (1988a), S. 23; ders. (1983b), S. 25.

[334] Hayek (1988a), S. 24: „Die biologische und die kulturelle Evolution [...] beruhen [...] beide auf demselben Selektionsprinzip: Überleben oder Fortpflanzungsvorteil." Ders. (1982a), S. 86: „Für biologische und kulturelle Entwicklung gilt [...] ein überaus wichtiges gemeinsames Prinzip: Bei beiden wird die Selektion durch den [...] reproduktiven Vorteil [bestimmt – P.B.] – nämlich die größere Begünstigung der Vermehrung der Nachkommen." Ebd., S. 96; ders. (1983a), S. 96.

[335] Hayek, Nachlaß, Box 46-12, Brief an Rupert Riedl, 18. Oktober 1979: „Zur Frage der Existenz von Evolutionsgesetzen will ich augenblicklich nur sagen, daß die Antwort davon abhängt, was man unter diesem Ausdruck versteht. Selbstverständlich sind es Naturgesetze, die in der Evolution wirken. [...D]ie Randbedingungen [der kulturellen Evolution – P.B.] [sind aber] stets so viel entscheidender [...], daß unsere Kenntnis der Gesetzmäßigkeit des

onstheorien wird die Evolution als zieloffen in dem Sinne angenommen, daß sie keinem gewollten oder bekannten Endzustand entgegenstrebt oder auf einen solchen hin vom Menschen gelenkt werden könnte. Besteht der hypothetische Nutzen der allgemeinen und abstrakten Regeln des gerechten Verhaltens nun in der biologisch-evolutionären Auslegung der Theorie der kulturellen Evolution in letzter Hinsicht darin, dem Überleben und der Vermehrung von Leben in der sie anwendenden Gesellschaft förderlich zu sein, so läßt sich daraus aufgrund der zugrundegelegten Zieloffenheit der Evolution dennoch keine Aussage darüber ableiten, *wie* die Gesellschaft überleben bzw. wachsen soll und welcher Wert – außer dem Prinzip der Selbsterhaltung der Gattung, d.h. dem Wert des Lebens – der *kulturellen* Evolution immanent ist:

> „Es gibt keinen Grund für die Annahme, die evolutorische Selektion [...] von Verhaltensweisen [...] sei von dem Streben nach Glück gelenkt gewesen. Im Gegenteil: Es spricht vieles dafür, daß diejenigen, die einfach nach Glück strebten, von jenen überwältigt worden sein müssen, die nur ihr Leben erhalten wollten."[336]

Dieser Ansatz ist in ethischer Hinsicht ebenso karg, wie er zugleich frei von materialen Einflüssen ist.[337] Insofern läßt sich diskutieren, ob von der materialen, biologistischen Auslegung der kulturellen Evolution als ‚Erhaltung und Vermehrung von Leben' auch als einem ‚abstrakt materialen Ansatz' gesprochen werden kann; selbst in der Sicht des Alterswerks fügt Hayek einem solchen biologistischen Verständnis Korrekturen hinzu, die jedoch unverbunden bleiben.[338] In der streng biologisch-evolutionären Perspektive des Alterswerks betrachtet Hayeks Theorie der kulturellen Evolution die individuelle Freiheit nicht als höchsten Wert und Zwang nicht durchgängig als Grundübel in der Gesellschaft – auch wenn sich im Denken Hayeks Freiheit und Vermehrung von Leben nicht in Konflikt bringen lassen, weil die Freiheit des Individuums, seinem eigenen Willen nach zu handeln, *Inbegriff* der Zieloffenheit der kulturellen Evolution und Bedingung von Wachstum ist.[339]

Prozesses uns nie erlaubt, Voraussagen zu machen, was ja [der Ausdruck – P.B.] »Entwicklungsgesetze« meist implizier[t]." Ders. (1973d), S. 25f.

336 Hayek (1988a), S. 72.

337 Vgl. Hayek selbst (1979b), S. 467: „In der biologischen Ausstattung der Art findet sich nicht viel von allgemeiner Humanität."

338 Hayek (1988a), S. 17 (Hervorhebungen P.B.): „Es wäre jedoch falsch, streng aus solchen evolutionstheoretischen Prämissen zu schließen, daß diejenigen Regeln, die entstanden sind, stets oder *notwendigerweise* den Fortbestand und die Vermehrung der Bevölkerungen, die sie befolgten, begünstigten. [...] Die Erkenntnis, daß Regeln im allgemeinen aufgrund ihres Wertes für das menschliche Überleben im Wettbewerbswege selektiert werden, schützt diese Regel *keinesfalls vor kritischer Überprüfung*."

339 Vgl. Hayeks Haltung zur Gegenposition, ders. (1959a), S. 113: „Um aber Gesetze aufzustellen, die es uns ermöglichen, die Zukunft vorauszusagen, muß die Geschichte aufhören, eine Geschichte der Individuen zu sein und muß eine Geschichte der Massen werden, muß sie

3.4.3. Die deontologisch-freiheitliche Sicht: Erhaltung und Erweiterung der individuellen Freiheit als Selektionsprinzip der kulturellen Evolution

Hayeks Theorie der kulturellen Evolution basiert auf der überwiegend implizit bleibenden, aus dem kritischen Rationalismus ableitbaren Grundannahme, daß – so zieloffen und in ihrer Bestimmung unbekannt biologische und kulturelle Evolution auch sein mögen, und so wenig die menschliche Vernunft auch in der Lage sein mag, ihre eigene Entwicklung zu kennen oder gar voraussagen zu können – es möglich ist, im Rahmen einer abstrakten „Erklärung des Prinzips" bestimmte in der Evolution wirksame Selektionskriterien zu erkennen und sogar, aus ihrer Formulierung ordnungsethische Maximen abzuleiten, welche die kulturelle Entwicklung begünstigen können.[340] Als ein solches abstraktes Selektionskriterium der *biologischen* Evolution postuliert Hayek die Erhaltung und Vermehrung von Leben (‚Überleben und Fortpflanzung') und überträgt es besonders in seinem Alterswerk auf die Regelselektion in der *kulturellen* Evolution.[341] Entgegen der biologisch-evolutionären Annahme Hayeks wird in dieser Arbeit eine anderslautende, im deontologischen Sinne freiheitliche Interpretation der Theorie der kulturellen Evolution vorgeschlagen. Sie lautet: *Während das Selektionsprinzip der biologischen Evolution die Erhaltung und Vermehrung von Leben ist, ist das bestimmende Selektionsprinzip der kulturellen Evolution die Erhaltung und Erweiterung der individuellen Freiheit.*[342]

---

zugleich aufhören, eine Darstellung individueller Tatbestände zu sein und statt dessen auf systematische Beobachtung gegründet sein."

[340] Vgl. Hayek (1959a), S. 91: „Eine solche Kenntnis der Prinzipien (entweder eine Theorie des Wissens oder eine Theorie der im Spiel befindlichen sozialen Prozesse) würde dazu beitragen, dieser Entwicklung günstige Bedingungen zu schaffen, aber nie eine Rechtfertigung für die Forderung bilden, daß sie bewußt gelenkt werden wollte." Ders. (1988a), S. 23: „Sie [die Evolutionstheorie – P.B.] kann [...] zeigen, wie komplexen Strukturen eine Korrekturmöglichkeit eingebaut ist, die zu weiteren evolutorischen Entwicklungen führt, die freilich schon ihrer Natur nach unweigerlich unvorhersehbar sind." Ders. (1973d), S. 26.

[341] Hayek (1982a), S. 86, S. 96; ders. (1983a), S. 96; ders. (1988a), S. 24.

[342] Diese Interpretation impliziert nicht, daß biologische und kulturelle Evolution in einem dualistischen Sinne getrennt voneinander verlaufen. Ausgehend von der Annahme Hayeks, daß die kulturelle Evolution mit anderen Mitteln die biologische Evolution fortsetzt, ist es im Gegenteil vorstellbar, daß das Selektionsprinzip der biologischen Evolution gewissermaßen als das basale Prinzip aller Evolution auch in die kulturelle Evolution hineinwirken mag. Obgleich also die hier vertretene Interpretation ausdrücklich die Möglichkeit beinhaltet, daß beide Arten von Evolution vielfältig miteinander interferieren wie auch einander bedingen können, versteht sie doch die individuelle Freiheit als das spezifisch in der *kulturellen* Evolution wirksame Kriterium der Regelselektion. Aus diesem Grunde wird in dieser Arbeit von der Freiheit als dem ‚*bestimmenden* Selektionskriterium' kultureller Evolution gesprochen. Zu den Aporien des dualistischen Verständnisses beider Arten von Evolution vgl. Hayek (1988a), S. 155f. Zwischen dem Dualismus von biologischer und kultureller Evolution einerseits und dem cartesischen Leib-Seele-Dualismus andererseits herrschen nach Auffassung dieser Interpretation enge Parallelen. Zur Kritik am Leib-Seele-Dualismus als Phänomen

Für diese Interpretation lassen sich zwei Überlegungen anführen, die auf unterschiedlichen Begründungsebenen angesiedelt sind. Die erste Überlegung begründet in *funktionaler Hinsicht* und die zweite in *normativer Hinsicht*, weshalb die individuelle Freiheit das bestimmende Selektionskriterium der kulturellen Evolution ist. Die erste Begründung basiert auf einem Analogieschluß von Hayeks Vorstellung der *biologischen* Evolution auf seine Theorie der *kulturellen* Evolution, die zweite auf einem Analogieschluß von Hayeks Theorie der *spontanen Ordnung* auf seine Theorie der kulturellen Evolution. Entsprechend ihrer unterschiedlichen Begründungsebenen argumentiert die erste, *funktionale* Begründung auf der Ebene der evolutionären *Erkenntnis*theorie Hayeks, die zweite, *normative*, auf der Ebene seiner evolutionären *Moral*theorie.

(1.) Selbst wenn die kulturelle Evolution im Sinne Hayeks als reine „Bewegung um der Bewegung willen" verstanden wird,[343] läßt sich aus diesem Evolutionsverständnis mindestens ein abstraktes Selektionsprinzip der kulturellen Evolution ableiten, nämlich die Erhaltung ihrer Voraussetzung. Als selbstzweckliche Entwicklung hat sie in ihrer Selbsterhaltung mit Gewißheit *einen*, nämlich diesen, abstrakten Zweck. Die Voraussetzung der kulturellen Evolution ist Hayeks evolutionärer Erkenntnistheorie zufolge die Freiheit des Individuums, seine eigenen Ziele zu verfolgen und dadurch Wissen im umfassenden Sinne des Wissensbegriffs Hayeks – genuin individuelles Tatsachenwissen und in Regeln gespeichertes allgemeines Wissen – zu entwickeln und zu verwerten (I.2.1.). Mit diesen beiden Grundannahmen im Denken Hayeks – (a.) kulturelle Evolution ist als offene Entwicklung Bewegung um ihrer selbst willen und (b.) individuelle Freiheit ist wesentliche Voraussetzung der kulturellen Evolution – läßt sich begründen, daß die Erhaltung der individuellen Freiheit das bestimmende Selektionsprinzip der kulturellen Evolution ist, weil die Erhaltung der individuellen Freiheit Voraussetzung für den Fortgang der kulturellen Evolution ist. Diese Argumentation läßt sich durch den folgenden Analogieschluß von der biologischen auf die kulturelle Evolution verdeutlichen: Wie die mindeste Vorsaussetzung biologischer Evolution das Vorhandensein von Leben ist und die Erhaltung von Leben folglich das abstrakte Selektionsprinzip der biologischen Evolution als selbstzwecklicher Bewegung,[344] so ist die individuelle Freiheit Voraussetzung der kulturellen Evolution und ihre Erhaltung folglich das bestimmende, immanente Selektionsprinzip der kulturellen Evolution.

---

des cartesischen Rationalismus vgl. Hayek (1973d), S. 19 sowie bereits in der *›Sensorischen Ordnung‹*, ders. (1952b), S. 170f.

343 Hayek (1960b), S. 55.

344 Hayek (1988a), S. 146 (Hervorhebung im Original, Überschrift): „*Das Leben hat keinen Zweck als sich selbst.* Leben besteht nur solange, als es für seine eigene Fortdauer sorgt."

(2.) Die zweite Überlegung gründet auf Hayeks Gedanken des *Zwillingscharakters* von spontaner Ordnung und kultureller Evolution und betrachtet die Freiheit als *normatives* Selektionskriterium der kulturellen Evolution. Der Zwillingscharakter von spontaner Ordnung und kultureller Evolution erlaubt es, aus der Definition des einen Begriffs Erkenntnisse für die Definition des anderen Begriffs zu ziehen. Da sich der Begriff der spontanen Ordnung aus Hayeks Ausführungen vollständig definieren läßt (II.3.3.2), hingegen für die Theorie der kulturellen Evolution hinsichtlich der in ihrer wirksamen Selektionskriterien Unklarheiten bleiben, ist es ausgehend vom Zwillingscharakter beider Begriffe möglich, aus der ersten Definition eine Ableitung für die zweite zu gewinnen.[345] Entsprechend sei der folgende Analogieschluß vorgeschlagen: Wie der höchste normative Wert der spontanen Ordnung die individuelle Freiheit ist, so ist die individuelle Freiheit gleichermaßen das bestimmende normative Selektionskriterium in der kulturellen Evolution. Zwischen ‚Zieloffenheit' und ‚individueller Freiheit' herrscht dieser Interpretation zufolge wiederum ein ähnliches Zwillingsverhältnis wie zwischen den Begriffen der spontanen Ordnung und der kulturellen Evolution – ‚Zieloffenheit' ist der *funktionale*, ‚individuelle Freiheit' der *normative* Ausdruck des gleichen Prinzips: Die Abwesenheit eines übergeordneten Ziels – der spontanen Ordnung wie der kulturellen Evolution – ist die funktionale und normative Voraussetzung für die Freiheit des Individuums, seine eigenen Ziele zu verfolgen. Die zentrale Gemeinsamkeit zwischen der Idee der spontanen Ordnung und der Theorie der kulturellen Evolution besteht daher nicht allein im funktionalen Sinne in ihrer Zieloffenheit, sondern ebenso im normativen Sinne in ihrer Orientierung auf den Wert der Freiheit hin.

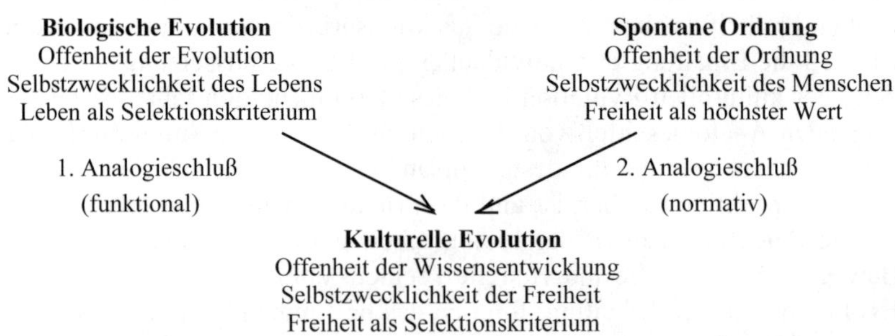

Abb. 1: Zwei Analogieschlüsse zur Verdeutlichung der deontologischen Interpretation der Theorie der kulturellen Evolution: Freiheit als Selektionskriterium der kulturellen Evolution

[345] Ein besonderer Aspekt dieses Begriffsvergleichs ist es, daß der Begriff der spontanen Ordnung viel weniger nur ein Zwillings-, als vielmehr auch ein Tochterbegriff des Begriffs der kulturellen Evolution ist: denn die spontane Ordnung ist aus der kulturellen Evolution hervorgegangen. Der Analogieschluß vom Begriff der spontanen Ordnung auf den Begriff der kulturellen Evolution trägt daher auch den Zug eines Rückschlusses.

Während kulturelle Evolution und spontane Ordnung durch ihre Orientiertheit auf den Wert der Freiheit hin einander Zwillingsbegriffe sind, unterscheiden sich aber kulturelle und biologische Evolution voneinander durch ein wesentliches, von Hayek nicht angeführtes Definitionsmerkmal: Im Gegensatz zu bloßen biologischen Prozessen *kann Kultur niemals wertfrei sein*, wie insbesondere auch Hayeks Vorstellung von der kulturellen Evolution als einer Entwicklung allgemeiner und abstrakter Regeln des *gerechten* Verhaltens deutlich macht. Daß die Theorie der kulturellen Evolution wesentlich eine Theorie der Moralentwicklung ist, veranschaulicht das besondere Gewicht, das Hayek der *moralischen Tradition* als dem Fundus und dem eigentlichen Gegenstand der kulturellen Evolution beimißt. Während mit der Theorie der biologischen Evolution lediglich die Entwicklung lebender Organismen, ihre natürliche Selektion und Anpassung, erläutert werden kann, beansprucht die Theorie der kulturellen Evolution Erklärungen über das Entstehen und Wirken von Moral- und Rechtsregeln zu ermitteln und normative Kriterien für ihre kritische Überprüfung und Weiterentwicklung zu liefern. Das bestimmende normative Kriterium der Überprüfung der allgemeinen und abstrakten Regeln des gerechten Verhaltens ist ihre Eigenschaft, Zwang und Gewalt zu verhindern und damit dauerhafte individuelle Freiheit herzustellen. Das Gerechtigkeitskriterium der allgemeinen und abstrakten Regeln des gerechten Verhaltens ist die *individuelle Freiheit*, und es ist daher notwendig auch das Auswahlkriterium ihrer Entwicklung. Mit dieser Begründung erst läßt sich theorieimmanent erklären, weshalb die spontane Ordnung als freiheitliche Ordnung aus der kulturellen Evolution hervorgeht.

Mit der dargestellten freiheitlichen Interpretation der Theorie der kulturellen Evolution wird erklärbar, weshalb in der Vorstellung Hayeks die Freiheit sowohl (1.) im funktionalen Sinne Motor – und in diesem Sinne ‚Mittel' – der kulturellen Evolution als auch gleichzeitig (2.) im normativen Sinne ihr ‚Artefakt' – und in diesem abstrakten Sinne ihr ‚Zweck' – sein kann.

(1.) Individuelle Freiheit als Voraussetzung der kulturellen Evolution:

„[... D]er Freiheit [...] haben wir die Entwicklung der Zivilisation zu verdanken."[346]

„Freiheit ist wesentlich, um Raum für das Unvorhersehbare und Unvoraussagbare zu lassen [...]. [...W]ir müssen anerkennen, daß der Fortschritt und selbst die Erhaltung unserer Zivilisation von der größtmöglichen Gelegenheit für den Eintritt von Zufällen abhängt."[347]

---

[346] Hayek (1976c), S. 155; ders. (1978b), S. 65: „Unsere Kultur schreitet fort, indem sie den weitestgehenden Gebrauch von der unbegrenzten individuellen Vielfalt der menschlichen Wesen macht." Ders. (1979b), S. 435 (Hervorhebung P.B.): „Die [...] immer stärkere Zunahme von diskriminierendem Zwang droht nunmehr, das Wachstum einer Zivilisation abzuwürgen, *die auf persönlicher Freiheit beruht*."

[347] Hayek (1960b), S. 40; siehe in dieser Arbeit Fußnote 224 sowie hinsichtlich der bei Hayek häufig synonymen Verwendung der Begriffe ‚Fortschritt' und ‚Evolution' und ‚Zivilisation' und ‚Evolution' Fußnote 92.

(2.) Individuelle Freiheit als Ergebnis der kulturellen Evolution:

> „Freiheit ist ein Artefakt der Zivilisation, das den Menschen aus den Fesseln der kleinen Gruppe befreite [...]. Freiheit wurde möglich durch die allmähliche Evolution der Disziplin der Zivilisation, die gleichzeitig die Disziplin der Freiheit ist.“[348]

Weil die Freiheit sowohl Mittel zum Zweck als auch Zweck in sich selbst ist, referieren Freiheit und kulturelle Evolution aufeinander. Die darin zu Tage tretende Selbstzwecklichkeit der Freiheit ist ein Abbild der Selbstzwecklichkeit des Individuums und Beleg für die Vereinbarkeit dieses Evolutionsverständnisses und seines abstrakten, auf die Freiheit bezogenen Konsequentialismus mit dem deontologischen Ansatz, der im praktischen Imperativ sein Paradigma findet. Wenngleich die kulturelle Evolution wie jede Evolution keinen linearen Verlauf, sondern Irrwege und im Ausgang offene Experimente kennt,[349] und sich aus der Postulierung des Prinzips ‚Erhaltung und Erweiterung der individuellen Freiheit‘ als dem bestimmenden Selektionsprinzip in der kulturellen Evolution keinesfalls ‚Entwicklungsgesetze‘ im teleologischen Sinne ableiten lassen,[350] ist die kulturelle Evolution in dieser Deutung als Entwicklung freiheitsschaffender Gerechtigkeitsregeln zu verstehen und deshalb als evolutionäre Entwicklung der Kultur der Freiheit.

3.4.4. Regelevolution und Wertrelativismus

Eine verbleibende Angriffsfläche für die Aufrechterhaltung der Deontologiethese bietet noch die mit der Theorie der kulturellen Evolution notwendig verbundene Vorstellung von der *Wandelbarkeit* der allgemeinen und abstrakten Regeln des gerechten Verhaltens. Insbesondere angesichts der herausgestellten Gleichsetzung von Regeln und Werten im Denken Hayeks kann diese Vorstellung unmittelbar als Wertrelativismus ausgelegt werden. Aber kann ein Ansatz, der die bestehende Regel- und Werteordnung nur als das gegen-

---

[348] Hayek (1979b), S. 470; vgl. ders. (1978b), S. 53. Zum Begriff des Artefaktes siehe in dieser Arbeit Fußnote 301.

[349] Vgl. Hayek (1959a), S. 226f; ders. (1982a), 87; ders. (1988a), S. 23, S. 157.

[350] Die Theorie der kulturellen Evolution liefert eine Erklärung des Prinzips der Selektion, nicht jedoch eine Erklärung für konkrete historische Entwicklungen auf der Anwendungsebene. Vgl. dazu Hayek (1964c), S. 299: „[...D]ie Behauptung, daß wir das Prinzip, nach dem ein bestimmter Mechanismus arbeitet, erklären können, [wird – P.B.] nicht entkräftet, wenn [...] wir nicht exakt sagen können, was es an einem bestimmten Raum-Zeitpunkt hervorbringen wird.“ Ebd., S. 293: „Wenn es sich beispielsweise herausgestellt hätte, daß Mensch und Affe trotz ihrer strukturellen Ähnlichkeit nicht Abkömmlinge eines verhältnismäßig nahen gemeinsamen Vorfahren wären, [...] so würde dadurch nicht Darwins allgemeine Evolutionstheorie widerlegt, sondern nur ihre Anwendung auf diesen individuellen Fall.“ Das vielfache Auftreten von Gewaltherrschaften und sozialen Organisationen des Zwangs in der Geschichte der Menschheit ist in diesem Verständnis nicht zur Widerlegung der hier vorgeschlagenen Interpretation der Theorie der kulturellen Evolution geeignet, wenngleich doch für sie sprechen könnte, daß sie sämtlich nicht von Dauer waren.

wärtige Ergebnis der kulturellen Evolution, gewissermaßen als ihr Durchgangsstadium betrachtet, zugleich regeldeontologisch sein, d.h. im strikten Sinne von ausnahmslos gültigen Verhaltensregeln ausgehen? Auch hier geht die theorieimmanente Spannung am deutlichsten vom Spät- und Alterswerk Hayeks aus:

> „Wenn überdies die Zivilisation das Ergebnis ungewollter, allmählicher Veränderungen von Moralvorstellungen ist, so werden wir nie, so sehr uns auch der Gedanke widerstreben mag, über ein allgemeingültiges System der Ethik verfügen."[351]

Dem Relativismus, der in diesen Überlegungen zum Vorschein tritt, sei aus der Sicht der oben dargestellten freiheitlichen Interpretation der Theorie der kulturellen Evolution entgegengehalten: Wenn die individuelle Freiheit die Vorbedingung, ja die „Quelle aller Werte" ist,[352] wenn die individuelle Freiheit die Voraussetzung für die kulturelle Evolution ist – und Zwang ihre Behinderung und deshalb das Grundübel in der Gesellschaft (Evolutionsargument) – dann existiert im Denken Hayeks wenigstens ein Wert, der selbst nicht der Relativität durch die kulturelle Evolution unterworfen ist.[353] In der streng freiheitlichen Deutung bringt die *kulturelle* Evolution Regel- und Werteordnungen hervor, deren höchster Wert die individuelle Freiheit ist; sie zentriert sich gewissermaßen um diesen höchsten Wert, denn sie hat ihn zu-

---

[351] Hayek (1988a), S. 17; ders. (1964c), S. 300: „In diesem [...] Sinne ist es möglich, die menschlichen Werte zu Recht als relativ anzusehen und von der Wahrscheinlichkeit ihrer weiteren Evolution zu sprechen." Vgl. ders. (1976b), S. 177.

[352] Hayek (1961d), S. 295; ders. (1960b), S. 103; vgl. in dieser Arbeit Fußnote 194.

[353] Hayek, Nachlaß, Vortrag und Diskussion am Walter-Eucken-Institut, Freiburg, gehalten am 24. Mai. 1984, 25-seitiges Manuskript, S. 22: „*Alfred Bosch*: »Könnten Sie zum Verhältnis der so [durch den Prozeß der kulturellen Evolution – P.B.] gewonnenen Werte und dem Apriori-Charakter, den die Moral bei Kant hat, etwas sagen. Dies zur Erläuterung oder vielleicht zur Beseitigung der Schwierigkeiten, die viele von uns haben dürften, wenn sie gewohnt sind, moralische Werte als etwas Unbedingtes zu betrachten und sie sie hier plötzlich sehen oder charakterisiert sehen als Ergebnis eines solchen Aussiebungsprozesses.« *Hayek*: »[...] Ich habe neuerdings den Verdacht, daß er [Kant – P.B.] mit dem Apriori-Charakter nichts anderes meint, als was ich auch meine, daß die Moral nicht eine Schöpfung der Vernunft ist [...].« *Reinhold Veit*: »[...M]uß man in Fragen eines Moral- oder Regelsystems doch nicht einige Dinge herausnehmen, von denen man annehmen kann, daß sie sich nicht ändern dürfen, weil sonst, jetzt vielleicht doch aus Apriori-Gründen, eine Evolution nicht mehr möglich wäre? Ist es nicht so, daß innerhalb dieses Regelkomplexes gewissermaßen einige der Moralregeln ihrer Natur nach *konstant* sein müssen, so wie wir auch in der Natur Konstanten haben, ohne die überhaupt jegliches Leben unmöglich wäre? Es wären nach Ihren Ausführungen [...] ›Familie‹, ›Eigentum‹ und ›Erhaltung der Freiheit‹ [...].« *Hayek*: »Ich nehme es gewiß an. Die Frage ist nur, ob wir irgend jemand die Macht erteilen sollten, solche als unveränderlich angenommenen Regeln zu erzwingen. Das ist ein ganz anderes Problem. Ich habe früher gesagt, daß es erlaubt sein muß, alle Moralregeln anzuzweifeln. Ich habe damit nur jede einzelne für sich gemeint und um sie im Rahmen der anderen zu behandeln.«" In der in dieser Arbeit vertretenen Interpretation wird die in der Frage von Reinhold Veit zum Ausdruck kommende Sicht auf Hayeks Theorie der kulturellen Evolution vertreten.

gleich zur funktionalen Voraussetzung ihrer Zieloffenheit. Über ein ‚allgemeingültiges System der Ethik' wird der Mensch in dieser Sicht nur deshalb voraussichtlich niemals verfügen, weil das Wertesystem selbst als Gegenstand der qua Theorie als offen angenommenen kulturellen Evolution änderbar bleiben muß, um anpassungsfähig zu bleiben – aber das bedeutet nicht notwendig, daß es als *offenes* System nicht über absolute Werte verfügen kann. In dieser Sicht ist die Offenheit des Systems Voraussetzung der in der Theorie der kulturellen Evolution angenommenen Systemdynamik und ein wichtiger Aspekt der evolutionären Begründung der individuellen Freiheit.[354]

3.5. Zusammenfassung

Ziel der Untersuchungen in den vergangenen Abschnitten war es, Hayeks Moraltheorie innerhalb des Spektrums zwischen Deontologie auf der einen Seite und Konsequentialismus, mit dem Utilitarismus als extremem Ausläufer auf der anderen Seite, zu verorten. Im wesentlichen sollte Hayeks Position aus der Auseinandersetzung mit seiner Kritik am Utilitarismus entwickelt werden, weil er darin implizit auch die Grundfragen der Kontroverse zwischen Deontologie und Konsequentialismus aufgreift. Im Ergebnis dieser Untersuchung zeigte sich, daß Hayek mit seinem Ansatz zwar systematisch Gegenposition zum klassischen Handlungsutilitarismus bezieht, hingegen die Abgrenzung zum Regelutilitarismus besonders dort unklar ist, wo Hayek den Evolutionsgedanken in die Diskussion aufnimmt. Der Einbezug des Selektionskriteriums ‚Erfolgreiches Überleben der Gruppe' – mit seiner aus der Theorie der biologischen Evolution hergeleiteten Implikation ‚Erhaltung und Wachstum der Gruppe' – verhindert den restlosen Ausschluß einer evolutionär-regelutilitaristischen Interpretation der Moraltheorie Hayeks. Es läßt sich, ausgehend vom Alterswerk, tatsächlich eine Argumentationslinie in Hayeks Moraltheorie auffindbar machen, die die Gültigkeit der allgemeinen und abstrakten Regeln des gerechten Verhaltens alleine von ihrer Nützlichkeit für das biologische Wachstum der sie anwendenden Gesellschaft ableitet. Überspitzt zusammengefaßt, operiert sie mit einem Nutzenbegriff, der im Bevölkerungswachstum und der Fähigkeit der betreffenden Gesellschaft, dieses Wachstum wirtschaftlich zu verkraften, seinen materialen Inhalt findet. Die herausgestellte Spannung zwischen der freiheitlichen und der biologisch-evolutionären Sicht besteht hingegen für Hayek deshalb nicht, weil seine

---

[354] Auch mit dem Wissensproblem kann theorieimmanent begründet werden, weshalb der von Hayek vertretene Ansatz nicht im strengen Sinne relativistisch genannt werden kann. Vgl. Hayek (1964c), S. 300: „Von dieser allgemeinen Einsicht [die menschlichen Werte als relativ anzusehen – P.B.] ist es jedoch ein weiter Schritt bis zu den Behauptungen der ethischen, kulturellen und historischen Relativisten oder denen der Evolutionsethik. Grob gesagt: Während wir wissen, daß alle diese Werte relativ zu etwas sind, wissen wir noch nicht, im Hinblick worauf sie relativ sind."

Theorie auf der Annahme fundiert, daß sich in der Regelselektion nur jene Verhaltensregeln als förderlich für den Erfolg der Gruppe bewähren, die dem Individuum in der Gesellschaft bei der Verfolgung seiner selbstgefaßten Ziele dienlich sind, d.h. in der individuellen Freiheit ihren bestimmenden Wert haben.

Der biologisch-evolutionären Interpretation der Theorie der kulturellen Evolution wurde hier die Auffassung gegenübergestellt, daß Hayeks Moraltheorie regel*deontologisch* ausgeprägt ist. Begründet wurde diese Auffassung im ersten Schritt zunächst auf der Ebene der Theorie der spontanen Ordnung mit Hayeks Anerkennung ausnahmslos gültiger, abstrakter Verhaltensregeln, die in der Bildung der spontanen Ordnung ihre *abstrakte Funktion* und schließlich ebenso wie die Ordnung, die sie bilden, in der individuellen Freiheit ihren höchsten Wert haben. Auch dort, wo Hayek durch den Verweis auf die Nützlichkeit der allgemeinen und abstrakten Regeln des gerechten Verhaltens dem ersten Anschein nach konsequentialistisch argumentiert, bezieht sich die Argumentation nur im ordnungsfunktionalen Sinne auf die Bedeutung der Regeln des gerechten Verhaltens für die Bildung und Erhaltung der spontanen Ordnung: Die abstrakte Funktion der allgemeinen und abstrakten Regeln des gerechten Verhaltens besteht darin, eine spontane Ordnung zu schaffen, deren höchster normativer Wert durchgängig die Freiheit des Individuums, verstanden als Abwesenheit von Zwang, ist. Der damit zutage tretende Konsequentialismus bezieht sich in letzter Hinsicht auf den Wert der individuellen Freiheit, wodurch er mit der Deontologiethese vereinbar ist.

Analog wurde im zweiten Schritt auf der Ebene der Theorie der kulturellen Evolution die Deutung vorgeschlagen, daß entgegen der Sicht des Alterswerks Hayeks das bestimmende abstrakte Selektionskriterium der *kulturellen* Evolution die *individuelle Freiheit* ist, so, wie auch die Freiheit der höchste Wert der spontanen Ordnung ist. Biologische und kulturelle Evolution folgen gemäß der in dieser Arbeit vertretenen Interpretation unterschiedlichen Selektionsprinzipien, wenn auch die kulturelle Evolution nicht losgelöst von der biologischen verläuft und folglich das Selektionsprinzip der biologischen Evolution als das vorgängige Auswahlprinzip in die kulturelle Evolution hineinwirken mag. Dem Grundgedanken Hayeks folgend, wonach ‚spontane Ordnung' und ‚kulturelle Evolution' einander Zwillingsbegriffe sind, und ausgehend vom Ergebnis der ersten Untersuchung, wonach die spontane Ordnung systematisch als Ordnung der Freiheit zu verstehen ist, wird in dieser Arbeit vorgeschlagen, die kulturelle Evolution als Entwicklung der Kultur der Freiheit zu begreifen.

4. Hayeks Zwangsbegriff – deontologisch oder konsequentialistisch?

4.1. Rückbezug der gewonnenen Ergebnisse auf Hayeks Zwangsbegriff

Die Kontroverse zwischen deontologischer und konsequentialistischer Auslegung der Moraltheorie Hayeks läßt sich nun deckungsgleich auch anhand der in II.1. entwickelten drei Argumente für die Verwerflichkeit des Zwangs – dem Selbstzwecklichkeitsargument, dem Wissensargument und dem Evolutionsargument – führen. Während das Selbstzwecklichkeitsargument und das Wissensargument die Verwerflichkeit des Zwangs individualistisch und irreduzibel mit der Einzigartigkeit jedes einzelnen Menschen – seines Denkens und seines Wertens – begründen, beruht das Evolutionsargument auf dem grundsätzlich konsequentialistischen Gedanken, daß die Freiheit Voraussetzung für die kulturelle Evolution sei und Zwang im Gegenzug schädlich, weil er die kulturelle Evolution behindere. Das Selbstzwecklichkeits- wie auch das Wissensargument begründen Zwang unabhängig von seinen Folgen – seien es konkrete oder abstrakte Folgen – bereits aufgrund der *Tatsache* der Willensunterwerfung als Übel und entsprechen damit der Deontologiethese. Mit beiden Argumenten läßt sich Zwang aus sich selbst heraus als unbedingtes Übel erklären. In der Sicht des Evolutionsarguments hingegen fließen die Folgen des Zwangs für die Gesellschaft als Ganze in die Bewertung ein, wodurch sich der Begründungsansatz grundlegend von dem der ersten beiden Argumente unterscheidet. So stellen die drei Argumente auch eine stufenweise Erweiterung der Folgen des Zwangsaktes dar: Ausgang des Zwangsaktes ist die Unterwerfung des Willens eines Menschen unter den eines anderen, ihre unmittelbare, von dieser nicht trennbare Folge ist die Ausschaltung des Gezwungenen als denkendes und wertendes Wesen, wohingegen die gesellschaftlichen Konsequenzen hieraus, d.h. der Wissensverlust für die Gesellschaft insgesamt, nicht mehr unmittelbare Folge der einzelnen Willensunterwerfung sind.

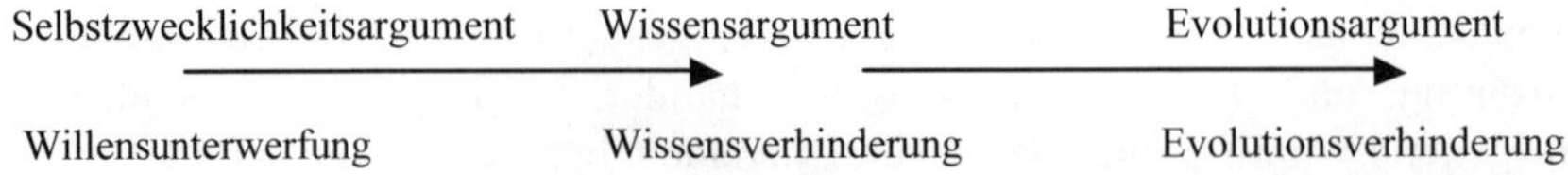

Abb. 2: Unmittelbarkeit und Mittelbarkeit der Folgen des Zwangsaktes in der jeweiligen Perspektive der drei Argumente für die Verwerflichkeit des Zwangs

Würde das Evolutionsargument alleine stehen, ließe sich mit ihm die Anwendung von Zwang rechtfertigen, wenn nur das Wissen darüber bestünde, daß sich seine Folgen zugunsten der kulturellen Evolution auswirken. Grundsätzlich und besonders in der biologisch-evolutionären Sicht des Alterswerks

Hayeks betrachtet, würde sich mit dem Evolutionsargument – unter strenger Ausblendung der beiden anderen Argumente – die Anwendung von Zwang rechtfertigen lassen, soweit das Wissen darüber verfügbar wäre, daß sich die Beschränkung der Freiheit günstig für das erfolgreiche Überleben der jeweiligen Großen Gesellschaft auswirkt. Die Frage, welcher Art der Konsequentialismus des Evolutionsarguments ist, führt damit systematisch zu den Untersuchungen der Theorie der kulturellen Evolution und ihrer ethischen Implikationen im vergangenen Kapitel zurück.

Die Tatsache, daß sich in den drei Argumenten der Konflikt zwischen der deontologischen, d.h. der streng freiheitlichen und der konsequentialistischen, evolutionistischen Sichtweise abbildet, bestätigt zum einen die methodische Ausgangshypothese dieser Arbeit, wonach sich Hayeks gesamte Sozialphilosophie im Begriff des Zwangs als ihrem Schlüsselbegriff verdichtet, und zum anderen spricht sie dafür, daß die herausgestellte Spannung zwischen deontologischer und evolutionistischer Argumentation im Denken Hayeks nicht erst im Alterswerk vorlag, sondern sich bereits in der Werkphase um die ›*Verfassung der Freiheit*‹ aufzeigen läßt – denn Hayek entwickelt seine Konzeption der Begriffe Freiheit und Zwang, auf der die in dieser Arbeit vorgenommene Ausdifferenzierung der drei Argumente für die Verwerflichkeit des Zwangs hauptsächlich basiert, in der ›*Verfassung der Freiheit*‹.

In diesem Kapitel sollen nun das Selbstzwecklichkeits-, das Wissens- und das Evolutionsargument jeweils auf ihre Vereinbarkeit mit der Deontologiethese untersucht werden. Dabei werden die drei Argumente auch noch einmal miteinander in Bezug gesetzt und gegeneinander gewichtet. Diese Abstimmung soll besonders angesichts der Tatsache vorgenommen werden, daß Hayek die hier vorgeschlagene Ausdifferenzierung in drei Argumente für die Verwerflichkeit des Zwangs selbst nicht vorgenommen hat, die drei Argumente aber wenigstens zwei verschiedenen Begründungsansätzen folgen. Wegen seiner Ausnahmestellung wird im letzten Abschnitt dieses Kapitels das Evolutionsargument noch einmal im Rückbezug auf Hayeks Theorie der kulturellen Evolution betrachtet.

4.2. Das Selbstzwecklichkeitsargument – deontologisch oder konsequentialistisch?

In der Perspektive des Selbstzwecklichkeitsarguments steht die Willensunterwerfung des Gezwungenen im Mittelpunkt der ethischen Bewertung des Zwangs. Entscheidend sind hier nicht die jeweiligen Umstände des Zwangsaktes, sondern vielmehr der generelle, formale Sachverhalt, daß ein Individuum unter dem Einfluß der Androhung eines empfindlichen Nachteils, d.h. gegen seinen ursprünglichen Willen, zum Mittel der Verwirklichung der Ziele eines anderen wird. Das Selbstzwecklichkeitsargument kommt wie gezeigt besonders anschaulich in Hayeks Begriffsbeschreibung zum Ausdruck,

Zwang sei verwerflich, weil er ein Individuum ‚zum bloßen Werkzeug zur Erreichung der Ziele [ends] eines anderen macht‘. Mit dieser Begründung läßt sich jede Ausübung von Zwang als Übel einordnen, gleichgültig, in welcher Absicht und mit welchen Folgen er ausgeübt wird. Dieser Ansatz basiert auf Kants praktischem Imperativ und ist grundsätzlich und rein deontologisch:

> *„Handle so, daß Du die Menschheit, sowohl in deiner Person, als in der Person eines jeden anderen, jederzeit zugleich als Zweck, niemals bloß als Mittel brauchst.*“[355]

Dabei nimmt Hayek eine wichtige Einschränkung vor. Nicht *jede* Indienstnahme eines Individuums für die Verwirklichung der Ziele eines anderen ist verwerflich, sondern nur jene, die aus Sicht des Indienstgenommenen gegen seinen Willen erfolgt. Diese Einschränkung trifft Hayek, um einer Interpretation des praktischen Imperativs zuvorzukommen, die das Grundprinzip der Wissens- und Arbeitsteilung in der spontanen Ordnung als zwangvoll und deshalb verwerflich hinstellt: In der Großen Gesellschaft und der Katallaxie als ihrer Wirtschaftsordnung dient der einzelne vielfach seinen eigenen Zielen, indem er den Zielen eines anderen dient, ohne daß er deshalb das Opfer von Zwang wäre. Auf diesem Prinzip basiert vielmehr die Vernetzung und Kommunikation des Wissens in der spontanen Ordnung. Definitionsentscheidend ist daher die *Ausschließlichkeit*, mit der ein Individuum den Zielen eines anderen dient:

> „Soweit das [der praktische Imperativ – P.B.] bedeutet, daß kein Mensch dazu veranlaßt werden sollte, irgend etwas zu tun, was nur den Zwecken anderer dient, wird nur mit anderen Worten gesagt, daß Zwang vermieden werden soll.“[356]

Zwang liegt dieser Einschränkung nach nur dann vor, wenn ein Individuum zugunsten der Ziele eines anderen handelt, ohne dabei zugleich seinen eigenen Zielen nach zu handeln. Die Aussage ‚nur den Zielen eines anderen nach handeln‘ ist entlang der in I.1.2. vorgenommenen Bestimmungen der Begriffe Wille, Ziel und Handlung gleichbedeutend mit der Aussage ‚nur dem *Willen* eines anderen nach handeln‘ und deckt sich darin mit der in II.1. entwickelten Bestimmung des Zwangsbegriffs Hayeks als ‚Handeln gegen den eigenen Willen‘.[357]

[355] Kant, ›*Grundlegung der Metaphysik der Sitten*‹, A66, Akademieausgabe, Bd. 4, S. 429; Hayek (1960b), S. 181.

[356] Hayek (1960b), S. 181, Anmerkung 13: „Wenn aber der Grundsatz dahin gedeutet wird, daß wir in der Zusammenarbeit mit anderen Menschen nicht nur von unseren eigenen, sondern auch von ihren Zwecken geleitet werden sollen, geraten wir bald in Konflikt mit ihrer Freiheit, wenn wir mit ihren Zielen nicht übereinstimmen.“

[357] Um allerdings einem gravierenden definitorischen Mißverständnis vorzubeugen, muß hier noch hinzugefügt werden, daß Zwang das Handeln gegen den *ursprünglichen eigenen Willen*, d.h. gegen den Willen *vor* Eintritt des Zwangsakts ist, da sich ansonsten einwenden ließe, der Gezwungene verfolge durch die Ausführung der Zwangshandlung mindestens ein

In der Perspektive des Selbstzwecklichkeitsarguments ist jeder ausgeübte Zwang ein Übel in der Gesellschaft, d.h. auch jener Zwang, aus dessen Ausübung sich mutmaßlich Vorteile für den Gezwungenen selbst oder für die Gemeinschaft, der er angehört, ableiten ließen (II.2.1.2., III.2.3.). In der Perspektive des Selbstzwecklichkeitsarguments ist allein entscheidend, daß der Betroffene *gegen seinen Willen* Mittel der Verwirklichung der Ziele eines anderen ist. Aus dem Selbstzwecklichkeitsargument läßt sich die folgende regeldeontologische Aussage entwickeln: Allgemeine und abstrakte Regeln beziehen ihre universale Gültigkeit aus ihrer Eigenschaft, das Individuum in der Gesellschaft vor Übergriffen zu schützen, durch die es gegen seinen Willen als Mittel zum Zweck eines anderen gebraucht wird.

Im Umfeld des Selbstzwecklichkeitsarguments läßt sich ergänzend auch die Verletzung der *Würde des Menschen* als eigenständige Begründung für die Verwerflichkeit des Zwangs anführen. Demnach verletzt die Instrumentalisierung eines Menschen gegen seinen Willen für die Verwirklichung der Ziele eines anderen die menschliche Würde des Betroffenen. Besonders in dieser Perspektive ist Zwang ein unbedingtes Übel, unabhängig von den besonderen Umständen und den zu erwartenden Folgen der Zwangshandlung für den Gezwungenen oder die Gesellschaft, der er angehört. Allerdings macht Hayek die Verletzung der Würde des Menschen nicht explizit zum Gegenstand seiner Begründung für die unbedingte Verwerflichkeit des Zwangs und spiegelbildlich für die Freiheit als höchsten Wert. So wird auch an Hayeks eingrenzender Auslegung des praktischen Imperativs deutlich, daß für Hayek nicht die Tatsache der Instrumentalisierung eines Menschen als solcher und die damit notwendig einhergehende Verletzung seiner Würde, sondern nur die unfreiwillige Instrumentalisierung und die mit ihr verbundene *Ausschaltung des Betroffenen als denkendes und wertendes Wesen* verwerflich sind.

Insbesondere aber vertritt Hayek den *methodischen Standpunkt*, daß die abstrakten Folgen der individuellen Freiheit – die Entwicklung von Wissen im umfassenden Sinne des Wissensbegriffs und damit in letzter Hinsicht die kulturelle Evolution – in die Argumentation eingebunden werden müssen, mit der die Wertigkeit der Freiheit und die Verwerflichkeit des Zwangs zu begründen sei.[358] Für Hayek hat allein die Argumentation mit der Menschenwürde in einem „Versuch zu rationaler Überzeugung [für die Freiheit als dem

---

eigenes Ziel – die Abwendung des angedrohten Nachteils – und sei damit nicht das Opfer von Zwang.

[358] Hayek (1960b), S. 7: „Manche Leser [der *›Verfassung der Freiheit‹* – P.B.] werden vielleicht Anstoß daran nehmen, [...] daß ich das Argument zu ihren Gunsten [zugunsten der Freiheit – P.B.] als Zweckmäßigkeitsfrage darstelle. Das wäre ein Mißverständnis." Hayek (1961a), S. 68 (Hervorhebung P.B.): „Die ersten Reaktionen auf mein Buch haben diese Befürchtungen zum Teil bestätigt. Gerade Menschen, die dem Freiheitsideal noch rückhaltlos anhängen, scheinen eine *utilitaristische Begründung dieses Ideals* beinahe als Entweihung und Schwächung ihrer Position zu empfinden."

höchsten moralischen Wert – P.B.] keinen Platz“, weil er „die persönliche Freiheit nicht einfach als unbestreitbare ethische Forderung“ postulieren möchte, sondern argumentativ begründen möchte;[359] obgleich doch Hayek wie gesehen gerade auf die Anerkennung der Unverzichtbarkeit eines moralischen Standpunktes als Basis des freiheitlichen Denkens großen Wert legt.[360] An dieser Stelle ist erneut der Spagat zwischen dem deontologischen und dem konsequentialistischen Zugang zum Ideal der Freiheit im Denken Hayeks erkennbar.[361] Da Hayek in diesem Zusammenhang die Verletzung der Selbstzwecklichkeit und der Würde des Menschen allein als rationale Begründung für die Verwerflichkeit des Zwangs als nicht ausreichend betrachtet, führt er als *Argumente* für die Wertigkeit der Freiheit die Konsequenzen der Unfreiheit, d.h. die Konsequenzen des Zwangs, an. Insofern verleitet die von Hayek gewählte Methode seiner Argumentation dazu, seinen Ansatz als *konsequentialistisch* einzustufen, denn er begründet die Verwerflichkeit des Zwangs wesentlich mit den – wenngleich abstrakten – *Konsequenzen* des Zwangs und gerade nicht mit dem, was er als ‚unbestreitbare Forderung‘ bezeichnet.[362] Während das Selbstzwecklichkeitsargument die Konsequenzen des Zwangs nicht zum Gegenstand der ethischen Reflexion erhebt, geschieht dies vor allem beim Evolutionsargument und teilweise auch beim Wissensargument. Wenngleich sich also mit dem Selbstzwecklichkeitsargument Zwang als absolutes Übel begründen läßt, stellt vielmehr Hayeks Schwerpunktsetzung auf die folgenden beiden Argumente die Deontologiethese in Frage, sofern sich erweisen sollte, daß diese nicht oder nur eingeschränkt dem deontologischen Ansatz folgen.

---

[359] Hayek (1960b), S. 7.

[360] Hayek (1961a), S. 67: „Es ist ein merkwürdiges Paradox, daß [...] die Freiheit [...] zwar gegenüber solchen, die das Ideal nicht teilen, nur durch rationale Überlegungen gerechtfertigt werden kann, daß sie aber wahrscheinlich nur dann zum Sieg gelangen wird, wenn sie von nicht rationalen Impulsen getragen wird.“

[361] Vgl. auch noch einmal Hayek (1961a), S. 68: „Wir brauchen [...] für die [...] konsequente [...] und in diesem Sinn irrationale Verteidigung des Ideals [der Freiheit – P.B.] eine rationale Begründung [...].“ Einerseits also versucht Hayek, eine argumentative Annäherung an das Ideal der Freiheit zu ermöglichen, andererseits ist der ‚Glaube an die Freiheit‘ Voraussetzung für das Verständnis ihrer Bedeutung als höchster moralischer Wert.

[362] Vgl. Hayek (1960b), S. 7: „Wir können daher den Wert der Freiheit nicht voll würdigen, solange wir nicht wissen, worin sich eine Gesellschaft freier Menschen als Ganzes von einer Gesellschaft unterscheidet, in der Unfreiheit herrscht.“ Zur Einschätzung, daß diese Argumentation konsequentialistisch sei, vgl. Bouillon (1997), S. 56, S. 73f.

4.3. Das Wissensargument – deontologisch oder konsequentialistisch?

4.3.1. Die individualistische und erkenntnistheoretische Begründung

Das Wissensargument bildet die Mitte zwischen dem Selbstzwecklichkeitsargument einerseits und dem Evolutionsargument andererseits, weil es sowohl eine individualistische als auch eine gesellschaftliche Begründungsebene beinhaltet: Auf der individualistischen Begründungsebene ist Zwang ein Übel, weil das gezwungene Individuum als denkendes und wertendes Wesen ausgeschaltet wird; auf der gesellschaftlichen Begründungsebene hingegen – hierin in Überdeckung mit dem Evolutionsargument – ist Zwang ein Übel, weil durch die Ausschaltung des Gezwungenen als denkendes und wertendes Wesen die Wissens- und Regelentwicklung der Gesellschaft insgesamt beeinträchtigt wird. Das Wissensargument vereint in dieser Hinsicht den individualistischen Ansatz des Selbstzwecklichkeitsarguments und den überindividuellen, evolutionären des Evolutionsarguments. Dies unterstreicht noch einmal die Sonderstellung des Wissensarguments innerhalb der Argumentation.

Auf der individualistischen Begründungsebene erhärtet das Wissensargument das Selbstzwecklichkeitsargument, indem es die unmittelbaren *Konsequenzen* der Willensunterwerfung *für das betroffene Individuum* in die Bewertung mit einbezieht: Zwang ist ein Übel, weil der Gezwungene in Folge der Willensunterwerfung daran gehindert wird, als denkendes und wertendes Wesen im umfassenden Sinne des Begriffes ‚Wissen' zu verwerten und verwertbar zu machen, von dem ein Großteil spezifisch individuell und damit einzigartig ist. Auf der individualistischen Begründungsebene sind das Wissens- und das Selbstzwecklichkeitsargument unmittelbar aufeinander verwiesen: Ausgehend von den anthropologischen und erkenntnistheoretischen Grundannahmen der Gesellschaftstheorie Hayeks ist die Verhinderung der geistigen Entfaltung des Gezwungenen nicht erst eine abgrenzbare Folge der Verletzung seiner Selbstzwecklichkeit, sondern unmittelbar mit dieser verbunden. Die Instrumentalisierung des Gezwungenen für die Ziele des Zwingenden (Selbstzwecklichkeitsargument) und die Behinderung der mentalen Entfaltung des Gezwungenen als ihrer Konsequenz (Wissensargument) sind für Hayek zwei untrennbare, in seiner Darstellung entsprechend auch nicht unterschiedene Aspekte *eines* Vorgangs. Die Verletzung der Selbstzwecklichkeit des Gezwungenen bedeutet in diesem Verständnis immer zugleich seine Ausschaltung als denkendes und wertendes Wesen, und umgekehrt jede Ausschaltung des Gezwungenen als denkendes und wertendes Wesen eine Verletzung seiner Selbstzwecklichkeit. Zwang ist deshalb aus der Perspektive beider Argumente und mit Verweis auf das jeweils andere Argument ein unbedingtes Übel.

Das Wissensargument begründet Zwang als *unbedingtes Übel*, weil niemand wissen kann, welcher Wissensbeitrag durch die Ausübung von Zwang nicht umgesetzt bzw. nicht generiert werden konnte.[363] Mit dem Wissensargument und der ihm zugrundeliegenden erkenntnistheoretischen Position wird einer im engen Sinne konsequentialistischen Begründung für die Verwerflichkeit des Zwangs die Grundlage entzogen, denn für die Bewertung der Konsequenzen des Zwangs – insbesondere, wenn es sich um die Konsequenzen im konkreten Einzelfall handeln soll – ist Wissen erforderlich, das nicht verfügbar ist. Im formalen Verständnis des Zwangs erschöpft sich die Schädlichkeit des Zwangs darin, die Entstehung und Nutzung von Wissen zu verhindern, dessen Inhalte und Verwendungen unbekannt sind. Weil niemand wissen kann, welche Wissensentfaltung durch die Anwendung von Zwang verhindert wird und folglich niemand wissen kann, worin seine Schädlichkeit im Einzelfall besteht, muß Zwang ausnahmslos verhindert werden.

4.3.2. Freiheit und Verantwortung in der Perspektive des Wissensarguments

Hayeks Beschreibung des Zwangs als ‚Übel, weil er [...] ein Individuum [...] als wertendes Wesen ausschaltet [...]‘ läßt sich auch unter dem Aspekt der Ausblendung des Gezwungenen als *moralisch wertendes Wesen* diskutieren. Indem der Gezwungene bloßes Mittel für die Erreichung der Ziele eines anderen ist, ist die Verantwortung des Gezwungenen für sein Handeln mindestens eingeschränkt, wenn nicht gar aufgehoben. Dieser Aspekt spielt bei Hayek in der Freiheitsdiskussion eine große Rolle, wohingegen er in der Erörterung des Zwangsbegriffs weitgehend implizit bleibt; die Frage, in welchem Ausmaß ein unter Zwang handelndes Individuum überhaupt für sein Handeln verantwortlich ist, erscheint damit als nicht definitionsbestimmend für die Definition des Zwangsbegriffs Hayeks.[364]

Freiheit und Verantwortung sind in der Konzeption Hayeks komplementäre Begriffe. ‚Verantwortung‘ kann für Hayek entsprechend immer nur individuelle Verantwortung sein.[365] Unter der ‚individuellen Verantwortung‘ ist dabei zunächst in einem eher pragmatischen Verständnis die Haftung für das eigene Handeln, d.h. „die Verantwortung für das eigene Los“[366] und das der nächsten Angehörigen sowie die Verantwortung für die unmittelbaren und vorhersehbaren Folgen der eigenen Handlungen gegenüber Dritten, zu verste-

---

[363] Vgl. noch einmal Hayek (1973a), S. 64: „Daß der Zweck der Freiheit ist, die Möglichkeit von Entwicklungen zu schaffen, die wir nicht voraussagen können, bedeutet, daß wir nie wissen werden, was wir durch eine Beschränkung der Freiheit verlieren.“

[364] Vgl. dagegen die Überlegungen von de Jasay (1995), S. 26.

[365] Hayek (1960b), S. 107: „Verantwortung muß, um wirkungsvoll zu sein, persönliche Verantwortung sein.“ Ebd., S. 108: „So wie jedermanns Eigentum niemandes Eigentum ist, so ist auch jedermanns Verantwortung niemandes Verantwortung.“

[366] Hayek (1960b), S. 104.

hen.[367] Auch der mit dieser Vorstellung von Verantwortung verbundene Folgenbegriff zeigt, daß Hayeks Moraltheorie nicht im engen Sinne als konsequentialistisch bezeichnet werden kann. Wenngleich dies nun bei Hayek im Zusammenhang mit der Diskussion des Freiheitsbegriffs nicht im Vordergrund steht, schließt aber die individuelle Verantwortung trotz der Enge des Begriffs notwendig auch ein, daß das Individuum nicht nur seinem eigenen Wissen, sondern auch seinem *Gewissen* folgt: Freiheit ist für Hayek „die Quelle aller Werte“, denn sie „ist eine Gelegenheit, gut zu handeln, aber nur, wenn sie auch eine Gelegenheit ist, schlecht zu handeln.“[368] Unter Zwang verliert die Reflexion des Individuums über die Richtigkeit seines Handelns ihre handlungsleitende Bedeutung, weil das gezwungene Individuum außer der Inkaufnahme eines schweren Nachteils faktisch keine Wahl hat, anders zu handeln als dem Willen des Zwingenden gemäß. Am deutlichsten läßt sich dieser Aspekt am *moralischen Zwang* aufzeigen – bei dem die Moralprinzipien des Zwingenden über jene des Gezwungenen gestellt werden –, weil in diesem Fall die Ausschaltung des Gezwungenen als moralisch wertendes Wesen nicht nur Folge, sondern auch Gegenstand der Zwangshandlung ist. Grundsätzlich betrachtet und in der Spiegelung am Freiheitsbegriff:

> „[... F]ür die Freiheit eintreten bedeutet, daß wir uns nicht als den letzten Richter der Wertsetzungen eines anderen betrachten und daß wir uns nicht für berechtigt halten, ihn an der Verfolgung von Zielen zu hindern, die wir nicht gutheißen [...]. Eine Gesellschaft, die nicht anerkennt, daß jeder Einzelne seine eigenen Wertsetzungen hat [...] kann keinen Respekt vor der Würde der Person haben und kann nicht wirkliche Freiheit kennen.“[369]

Der Aspekt der Unterdrückung der individuellen Verantwortung unter Zwang ist dennoch bei Hayek nicht ausgeprägt genug, um ihn als gesondertes Argument für die Begründung der Verwerflichkeit des Zwangs anführen zu kön-

---

[367] Analog zur individuellen Freiheit ist auch die individuelle Verantwortung nur auf den handlungstheoretischen und den sozialen Kontext hin bezogen. Der Begriff ist daher ebenso eng und formal gefaßt wie der Konzeption nach der Freiheitsbegriff Hayeks. Vgl. hierzu auch noch einmal Hayek (1959b), S. 287, 292; ders. (1960b), S. 102f; sowie I.3.3. in dieser Arbeit.

[368] Hayek (1961d), S. 295: „Daß Freiheit als Mutterboden für das Gedeihen moralischer Werte nötig ist – keineswegs nur ein Wert unter vielen, sondern die Quelle aller Werte –, ist beinahe selbstverständlich. Erst dort, wo der Einzelne eine Wahl und die dazugehörige Verantwortung hat, hat er Gelegenheit, bestehende Werte zu bestätigen, zu ihrem weiteren Gedeihen beizutragen und sich moralisches Verdienst zu erwerben. Gehorsam hat nur dort moralischen Wert, wo er eine Frage der Wahl und nicht eine des Zwanges ist.“ Ders. (1960b), S. 103, S. 7; ders. (1961a), S. 67; ders. (1961d), S. 295: „Alles, was wir sagen können, ist, daß die Werte, die wir haben, das Ergebnis von Freiheit sind [...].“

[369] Hayek (1960b), S. 103; ders. (1959b), S. 286: „Die Anerkennung, daß jeder Mensch seine eigene Wertordnung hat, die wir achten müssen, auch wenn wir sie nicht gutheißen, ist ein wesentlicher Teil der Schätzung der individuellen Persönlichkeit und der Würde des Menschen.“

nen.[370] Hierbei spielt auch eine Rolle, daß für Hayek stets *Verhaltensregeln* Gegenstand moraltheoretischer Betrachtung sind und nicht das jeweilige Handeln des Individuums selbst. Die Ausschaltung des Gezwungenen als moralisch wertendes Wesen ist bei Hayek in erster Linie ein Aspekt des Wissensarguments,[371] wie auch, wie die oben angeführte Textstelle zeigt, des Selbstzwecklichkeitsarguments, denn die Wahrnehmung der sittlichen Verantwortung ist Teil der Würde des Individuums, aber sie stellt bei Hayek kein eigenständiges Argument dar.

4.4. Das Evolutionsargument – deontologisch oder konsequentialistisch?

4.4.1. Die evolutionäre Begründung

Mit dem Evolutionsargument findet innerhalb der drei Argumente ein Wechsel der Perspektive statt: Im Blickfeld steht nicht mehr in erster Linie das Individuum als Opfer von Zwang, sondern die Gesellschaft insgesamt. Gleichzeitig hat das Evolutionsargument Zwang nicht als Einzelerscheinung zum Gegenstand, sondern als systematisch vorherrschenden, regelmäßigen Zustand in der Gesellschaft. Die Folge solchen wiederkehrenden und dauerhaften Zwangs besteht in der Verhinderung der Wissensentwicklung in der Gesellschaft insgesamt. Wo Zwang herrscht, kann das überwiegend nur individuell vorhandene, weitverstreute Wissen über die Einzeltatsachen, aus denen sich die komplexe Ordnung der Großen Gesellschaft zusammensetzt, nicht entfaltet, ausgetauscht und verwertet und das abstrakte, in Verhaltensregeln gespeicherte und tradierte Wissen über Verhaltensweisen, die der sie anwendenden Gruppe zu Erfolg verhelfen, nicht weiter entwickelt werden. Die von Zwang geprägte Gesellschaft verliert ihre Fähigkeit zu Entwicklung und Anpassung, wodurch sie in der kulturellen Evolution zurückfällt. Zwang ist ein Übel, weil er die „schöpferischen Kräfte einer freien Zivilisation" behindert.[372] Mit dieser Folgewirkung des Zwangs begründet das Evolutionsargument die Verwerflichkeit des Zwangs.

Im Gegensatz zum Selbstzwecklichkeits- und zum Wissensargument bezieht sich das Evolutionsargument dadurch nicht mehr auf den Zwangsakt an sich, sondern auf eine äußere Folge wiederkehrender, zahlloser Zwangsakte in einer Gesellschaft, denn die Verhinderung der kulturellen Evolution ist nicht eine unmittelbare, sondern eine *mittelbare Folge* der vielen Zwangsakte. Analog ist die Entwicklung des Wissens im umfassenden Sinne des Wissens-

---

[370] Für die Kritik hierzu aus Sicht der katholischen Soziallehre Nell-Breuning (1955), S. 113, S. 115.

[371] Hayek (1945), S. 16: „Zu der christlichen Tradition, daß es dem Menschen unbenommen sein muß, in moralischen Dingen *seinem* Gewissen zu folgen, [...] fügten die Nationalökonomen das weitere Argument hinzu, daß es ihm unbenommen sein soll, von *seinem* Wissen und seinen Fähigkeiten vollen Gebrauch zu machen [...]."

[372] Hayek (1960b), S. 31, S. 45, S.49, S. 50; vgl. noch einmal Zintl (1983), S. 194.

begriffs Hayeks – die kulturelle Evolution – als abstrakte Konsequenz der Freiheit auch nicht *bewußter Inhalt* der einzelnen Freiheitsausübung, sondern vielmehr eine außerhalb der Freiheitsausübung selbst stattfindende, unbeabsichtigte Konsequenz unzählbar vieler, inhaltlich unbekannter Freiheitsausübungen.[373] Anders gewendet: Jeder Zwangsakt ist unmittelbar mit der Verletzung der Selbstzwecklichkeit des gezwungenen Individuums verbunden, und ebenso ist jeder Zwangsakt mit der Ausschaltung des Gezwungenen als denkendes und wertendes Wesen verbunden; aber es kann als fraglich angesehen werden, ob tatsächlich jeder einzelne Zwangsakt unmittelbar die kulturelle Evolution der Gesellschaft, der der Gezwungene angehört, vereitelt – es verfügt lediglich niemand über das Wissen, diese Frage im jeweiligen Fall beantworten zu können.

Die hier getroffene Unterscheidung zwischen der Unmittelbarkeit und der Mittelbarkeit der Folgen des Zwangs stellt nicht in Frage, daß in der immanenten Betrachtung der Theorie Hayeks die mittelbare eine ebenso notwendige Folge des Zwangs sei wie die unmittelbare. Entscheidend ist vielmehr, daß das Evolutionsargument, indem es mit der Verhinderung der kulturellen Evolution eine mittelbare Konsequenz des Zwangs zum entscheidenden Kriterium seiner Verwerflichkeit erhebt, *konsequentialistisch* im Sinne der in II.2.1.2. vorgeschlagenen Zuordnungen argumentiert.[374]

Das Evolutionsargument erklärt die Verwerflichkeit des Zwangs nach Auffassung dieser Interpretation zwar einerseits *konsequentialistisch*, weil es eine *mittelbare Konsequenz* des Zwangs zum Kriterium seiner Bewertung erhebt, es referiert dabei aber andererseits nur auf eine *formale, abstrakte Konsequenz* des Zwangs. Obgleich das Evolutionsargument die Verwerflichkeit des Zwangs nicht aus sich selbst heraus, sondern anhand eines ‚Zwecks der Freiheit', eines ‚hypothetischen Nutzens' freiheitssichernder Regeln und damit konsequentialistisch begründet, argumentiert es doch zugleich formal, weil jener ‚Zweck der Freiheit' in der kritisch-rationalistischen Sicht ebenso wie der ‚hypothetische Nutzen' *inhaltlich* unbekannt und unvorhersagbar ist. Daß eine funktionale Begründung nicht notwendig mit einem bestimmten Ziel oder einem Nutzen in Verbindung stehen muß, ist bereits in II.3.3.2. im Zusammenhang mit Hayeks abstraktem Nutzenbegriff herausgearbeitet worden. Dort wurde bereits ersichtlich, daß in der Moraltheorie Hayeks Verhaltensregeln bzw. die Ordnung, die sie bilden, für die Verwirklichung einer noch un-

---

[373] Dieser Grundsatz verneint nicht, daß die Förderung des Fortschritts, etwa des wissenschaftlichen, des technischen und des moralischen Fortschritts, auch explizites Ziel der freien Handlung sein kann. Entscheidend ist nur, daß es sich um ein selbst gewähltes individuelles Ziel handelt, sich aus ihm die Rechtfertigung für die Ausübung von Zwang nicht ableitet und weder über die Verwirklichbarkeit noch über seine Wertigkeit eine abschließende Beurteilung gleichsam aus der Position des wissenden, superioren Beobachters gegeben werden kann. Vgl. Hayek (1960b), S. 512.

[374] Vgl. auch die Einschätzung von Dasgupta (1982), S. 214ff.

bekannten Zahl zukünftiger Ziele ‚nützlich' sein können, ohne daß jene Ziele inhaltlich bekannt oder insgesamt auf ein übergeordnetes gesellschaftliches Ziel, einen Zweck oder einen Nutzen hin ausgerichtet sein müssen.

Mit der Mittelbarkeit der zur Bewertung des Zwangs herangezogenen Konsequenzen der Willensunterwerfung entfernt sich die Argumentation Hayeks zunächst jedoch auch trotz ihres Formalcharakters von ihrem ursprünglichen, deontologischen Anfangspunkt, den sie im Selbstzwecklichkeitsargument hatte und im Wissensargument in seiner individualistischen Lesart fortsetzte. Selbst vorausgesetzt, daß Hayek die kulturelle Evolution als völlig offen annimmt und die Argumentation dadurch konsequent formal ist, unterliegt die Freiheit in der Sicht des Evolutionsarguments einem ihr übergeordneten Wert – der kulturellen Evolution –, durch deren Förderung erst die Freiheit ihre Wertigkeit und Zwang seine Zuordnung als Übel erfährt. So würde sich das Evolutionsargument grundsätzlich zur Rechtfertigung der Freiheitsbeschränkung bestimmter Individuen zugunsten der Freiheit beispielsweise besonders einfallsreicher, die Entwicklung des Wissens fördernder Individuen eignen, wenn nur das Wissen darüber bestünde, daß diese ‚nützlichere Dinge' für die Gesellschaft zustande brächten als die anderen, deren Freiheit beschränkt ist.[375] In dieser verengten Sicht ist Zwang dann zwar ein Übel,

> „[a]ber es ist immer noch besser für alle, wenn einige frei sind als keiner, und auch, wenn einige volle Freiheit genießen, als wenn alle eine beschränkte Freiheit haben."[376]

In dieser Zuspitzung betrachtet, kann das Evolutionsargument die Notwendigkeit einer ausnahmslosen Verwerflichkeit des Zwangs nur noch in Einheit mit dem Wissensargument, nicht mehr jedoch aus sich selbst heraus begründen. Nur unter Einbeziehung des Wissensproblems ist Zwang in der Perspektive des Evolutionsarguments ein ausnahmsloses Übel in der Gesellschaft. Wäre das Wissen darüber vorhanden, welche Inhalte die unzähligen Beiträge der in Freiheit handelnden Individuen haben, ob sie für die Gesellschaft insgesamt ‚nützlich' sind und zu welchen Entwicklungen sie führen, ‚gäbe es wenig zugunsten der Freiheit zu sagen.'[377] In der isolierten Betrachtung des Evolutionsarguments ist die Verletzung der Selbstzwecklichkeit des Men-

---

[375] Hayek (1960b), S. 44 (Hervorhebung P.B.): „Das Wesentliche ist [...], welche Freiheit irgend jemand braucht, um für die Gesellschaft *nützliche Dinge* zu tun. Diese Freiheit können wir für die unbekannte Person nur dadurch sichern, daß wir sie allen geben. [...] Das Argument für die Freiheit einiger gilt daher für die Freiheit aller."

[376] Hayek (1960b), S. 44. Vgl. eine ähnlich zugespitzte Interpretation der angeführten Überlegung Hayeks durch Homann (1983), S. 327: „Zugespitzt kann man sagen: Ziel der Gewährung der individuellen Freiheit an alle Bürger ist, daß einige von dieser Freiheit Gebrauch machen und durch Verfolgen ihrer eigenen Ziele Innovationen hervorbringen, die auf lange Sicht den anderen Gesellschaftsmitgliedern Vorteile bringen. In vollem Ausmaß realisiert wird die Freiheit von einer kleinen Gruppe, die man dann durchaus als Elite ansehen kann [...]."

[377] Vgl. noch einmal Hayek (1960b), S. 40; siehe in dieser Arbeit II.1.3.3.

schen, die Mißachtung seiner Würde und die Verhinderung der Entfaltung seiner mentalen Fähigkeiten nicht mehr ausschlaggebendes Kriterium für die Verwerflichkeit des Zwangs. Ausschlaggebendes Kriterium ist vielmehr die Behinderung der spontanen Wirkkräfte der Entwicklung des Wissens im umfassenden Sinne des Wissensbegriffs, die Behinderung der kulturellen Evolution der betreffenden Gesellschaft als einer aus Sicht der Theorie der kulturellen Evolution zwar notwendigen, aber nur mittelbaren Folge des Zwangs.

4.4.2. Der Konsequentialismus des Evolutionsarguments im Licht der Deontologiethese

Indem das Evolutionsargument die Verwerflichkeit des Zwangs mit der Behinderung der kulturellen Evolution begründet, entscheidet sich in letzter Hinsicht an der Auslegung der Theorie der kulturellen Evolution, ob die individuelle Freiheit im Denken Hayeks im deontologischen Sinne ein unbedingter Wert ist und Zwang das Grundübel in der Gesellschaft. Die Kernfrage an Hayeks Konzeption des Zwangs als Moralbegriff lautet daher, *aufgrund welcher Eigenschaften die kulturelle Evolution im Denken Hayeks ein Gut ist, aus dessen Förderung sich der Wert der Freiheit und aus dessen Verletzung sich die Verwerflichkeit des Zwangs erklärt.*

Die *Zieloffenheit* ist in der Theorie Hayeks das zentrale Merkmal der kulturellen Evolution. Angesichts der Begrenztheit des Wissens sind Richtung und Bestimmung der Evolution unbekannt und unplanbar.[378] Erkenntnis- und Evolutionstheorie Hayeks haben ihren Schnittpunkt in der Kernaussage, daß die aus der kulturellen Evolution hervorgegangenen Ordnungen nicht das Produkt menschlicher Vernunft sind, sondern vielmehr die Vernunft selbst Gegenstand der kulturellen Evolution ist.[379] Die Offenheit der Evolution ist Bedingung für ihre Variabilität und zugleich Bedingung für die Freiheit, sie ist „Ermöglichung des Unbekannten“:[380]

---

[378] Hayek (1960b), S. 33, S. 39ff, S. 48, S. 53f; ders. (1973d), S. 25f.

[379] Hayek (1960b), S. 33; ders. (1979b), S. 463f, S. 474; ders. (1982), S. 86ff.

[380] Hayek (1960b), S. 45, S. 53: „Da der Fortschritt in der Auffindung des noch nicht Bekannten besteht, müssen die Ergebnisse unvoraussagbar sein.“ Ders. (1978b), S. 61; ders. (1979b), S. 476. Vgl. auch die Überlegung zum Geschichtsbild von Comte und Hegel in Hayek (1959a), S. 230 (Hervorhebungen im Zitat): „Ihr historischer Determinismus – womit nicht nur gemeint ist, daß historische Ereignisse irgendwie bestimmt sind, sondern, daß *wir* erkennen können, warum sie einen *bestimmten* Lauf nehmen müssen – schließt notwendig einen vollständigen Fatalismus in sich: Der Mensch kann den Lauf seiner Geschichte nicht ändern. [...] In einem solchen System ist kein Raum für Freiheit.“ Vgl. die Kontinuität des Gedankens, wenngleich nur im Nebensatz, in ders. (1988a), S. 117; ders. (1983b), S. 25. Vgl. im Kontrast dazu noch einmal den Fatalismusvorwurf gegen den Ansatz Hayeks, in dieser Arbeit Fußnote 270. Zur zuweilen synonymen Verwendung der Begriffe ‚Fortschritt‘ und ‚Evolution‘ in der Terminologie Hayeks siehe in dieser Arbeit Fußnote 92.

„Es wäre richtiger [als sich den Fortschritt als Annäherung an ein bekanntes Ziel zu denken – P.B.], sich den Fortschritt als einen Prozeß der Bildung und Modifikation des menschlichen Intellekts vorzustellen, als einen Prozeß der Anpassung und des Lernens, in dessen Verlauf sich nicht nur die uns bekannten Möglichkeiten, sondern auch unsere Wertsetzungen und Wünsche ständig ändern.“[381]

Wodurch also, *wenn nicht durch die Annäherung an ein bestimmtes Ziel*, ist die kulturelle Evolution für Hayek eine Entwicklung, mit deren Förderung sich der Wert der Freiheit und mit deren Behinderung sich die Verwerflichkeit des Zwangs begründen läßt? Im streng formalen, deontologischen Freiheitsverständnis ist die Erhaltung und Erweiterung der individuellen Freiheit das bestimmende Auswahlkriterium der Regelselektion in der kulturellen Evolution. Dieser Interpretation zufolge ist die individuelle Freiheit Voraussetzung wie zugleich ‚Artefakt‘ der kulturellen Evolution (II.3.4.3.).

Entlang dieser Deutung liest sich das Evolutionsargument nun wie folgt: Zwang ist das Grundübel in der Gesellschaft, weil durch sein Vorherrschen die spontanen Wirkkräfte der kulturellen Evolution außer Kraft gesetzt werden, die eine Entwicklung der Kultur Freiheit ist. Wo dauerhaft und systematisch Zwang herrscht, verliert die betroffene Gesellschaft ihre Fähigkeit, Wissen, verstanden als Tatsachenwissen und abstraktes, normativ relevantes Regelwissen, zu generieren und zu verwerten, dem sich die Freiheit des Individuums in der Großen Gesellschaft verdankt. In der streng freiheitlichen Auslegung referieren kulturelle Evolution und individuelle Freiheit aufeinander, wodurch die Argumentation im deontologischen Sinne geschlossen wird: Die Freiheit ist um der Freiheit willen zu erhalten, und Zwang auch in der evolutionären Sicht aus sich selbst heraus das Grundübel in der Gesellschaft. Ausgehend von der in dieser Arbeit vorgeschlagenen, werkimmanenten Interpretation der Theorie der kulturellen Evolution folgt das Evolutionsargument einem abstrakten Konsequentialismus, der sich in letzter Hinsicht auf die Freiheit des Individuums bezieht und sich daher mit der Deontologiethese in Übereinstimmung befindet.

4.5. Zusammenfassung

Im Mittelpunkt der Begründungen für die Verwerflichkeit des Zwangs steht bei Hayek das Wissensargument. In der individualistischen Auslegung steht das Wissensargument mit dem Selbstzwecklichkeitsargument in Überdeckung, in der überindividuellen, gesellschaftsbezogenen Auslegung mit dem Evolutionsargument. Gegenüber der herausragenden Bedeutung des Wissensarguments nimmt das Selbstzwecklichkeitsargument innerhalb der drei Argumente bei Hayek nur einen untergeordneten Rang ein. Dem Evolutionsargument hingegen kommt gerade in Verbindung mit dem Wissensargument

[381] Hayek (1960b), S. 53.

zentrale Bedeutung zu; im Evolutionsargument spiegelt sich Hayeks Theorie der kulturellen Evolution und mit ihr die Spannung zwischen der freiheitlichen und der evolutionistischen, funktionalen Sichtweise in Hayeks Gesamtwerk. Das Evolutionsargument ist es folglich auch, das die Deontologiethese in Frage stellt.

Anders als die ersten beiden Argumente begründet das Evolutionsargument die Verwerflichkeit des Zwangs mit einer mittelbaren, überindividuellen Folge des Zwangs und entspricht daher grundsätzlich dem konsequentialistischen Ansatz. Abhängig von der Auslegung der Theorie der kulturellen Evolution und besonders den Annahmen über die in der Evolution wirksamen Selektionsprinzipien ist das Evolutionsargument geeignet, die Deontologiethese zu falsifizieren. Je materialer die Annahmen über das in der kulturellen Evolution wirksame Selektionsprinzip, um so konsequentialistischer wird die evolutionäre Begründung der Verwerflichkeit des Zwangs und um so weniger ist das Evolutionsargument mit der Deontologiethese vereinbar. Entgegen der von Hayek im Alterswerk vertretenen biologisch-evolutionären Auslegung der kulturellen Evolution wird in dieser Arbeit eine freiheitliche Auslegung vorgeschlagen, in deren Perspektive das Evolutionsargument mit dem deontologischen Ansatz vereinbar ist. Dieser Auslegung zufolge ist das in der kulturellen Evolution hauptsächlich wirksame Selektionsprinzip die Herstellung, Erhaltung und Erweiterung der individuellen Freiheit. Im Lichte dieser Interpretation entspricht das Evolutionsargument dem deontologischen Begründungsansatz und erklärt ebenso wie das Selbstzwecklichkeits- und das Wissensargument und im Verbund mit ihnen Zwang als unbedingtes Übel und Freiheit als höchsten Wert in der Gesellschaft.

III. Teil

Definition des Zwangsbegriffs

1. Zwang als Willensunterwerfung

1.1. Entwicklung des deskriptiven Zwangsbegriffs aus dem normativen Zwangsbegriff

Nachdem in den zurückliegenden Kapiteln der Frage nachgegangen wurde, mit welchen Argumenten und mit welchem Ansatz Hayek die Verwerflichkeit des Zwangs begründet, soll nun abschließend der Frage nachgegangen werden, was genau im Denken Hayeks unter Zwang zu verstehen ist. Im ersten Teil dieser Arbeit wurde anhand der Abgrenzungen vom Sachzwang und den unintendierten Handlungsbeschränkungen gezeigt, wie eng Hayek seinen Begriff des Zwangs auslegt. Unter Zwang ist demnach ausschließlich die gezielte Unterwerfung des Willens eines Menschen unter den eines anderen zu verstehen. Im zweiten Teil wurde Hayeks Zwangsbegriff ausgehend von einer Begriffsbeschreibung in der ›*Verfassung der Freiheit*‹ weiter systematisiert. Ergebnis dieser Systematisierung war, daß sich Zwang im Verständnis Hayeks aus zwei Komponenten zusammensetzt – Androhung empfindlichen Nachteils einerseits, mit dem Ziel der Willensunterwerfung als dem zentralen Merkmal des Zwangs andererseits. Anders gewendet läßt sich Zwang unter Berücksichtigung besonders der im Wissens- und im Evolutionsargument zum Ausdruck kommenden erkenntnistheoretischen Aspekte auch wie folgt beschreiben: Zwang bedeutet, daß ein Individuum unter dem Einfluß der Androhung eines empfindlichen Nachteils daran gehindert ist, seinem eigenen Willen und Wissen gemäß zu handeln. Im zweiten Teil wurde außerdem gezeigt, daß Hayeks Zwangsbegriff trotz der Restriktivität seiner Definition im formalen Verständnis weiter gefaßt ist als im materialen: Im formalen Verständnis gilt *jede* unter Androhung eines Nachteils erwirkte Willensunterwerfung als Zwang, unabhängig davon, ob sie sich im Einzelfall zum Vorteil des Gezwungenen oder der Gesellschaft, der er angehört, auswirken könnte. Im formalen Verständnis läßt sich Zwang nicht mit seinen materialen Folgen rechtfertigen. Die dennoch auffindbaren konsequentialistischen Aspekte in Hayeks Theorie der kulturellen Evolution und besonders im Evolutionsargument als ihrem Spiegel stehen in der Sicht der in dieser Arbeit vorgeschlagenen Interpretation aufgrund ihres Formalcharakters und ihres Rückbezugs zur

Freiheit als höchstem Wert mit dem deontologischen Ansatz nicht im Widerspruch.

Obwohl damit die wesentlichen Definitionsmerkmale sowie die Begründungen für die Verwerflichkeit des Zwangs herausgearbeitet sind, erfordert eine präzise Arbeitsdefinition des Zwangsbegriffs Hayeks doch noch weitere Abgrenzungen und Klärungen. Die Fragestellungen hierzu wurden im wesentlichen bereits am Anfang des zweiten Teils dieser Arbeit aufgezeigt (II.1.). Sie lauten: Differenziert Hayek zwischen Zwang in bezug auf die Ziele und Zwang in bezug auf die Mittel ihrer Verfolgung (III.1.2.)? Differenziert Hayek zwischen dem schädlichen, dem unschädlichen und dem sogenannten ‚Zwang zum Glück' (III.2.)? Differenziert Hayek zwischen dem verbietenden Zwang und dem gebietenden Zwang (‚negativer' und ‚positiver' Zwang) (III.3.)? Anhand welcher Kriterien läßt sich der schwere Zwang vom milden Zwang unterscheiden (III.4.)? Differenziert Hayek zwischen dem privaten und dem staatlichen Zwang analog der von ihm vorgenommenen Differenzierung seines Machtbegriffs (III.5.)? Und schließlich: Läßt sich der zur Durchsetzung allgemeiner und abstrakter Regeln des gerechten Verhaltens ausgeübte ‚Zwang' (Regeldurchsetzungszwang) angesichts der Restriktivität der Definition des Zwangs und der deontologischen Begründung der Verwerflichkeit des Zwangs als ‚echter Zwang' verstehen (III.5.2.)?

Da Hayek die meisten der folgenden Differenzierungen des Zwangsbegriffs selbst nicht erörtert, lassen sich einige von ihnen nicht abschließend klären, sondern nur mit einem Ausblick auf verschiedene Deutungsmöglichkeiten versehen. Am Ende der folgenden Untersuchungen soll es dennoch möglich sein, zur Arbeitsdefinition des Zwangsbegriffs Hayeks zu gelangen. Dabei wird sich zeigen, daß sich Hayeks Zwangsbegriff mit zunehmender Präzision der Definition in mehrere Begriffe auffächert. ‚Zwang' im engen Sinne der Definition wird am Ende dieser Begriffsklärung nur noch eine bestimmte Form der Willensunterwerfung beschreiben, der weitere Formen der Willensunterwerfung zur Seite stehen.

1.2. Willensunterwerfung in bezug auf die Wahl der Ziele, in bezug auf die Wahl der Mittel

Hayek beschreibt Zwang in erster Linie als Fremdbestimmung der *Ziele* des Gezwungenen, wohingegen er Zwang kaum unter dem Aspekt der Fremdbestimmung der *Mittel* erörtert. Die Schwerpunktsetzung auf die unter Zwang erfolgende Fremdbestimmung der Ziele des Gezwungenen läßt sich besonders damit erklären, daß im Denken Hayeks die Willensunterwerfung das Hauptmerkmal der Definition des Zwangs bildet, und der Wille wiederum als Streben nach Verwirklichung eines *Ziels* definiert ist (I.1.2.1.). Doch Zwang bezieht sich nicht allein auf die Unterwerfung des Willens, sondern auf den gesamten Willensakt, d.h. die gesamte Handlung: Zwang liegt vor, „wenn das *Handeln* eines Menschen dem Willen eines anderen unterworfen wird [...].“[382]

Vor diesem Hintergrund ist zu überlegen, ob auch eine Fremdbestimmung der Mittel, mit denen ein Individuum sein selbstgesetztes Ziel erreichen will, Zwang im Sinne der Definition ist. Hierbei handelt es sich um eine Überlegung, mit der Hayek sich ebenso wenig beschäftigt wie mit der eigentlichen Frage nach der Relation von Mitteln und Zielen. Wäre beispielsweise eine völlige Fremdbestimmung der Mittel, mit denen ein Individuum seine ansonsten selbstbestimmten Ziele erreichen kann, Zwang im Sinne der Definition?

Aus den wenigen Andeutungen Hayeks zu dieser Frage ist erkennbar, daß sich Mittel und Ziele im Verständnis des von Hayek vertretenen kritischen Rationalismus in einem interdependenten Verhältnis befinden.[383] Auch im Evolutionsbild Hayeks beschreibt die gegenseitige Förderung von Mitteln und Zielen in der kulturellen Entwicklung eine Wechselseitigkeit, die eine präzise Unterscheidung zwischen Mitteln und Zielen als schwierig erscheinen läßt.[384] Auch im Ordnungsbild Hayeks ist eine strenge Dichotomie von Mitteln und Zielen schwer denkbar: Denn in der komplexen Handelnsordnung sind viele Ziele selbst nur operative Ziele, in diesem Sinne *Mittel* für die Realisierung nachfolgender Ziele. Ein klassisches Mittel, welches zugleich ein Ziel ist, ist Geld.[385]

---

382 Hayek (1960b), S. 171 (Hervorhebung P.B.).

383 Vgl. Hayek (1973a), S. 116: „Wenn der Geist die Ziele menschlichen Handelns wählt, hängt ihre Realisierung doch von der Verfügbarkeit der erforderlichen Mittel ab, und jede wirtschaftliche Maßnahme, die die Verfügungsmacht über die Mittel gewährt, gewährt auch Macht über die Ziele. [...] Nur eine Vielzahl verschiedener und unabhängiger Einrichtungen, die uns die Mittel liefern, ermöglicht uns, die Ziele, die wir verfolgen wollen, frei zu wählen.“ Vgl. auch ders. (1942), S. 81 (Hervorhebung P.B.): „Nehmen wir Dinge wie Werkzeuge, Nahrung, Medikamente, Waffen, Worte [...] und Produktionsvorgänge [...]. [...I]hre Definition beinhaltet die Beziehung zwischen drei Dingen: Einem *Zweck*, einer Person, die diesen Zweck verfolgt, und einem Ding, das diese Person für ein geeignetes *Mittel* für diesen Zweck hält.“ Vgl. ders. (1956), S. 9. Übertragen auf die Unterscheidung zwischen Zielen und Mitteln: Ob ein Ding ein Ziel oder ein Mittel ist, definiert sich daran, welche Bedeutung es für das handelnde Subjekt hat.

384 Beschrieben am Beispiel der Katallaxie, Hayek (1988a), S. 113 (Hervorhebungen im Originaltext): „Der Unternehmer *muß* in seiner Tätigkeit über bekannte Verwendungen und Ziele hinausgehen, wenn er die Mittel bereitstellen soll, um weitere Mittel zu erzeugen, die ihrerseits wieder anderen dienen, usw. – wenn er, mit anderen Worten, einer *Vielzahl* letzter Ziele dienen soll.“ Vgl. ebenfalls für den ökonomischen Kontext: ders. (1978b), S. 61.

385 Hayek (1976b), S. 159 (Einfügungen des Originals P.B., Hayek (1976a), S. 9): „Der unmittelbare Zweck [*purpose*] der Anstrengungen eines Menschen wird meist darin bestehen, sich Mittel zu verschaffen, die er für unbekannte zukünftige Bedarfe verwenden kann – [...] zumeist jenes verallgemeinerte Mittel, Geld, das ihm bei der Verfolgung der meisten seiner spezifischen Ziele [*ends*] dienlich sein wird.“ Vgl. ders. (1988a), S. 111.

Eine Unterscheidung zwischen der Einschränkung bei der Verwendung bestimmter Mittel zur Erreichung selbstgesetzter Ziele einerseits und Zwang, verstanden als Fremdbestimmung der Ziele eines Menschen, andererseits trifft Hayek allerdings im Zusammenhang mit den allgemeinen und abstrakten Regeln des gerechten Verhaltens: Demnach heben sich die allgemeinen und abstrakten Regeln des gerechten Verhaltens gerade darin von zwangausübenden Geboten oder Verboten (Organisationsregeln) ab, daß sie keinen Zielen folgen, mithin das handelnde Individuum nicht in der Wahl seiner selbstgewählten *Ziele* beeinflussen, sondern nur die Verwendung bestimmter *Mittel* – beispielsweise die Anwendung von Zwang und Gewalt – verbieten.[386] Weil sie das Individuum in der Gesellschaft nur bei der Wahl bestimmter Mittel einschränken und weil sie selbst hierbei keinen Zielen folgen, üben sie nicht Zwang im Sinne der Definition aus. Folgt aber die Fremdbestimmung der Wahl der Mittel, mit denen das Individuum seine Ziele erreichen kann, einem Ziel, so wird das hiervon betroffene Individuum nach Auffassung dieser Interpretation Opfer von Zwang, selbst wenn es nicht dezidiert in der Wahl seiner Handlungsziele beeinträchtig wird.[387]

In der Perspektive des Wissens- und des Evolutionsarguments fördert die freie Handlung nicht nur aufgrund der Vielfalt und Offenheit der Ziele, sondern gleichermaßen aufgrund der Vielfalt und der Offenheit der *Mittel* Wissen im umfassenden Sinne des Begriffs. Der Gezwungene kann über seine Fähigkeiten und sein Einzelwissen und seine Wertsetzungen und Präferenzen auch dann nicht frei verfügen, wenn ihm die Mittel zur Umsetzung seiner Ziele von außen verordnet werden: „Nur weil wir in der Wahl unserer Mittel frei sind, sind wir auch in der Wahl unserer Ziele frei."[388]

Für die Arbeitsdefinition des Zwangs folgt daraus, daß sich Zwang im Verständnis Hayeks sowohl auf die Ziele als auch auf die Mittel zu ihrer Umsetzung bezieht. Aus der Sicht der drei Argumente für die Verwerflichkeit des Zwangs besteht zwischen beiden Formen des Zwangs kein definitionsentscheidender Unterschied. Individuelle Freiheit bedeutet nicht lediglich, in der *Wahl seiner Ziele*, sondern ebenso, im Rahmen aller Sachzwänge durch die gegebene Umwelt und allgemeine und abstrakte Verhaltensregeln in der *Wahl der Mittel*, diese Ziele zu erreichen, frei zu sein.

---

386 Hayek (1960b), S. 195; ders. (1976b), S. 157, S. 171.

387 Vgl. noch einmal an einem Beispiel Hayeks, ders. (1973a), S. 116: „Es kann keine Pressefreiheit geben, wenn die Druckereien staatlich kontrolliert werden, keine Versammlungsfreiheit, wenn die nötigen Räume staatlich zugeteilt werden, keine freie Wahl des Wohnsitzes, wenn das Transportwesen ein Staatsmonopol ist, usw." In Abwandlung dieser Überlegung Hayeks: Wenn ein Verleger zum Beispiel aufgrund eines Behördenerlasses (staatlicher Zwang) oder einer Kartellabsprache (privater Zwang) angehalten wird, seine Produkte nur bei einer bestimmten Druckerei herzustellen, kann diese Einschränkung seiner Mittel auf die Bandbreite seiner realisierbaren Ziele als Verleger rückwirken.

388 Hayek (1961d), S. 294.

1.3. Zwang als Beherrschung von Handlungsumständen

Die Verwendung selbstgewählter Mittel zur Verfolgung selbstgewählter Ziele wird unmöglich, wenn das Umfeld der Handlung unberechenbar ist. Individuelle Freiheit setzt trotz oder gerade wegen der Veränderlichkeit der Handlungsumstände in der spontanen Ordnung verläßliche Rahmenbedingungen voraus, unter denen das Individuum planen und handeln kann.[389] Eine von Hayek gelegentlich angeführte, weitere Beschreibung des Zwangs lautet entsprechend, daß Zwang durch die völlige Beherrschung der Handlungsumstände eines Individuums gekennzeichnet ist:

> „[...W]enn jemand anderer Herr über alle Umstände ist, auf denen unsere Pläne aufgebaut sind, ist er auch Herr über unser Handeln."[390]

Doch die Möglichkeit, die Handlungsumstände eines Menschen jederzeit ändern zu können, kann an sich noch nicht als Zwang bezeichnet werden, wie besonders auch Hayeks strenge Unterscheidung zwischen Zwang und Macht zeigte.[391] Zum Zwang wird die Macht über die Handlungsumstände eines anderen erst dann, wenn sie zur Unterwerfung seines Willens verwendet wird.[392] Entscheidend ist, daß der Zwingende die Handlungsumstände des Gezwungenen so manipuliert bzw. sich diese so zu eigen macht, daß der Gezwungene im Interesse der Vermeidung des angedrohten Nachteils gegen seinen ursprünglichen Willen den Willen des Zwingenden befolgt. Entsprechend übt ein Monopolist auf eine lebensnotwendige Leistung – etwa ein Quellenbesitzer in der Wüste, der nach dem Versiegen aller übrigen Wasserquellen zum einzigen Anbieter von Trinkwasser wird (Oasenbeispiel) – strenggenommen Zwang im Sinne der Definition erst dann aus, wenn er seine Monopolmacht zur Durchsetzung von Zielen nutzt, die er unter Wettbewerbsbedingungen nicht durchsetzen könnte.[393] Wenngleich der Quellenbesitzer lebensentscheidende Macht über die Siedler der Oase besitzt, übt er allein durch seine Macht

---

[389] Hayek (1960b), S. 172; ders. (1976b), S. 160: „[...D]ie Entscheidungsfreiheit würde vollständig ihre Bedeutung einbüßen, wenn jemand die Macht hätte, die Handlungsmöglichkeiten der einzelnen zu bestimmen und somit zu kennen."

[390] Hayek (1960b), S. 172.

[391] Vgl. hierzu insbesondere noch einmal Hayek (1960b), S. 173, Anmerkung 4.

[392] Vgl. die bereits bekannte Textstelle, Hayek (1960b), S. 174: „Nicht Macht im Sinne einer Ausdehnung unserer Fähigkeiten verdirbt die Menschen, sondern die Unterwerfung des Willens anderer Menschen unter den unseren [...]. [...] Zwang ist weder eine so notwendige noch eine so häufige Folge der Macht wie vielfach geglaubt wird."

[393] Hayek (1960b), S. 175; Hayek diskutiert das Oasenbeispiel allerdings nicht in dieser Hinsicht, sondern in Hinsicht auf die Unentbehrlichkeit des Monopolguts als Grundlage für die Ausübung von Zwang und damit implizit als Gradmesser für die Bestimmung der Schwere des Zwangs, vgl. III.8.1. dieser Arbeit.

noch keinen Zwang aus.[394] Daß Zwang erst durch die *gezielte Manipulation* der Handlungsumstände eines anderen entsteht, kommt auch in der bereits bekannten, von Hayek vorgeschlagenen Beschreibung des Zwangs deutlich zum Ausdruck, wonach unter Zwang wesentlich „eine [...] *Veränderung* der Umgebung oder der Umstände eines Menschen durch jemand anderen [zu] verstehen [ist...].“[395] Am Oasenbeispiel läßt sich auch zeigen, daß ‚Manipulation‘ der Handlungsumstände im Denken Hayeks nicht allein eine aktive Veränderung, sondern ebenso die *Aneignung* bestehender Handlungsumstände des Gezwungenen bedeutet; der Quellenbesitzer in der Oase nutzt zwar den Sachzwang der Siedler für die Durchsetzung seiner Ziele, aber er verändert ihre Handlungsumstände nicht aktiv. Auch Aneignung der Handlungsumstände ist in diesem Sinne als Manipulation zu verstehen.[396]

Hayeks Darstellung des Zwangs als Herrschaft über alle relevanten Handlungsumstände eines Menschen kennt jedoch noch einen weiteren Hintergrund, mit dem sich ein völlig anderer Zugang zum Zwang verbindet: Kohärentes Handeln des Individuums in der Großen Gesellschaft ist nur möglich in einer, allen Unwägbarkeiten durch die Veränderbarkeit und Unbekanntheit der meisten Einzeltatsachen in der komplexen Wirklichkeit zum Trotz, *berechenbaren* Umwelt.

> „Nur weil oder insoweit wir die Ereignisse voraussehen können oder zumindest Wahrscheinlichkeiten kennen, können wir etwas erreichen; und wenn die äußeren Umstände auch oft nicht voraussehbar sind, so werden sie doch nicht unsere Bemühungen absichtlich zunichte machen.“[397]

---

[394] Vgl. auch Hayek (1960b), S. 174: „Weder die Macht eines Henry Ford noch die der Atomic Energy Commission der Vereinigten Staaten, weder die des Generals der Heilsarmee noch (wenigstens bis vor kurzem) die des Präsidenten der Vereinigten Staaten, ist Macht, auf bestimmte Menschen zu beliebigen Zwecke Zwang auszuüben.“ Vgl. ebd., S. 17.

[395] Hayek (1960b), S. 29 (Hervorhebung P.B.).

[396] Dargestellt am Beispiel des Kletterers, der in die Gletscherspalte gefallen ist und sich dort alleine nicht befreien kann (Hayek (1960b), S. 16f; vgl. in dieser Arbeit I.3.1., S. 30): Wenn nun ein zufällig vorbeikommender Bergwächter an die Befreiung des Kletterers Bedingungen knüpfen würde, so würde er die Handlungsumstände des Kletterers nicht *aktiv verändern*, sondern sich dessen Handlungsumstände (d.h. den bestehenden Sachzwang) *zueigen* machen. Dennoch besteht ein Unterschied darin, ob der Kletterer in die Gletscherspalte *gefallen* ist und anschließend gezwungen wird, oder ob er vom Zwingenden selbst in die Gletscherspalte *gestoßen* wurde, *um* anschließend gezwungen zu werden. Analoges gilt für das Oasenbeispiel sowie für das in III.6.4. diskutierte Arztbeispiel. Da Hayek zwischen beiden Arten der Manipulation der Handlungsumstände nicht unterscheidet, taucht auch die hier skizzierte Fragestellung in seinen Erörterungen nicht auf. Sie eignet sich nach Auffassung dieser Interpretation nicht zur Unterscheidung zwischen mildem und schwerem Zwang, wäre aber ein Kriterium zur weiteren Graduierung des schweren Zwangs.

[397] Hayek (1960b), S. 172; vgl. auch ebd.: „Damit ein Mensch in der Verfolgung seiner Ziele Vernunft und Wissen wirksam gebrauchen kann, muß er die Bedingungen seiner Umgebung ungefähr voraussehen und bei einem Plan für sein Handeln bleiben können.“

Die Macht über die Handlungsumstände eines Menschen wird somit zur Bedrohung der Freiheit nicht nur durch die Androhung eines Nachteils mit dem Ziel der Willensunterwerfung, d.h. durch die Ausübung von Zwang, sondern auch durch Veränderungen der Handlungsumstände eines Menschen, die schlicht dem Ziel dienen, seine Handlungspläne ‚zunichte [zu] machen'. Für eine solche Art der Freiheitsbeschränkung ist jedoch der Begriff ‚Zwang' im engen Sinne der Definition inzwischen nicht mehr geeignet, weil dabei die erste Komponente des Zwangsaktes – die Drohung mit einem Schaden als Mittel der Willensunterwerfung – fehlt. Die schlichte Verunmöglichung eigenständigen Planens und Handelns kann in Anbetracht der restriktiven Definition des Zwangs nicht mehr als ‚Zwang' bezeichnet werden, denn der Betroffene hat zum einen keine Wahl, dem ihm widerfahrenen Nachteil durch eine Veränderung seines Verhaltens zu entgehen, und zum anderen ist er – zumindest im Falle der gezielten Vereitelung seines Handelns – selbst nicht mehr handelndes Subjekt, sondern vielmehr Objekt der Handlung eines anderen. Im Vorgriff auf die Definition des Begriffs der Gewalt läßt sich jene Art der Freiheitsbeschränkung, die schlicht darin besteht, ‚unsere Bemühungen absichtlich zunichte [zu] machen', in Abgrenzung zum Zwang im engen Sinne der Definition als *Gewalt* bezeichnen.[398]

Für die Arbeitsdefinition des Zwangsbegriffs Hayeks folgt daraus, daß allein die Macht über relevante Handlungsumstände eines Menschen noch keinen Zwang darstellt, solange sie nicht vermittels der Androhung eines schweren Nachteils zur Durchsetzung bestimmter Ziele verwendet wird. Auch die Verwendung einer solchen Macht zur schlichten Verhinderung zusammenhängenden Planens und Handelns des anderen kann in der Terminologie Hayeks nicht im engen Sinne als Zwang bezeichnet werden, aber als Gewalt.

An dieser Stelle wird ersichtlich, daß die drei Argumente für die Verwerflichkeit des Zwangs nicht nur auf den Zwang anwendbar sind, sondern auch auf andere Arten der Freiheitsbeschränkung. Zwang im engen Sinne der Definition ist nicht die einzige Art der Verletzung der Selbstzwecklichkeit des Menschen, der Behinderung seiner Entfaltung als wertendes und denkendes Wesen und hierdurch, in der überindividuellen Perspektive betrachtet, der

---

[398] Wenn etwa der Quellenbesitzer aus dem Oasenbeispiel seine Monopolmacht nicht dazu nutzt, die betroffenen Siedler in der Oase mittels der Androhung der Verweigerung seines Wassers zu bestimmten Handlungen zu veranlassen (d.h. Zwang auszuüben), sondern ihnen sein Wasser schlicht verweigert, so übt er – den folgenden Untersuchungen zum Gewaltbegriff Hayeks entsprechend – durch seine Unterlassung Gewalt aus (III.6.4.). Würde er nun seine Wasserlieferungen ohne erkennbare Gründe sporadisch unterbrechen oder jeweils bestimmte Personengruppen ohne erkennbare Gründe wechselnd von der Wasserversorgung ausschließen, so würde er allen Siedlern in der Oase die Sicherheit ihres täglichen Lebens nehmen. Dennoch würde er nicht Zwang im engen Sinne der Definition ausüben, weil er keinen schweren Nachteil androht, mit dem er ein bestimmtes Verhalten zu erreichen beabsichtigt.

Behinderung der kulturellen Evolution. Je restriktiver der Begriff des Zwangs definiert ist, desto notwendiger wird es, in Ergänzung zum Zwang weitere Arten der Freiheitsberaubung zu definieren, die aus denselben Gründen verwerflich sind; desto unvollständiger wird auch die ursprüngliche Aussage Hayeks, Freiheit sei allein die Abwesenheit von Zwang. Vor diesem Hintergrund stellt sich auch die Frage neu, ob Zwang im engen Sinne der Definition das Grundübel in der Gesellschaft ist.

1.4. Willensunterwerfung und Handlungsautonomie des Gezwungenen

Ziel der Manipulation der Handlungsumstände des Gezwungenen ist aus Sicht des Zwingenden die Herstellung einer Wahlsituation, in welcher der Gezwungene zur Vermeidung des angedrohten Nachteils dem Willen des Zwingenden nach handelt. In der vom Zwingenden geschaffenen Situation sind die Handlungsumstände so gestaltet, daß der Gezwungene von seinen ursprünglich angestrebten Zielen abrückt und sich die Vermeidung des angedrohten Nachteils zu seinem hauptsächlichen Ziel macht (Zwangsakt), während der eigentliche Zweck der Handlung, die er zur Vermeidung des angedrohten Nachteils ausführt, in der Verwirklichung der Ziele des Zwingenden besteht (Zwangshandlung).

In zweierlei Hinsicht bleibt der Gezwungene hierdurch in der vom Zwingenden geschaffenen Situation handelndes Subjekt. Zum einen trifft er innerhalb des Zwangsaktes die Wahlentscheidung zwischen dem angedrohten Nachteil und der Willensunterwerfung selbst, d.h. es wird nicht über ihn entschieden:

> „Wenn auch unter Zwang, entscheide doch noch immer ich, was unter den gegebenen Umständen das geringste Übel ist.“[399] (Zwangs*akt*)

Zum anderen führt er selbst als handelndes Subjekt die vom Zwingenden bestimmte Handlung aus, falls er sich dazu entscheidet, den angedrohten Nachteil zu vermeiden:

> „Obwohl der Gezwungene im gegebenen Augenblick immer noch sein bestes für sich tun wird, ist doch der einzige umfassende Plan, in den sich sein Handeln einfügt, der eines anderen.“[400] (Zwangs*handlung*)

Der Gezwungene trifft innerhalb des Zwangsaktes eine eigenständige Wahlentscheidung und ist handelndes Subjekt der aus dem Zwangsakt hervorgehenden Zwangshandlung. Diese beiden Definitionsmerkmale sind es, durch die sich Hayeks Zwangsbegriff von seinem (nicht explizit entwickelten) Ge-

---

[399] Hayek (1960b), S. 172.
[400] Hayek (1960b), S. 173.

waltbegriff abgrenzen läßt.[401] Zwar kann der Gezwungene „weder seinen Verstand oder sein Wissen verwenden noch seinen eigenen Zielen oder Überzeugungen folgen [...]", doch ist er nicht im physischen Sinne bloßes Werkzeug des Zwingenden, wie dies bei der Gewalt der Fall ist.[402] Der Gezwungene ist seiner individuellen Fähigkeiten und seines Einzelwissens nicht vollends beraubt. Wenngleich die Wahlentscheidung, die er trifft, mit zunehmender Schwere des angedrohten Nachteils nur noch eine theoretische ist, und wenngleich das von ihm angenommene Ziel der Zwangshandlung im äußersten Falle ausschließlich der Abwendung des angedrohten Nachteils dient, so *handelt* der Gezwungene weiterhin im eigenen Interesse:

> „Zwang setzt [...] voraus, daß ich noch immer wähle, aber mein Verstand das Werkzeug von jemand anderem wird, der die Alternativen, zwischen denen ich wählen kann, so gestaltet, daß das Verhalten, das er wünscht, für mich das geringste Übel wird."[403]

Für die Arbeitsdefinition des Zwangs folgt daraus, daß sowohl der vorausgehende Zwangsakt mit seinen beiden Komponenten – Androhung eines schweren Nachteils und Willensunterwerfung – als auch die Tatsache, daß der Gezwungene selbst innerhalb der Zwangshandlung noch handelndes Subjekt bleibt, Kernmerkmale des Zwangs sind. Handlungen, in denen ein Individuum nicht vor die Wahl zweier Alternativen gestellt ist und insbesondere auch nicht mehr handelndes Subjekt, sondern ausschließlich Objekt der Handlung eines anderen ist, lassen sich folglich in der Terminologie Hayeks nicht als zwangvoll bezeichnen, obgleich sie ebenso Akte des Freiheitsentzuges sind. Zu den Handlungen dieser Art zählen die *bedingungslose* Zufügung eines schweren Nachteils und die *bedingungslose* Willensunterwerfung,[404] d.h. Handlungen, in denen jeweils eine der beiden Komponenten des Zwangsaktes fehlt.[405]

---

[401] Zum Begriff der Gewalt in der Terminologie Hayeks und seiner Abgrenzung vom Zwangsbegriff vgl. besonders III.6.1. dieser Arbeit.

[402] Hayek (1960b), S. 29.

[403] Hayek (1960b), S. 172.

[404] ‚*Bedingungslos*' bedeutet, daß der Betroffene nicht vor Bedingungen gestellt ist, durch deren Erfüllung er den Übergriff gegen sich abwenden kann. In der Systematik der zwei Komponenten des Zwangsaktes betrachtet, heißt ‚bedingungslos' in der hier vorgeschlagenen Terminologie ‚alternativlos'. ‚Bedingungslos' und ‚unbedingt' bezeichnen in dieser Arbeit also Verschiedenes: ‚bedingungslos' ist auf der deskriptiven, ‚unbedingt' auf normativen Ebene angesiedelt. Grundsätzlich erhält das Wort ‚bedingt' dadurch eine Doppelbedeutung. Die genannten Unterscheidungen trifft Hayek nicht, insbesondere deshalb nicht, weil er sich mit dem Gewaltbegriff nicht eingehender beschäftigt.

[405] Vgl. Aristoteles, ›*Nikomachische Ethik V*‹, 10, 1135 a27-28: „Beispiel: jemand packt die Hand eines zweiten und schlägt damit einen dritten, so hat der zweite nicht freiwillig gehandelt, denn der Schlag ist nicht in seiner Macht gewesen." Vgl. auch die analogen Beispiele Hayeks (1960b), S. 171.

In diesem Zusammenhang sei abschließend eine Überlegung angeführt, die Hayek nicht anstellt, die jedoch hinsichtlich der Differenzierung zwischen dem schweren und dem milden Zwang für die spätere Diskussion hilfreich sein könnte. Je konkreter das fremdbestimmte Handlungsziel ist, d.h. je umfassender der fremdbestimmte Handlungsplan, in den sich der Gezwungene im Interesse der Abwendung des angedrohten Nachteils einfinden muß, desto weniger Spielraum hat er in der Verwendung seines eigenen Wissens und seiner eigenen Wertsetzungen, und desto unmittelbarer ist er lediglich ausführendes Organ des vorgegebenen Handlungsplans; je komplexer hingegen das ihm aufgezwungene Ziel ist, desto mehr wird er gezwungen sein, von seinem eigenen Verstand und seinen eigenen Fähigkeiten Gebrauch zu machen, um das fremdbestimmte Ziel erreichen und den angedrohten Nachteil vermeiden zu können. Je komplexer das fremdbestimmte Ziel und je weniger fremdbestimmt seine Umsetzung, desto mehr wird der Verstand des Gezwungenen zum Werkzeug des Zwingenden und desto weniger wird er zugleich als denkendes und wertendes Wesen ausgeschaltet, weil er eigene Wertungen und Denkleistungen einbringen muß, um das fremdgesetzte Ziel zu erreichen. Besonders in der Perspektive des Wissensargumentes wäre demnach das Maß der Fremdbestimmtheit der einzelnen Handlungsparameter der Zwangshandlung ein Kriterium zur Bemessung ihres Zwangsgehalts. Doch ein solches Kriterium wird von Hayek nicht vorgeschlagen, und seine Tauglichkeit ist angesichts des strengen Formalcharakters dieser Konzeption des Zwangs fraglich. Ein solches Kriterium könnte sich zudem als schwer vereinbar mit dem deontologischen Ansatz erweisen, weil es dazu verleiten könnte, die Willensunterwerfung eines Menschen mit einem ihm verbleibenden Restspielraum an mentaler Entfaltung zu rechtfertigen.

2. Schädlicher Zwang und ‚Zwang zum Glück‘

2.1. Freiwilligkeit und Zieldivergenz

Im formalen Verständnis ist Zwang unabhängig von seinen konkreten Folgen und Inhalten, d.h. ausschließlich seiner Form nach definiert. Überlegungen, ob, für wen und anhand welcher Kriterien objektiv meßbar die Ausübung von Zwang schädlich ist, haben im formalen Verständnis für die Definition des Zwangs keine Bedeutung. Überlegungen dieser Art sind, wie in den folgenden drei Abschnitten gezeigt wird, mit Hayeks erkenntnistheoretischem und anthropologischem Ansatz, und daraus abgeleitet mit der Deontologiethese dieser Arbeit, unvereinbar. Im formalen Verständnis ist die *Willensunterwerfung* des betroffenen Individuums das zentrale Merkmal der Definition des

Zwangs. Maßgebliches Kriterium für die Bestimmung des Zwangsgehaltes einer Handlung ist daher die *Freiwilligkeit*, mit der sie ausgeführt wird.[406]

Wann aber kann objektiv davon ausgegangen werden, daß ein Individuum im sozialen Kontext nicht seinem eigenen Willen nach, d.h. nicht freiwillig handelt? Die bisher zugrundegelegte, strikt dem formalen Ansatz und darin der Deontologiethese folgende Antwort lautete, daß ein Individuum nicht freiwillig handelt, wenn es unter Androhung eines empfindlichen Nachteils handelt. Es ist jedoch ein weiterer Zugang zu dieser Frage denkbar, den vereinzelt auch Hayek wählt. Ausgehend vom Begriff des Willens – verstanden als Orientierung des Handelns auf ein Ziel, auf Verwirklichung eines erwünschten Zustandes hin – läßt sich fehlende Freiwilligkeit auch dann annehmen, wenn ein Individuum nicht seine eigenen Ziele, sondern die Ziele eines anderen verfolgt. Ein Individuum handelt demnach unter Zwang, wenn es (außer der Abwendung des angedrohten Nachteils) mit der Verfolgung des fremdbestimmten Ziels kein eigenes Ziel verfolgt.[407] Dies ist der Hintergrund, vor dem Hayek in Anlehnung an den praktischen Imperativ Zwang als Handeln beschreibt, das *ausschließlich* den Zielen eines anderen dient.[408]

Nun läßt sich ein Zusammenhang herstellen zwischen der Zieldivergenz zwischen Zwingendem und Gezwungenem und der Schädlichkeit der Zwangshandlung *für das handelnde Individuum*.[409] Denn auf Anhieb scheint die Annahme naheliegend, daß ein Individuum eine Handlung nicht freiwillig ausübt, wenn sich diese nicht zu seinem eigenen *Vorteil*, sondern ausschließlich zum *Vorteil* eines anderen auswirkt. Dieser Verknüpfung zufolge handelt ein Individuum am eindeutigsten dann nicht freiwillig, wenn ihm aus der fraglichen Handlung nicht nur kein eigener Vorteil, sondern zugunsten des Vorteils eines anderen selbst ein Nachteil entsteht. Im formalen Verständnis

[406] Zwischen den Begriffen ‚Freiheit' und ‚Freiwilligkeit' scheint Hayek nicht zu unterscheiden. Die Frage der Freiwilligkeit des Handelns im Sinne des Vorhandenseins eines freien Willens wird von Hayek nicht diskutiert (I.1.2.1.). ‚Freiwillig' bedeutet auch in diesem Zusammenhang nur, daß der Wille des Handelnden nicht durch gezielte Übergriffe anderer beeinträchtigt ist und daß er folglich in diesem äußeren Sinne *seinem eigenen Willen* nach handelt. Das Gegenteil von Freiwilligkeit ist Unfreiwilligkeit aufgrund einer Willensunterwerfung, d.h. Zwang im engen Sinne der Definition, nicht aber aufgrund von Sachzwängen oder inneren Zwängen (vgl. I.3., I.5.).

[407] Vgl. Hayek (1960b), S. 174 (Hervorhebung P.B.): „Es liegt kein Übel in der Macht des Leiters eines großen Unternehmens, in dem viele Menschen freiwillig *und* für ihre eigenen Zwecke zusammenarbeiten."

[408] Hayek (1960b), S. 181, Anmerkung 13; vgl. auch ders. (1961b), S. 349.

[409] Die folgende Untersuchung bezieht sich auf die individualistische Variante des materialen Verständnisses des Zwangs, der gemäß Zwang über die Schädigung *des gezwungenen Individuums* definiert wird (Vgl. II.2.1.2.). Die Abgrenzung des Zwangsbegriffs Hayeks vom überindividuellen materialen Ansatz, der die Schädigung der *Gesellschaft insgesamt* durch die Ausübung von Zwang betrachtet, wurde im Zusammenhang mit dem Evolutionsargument und Hayeks evolutionärer Moraltheorie diskutiert (II.3.3., II.4.4.).

des Zwangsbegriffs Hayeks erweist sich dieser Ansatz jedoch rasch als problematisch, weil nun lediglich der schädliche Zwang als echter Zwang begriffen wird, nicht jedoch der unschädliche oder der (vermeintlich oder tatsächlich) vorteilhafte.[410] Im formalen Verständnis steht die Selbstbestimmtheit des handelnden Individuums im Mittelpunkt der Betrachtung des Zwangs, hingegen sind die konkreten Folgen der Zwangshandlung für das gezwungene Individuum nicht Bestandteil der Definition. Dennoch äußert sich Hayek in dieser wichtigen Frage widersprüchlich. Ausgangspunkt ihrer Untersuchung soll zunächst die folgende weitere Begriffsbestimmung Hayeks sein, mit der sich die Problematik noch einmal verdeutlichen läßt:

> „Von Zwang sprechen wir, [1.] wenn das Handeln eines Menschen dem Willen eines anderen unterworfen wird, und zwar [2.] nicht für seine eigenen Zwecke, sondern für die Zwecke eines anderen."[411]

Diese Beschreibung setzt sich aus zwei Aussagen zusammen. Die erste Aussage (1.) – ‚Von Zwang sprechen wir, wenn das Handeln eines Menschen dem Willen eines anderen unterworfen wird‘ – beschreibt Zwang als Willensunterwerfung. Im formalen Verständnis ist der Begriff des Zwangs mit der ersten Aussage im Grundsatz bereits beschrieben. Die zweite Aussage (2.) hingegen – ‚und zwar nicht für seine eigenen Zwecke, sondern für die Zwecke eines anderen‘ – läßt besonders angesichts der in der Terminologie Hayeks fraglichen Differenzierung der Begriffe ‚Ziel‘ und ‚Zweck‘ Spielraum bei der Interpretation entstehen (I.1.2.2). Zwei Deutungen sind möglich. Versteht sich (a.) ‚Zweck‘ hier als gleichbedeutend mit ‚Ziel‘, so bedeutet dies, daß Zwang vorliegt, wenn die Willensunterwerfung ausschließlich im Interesse der *Ziele* des Zwingenden erfolgt. Versteht sich hingegen (b.) ‚Zweck‘ hier im materialen Verständnis als ‚Nutzen‘ bzw. als ‚Vorteil‘, so bedeutet dies, daß Zwang vorliegt, wenn sich die Willensunterwerfung ausschließlich zum Vorteil des Zwingenden, d.h. nicht wenigstens zugleich auch zum Vorteil des Gezwungenen auswirkt.

(a.) ‚Zweck‘ und ‚Ziel‘ sind gleichbedeutend: In dieser Lesart sind die beiden Aussagen (1.) und (2.) identisch, weil mit dem Ausdruck ‚Willensunterwerfung‘ bereits formuliert ist, was die Aussage (2.) beinhaltet: Ein Indivi-

---

[410] Auch altruistisches Handeln ist für Hayek Handeln zum eigenen Vorteil, insofern der Einsatz für den Nächsten in diesem Fall ein eigener – nicht notwendig ein objektiv materieller, sondern ein subjektiver – Vorteil für den Handelnden ist, Hayek (1945), S. 15; ders. (1973d), S. 58: „Die Freiheit, seine eigenen Zwecke zu verfolgen, ist [...] für den vollständigen Altruisten mindestens ebenso wichtig wie für den eigennützigsten Menschen. Altruismus als Tugend erfordert gewiß nicht, daß man dem Willen eines anderen Folge leisten muß."

[411] Hayek (1960b), S. 171 (Einfügungen P.B.); vgl. hinsichtlich der Unterscheidung zwischen ‚Ziel‘ und ‚Zweck‘ den Originaltext, ders. (1960a), S. 133 (Hervorhebung P.B.): „Coercion occurs when one man's actions are made to serve another man's will, not for his own but for the other's *purpose*."

duum, dessen Wille dem Willen eines anderen unterworfen ist, verfolgt nicht seine eigenen, sondern die Ziele eines anderen.[412] Wenngleich die erste Deutung zum Ergebnis kommen muß, daß sich die angeführte Beschreibung des Zwangs aus zwei identischen Aussagen zusammensetzt, entspricht sie dem formalen Verständnis des Zwangs.

(b.) ‚Zweck' bedeutet – material – ‚Vorteil': In dieser Lesart steht die angeführte Beschreibung mit der formalen Definition des Zwangs im Widerspruch. Sie besagt nämlich, daß sich Zwang nur dann als Unterwerfung des Willens eines Menschen unter den eines anderen verstehen läßt, wenn der Gezwungene *nicht zu seinem eigenen Vorteil*, sondern ausschließlich *zum Vorteil des Zwingenden* handelt (‚nicht für seine eigenen *Zwecke*, sondern für die *Zwecke* eines anderen', ‚Zweck' als ‚Vorteil' begriffen). In dieser Sicht ist nicht mehr in erster Linie die *Zieldivergenz*, sondern vielmehr die *einseitige Vorteilhaftigkeit* einer Handlung zu Gunsten eines anderen entscheidendes Kriterium zur Bewertung des Zwangsgehaltes der betrachteten Handlung.

2.2. Schädlicher Zwang – die Kritik von Ronald Hamowy und Hayeks Entgegnung

Mit der Frage, ob nur der schädliche Zwang als echter Zwang gelten kann, beschäftigt sich Hayek in der *›Verfassung der Freiheit‹* nicht, jedoch streift er das Problem in dem kleinen Aufsatz *›Freedom and Coercion‹*, mit dem er seinem damaligen Studenten Ronald Hamowy auf dessen Artikel *›Hayek's Concept of Freedom: a Critique‹* antwortet.[413] Es ist die einzige Entgegnung dieser Art, die Hayek zur *›Verfassung der Freiheit‹* und eine der wenigen Stellungnahmen, die er in seinem Gesamtwerk überhaupt zu einer Kritik publiziert hat. Daran wird nicht nur ersichtlich, daß Hayek noch Klärungsbedarf für seine Konzeption des Zwangs sah, sondern auch, wie hoch die Bedeutung ist, die Hayek speziell dem Beitrag Hamowys beigemessen hat:

> „Seine [Hamowys – P.B.] Kritik an meinem Buch *›Verfassung der Freiheit‹* ist bisher die einzige, auf die ich meinte, antworten zu müssen."[414]

---

[412] Beide Aussagen wären nur dann nicht identisch, wenn Hayek von der Annahme ausginge, daß es möglich sei, jemandes Willen zugunsten seiner eigenen Ziele dem eines anderen zu unterwerfen – doch weder läßt sich ein solcher Gedanke im Kontext der zitierten Beschreibung erkennen, noch insbesondere ist er mit Hayeks Definition des Willens vereinbar.

[413] Hayek (1961b); Hamowy (1961); vgl. auch Hamowy (1971).

[414] Hayek, Nachlaß, Box 23-16, Brief an den Senior Tutor des Balliol College, Oxford, vom 5. März 1963: „His [Hamowy's – P.B.] critique of my book *›The Constitution of Liberty‹* is so far the only one I felt I had to reply to." Ders. (1961b), S. 349: „Mr. Hamowy raised points, which are both important and difficult. [...] The two crucial issues which Mr. Hamowy raises concern, however, the definition of coercion and the practical means of limiting it." Vgl. auch die biographische Anmerkung hierzu von Hamowy (1999), S. 286: „At the time it

Doch so sehr Hayek die Kritik Hamowys würdigt, so sehr gründet diese auf einer Definition des Zwangs, die sich im offenen Widerspruch zu der in der *›Verfassung der Freiheit‹* entwickelten befindet. Hamowy unterstellt Hayek den oben beschriebenen Ansatz, dem zufolge sich die Freiwilligkeit einer Handlung an ihrer Vorteilhaftigkeit für das handelnde Individuum bemessen läßt. Entsprechend faßt Hamowy Hayeks Definition des Zwangs wie folgt zusammen: Zwang liegt vor, wenn ein Individuum die Handlungsumstände eines anderen so verändert, daß dieses vor die Wahl zwischen zwei Handlungsoptionen gestellt ist, von denen die am wenigsten schädliche Option die vorteilhafteste (*most beneficial*) für den ist, der die Handlungsumstände des Betroffenen verändert hat.[415] Zwang ist demnach, wenn ein Individuum aufgrund einer gezielten Manipulation seiner Handlungsumstände allein zum Vorteil eines anderen handelt.[416] Diese Begriffsbestimmung geht auf die Willensunterwerfung als dem Hauptmerkmal der Definition des Zwangs bei Hayek nicht ein, sondern betrachtet Zwang als Relation von Vorteilnahme des Zwingenden und Schlechterstellung des Gezwungenen. Noch einmal an der Differenzierung der Begriffe ‚Ziel' und ‚Zweck' versinnbildlicht, interpretiert Hamowy Hayeks Zwangsbegriff als ‚Handeln eines Menschen [...] nicht für seine eigenen Zwecke, sondern für die Zwecke eines anderen', wobei er ‚Zweck' mit ‚Vorteil' gleichsetzt. Hamowy legt seiner Kritik dadurch eine materiale Interpretation des Zwangsbegriffs Hayeks zugrunde.

Die besondere Schwierigkeit der Entgegnung Hayeks besteht nun darin, daß er der Interpretation Hamowys folgt, ohne sie selbst zu problematisieren. Die einzige Einschränkung, die Hayek an der Darstellung Hamowys vornimmt, bezieht sich auf die Frage nach dem Ausmaß der Vorteilnahme des Zwingenden und der Schädigung des Gezwungenen, d.h. auf die Frage nach dem für das Vorliegen von Zwang erforderlichen Grad der Schädigung des Gezwungenen. Mit dieser Einschränkung aber bestätigt Hayek zugleich die Interpretation Hamowys.[417] Demnach könne von Zwang erst dann gesprochen werden, wenn dem zum Vorteil des anderen handelnden Individuum hierdurch selbst ein Nachteil entsteht, nicht jedoch bereits dann, wenn ein Individuum schlicht *auch* zum Vorteil eines anderen handelt. Diese Einschränkung

---

did not strike me as inappropriate for a new graduate student to try to point out failings in the philosophical reasoning of his professor, but not only did Hayek read and discuss my critique with me, he offered to respond in print to my comments."

[415] Hamowy (1961), S. 28: „Freedom (or the absence of coercion) obtains when the possible alternative actions before me are not such that, through the manipulation of such alternatives by another actor, the least painful choice for me is that which is the most beneficial for him." Ders. (1971), S. 353.

[416] Hamowy (1961), S. 28: „[... F]reedom obtains when no one else manipulates my environment in such a way that my action (or actions) benefits him."

[417] Folglich kann Hamowy seine Kritik an Hayeks Konzeption des Zwangs nahezu identisch auch nach der Entgegnung Hayeks noch wiederholen, vgl. Hamowy (1971), S. 353ff.

hat den gleichen Hintergrund, vor dem Hayek zwangvolles Handeln in Anlehnung an den praktischen Imperativ als Handeln beschreibt, das *ausschließlich* den Zielen eines anderen dient. Sie zielt auf die Einsicht ab, daß in der arbeits- und wissensteiligen Großgesellschaft freiwilliges Handeln häufig dem eigenen Vorteil und darin zugleich dem Vorteil eines anderen dient. In Antwort auf die Interpretation Hamowys versucht Hayek in ›*Freedom and Coercion*‹ seinen Zwangsbegriff wie folgt zu präzisieren:

> „Um von Zwang zu sprechen, ist es ebenso notwendig, daß die Handlung des Zwingenden den Gezwungenen in eine Position bringt, die dieser als schlechter ansieht, als sie es ohne seine Handlung gewesen wäre.“[418]

Mit dieser Anmerkung begibt sich Hayek nun selbst in Widerspruch zu seiner Definition des Zwangs in der ›*Verfassung der Freiheit*‹. In ihrer isolierten Betrachtung erscheint Zwang nicht mehr deshalb als Übel, weil der Gezwungene gegen seinen Willen zum Werkzeug der Ziele eines anderen wird (Selbstzwecklichkeitsargument), weil er daran gehindert wird, sein Wissen für die Verwirklichung seiner selbstgefaßten Ziele zu verwenden (Wissensargument) und durch die vielfache Verhinderung der individuellen Entfaltung die kulturelle Evolution der betroffenen Gesellschaft insgesamt behindert wird (Evolutionsargument), sondern vielmehr, weil der Gezwungene eine Schlechterstellung seiner Position, d.h. eine Schädigung erfährt.

Dieser Widerspruch läßt sich von zwei Seiten entschärfen. Zum einen diskutieren sowohl Hamowy in seiner Kritik als auch insbesondere Hayek in ›*Freedom and Coercion*‹ das Problem des schädlichen Zwangs nicht systematisch, sondern in erster Linie anhand des Oasenbeispiels,[419] d.h. sie betrachten Zwang nicht als allgemeines Phänomen, sondern behandeln es im Kontext des Tauschhandels. Im Kontext des Tauschhandels aber liegt es nahe, Unfreiwilligkeit des Handelns systematisch dort zu vermuten, wo sich das mit der fraglichen Handlung verfolgte Ziel einseitig zum Vorteil dessen auswirkt, der die Handlung des anderen bestimmt. Daß dies der Hintergrund ist, vor dem Hayek den Zusammenhang zwischen der Vorteilhaftigkeit einer Handlung und der Freiwilligkeit ihrer Ausübung herstellt, wird an der folgenden Aussage deutlich, die Hayek unmittelbar nach der oben angeführten Definitionsergänzung als Erläuterung hinzufügt:

> „So sicher ich mir auch sein mag, daß jemand ein Gut von mir kaufen möchte, das ich ihm zu einem bestimmten Preis anbiete, und so sehr ich auch von diesem Kauf profitieren mag,

[418] Hayek (1961b), S. 349: „To constitute coercion it is also necessary that the action of the coercer should put the coerced in a position which he regards as worse than that in which he would have been without that action.“

[419] Hayek (1961b), S. 349; Hamowy (1961), S. 29; ders. (1971), S. 354ff.

so absurd wäre es doch anzunehmen, daß ich ihn mit einem Angebot zwinge, das er selbst als klaren Vorteil betrachtet."[420]

Es ist also zum einen die Verengung auf den Kontext der Katallaxie, mit der sich Hayeks Verknüpfung von Freiwilligkeit und Vorteilhaftigkeit der Handlung erklären läßt.[421]

Insbesondere aber setzt Hayek zum anderen bei der Frage der Beurteilung der Schädlichkeit des Zwangs ausschließlich beim betroffenen Individuum an: Der Gezwungene wird in eine Position gebracht, ,die *dieser* als schlechter ansieht, als sie es vorher war' – und nicht in eine Position, die aus der übergeordneten Sicht eines objektiven Beobachters schlechter ist, als sie es vorher war:[422] denn der allwissende objektive Beobachter existiert im kritischen Rationalismus Hayeks nicht. Wenngleich Hayek das Problem der Perspektive, aus der heraus die Schädlichkeit des Zwangs beurteilt wird, selbst nicht zur Sprache bringt, so hält er doch offensichtlich die *vom Gezwungenen* wahrgenommene Schädigung für maßgeblich. An dieser Frage bildet sich die Trennscheide zwischen der im Sinne Hayeks kritisch-rationalistischen (formalen) und der rationalistischen (materialen) Konzeption des Zwangs noch einmal im Kleinen ab: In der kritisch-rationalistischen Perspektive handelt ein Individuum gegen seinen eigenen Willen, wenn es die Handlung, zu der es angehalten wird, *für sich selbst als schädlich ansieht.* In der rationalistischen Perspektive hingegen handelt ein Individuum gegen seinen eigenen Willen, wenn die Handlung, zu der es angehalten wird, *für dieses schädlich ist.* Der

---

[420] Hayek (1961b), S. 349: „However certain I may be that somebody will be glad to buy from me a commodity if I offer it to him at a certain price, and however much I gain from the sale, it would be ridiculous to suggest that I have coerced him by an offer, that he regards as a clear advantage." Vgl. auch ebd. (Hervorhebung im Original): „I certainly did not intend to represent as coercion *every* change in a person's environment brought about by another with the intention of inducing the first to take some action beneficial to the second. [...] Surely no change in the environment of a person which merely adds to his previously existing range of opportunities an additional one can without violence to language be called coercion." Vgl. auch ders. (1960b), S. 181: „Wir wären von den Ansichten unserer Mitmenschen sehr abhängig, wenn sie uns ihre Produkte nur verkaufen würden, wenn sie unsere Zwecke billigten, und nicht zu ihrem eigenen Vorteil. Weil wir in den Geschäften des täglichen Lebens für unsere Mitmenschen, die uns in ihrem eigenen Interesse dienen, nur unpersönliche Mittel sind, können wir mit solchen Diensten von völlig Fremden rechnen und diese Leistungen zu jedem uns gefälligen Zweck gebrauchen."

[421] An der herausgestellten Verengung läßt sich aufzeigen, wie problematisch die Gleichsetzung von individueller Freiheit mit wirtschaftlicher Freiheit und im Umkehrschluß von Zwang und wirtschaftlichem Zwang ist; vgl. hierzu auch in dieser Arbeit I.3.3., besonders S. 33, Fußnote 103. Die Diskussion der Schädlichkeit des Zwangs im Kontext der Katallaxie wird in III.8. am Oasenbeispiel fortgesetzt.

[422] Vgl. vor diesem Hintergrund in anderer Lesart noch einmal Hayek (1960b), S. 171 (Hervorhebung P.B.): „Von Zwang sprechen wir, wenn das Handeln eines Menschen dem Willen eines anderen unterworfen wird, und zwar nicht für *seine* eigenen Zwecke, sondern für die Zwecke des anderen."

Unterschied zwischen beiden Betrachtungsweisen ist in erster Linie erkenntnistheoretischer Natur. In der objektiven Betrachtung wird das Wissen darüber, ob ein bestimmtes Individuum unter bestimmten zeitlichen und örtlichen Gegebenheiten durch eine bestimmte Handlung eine konkrete Schädigung erfährt und deshalb gegen seinen Willen handelt, als verfügbar angenommen. Die objektive Betrachtung nimmt daher Wissen für sich in Anspruch, das Hayeks Erkenntnistheorie zufolge ständiger Revision unterworfen und vor allem nur dem Betroffenen selbst verfügbar ist. Die subjektive Betrachtungsweise hingegen beläßt die Kompetenz des Wissens um die Schädlichkeit der jeweiligen Zwangshandlung allein beim betroffenen Individuum und folgt darin dem von Hayek vertretenen erkenntnistheoretischen Ansatz.

Diese subjektive, von der Begrenztheit des Wissens ausgehende Weise der Betrachtung der individuellen Schädlichkeit des Zwangs steht mit dem formalen Verständnis des Zwangs nicht im Widerspruch, weil sie die Bemessung des Vorteils der Handlung ebenso beim Individuum selbst beläßt wie sie dies für die übrigen Beweggründe der Verfolgung seines Ziels tut. Zwischen der Verwirklichung eines eigenen Ziels und der Verwirklichung eines eigenen Vorteils besteht kein Unterschied, wenn zugrundegelegt wird, daß sowohl das Ziel als auch die Bewertung seiner Vorteilhaftigkeit ausschließlich vom handelnden Individuum selbst bestimmt werden und daher weder die Zielinhalte noch die konkreten Vorteile Bestandteile der Definition des Zwangs sein können. Ein Individuum handelt demzufolge seinen eigenen Zielen nach, wenn es subjektiv zu seinem eigenen Vorteil handelt. Dieser Ansatz schließt auch die Möglichkeit ein, daß ein Individuum objektiv selbstschädigend und dennoch freiwillig handelt, weil es in der objektiv schädlichen Handlung einen Vorteil für sich sieht.[423] Zugleich wird an diesem Ansatz ersichtlich, daß sich die Bewertung der Schädlichkeit oder der Vorteilhaftigkeit einer fremdbestimmten Handlung nicht als objektives Kriterium zur Bestimmung des Zwangsgehaltes eignet, weil sie von den jeweiligen Präferenzen des Individuums und vom Einzelfall abhängt.

2.3. ‚Zwang zum Glück‘

Die Aporien, zu denen aus Sicht des kritischen Rationalismus die Vorstellung führen muß, daß nur der objektiv schädliche Zwang echter Zwang sei, lassen sich besonders deutlich am Phänomen des ‚Zwangs zum Glück‘ veranschaulichen. Mit der Wendung ‚Zwang zum Glück‘ wird hier das direkte Gegenstück zum individuell schädlichen Zwang bezeichnet. ‚Zwang zum Glück‘ liegt vor, wenn ein Individuum zu seinem eigenen Vorteil gezwungen werden soll. In Abwandlung der Beschreibung Hayeks in ›*Freedom and Coercion*‹ ist es ‚Zwang zum Glück‘, wenn ein Individuum unter dem Einfluß der Androhung

[423] Vgl. Hayek, (1960b), S. 25.

eines empfindlichen Nachteils dem Willen eines anderen nach handelt, durch diese Handlung jedoch in eine Position versetzt wird, die *besser* ist, als sie es vor dem Zwangsakt war. Mit dem ‚Zwang zum Glück‘ beschäftigt sich Hayek nicht. Die Gründe für diese Auslassung sind nach Auffassung dieser Interpretation dieselben, die hier zur Entschärfung der Aussagen Hayeks zum schädlichen Zwang angeführt wurden: (1.) Im Kontext des Tauschhandels ist der Gedanke, daß ein vorteilhafter Tausch ein erzwungener sein könnte, abwegig – insbesondere, wenn (2.) die Vorteilhaftigkeit des Zwangs nur vom Gezwungenen selbst beurteilt wird. Aus diesen beiden Gründen lassen sich auch die entscheidenden Argumente entwickeln, deretwegen es einen ‚Zwang zum Glück‘ in Hayeks Konzeption des Zwangs nicht geben kann.

Besonders eindrücklich läßt sich am ‚Zwang zum Glück‘ die Unvereinbarkeit der *objektiven Betrachtungsweise* bei der Bewertung der Vorteilhaftigkeit bzw. Schädlichkeit der Zwangshandlung für das gezwungene Individuum mit dem kritischen Rationalismus Hayeks zeigen. Den Prämissen Hayeks folgend kann in der Großen Gesellschaft – anders als dies im Kontext kleingemeinschaftlicher Lebenskreise unter Umständen möglich ist –[424] niemand anstelle des betroffenen Individuums wissen, worin für dieses in einer bestimmten Situation sein konkreter Vorteil liegt. Der Begriff der individuellen Freiheit ist im formalen Verständnis nicht mit Aussagen über die individuelle Nützlichkeit der freien Handlung verbunden; frei handeln können bedeutet notwendig, auch zum objektiv eigenen Nachteil handeln zu können, und dasselbe gilt umgekehrt für den Zwang.[425]

---

[424] Wie besonders in I.7.1. gezeigt, ist der Zwang auf der Ebene der engen persönlichen Beziehungen nicht Gegenstand der Untersuchung des Zwangsbegriffs Hayeks, sondern nur jener Zwang, der sich auf der Ebene der Großen Gesellschaft ereignet. Es würde daher einen Kategorienfehler darstellen, den ‚Zwang zum Glück‘ an Beispielen zu besprechen, die der Ebene der kleinen Lebensgemeinschaften entnommen sind, d.h. in denen die Akteure einander persönlich bekannt und mitunter durch gemeinsame Ziele verbunden sind. Beispiel: Der Fall des Odysseus, der seinen Leuten befahl, ihn zu seinem eigenen Schutze an den Mast zu binden. Alle Akteure im Odysseusbeispiel sind einander persönlich bekannt; sie bilden eine *Gemeinschaft* im Sinne der in I.7.1. umrissenen *‚kleinen Gruppe‘*, insbesondere vor dem Hintergrund, daß sie auf einem Schiff auf hoher See sind (vgl. Hayek (1960b), S. 177). Deshalb wäre die Einbindung des Odysseusbeispiels in die Diskussion des Zwangsbegriffs Hayeks ein Kategorienfehler. Vgl. Bouillon (1997), S. 100. Vgl. auch in dieser Arbeit I.7.1., besonders Fußnote 171.

[425] Hayek (1960b), S. 103: „[...F]ür die Freiheit eintreten bedeutet, [....] daß wir uns nicht für berechtigt halten, ihn [den anderen Menschen – P.B.] an der Verfolgung von Zielen zu hindern, die wir nicht gutheißen, solange er nicht in den ebenso geschützten Bereich anderer eingreift.“ Vgl. auch ebd., S. 104, wonach es für Hayek unbestritten ist, „daß in einer freien Gesellschaft niemand die Pflicht hat, darauf zu sehen, daß eines Mannes Talente richtig genutzt werden [...,] niemand dem einzelnen Mann zusichern kann, daß seine Gaben entsprechend verwendet werden, außer, wenn er die Macht hat, andere zu zwingen, sie zu verwenden.“ Vgl. ders. (1974), S. 14: „[...I]m Bereich der Gesellschaft wird der falsche Glaube, daß

In der immanenten Betrachtung der Theorie Hayeks ist es unmöglich, Zwang zum Vorteil des Gezwungenen auszuüben, ohne ihn zum Opfer der Willkür desjenigen zu machen, der die positiven Folgen der Zwangshandlung für den Gezwungenen zu kennen meint. Über das Wissen um die Einzeltatsachen und die konkreten Folgen einer Handlung verfügt, wenn überhaupt, nur das handelnde Individuum selbst, ebenso wie nur das handelnde Individuum seine Präferenzen und Wertvorstellungen kennen und über seine Umsetzung entscheiden kann.[426] Ähnliches gilt für die Frage der *zeitlichen Perspektive*, mit der die Vorteilhaftigkeit der erzwungenen Handlung beurteilt werden soll. Je zukünftiger die angenommene objektive Vorteilhaftigkeit des ‚Zwangs zum Glück' für den Gezwungenen sein soll, desto mehr beansprucht der Zwingende, die Umstände, Präferenzen und kommenden Ereignisse besser zu kennen als der Gezwungene, desto größer also ist die ‚Anmaßung von Wissen' und die Unterdrückung des Wissens des Gezwungenen; desto konsequentialistischer wird zugleich die Begründung ausfallen, mit welcher der Zwingende den ausgeübten ‚Zwang zum Glück' rechtfertigt.[427]

Doch auch die Einnahme der subjektiven Perspektive bei der Beurteilung der Vorteilhaftigkeit der Zwangshandlung führt zu abwegigen Vorstellungen. Wenn ein Individuum eine fremdbestimmte Handlung für sich selbst als vorteilhaft erachtet, so ist es aus Sicht des beschriebenen materialen Ansatzes fraglich, ob sie überhaupt als zwangvoll bezeichnet werden kann.[428] Aus Sicht der formalen Definition des Zwangs ist entscheidend, daß die Zwangshandlung unter *Androhung eines schweren Nachteils* erwirkt wird, auch dann,

die Ausübung von Macht vorteilhafte Folgen haben würde, dazu führen, daß einer Behörde eine neue Macht übertragen wird, auf andere Menschen Zwang auszuüben."

426 Hayek (1960b), S. 100: „Das heißt nicht, daß wir von jedem Menschen annehmen, daß er seine Interessen am besten beurteilen kann; es bedeutet bloß, daß wir nie sicher sein können, wer sie besser kennt als er [...]."

427 Die Argumente hierzu sind bereits im Zusammenhang mit der Klärung des Verantwortungsbegriffs und der Abgrenzung der Moraltheorie Hayeks vom Konsequentialismus zusammengetragen worden; vgl. insbesondere I.3.3., II.4.3.2.

428 Theoretisch vorstellbar sind weitere Sonderfälle, die hier nicht diskutiert werden sollen. So wäre es denkbar, daß sich eine erzwungene Handlung durch bloßen Zufall für den Gezwungenen als vorteilhaft erweist. Ebenso ist der Sonderfall denkbar, daß der Gezwungene eine erzwungene Handlung auch von sich aus, d.h. freiwillig ausgeübt hätte, wenn er denn nur hätte frei handeln können. Ein solcher Fall wäre beispielsweise gegeben, wenn die Mitgliedschaft in einer Organisation mit innerer Zustimmung des einzelnen Mitglieds, aber zugleich unter Androhung von Sanktionen erfolgen würde. Entlang der Arbeitsdefinition wäre dies dennoch ein klarer Fall von Zwang, wie besonders die folgenden Überlegungen zeigen, Hayek (1960b), S. 25: „Wahrscheinlich gibt es Menschen, die die Freiheit, mit der wir uns befassen, gar nicht schätzen, [...] und die bereit sind, sie um anderer Vorteile willen aufzugeben; es mag sogar sein, daß die Notwendigkeit, nach eigenen Plänen und Entscheidungen zu handeln, von ihnen eher als Last denn als Vorteil empfunden wird."

wenn sich der Wille des Zwingenden auf einen (subjektiven) Vorteil für den Gezwungenen beziehen mag.

Selbst wenn sich daher annehmen läßt, daß im Normalfall eine vom handelnden Individuum als selbstschädigend empfundene Handlung nicht freiwillig ausgeübt, und umgekehrt eine subjektiv vorteilhafte kaum eine erzwungene Handlung sein wird, so ist doch Zwang im formalen Verständnis am einwandfreiesten als ‚Handeln unter Androhung eines schweren Nachteils definiert' – wie dies Hayek in der *›Verfassung der Freiheit‹* wiederholt zum Ausdruck bringt. Für die Arbeitsdefinition des Zwangsbegriffs Hayeks folgt daraus, daß die individuelle Schädlichkeit oder Vorteilhaftigkeit einer Handlung kein geeignetes Kriterium für die Bemessung ihrer Freiwilligkeit ist. *Jede* vermittels der Androhung eines schweren Nachteils erwirkte Handlung ist eine unter Zwang ausgeübte, unabhängig davon, ob sie sich im Einzelfall zum subjektiven oder objektiven Vor- oder Nachteil des Gezwungenen auswirkt.[429]

3. ‚Positiver' und ‚negativer' Zwang

3.1. Zwang und Beschränkung

Ein von Hayek kaum diskutierter Aspekt der Definition des Zwangs bezieht sich auf die Unterscheidung zwischen dem ‚positiven Zwang' und dem ‚negativen Zwang'. Unter dem ‚positiven Zwang' soll hier der Zwang verstanden werden, Fremdbestimmtes tun zu müssen (gebietender Zwang), im Gegensatz zum ‚negativen Zwang', mit dem der Zwang bezeichnet werden soll, Selbstbestimmtes nicht tun zu dürfen (verbietender Zwang); beide Formulierungen stehen nicht im Bezug zum angedrohten Nachteil bzw. zur Frage, ob sich Zwang zum Vorteil oder zum Nachteil des Gezwungenen oder anderer auswirkt, sondern ausschließlich auf die Art der Willensunterwerfung.[430]

---

[429] Diese Festlegung schließt nicht aus, daß der objektiv schädliche Zwang nicht nur der Willensunterwerfung wegen, sondern auch der Schädigung wegen als verwerflich bewertet wird. Entscheidend ist lediglich, daß er auch dann verwerflich ist, wenn er nicht schädlich ist bzw. seine konkrete Schädlichkeit unbekannt ist.

[430] Die begriffliche Unterscheidung zwischen negativem und positivem Zwang ist an Hayeks Unterscheidung zwischen negativen und positiven Verhaltensregeln angelehnt; vgl. Hayek (1966a), S. 74. Sie impliziert in diesem Zusammenhang keine Analogie zwischen ‚positiv' und ‚material' einerseits und ‚negativ' und ‚formal' und andererseits. In beiden Fällen ist der bezeichnete Zwang bereits insofern material, als er einem konkreten Einzelwillen (dem Willen des Zwingenden) folgt. Ebenso wenig impliziert diese Unterscheidung eine Analogie zwischen ‚positiv' und ‚nützlich' bzw. ‚negativ' und ‚schädlich', wie im vorhergehenden Abschnitt diskutiert. Im Zusammenhang mit der Wendung ‚positiver Zwang' läßt sich noch eine weitere Überlegung zum Zwangsbegriff anführen. In einem ganz anderen, auf die *erste Komponente* des Zwangsakts bezogenen Sinne könnte als *‚positiver* Zwang' auch die

Da Hayek durchgängig die *Zieldivergenz* zwischen Zwingendem und Gezwungenem hervorhebt, erscheint Zwang in seiner Darstellung in erster Linie als positiver Zwang. Dieser Eindruck wird besonders durch das Selbstzwecklichkeitsargument gestärkt. In der Perspektive des Selbstzwecklichkeitsarguments besteht das Verwerfliche des Zwangs in der Indienstnahme des Gezwungenen für die Ziele des Zwingenden. Dies bringt auch die folgende, weitere Beschreibung des Zwangs zum Ausdruck:

> „[Unter Zwang wird – P.B.] „der Gezwungene ein Werkzeug, das den Zwecken [Zielen – P.B.] eines anderen dient, ohne seine eigenen zu fördern.“[431]

Bei dieser Beschreibung ist zunächst an den positiven Zwang zu denken; ein klassischer Fall von Zwang wäre demnach gegeben, wenn der Gezwungene unter Androhung eines schweren Nachteils Befehlen des Zwingenden Folge zu leisten, d.h. bestimmte Handlungen auszuführen hätte, mit denen er Zielen des Zwingenden dient. Daß Hayek dazu tendiert, Zwang in erster Linie in diesem Sinne zu verstehen, veranschaulicht auch die folgende Anmerkung, die im übrigen der einzige Ort ist, an dem sich Hayek mit der Differenzierung zwischen positivem und negativem Zwang auseinandersetzt. Anders als in dieser Arbeit verwendet Hayek darin für den negativen Zwang die Bezeichnung ‚Beschränkung‘:

> „»Beschränkung« [*restraint*] wäre vielleicht sogar in gewissem Sinn das geeignetere Wort [für »Zwang« – P.B.] [,...] ein nützliches Wort, das uns zu Bewußtsein bringt, daß Verletzungen der Freiheit meistens darin bestehen, daß Menschen verhindert werden, etwas zu tun, während »Zwang« betont, daß Menschen dazu gebracht werden, Bestimmtes zu tun. Die beiden Aspekte sind gleich wichtig: Um genau zu sein, sollten wir die Freiheit wahrscheinlich als Abwesenheit von Beschränkung und Zwang definieren.“[432]

Da Hayek in dieser Passage Zwang ausschließlich als positiven Zwang begreift, muß er zur Bezeichnung des negativen Zwangs einen weiteren Begriff, den Begriff der Beschränkung einführen. Doch Hayek setzt die Differenzierung zwischen ‚Beschränkung‘ und ‚Zwang‘ in den nachfolgenden Erörterungen seiner Konzeption des Zwangs nicht fort, ebenso wenig, wie er auf beide Erscheinungsformen des Zwangs noch einmal eingeht.

‚Drohung‘ mit einem besonderen *Vorteil* mit dem Ziel der Willensunterwerfung angesehen werden, wie dies z. B. bei Bestechung oder Korruption der Fall ist – ein von Hayek nicht diskutiertes Phänomen.

[431] Hayek (1960b), S. 184, vgl. den Originaltext, ders. (1960a), S. 144 (Hervorhebung P.B.): [The coerced – P.B.] becomes the unwilling tool, serving another man's *end* without advancing his own.“

[432] Hayek (1960b), S. 23. Vgl. auch die implizite Unterscheidung, ders. (1979b), S. 415, wonach die allgemeinen und abstrakten Regeln des gerechten Verhaltens die Menschen „schützen sollten, davon abgehalten [zu – P.B.] werden [...], zu tun, was sie wollen, oder gezwungen [zu – P.B.] werden [...], bestimmte Dinge zu tun.“

3.2. Positiver und negativer Zwang in der Perspektive der drei Argumente für die Verwerflichkeit des Zwangs

Im Gegensatz zum angeführten Vorschlag Hayeks sollen in dieser Arbeit beide Erscheinungsformen des Zwangs einheitlich unter den Begriff des Zwangs zusammengefaßt werden. Die Begründungen hierfür und ihre Schlußfolgerungen für die Arbeitsdefinition des Zwangsbegriffs sollen im Folgenden an den drei Argumenten für die Verwerflichkeit des Zwangs entfaltet werden.

Das Selbstzwecklichkeitsargument scheint durch die besondere Hervorhebung der Fremdbestimmtheit des Gezwungenen den Schwerpunkt zunächst auf den positiven Zwang zu setzen. Allerdings ist es eine Frage der Auslegung der Wendung ‚den Zielen eines anderen dienen', inwieweit der Gezwungene bereits dann bloßes Werkzeug für die Verwirklichung der Ziele des Zwingenden ist, wenn er nur an der Verwirklichung seiner *eigenen* Ziele *gehindert* ist. Da Hayek die Willensunterwerfung zum Hauptmerkmal des Zwangs erhebt, scheint die folgende Deutung zutreffend: Der Gezwungene ist auch dann Mittel für die Verwirklichung der Ziele eines anderen, wenn er im Dienste der Ziele des anderen daran gehindert ist, seine eigenen Ziele zu verfolgen. Der solchermaßen ‚negativ' Gezwungene befolgt, indem er seinen eigenen Zielen nicht folgen kann, die Ziele des Zwingenden, auch wenn er von diesem keine konkreten Ziele vorgesetzt bekommt, an denen er sein Handeln auszurichten habe. In dieser Deutung bezieht sich das Selbstzwecklichkeitsargument nicht allein auf den positiven Zwang, sondern ebenso auf den negativen.

In der Perspektive des Wissens- und des Evolutionsarguments bildet von vorneherein nicht die *Fremd*bestimmtheit des Gezwungenen das entscheidende Moment des Zwangs, sondern die Aufhebung seiner *Selbst*bestimmtheit. In dieser Sicht besteht das zentrale Merkmal des Zwangs darin, daß der Gezwungene daran gehindert wird, seinem eigenen Willen nach zu handeln: daß er als unmittelbare, unablösbare Folge der Willensunterwerfung als denkendes und wertendes Wesen ausgeschaltet wird und daß dort, wo dies systematisch geschieht, die betroffene Gesellschaft insgesamt in der kulturellen Evolution zurückfällt. Diese Argumentation besitzt für den positiven und gleichermaßen für den negativen Zwang Gültigkeit. Ob ein willkürlich erteiltes Gebot oder ein willkürlich erteiltes Verbot das Individuum an der Entfaltung seines Wissens im umfassenden Begriffssinne hindert, ist gegenüber der in beiden Fällen gegebenen Tatsache der Willensunterwerfung nachrangig. Aus diesem Grunde erfassen das Wissensargument und das Evolutionsargument, deutlicher noch als dies zunächst für das Selbstzwecklichkeitsargument in seiner isolierten Betrachtung zu gelten scheint, Zwang unabhängig von der *Art* der Willensunterwerfung als Willensunterwerfung.

Doch auch in der Perspektive des Wissens- und des Evolutionsarguments läßt sich ein Unterschied zwischen dem positiven und dem negativen Zwang feststellen. Der Grad der Aufhebung der Selbstbestimmtheit des Gezwungenen nimmt zu, je konkreter der fremde Handlungsplan ist, in den sich der Gezwungene zur Abwendung des angedrohten Nachteils einfinden muß (vgl. III.1.4.). In dieser Sicht scheint der positive Zwang die Freiheit des Individuums stärker einzuschränken als der negative.[433] Unter positivem Zwang ist der Gezwungene nicht nur daran gehindert, seinem eigenen Willen nach zu handeln, er muß darüber hinaus dem konkreten Willen eines anderen nach handeln. Dies ist auch der Hintergrund, vor dem Hayek betont, daß der Zwangsgehalt der allgemeinen und abstrakten Verhaltensregeln durch ihren Negativcharakter minimiert ist: Negative Verhaltensregeln schreiben keine Ziele vor, sie verbieten nur die Verwendung bestimmter Mittel, die die individuelle Freiheit aufheben.[434] Gebote schränken den Handlungsspielraum des Gezwungenen durch die Vorgabe von Zielen ein, Verbote beschränken ihn durch die Begrenzung der Ziele. Durch diese Überlegung gewinnt nun die Unterscheidung zwischen dem positiven und dem negativen Zwang Bedeutung für die Unterscheidung zwischen schwerem und mildem Zwang. Auf den ersten Blick erscheint der Grad des Zwangs um so höher, je umfassender die Handlungsvorgaben sind, die der Gezwungene zu erfüllen hat, um dem angedrohten Nachteil zu entgehen. Doch in beiden Fällen handelt es sich um schweren Zwang, so daß sich die Unterscheidung zwischen ihnen nur eignet, um zwischen Graden des schweren Zwangs, nicht jedoch, zwischen mildem und schwerem Zwang zu differenzieren.

Der entscheidende Grund, weshalb im Denkens Hayeks der positive und der negative Zwang ‚gleich wichtig' sind, besteht in der Aufhebung der Selbstbestimmtheit des Gezwungenen als unmittelbarer, unablösbarer Folge seiner Willensunterwerfung. Der Gezwungene handelt gegen seinen Willen dem Willen eines anderen nach – unabhängig davon, ob er eine fremdbestimmte Handlung ausführen muß oder lediglich daran gehindert ist, eine selbstbestimmte ausführen zu können. Für die Arbeitsdefinition des Zwangs folgt daraus, daß sich die Unterscheidung zwischen positivem und negativem Zwang auch mit Blick auf den graduellen Charakter des Zwangsbegriffs Hayeks nicht als Kriterium der Definition eignet.

---

[433] Daraus läßt sich dennoch nicht schließen, daß der negative Zwang nicht die Freiheit des Gezwungenen ebenso umfassend aufheben kann wie der positive. In seiner schwersten negativen Form drückt sich Zwang darin aus, daß der Zwingende dem Gezwungenen jegliches Handeln untersagt.

[434] Hayek (1967c), S. 52.

4. Bestimmung der Grade des Zwangs

4.1. Das Problem der Grade des Zwangs

Die schwierigste Aufgabe bei der Arbeitsdefinition des Zwangsbegriffs Hayeks besteht in der Implementierung der Unterscheidung zwischen dem milden und dem schweren Zwang. Wenngleich Hayek die Notwendigkeit dieser Unterscheidung mehrfach betont, nennt er keine Kriterien, anhand derer sie sich vornehmen läßt. Hayeks Beschreibungen des Zwangs haben durchgängig den schweren, in diesem Sinne ‚echten' Zwang zum Gegenstand, befassen sich jedoch nicht mit der Abgrenzung zum milden Zwang.

Die Einteilung in Grade des Zwangs dient bei Hayek der Begrenzung der staatlichen Zwangsgewalt. Sie beruht auf dem Dilemma, daß sich Zwang in der Großen Gesellschaft nur durch die Androhung von Zwang verhindern läßt, und seiner institutionellen Lösung, wonach dem Staat zum Zweck der Zwangsverhinderung das Gewaltmonopol übertragen ist. Aus diesem Grunde korreliert das Problem der Definition der Grade des Zwangs auch unmittelbar mit dem Verhältnis von staatlichem und privatem Zwang. An der Bemessung der Grade des Zwangs entscheidet sich der Umfang der staatlichen Zwangsgewalt, denn es handelt sich hierbei für Hayek um die Unterscheidung

> „[....] zwischen den schweren Formen des Zwangs, *die verhindert werden sollen*, und den leichteren Formen, *mit denen sich der Staat nicht befassen sollte* [...].“[435]

Angesichts der Tragweite dieser Unterscheidung ist die Erarbeitung von Kriterien zur Skalierung der Grade des Zwangs wesentliche Voraussetzung für die Vollständigkeit der Arbeitsdefinition. Dabei wird hier davon ausgegangen, daß der milde Zwang demselben Grundmuster folgt wie der schwere Zwang, die zu treffende Unterscheidung also nicht Arten des Zwangs, sondern nur Grade des *einen* Zwangs zum Gegenstand hat.[436] Hayek selbst erörtert den Unterschied zwischen dem milden und dem schweren Zwang nur in der ›*Verfassung der Freiheit*‹ an einigen wenigen Beispielen, die dem Grundmuster der Tauschhandlung folgen und unter anderem deshalb nur eingeschränkt generalisierbar sind.[437] Sie sollen hier erst im Anschluß an die systematische Erarbeitung der gesuchten Kriterien erörtert werden.

Die folgende Untersuchung geht von der Annahme aus, daß sich der Punkt, an dem sich der milde Zwang vom schweren Zwang objektiv zu unterscheiden beginnt, in der *Wahlentscheidung* verorten läßt, die der Gezwungene zu

---

[435] Hayek (1960b), S. 178 (Hervorhebung P.B.).

[436] Vgl. Hayek (1960b), S. 16: „[...E]s gibt in unserem Sinn nur *eine* Freiheit, die dem Grade nach, aber nicht in ihrer Art veränderlich ist.“

[437] Hayek (1960b), S. 174f; vgl. die Überlegung in dieser Arbeit in III.2.2., besonders Fußnote 421 sowie die grundsätzliche Überlegung hierzu in I.3.3., Fußnote 103.

treffen hat. Bei der Wahlentscheidung des Gezwungenen handelt es sich wie gezeigt um eine Abwägung zwischen dem angedrohten Nachteil (erste Komponente des Zwangsaktes) und dem vom Zwingenden gewünschten Verhalten (zweite Komponente des Zwangsaktes). Zwischen diesen beiden Möglichkeiten muß der Betroffene wählen; je schwerer der angedrohte Nachteil ist, desto wahrscheinlicher wird es, daß sich der Betroffene, ‚immer noch sein bestes für sich tu[end]', dem Willen des Zwingenden unterwirft. Da jeweils eine der beiden Möglichkeiten, zwischen denen der Gezwungene zu wählen hat, in einer der beiden Komponenten des Zwangsaktes verortet ist, läßt sich die Unterscheidung zwischen mildem und schwerem Zwang an den beiden Komponenten des Zwangsaktes entwickeln.

In den zurückliegenden Abschnitten wurde nun gezeigt, daß die zweite Komponente des Zwangsaktes im formalen Verständnis für die Bemessung der Schwere des Zwangs ungeeignet ist, weil dem kritischen Rationalismus Hayeks folgend im Rahmen der Großen Gesellschaft die jeweiligen Inhalte der Willensunterwerfung, die individuellen Präferenzen und konkreten Handlungsumstände des Zwingenden wie auch des Gezwungenen als unbekannt angenommen werden müssen. Mit dieser erkenntnistheoretischen Argumentation kann beispielsweise weder vom Unterschied zwischen dem Zwang in bezug auf die Ziele und die Mittel (III.1.2.), zwischen dem individuell schädlichen und dem individuell vorteilhaften (III.2.), noch vom Unterschied zwischen dem verbietenden und dem gebietenden Zwang (III.3.) auf den Grad des Zwangs geschlossen werden. Alle diese Differenzierungen würden sich für die Beurteilung der Schwere des ausgeübten Zwangs nur in genauer Kenntnis des jeweiligen Einzelfalls und seiner besonderen Umstände eignen, nicht jedoch im Rahmen einer abstrakten Definition, die für eine unbekannte Zahl noch unbekannter zukünftiger Fälle Gültigkeit beansprucht. Zwar lassen sich anhand der genannten Unterscheidungen zum Teil Grade des *schweren* Zwangs skalieren, nicht jedoch der milde vom schweren Zwang abgrenzen. Wenn nun die Inhalte der Willensunterwerfung nicht Quelle für die Bemessung der Schwere des Zwangs im Rahmen allgemeiner und abstrakter Verhaltensregeln sein können, bleibt als Möglichkeit zur Bemessung der Schwere des Zwangs nur noch die erste Komponente des Zwangsaktes, die Androhung eines schweren Nachteils.

4.2. Schwere des angedrohten Nachteils als Kriterium der Definition der Grade des Zwangs

Nach Auffassung dieser Interpretation läßt sich die Schwere des Zwangs im Denken Hayeks und entlang der Deontologiethese ausschließlich an der Schwere des angedrohten Nachteils bemessen. Nur auf diese Weise kann der Zwangsgehalt einer Handlung unabhängig von ihren jeweiligen Inhalten, d.h. formal bestimmt werden. Milder Zwang liegt demzufolge vor, wenn der angedrohte Nachteil von überwindbarer Schwere ist: Beim milden Zwang ist der angedrohte Nachteil nicht so schwer, daß der vor die Wahl zwischen Annahme des Nachteils oder Unterwerfung unter den Willen des anderen Gestellte einzig dann ‚sein Bestes für sich tun wird', wenn er sich dem Willen des anderen unterwirft. Im Gegensatz dazu liegt *schwerer* Zwang vor, wenn der angedrohte Nachteil von kaum überwindbarer Schwere ist: Beim schweren Zwang ist der angedrohte Nachteil so gravierend, daß der vor die Wahl Gestellte, unabhängig von den konkreten Inhalten der ursprünglich gewollten und unabhängig von den konkreten Inhalten der erzwungenen Handlung, tatsächlich ‚sein Bestes für sich tun wird', wenn er zur Vermeidung des angedrohten Nachteils dem Willen des anderen nach handelt.[438]

Entscheidend an diesem Vorschlag zur Bemessung der Schwere des Zwangs ist, daß die Schwere des angedrohten Nachteils *nicht relativ* zu der vom Gezwungenen ursprünglich oder der vom Zwingenden gewollten Handlung betrachtet wird, sondern in dieser Hinsicht absolut. In diesem Punkt weicht der vorgeschlagene Lösungsansatz von zwei Anmerkungen Hayeks in der *›Verfassung der Freiheit‹* ab, wonach der Gezwungene in seiner Entscheidung zwischen Annahme des Nachteils und Willensunterwerfung ‚das geringste Übel' wählt.[439] Die Herstellung eines Bezuges zwischen der Schwere des angedrohten Nachteils und der Nachteilhaftigkeit der erzwungenen Handlung würde nach Auffassung dieser Interpretation vielmehr erneut die Grundlage für eine materiale Deutung des Zwangsbegriffs Hayeks eröffnen, weil die konkrete Schädlichkeit der erzwungenen Handlung Eingang in die Definition finden würde.

Das Problem des hier vorgeschlagenen Lösungsansatzes zur Bemessung der Grade des Zwangs besteht hingegen darin, daß die Schwere des angedrohten Nachteils nun *objektiv* bestimmt werden muß. Während aber die objektive Betrachtungsweise noch im Zusammenhang mit der Erörterung des schädlichen bzw. des ‚Zwangs zum Glück' als inkompatibel mit dem von Hayek vertretenen kritischen Rationalismus abgelehnt wurde, wird sie nun bei der Bemessung der Schwere des angedrohten Nachteils angewandt.[440] Nun wird tatsächlich postuliert, daß es zumindest hinsichtlich der Schwere des angedrohten Nachteils einheitliche Maßstäbe gibt, die für alle Menschen (bzw. für alle Mitglieder einer jeweiligen Gesellschaftsordnung) gleichermaßen zutreffen. Ebenso wie die allgemeinen und abstrakten Regeln des gerechten Verhaltens sind diese Maßstäbe auf eine unbekannte Zahl zukünftiger

---

438 Vgl. noch einmal Hayek (1960b), S. 173.

439 Hayek (1960b), S. 172.

440 Es wäre also grundsätzlich möglich, aus dem folgend vorgeschlagenen Ansatz objektive Kriterien auch für die Bewertung schädlichen Zwangs abzuleiten, jedoch würden sie dann nur geeignet sein, Grade des schweren Zwangs, nicht jedoch milden von schwerem Zwang zu unterscheiden. Vgl. hierzu besonders III.2.

Fälle anwendbar, wenn sie auch ebenso wie die allgemeinen und abstrakten Regeln des gerechten Verhaltens unter Beibehaltung ihrer Gesamtstruktur veränderbar sind, weil sie der kulturellen Evolution unterliegen.[441]

Erst auf der Grundlage dieser Annahme wird es möglich, eine allgemeingültige Definition des Zwangs vorzulegen. Andernfalls müßte Zwang als Wahl zwischen zwei Nachteilen begriffen werden, an deren relativer Schwere im jeweiligen Fall erst sich der Grad des Zwangs bemessen ließe. Wenn keine allgemeinen und abstrakten Kriterien zur Bewertung der Schwere des angedrohten Nachteils genannt werden können, ist eine solche Abwägung nur in umfassender Kenntnis des Einzelfalls, d.h. in Kenntnis aller Umstände einschließlich wesentlicher Innenansichten und Präferenzen der Betroffenen, möglich, was im Verständnis Hayeks im Rahmen der Großen Gesellschaft ausgeschlossen ist. Die Annahme allgemeiner und abstrakter Maßstäbe zur Ermittlung der Schwere des angedrohten Nachteils ist möglich, weil Hayek keinen Antirationalismus, sondern einen kritischen Rationalismus vertritt.

Die Anlegung solcher *objektiver* Maßstäbe ist es auch, die Hayek bei seiner Erörterung des Zwangsbegriffs ausdrücklich vom „normalen Durchschnittsmenschen“ ausgehen läßt, wenngleich sich Hayek nur auf diese wenigen Andeutungen beschränkt:

> „[...I]m öffentlichen Leben verlangt die Freiheit, daß wir als Typen und nicht als individuelle Persönlichkeiten betrachtet [...] werden, daß normale Motive und Abschreckungsmittel wirksam sein werden, ob das nun im Einzelfall zutrifft oder nicht.“[442]

Die Anlegung solcher objektiver Maßstäbe hat zur Folge, daß die Definition des Zwangs den im Einzelfall als schwer empfundenen Zwang nicht erfassen kann, wenn bestimmte Umstände ungünstig zusammentreffen, auf die die zu nennenden allgemeinen Maßstäbe nicht anwendbar sind oder, wenn veränderte gesellschaftliche Umstände in die bestehende Regel- und Werteordnung noch nicht Eingang gefunden haben.[443] Bereits die Diskussion der Unterscheidung zwischen innerem und äußerem Zwang hat gezeigt, daß eine abstrakte Definition des Zwangs im Verständnis Hayeks auf die persönlichen und umweltbedingten Verschiedenheiten der Individuen in der Großen Gesellschaft nicht eingehen kann (I.5.2.). Die Abstrahierung vom Einzelfall hat den Preis, daß das Besondere zugunsten des Allgemeinen nicht erfaßt werden kann. In der spontanen Ordnung der Großen Gesellschaft kann im Einzelfall als schwer *empfundener* Zwang ausgeübt werden, ohne daß er sanktioniert

---

[441] Da Hayek die hier angeführten Überlegungen selbst nicht anstellt, *vgl.* Hayek (1960b), S. 186, S. 289ff. Siehe auch in dieser Arbeit II.3.2.3.

[442] Hayek (1960b), S. 102. Vgl. in dieser Arbeit I.5.1.2., besonders Fußnote 127.

[443] Auch hier ist nur ein Analogieschluß möglich, vgl. Hayek (1988a), S. 17ff; ders. (1973d), S. 101ff, S. 105.

wird.[444] Daß aber der Zwang des Einzelfalls, der subjektiv als Zwang wahrgenommene, von allgemeinen und abstrakten Regeln des gerechten Verhaltens jedoch nicht erfaßte oder nicht erfaßbare Zwang, nicht Gegenstand der Definition des Zwangsbegriffs Hayeks ist, ist nach Auffassung dieser Interpretation der eigentliche Kerngehalt der Aussage Hayeks, daß Zwang in der Großen Gesellschaft nur minimiert, nicht aber vollständig verhindert werden kann.

4.2.1. Definition des ‚objektiv schweren Nachteils': materieller Nachteil (physische Gewalt)

Ausgehend von diesen Präzisierungen liegt im Begriffsverständnis Hayeks schwerer Zwang vor, wenn ein Individuum ein anderes vor die Wahl stellt, entweder einen objektiv schweren Nachteil zu erleiden oder das vom Drohenden gewünschte Verhalten anzunehmen. Es sei hier vorgeschlagen, unter einem solchen ‚objektiv schweren Nachteil' einen Nachteil zu verstehen, der von einem beliebig herausgegriffenen Mitglied der jeweiligen Großen Gesellschaft als so bedeutsam empfunden wird, daß es mit großer Wahrscheinlichkeit ‚sein Bestes für sich tun wird', wenn es seine Wahlentscheidung zugunsten der Willensunterwerfung trifft. Entsprechend stellt für Hayek

> „[...] die Drohung mit Gewalt oder Gewalttätigkeit die wichtigste Form des Zwangs dar [...]."[445]

Vor diesem Hintergrund führt die Definition des ‚objektiv schweren Nachteils' zum Begriff der Gewalt, einem Begriff, den Hayek allerdings nicht näher beschreibt. Wäre der Begriff bereits umrissen, ließe sich nun aus dem Begriff der Gewalt die Bestimmung des ‚objektiv schweren Nachteils' ableiten. Statt dessen aber erschließen sich aus der Bestimmung des ‚objektiv schweren Nachteils' die wesentlichen Merkmale des Gewaltbegriffs Hayeks, so daß mit dieser Untersuchung auch eine entscheidende Vorarbeit für die Definition des Gewaltbegriffs geleistet wird. Gewalt wird hier in erster Linie als *Zufügung eines Schadens* betrachtet, neben der von Hayek ebenfalls unter den Begriff subsumierten Verweigerung lebensnotwendiger Güter oder Dienstleistungen, aus deren Einbezug sich im Verlaufe der folgenden Abschnitte auch eine neue Perspektive auf den Zwangsbegriff eröffnen wird. Es ist daher möglich, den

---

[444] Allerdings rückt Hayek im Spätwerk zunehmend die Bedeutung des Richters als Rechtsinstitution in den Vordergrund. Der Richter entscheidet auf der Grundlage der allgemeinen und abstrakten Regeln des gerechten Verhaltens im Einzelfall, was gerecht ist; vgl. hierzu vor allem Hayek (1973d), S. 100ff, S. 121: „Der Richter dient einer bestehenden [spontanen – P.B.] Ordnung bzw. versucht, sie zu erhalten und zu verbessern [...]. Der Grund, weshalb man den Richter auffordern wird, einzugreifen, wird der sein, daß die Regeln, die solch wechselseitige Anpassung sichern, oft nicht befolgt werden oder klar genug sind oder, selbst wenn sie befolgt werden, nicht klar genug sind." Ders. (1976b), S. 209.

[445] Hayek (1960b), S. 174.

angedrohten objektiv schweren Nachteil auch als ‚Gewalt' oder als ‚Schadenszufügung' zu begreifen.

Unter der ‚Drohung mit Gewalttätigkeit' versteht Hayek zunächst die Drohung mit physischer Gewalt, d.h. die Drohung mit Zufügung eines überwiegend materiellen Nachteils.[446] Schwerer, in diesem Sinne ‚echter' Zwang wird demnach

> „[..] gewöhnlich [1.] in der Androhung einer Körperverletzung der eigenen Person oder [3.] der nahen Angehörigen oder [2.] der Androhung einer Schadensstiftung an wertvollem oder gehegtem Eigentum bestehen [...]."[447]

Anhand dieser Beschreibung lassen sich drei Erscheinungsformen der Gewalt ausdifferenzieren, die jeweils einen objektiv schweren Nachteil darstellen: (1.) Körperverletzung, (2.) Beschädigung von Eigentum und (3.) Körperverletzung eines nahestehenden Menschen. In der ersten Form bedeutet Gewalt eine unmittelbare physische Kraftanwendung gegen ein Individuum; sie läßt sich um den Aspekt der Gefährdung und schließlich Vernichtung seines Lebens vervollständigen. Die zweite Form der Gewalt betrifft die Institution des Privateigentums; sie läßt sich um den Aspekt der Entwendung von Eigentum erweitern. Sie ist in der angeführten Textstelle insofern problematisch formuliert, als die Einschränkung ‚Schadensstiftung an *wertvollem oder gehegtem* Eigentum' dazu verleiten könnte, nicht *jede* Beschädigung von Privateigentum als Gewalt bzw. als schweren Nachteil einzustufen, sondern nur die von höherwertigem. Zwar ließe sich diese Einschränkung als nochmaliger Hinweis darauf lesen, wie restriktiv Hayek seinen Begriff des Zwangs definiert – demnach würde die Beschädigung (oder Entwendung) geringfügigen Eigentums nur einen geringfügigen Nachteil und die Drohung mit ihm folglich nur milden Zwang darstellen; aber die Institution des Privateigentums ist für Hayek Grundbedingung schlechthin für die Verwirklichung der individuellen Freiheit.[448] Vor diesem Hintergrund soll im Folgenden davon ausgegangen

---

[446] ‚*Überwiegend* materiell', weil ein *schwerer* materieller Nachteil fast immer zugleich ein immaterieller Nachteil ist und eine strikte Trennung zwischen beiden Arten des Nachteils deshalb kaum möglich ist bzw. dem kritisch-rationalistischen Ansatz widersprechen würde. Vgl. hierzu die Überlegungen zu Hayeks Menschenbild in I.1.2.1. dieser Arbeit sowie die Kritik am ‚cartesischen Dualismus': Hayek (1973d), S. 19. Vgl. auch die Überlegungen in dieser Arbeit, Fußnote 342.

[447] Hayek (1960b), S. 177 (Einfügungen P.B.).

[448] Hayek (1960b), S. 180: „Die Anerkennung von Eigentum ist der erste Schritt zur Bestimmung des privaten Bereichs, der uns gegen Zwang schützt [...]." Ders. (1966a), S.74: „Liberalismus ist [...] nicht von der Institution des Privateigentums zu trennen, denn mit diesem Namen bezeichnen wir üblicherweise den materiellen Teil der geschützten Individualsphäre." Ders. (1961a), S. 64; vgl. ders. (1960b), S. 181. Zur Wendung ‚Androhung einer Schadensstiftung an *wertvollem oder gehegtem* Eigentum': Auch in diesem Zusammenhang gilt, daß in der erkenntnistheoretischen Perspektive Hayeks nur das betroffene Individuum selbst bewerten kann, welches Eigentum ihm wertvoll oder von ihm gehegt ist und daher nur

werden, daß grundsätzlich *jede* Mißachtung der Institution des Privateigentums im Verständnis Hayeks als Zufügung eines objektiv schweren Nachteils gilt und lediglich ein äußerster Randbereich denkbar ist, in dem die Beschädigung oder Entwendung objektiv vernachlässigbar geringfügigen Eigentums keinen schweren, sondern lediglich einen milden Nachteil darstellt.

Während die ersten beiden Erscheinungsformen der Gewalt unmittelbar Leib, Leben und Eigentum des Menschen betreffen, öffnet sich Hayeks Gewaltbegriff mit der dritten Form für immateriellen Schaden. Die Verletzung von Leib und Leben eines Menschen stellt nicht nur für das Opfer selbst, sondern auch für das dem Opfer nahestehenden Menschen einen objektiv schweren Nachteil dar. Aus Sicht des nahestehenden Menschen handelt es sich bei diesem Akt physischer Gewalt auch um Gewalt gegen ihn, den Nahestehenden, obgleich doch dessen Leib und Leben selbst unversehrt bleiben. Ihm wird mit dem gleichen Gewaltakt *objektiv* schwerer *immaterieller* Nachteil zugefügt.[449]

Entscheidend für die Bestimmung des ‚objektiven Nachteils' ist der von Hayek zugrundegelegte Eigentumsbegriff, der ähnlich umfassend konzipiert ist wie sein Wissensbegriff:

> „[...] Eigentum, in dem weiten Sinne, in dem es nicht nur materielle Dinge, sondern (wie Locke definierte) »Leben, Freiheit und Besitz« jedes Menschen umfaßt [...]."[450]

Weil sich Hayeks Eigentumsbegriff über den materiellen Besitz hinaus auf „verschiedene Ansprüche und gewisse Erwartungen" hinaus erstreckt,[451] definiert sich der ‚objektiv schwere Nachteil' nicht allein als materielle Schädigung. Vor diesem Hintergrund können die angeführten Formen der Gewalt sämtlich als Eigentumsdelikte in einem weit gefaßten Verständnis des Wortes ‚Eigentum' begriffen werden.

---

die subjektive Betrachtungsweise entscheidend für die Bemessung der Schwere des angedrohten Nachteils sein kann (vgl. III.2.2.). Eine objektive und zugleich konkret benennbare Grenze zwischen ‚wertvollem' und ‚weniger wertvollem' Eigentum ist daher kaum möglich.

449 An diesem Beispiel wird noch einmal ersichtlich, daß Hayeks Menschenbild nicht im strengen Sinne individualistisch angelegt ist, sondern den Menschen als in seiner Grundveranlagung soziales Wesen begreift. Zum Individualismus im liberalen Verständnis vgl. Kerber (1998), S. 41.

450 Hayek (1973d), S. 110.

451 Hayek (1966a), S. 77; ebd.: „Dieser Ausdruck [Eigentum im Sinne von John Locke – P.B.] vermittelt jedoch einen viel zu engen und materiellen Eindruck von der geschützten Sphäre, die nicht nur materielle Güter umfaßt, sondern auch verschiedene Ansprüche und gewisse Erwartungen."

4.2.2. *Definition des ‚objektiv schweren Nachteils': immaterieller Nachteil (nicht-physische Gewalt)*

Obgleich Hayek auch die Zufügung immateriellen Nachteils ausdrücklich als Gewalt begreift, grenzt er besonders den Definitionsbereich der nicht-physischen Gewalt nicht näher ein. Dennoch weist er ihr sogar einen eigenen Platz bei der Definition seines Zwangsbegriffs zu:

> „[...D]ie Androhung physischer Gewalt ist nicht die einzige Art, in der Zwang ausgeübt werden kann."[452]

Die Bestimmung des objektiv schweren *immateriellen* Nachteils ist notwendiger Bestandteil der Arbeitsdefinition des Zwangsbegriffs. Sie kann im Folgenden nur durch die Einbindung peripherer Äußerungen Hayeks vorgenommen werden, und sie soll in deutlicher Abgrenzung zu jener Kritik erfolgen, die Hayek vor dem Hintergrund der fehlenden Definition der nicht-physischen Gewalt eine Aufweichung seines Zwangsbegriffs vorhält.[453] Es ist im Gegenteil anzunehmen, daß Hayek den Definitionsbereich des immateriellen Nachteils bzw. der nicht-physischen Gewalt ebenso restriktiv ansetzt wie den des materiellen Nachteils bzw. der physischen Gewalt. Nicht-physische Gewalt, verstanden als Zufügung eines schweren immateriellen Nachteils, bezieht sich auf die Verletzung „höchst wichtiger Werte" des Menschen,[454] d.h. auf ‚Werte', die ebenso unbedingt und unmittelbar zum Menschen gehören wie sein Leib, sein Leben und sein materielles Eigentum.[455]

Die Vorstellungen darüber, *welche* diese objektiv höchsten immateriellen Güter des Menschen sind, unterliegen nun ausgehend von der Theorie der kulturellen Evolution gewissen Veränderungen, wenn sie auch ihrer *Art* nach selbst als beständig gelten dürfen.[456] An der Bedeutung, die ihrer Wandelbarkeit für die Arbeitsdefinition des Zwangsbegriffs zukommt, läßt sich noch einmal aufzeigen, daß der Formalcharakter der grundlegenden Moralbegriffe

---

[452] Hayek (1960b), S. 174.

[453] So geschehen bei Hamowy (1961), S. 28; Barry (1984), S. 273; Bouillon (1997), S. 47, S. 52, S. 73.

[454] Hayek (1960b), S. 175.

[455] An dieser Stelle zeigt sich das ähnlich bereits von der Verwendung des Begriffs des Übels her bekannte terminologische Problem (vgl. Fußnote 59), daß Hayek den Begriff ‚Wert' sowohl im normativen Sinne – Freiheit als *moralischer Wert* – als auch gleichzeitig im deskriptiven Sinne gebraucht, indem er mit dem Begriff auch immaterielle Werte bezeichnet, die nicht im engen Sinne als moralische Werte gelten können. Um nun diese Art der Werte von den moralischen deutlich abzugrenzen und damit auch tautologische Auslegungen der Arbeitsdefinition des Zwangs zu vermeiden, soll in dieser Arbeit von immateriellen Werten, die nicht im eigentlichen Sinne moralische Werte sind, als ‚immateriellen Gütern' gesprochen werden.

[456] Auch hier sind nur vergleichende Verweise möglich, da Hayek sich mit der Definition der höchsten immateriellen Güter nicht beschäftigt Zu ihrer grundsätzlichen Wandelbarkeit vgl. Hayek (1960b), S. 186; ders. (1973d), S. 104f. Vgl. auch ders. (1963b), S. 171.

der Sozialphilosophie Hayeks in letzter Hinsicht mit der Wandelbarkeit sie bestimmender Gerechtigkeitsregeln in der kulturellen Evolution begründet ist.[457] Die Veränderbarkeit der Vorstellungen über höchste immaterielle Güter des Menschen kann sich jedoch ausgehend von Hayeks Überlegungen zum Immanenz- und Universalisierbarkeitsprinzip als den beiden Grundprinzipien der Regelkritik niemals auf die Regel- und Werteordnung als Ganze, sondern nur auf einzelne Regeln und damit nur auf einzelne Aspekte beziehen (II.3.2.3.). Ihre Veränderung erfolgt zudem in langen Entwicklungszeiträumen kultureller Evolution.[458] Wenngleich dem Grundsatz nach offen, ist die Bestimmung des objektiv schweren immateriellen Nachteils deshalb in der Sicht der Gegenwart kaum veränderlich bzw. kaum veränderbar.

Es sei die Annahme vorgeschlagen, daß sich im Denken Hayeks der objektiv schwere, immaterielle Nachteil nur auf wenige objektiv höchste immaterielle Güter des Menschen bezieht, und daß er darin im objektiv schweren materiellen Nachteil seine direkte Entsprechung hat. Für die Arbeitsdefinition des Zwangsbegriffs folgt aus der skizzierten Eingrenzung, daß im Verständnis Hayeks nur die Verletzung von Leib, Leben und Eigentum einschließlich unmittelbar zum Menschen gehörender, allgemein anerkannter höchster immaterieller Güter als ‚objektiv schwerer Nachteil' gelten kann.

---

[457] Zwang und Gewalt lassen sich in diesem Sinne auch beschreiben als Übergriffe in den durch allgemeine und abstrakte Rechtsregeln konstituierten privaten Schutzraum, der jedem Individuum der Großen Gesellschaft gleichermaßen zukommt; allerdings wäre eine solche Definition ungeeignet, weil sie als bekannt voraussetzen würde, was sie definieren soll; vgl. Hayek (1960b), S. 179: „Ein solcher gesicherter freier Bereich scheint uns so sehr eine selbstverständliche Voraussetzung des normalen Leben zu sein, daß wir versucht sind, Zwang unter Verwendung von Ausdrücken wie »Störung der legitimen Erwartungen« oder »Verletzung von Rechten« oder »willkürliche Eingriffe« zu definieren. Aber wenn wir Zwang definieren, dürfen wir nicht die Einrichtungen, die ihn verhindern sollen, als gegeben voraussetzen."

[458] Die Veränderbarkeit der Bestimmung des immateriellen Nachteils und ihre Bedeutung für den Definitionsbereich der nicht-physischen Gewalt läßt sich am folgenden Beispiel veranschaulichen, das sich an Hayeks Überlegungen zur Religionsfreiheit anlehnt: Die Drohung mit einem schrecklichen Fluch als Mittel der Willensunterwerfung kann in einer nicht-säkularisierten Gesellschaft als Drohung mit einem *objektiv* schweren immateriellen Nachteil und damit als echter Zwang begriffen werden, während ihr in einer säkularisierten Gesellschaft eine solche Bedeutung höchstens in der subjektiven Bewertung des Einzelfalls zukommen kann. Vgl. hierzu Hayek (1960b), S. 186; ders. (1973d), S. 105.

Ein von Hayek nicht beleuchteter Aspekt der Unterscheidung zwischen dem schweren und dem milden Zwang betrifft die Glaubwürdigkeit der Androhung des schweren Nachteils. Damit die Drohung mit der Zufügung eines schweren Nachteils die Definition des schweren Zwangs erfüllt, muß sie zugleich glaubhaft sein. So ist es auch denkbar, daß die Androhung schweren Nachteils nur milder Zwang ist, wenn der Zwingende sie nicht sicher wahrmacht. An diesem Beispiel wiederum wird deutlich, daß etwa die Drohung mit einem Fluch in einer säkularisierten Gesellschaft besonders aufgrund der fehlenden Überzeugungskraft der Drohung als lediglich milder Zwang gelten dürfte.

4.3. Zwang als Drohung mit Verweigerung eines unentbehrlichen Vorteils

In den zurückliegenden Abschnitten wurde die erste Komponente des Zwangsaktes in erster Linie als Drohung mit der *Zufügung* eines Nachteils begriffen. Zwang ist die ‚Drohung [...] Schaden *anzurichten.*‘ Bei seiner Unterscheidung zwischen dem milden und dem schweren Zwang aber legt Hayek eine andere Konstellation zugrunde: Zwang erscheint nun vielmehr als Drohung mit der *Verweigerung eines Vorteils*. Der angedrohte Nachteil besteht in dieser Variante des Zwangs in der Vorenthaltung eines Vorteils, über den der Zwingende verfügt und der für den Gezwungenen unentbehrlich ist. Der Zwingende droht dem Gezwungenen nicht mit einer aktiven Beschädigung, sondern mit einer Enthaltung. Hayek selbst differenziert zwischen beiden Varianten der ersten Komponente des Zwangsaktes nicht, wodurch die hier vorgenommene Differenzierung zwischen dem Zwang als Drohung mit der Zufügung eines Nachteils und dem Zwang als Drohung mit der Verweigerung eines Vorteils erneut nur eine eigene Explikation seiner Ausführungen darstellt.[459]

Der Versuch, *objektive*, d.h. allgemeingültige und abstrakte Kriterien zur Bemessung der Unentbehrlichkeit eines Vorteils zu bestimmen, stößt an ähnliche Grenzen wie weiter oben im Zusammenhang mit der Suche nach Kriterien zur Bemessung der Schwere des *zugefügten* objektiv schweren Nachteils. Auch bei der Drohung mit Vorteilsverweigerung müssen im Interesse einer allgemeingültigen, auf eine unbekannte Zahl zukünftiger Fälle anwendbaren Definition des Zwangs allgemeine und abstrakte Maßstäbe darüber vorhanden sein, welche materiellen und immateriellen Güter für ein beliebig herausgegriffenes Individuum der jeweiligen Großen Gesellschaft einen so lebensnotwendigen Vorteil bedeuten, daß die Enthaltung dieses Vorteils der Zufügung eines schweren Nachteils gleichkommt. Auch hier wird es als möglich angenommen, Maßstäbe zu nennen, anhand derer bestimmte materielle und immaterielle Güter von allen Mitgliedern einer Großen Gesellschaft gleichermaßen als ‚höchst wichtig‘ und deshalb als unentbehrlich anerkannt werden. Wenngleich Hayek sich mit ihnen im einzelnen nicht beschäftigt, zeichnet er dennoch einen Umriß von ihnen:

> „So lange die Dienstleistungen einer bestimmten Person *für die Erhaltung meines Lebens oder anderer mir höchst wichtiger Werte nicht unentbehrlich* sind, stellen die Bedingungen, an die sie die Leistungserbringung knüpft, keinen Zwang dar.“[460]

---

[459] Hayek (1960b), S. 174f.

[460] Hayek (1960b), S. 175 (Hervorhebung P.B.). Die angeführte Textstelle wird im Folgenden leicht abgewandelt zitiert, indem zur besseren Lesbarkeit das rhetorische Ich herausgenommen und zur Verdeutlichung ihrer Wichtigkeit unmittelbar von ‚höchsten Werten‘ gesprochen wird; die genannten Leistungen sind in dieser Abwandlung der Textstelle nun ‚Leistungen, die für die Erhaltung des Lebens oder anderer höchster Werte unentbehrlich sind‘. Vgl. auch Hayek (1960a), S. 135.

Welche Güter oder Leistungen für die Erhaltung des Lebens unentbehrlich sind und was unter den ‚höchst wichtigen Werten' bzw. in Abwandlung der hier vorgeschlagenen Begrifflichkeit unter ‚objektiv höchsten immateriellen Gütern des Menschen' im Sinne Hayeks zu verstehen ist, ist weiter oben bereits herausgearbeitet worden; die Ergebnisse lassen sich nun in gleicher Weise auf die Bestimmung des ‚objektiv unentbehrlichen Vorteils' anwenden. Ebenso wie im Falle der Zufügung eines Nachteils läßt sich demzufolge im Falle der Verweigerung eines unentbehrlichen Vorteils zwischen materiellen und immateriellen objektiv unentbehrlichen Vorteilen unterscheiden, und ebenso wie dort ist auch die genaue inhaltliche Bestimmung des ‚unentbehrlichen Vorteils' insofern langfristigen Veränderungen unterworfen und damit überzeitlich betrachtet offen, als die sie dem Wandel in der kulturellen Evolution unterliegt. Folgerichtig läßt sich ein Vorteil, dessen Enthaltung der Zufügung eines Nachteils gleichkommt, im formalen und kritisch-rationalistischen Sinne nur auf der Ebene allgemeiner und abstrakter Prinzipien als ‚für die Erhaltung des Lebens oder anderer höchst wichtiger Werte [...] unentbehrlich' beschreiben. Für die Arbeitsdefinition des Zwangs folgt daraus, daß nur in äußersten Fällen von Androhung der Enthaltung eines unentbehrlichen Vorteils echter, schwerer Zwang vorliegt.

Die erste Komponente des Zwangsaktes läßt sich nun wie folgt eingrenzen: Sie stellt sich bei Hayek einerseits als Drohung mit der *Zufügung eines objektiv schweren Nachteils* wie auch als Drohung mit der *Verweigerung eines objektiv unentbehrlichen Vorteils* dar. In beiden Fällen müssen Leib, Leben und in einem weit gefaßten Sinne des Begriffes Eigentum des Menschen unmittelbar bedroht sein, damit entlang der Arbeitsdefinition des Zwangsbegriffs Hayeks von *schwerem* Zwang gesprochen werden kann. Eine Ausnahme hierzu stellt bei Hayek jedoch der Zwang dar, den der Staat ausübt, sofern seine Zwangsgewalt nicht selbst durch die allgemeinen und abstrakten Regeln des gerechten Verhaltens begrenzt ist. Aus diesem Grunde kann die Diskussion der Unterscheidung zwischen dem milden und dem schweren Zwang erst im Zuge der Klärung der Unterscheidung zwischen dem privaten und dem staatlichen Zwang vollständig abgeschlossen werden.

5. Privater und staatlicher Zwang

5.1. Wer kann Zwang ausüben?

In den bisherigen Untersuchungen wurde Zwang nicht danach unterschieden, *wer* ihn ausübt, sondern nur das Grundmuster des Zwangs betrachtet. Auch die Unterscheidung nach zwangausübenden Akteuren bleibt bei Hayek weitgehend implizit; sie bezieht sich erkennbar nur auf den *privaten* und den *staatlichen* Zwang. Als erste Orientierung sei vorgeschlagen, unter dem *privaten Zwang* alle Formen des Zwangs zu verstehen, bei denen die Zwangsgewalt des Zwingenden außerhalb des staatlichen Gewaltmonopols liegt, im Gegensatz zum *staatlichen Zwang*, bei dem der Zwingende seine Zwangsgewalt aus einem Zugang zum staatlichen Gewaltmonopol schöpft. Im Falle des staatlichen Zwangs ist der Zwingende mit Sonderrechten (*Privilegien* im Wortsinne) ausgestattet, die ihm die Macht verleihen, andere unter Ausübung der Staatsgewalt zu zwingen. Die begriffliche Unterscheidung zwischen dem staatlichen und dem privaten Zwang trifft analog auch auf den Begriff der Macht zu, wo sie von Hayek wie gezeigt ausdrücklich vorgenommen wird. Allerdings findet sich in Hayeks Konzeption des Zwangs kein Pendant für die Macht kollektiver Akteure. Mit dieser Auslassung in Hayeks Erörterung des Zwangs ist die von Hayek ebenfalls nicht diskutierte Frage verbunden, ob auch *Gruppen* bzw. andere Organisationen als der Staat in der Gesellschaft Zwang im Sinne der Definition ausüben können.

Ausgehend von der erarbeiteten Definition des *Willensbegriffs* Hayeks kann nur ein Individuum Zwang ausüben, ebenso wie auch der Gezwungene nur ein Individuum sein kann: Denn eine Organisation kann als solche keinen Willen haben, und Zwang ist als Willensunterwerfung definiert. Insbesondere im Zusammenhang mit dem staatlichen Zwang stellt sich jedoch die Frage, wer im Denken Hayeks *der Staat* ist. *Der Staat* ist einerseits für Hayek nicht ein bestimmtes Individuum, im Sinne etwa eines einzelnen Machthabers, sondern eine Organisation;[461] andererseits folgt im Denken Hayeks der Zwang, den der Staat ausübt, systematisch dem Grundmuster der Unterwerfung des Willens eines Individuums unter den eines anderen und ist daher auch als staatlicher Zwang nur als Zwang von Individuen über Individuen vorgestellt. Unter ‚Staat' versteht Hayek deshalb zumeist *Regierung* und in diesem Sinne eine willensgeleitete Organisation.[462] Zwar geht Hayek gerade in seinen demokratiekritischen Warnungen vor der Durchsetzung eines ‚Willens der Mehrheit' dem Anschein nach von einem überindividuellen, allgemeinen Willen aus, bis hin zur Überlegung, daß die demokratische Mehrheit in der

---

[461] Hayek (1973d), S. 49; ders. (1979b), S. 446.

[462] Eine Differenzierung des Staatsbegriffs, die bei Hayek weitgehend implizit bleibt. Vgl. Hayek (1973d), S. 50: „Im Lauf der letzten hundert Jahre ist es vornehmlich unter dem Einfluß kontinentalen, insbesondere hegelianischen Denkens weithin üblich geworden, von »state« [...] zu sprechen, wo »government« passender und genauer wäre. Das, was handelt oder eine Politik verfolgt, ist immer die Organisation »government« [...]." Hayek selbst verwendet jedoch – gerade im Zusammenhang mit der Erörterung seines Zwangsbegriffs – überwiegend den Begriff ‚state' bzw. ‚Staat', um eine willensgeleitete und, aufgrund ihrer Sonderstellung als Inhaberin des Gewaltmonopols, potentiell zwangausübende Organisation zu bezeichnen. Vgl. ders. (1960a), Kap. IX: ›*Coercion and the State*‹.

‚unbeschränkten Demokratie' selbst Zwang ausüben könnte;[463] doch sind es im individualistischen Ordnungsbild Hayeks auch auf der Ebene der Organisationen – Staat, Interessensverband, Unternehmen – letztlich Individuen, auf deren Willen sich die Ausübung von Zwang rückführen läßt.[464] Aus diesem Grunde sei hier davon ausgegangen, daß sich Zwang im Verständnis Hayeks auch im Kontext der Großen Gesellschaft immer auf einen einzelnen Willen bezieht oder einen solchen rückgeführt werden kann. Zwang im Sinne der Definition ist Gegenbegriff der *individuellen* Freiheit.

5.2. Die Unterscheidung zwischen Zwang als Drohung mit Zufügung eines Nachteils und Zwang als Drohung mit Verweigerung eines Vorteils im Spiegel der Unterscheidung zwischen privatem und staatlichem Zwang

Zwischen der Differenzierung zwischen staatlichem und privatem Zwang einerseits und schwerem und mildem Zwang andererseits herrscht nach Auffassung dieser Interpretation im Denken Hayeks ein enger Zusammenhang. Hayek diskutiert die Unterscheidung zwischen dem milden und dem schweren Zwang fast ausschließlich am Zwang, verstanden als Drohung mit der Verweigerung eines unentbehrlichen Vorteils. Der Grund hierfür liegt nach Auffassung dieser Interpretation in einer bei Hayek stets implizit bleibenden Ungleichgewichtung des staatlichen und des privaten Zwangs. Dieser Deutung liegt eine Zuordnung zugrunde, die Hayek wiederum selbst nicht vornimmt, und deren Erläuterung zunächst die Aufgabe dieses Abschnittes sein soll. Die vorgeschlagene Zuordnung lautet: (1.) Zwang, verstanden als *Drohung mit der Verweigerung eines unentbehrlichen Vorteils*, ist bei Hayek in erster Linie dem *privaten Zwang* zugeordnet, während (2.) Zwang, verstanden als *Drohung mit der Zufügung eines schweren Nachteils*, in erster Linie dem staatlichen Zwang zugeordnet ist. Diese Zuordnung kennt insbesondere beim privaten Zwang Ausnahmen und impliziert von daher keine scharfe Trennung, sondern lediglich eine Unterscheidung des Zwangs in Abhängigkeit vom zwingenden Akteur.[465]

---

[463] Hayek (1976f), S. 207 (Hervorhebung P.B.): „Willkürliche Unterdrückung in der Form eines diskriminierenden Zwangs, *den die Mehrheit ausübt*, ist nicht besser als die willkürliche Unterdrückung durch jemand anderen." Ders. (1979b), S. 311ff; ders. (1973d), S. 8.

[464] Hayek (1958), S. 162: „Nur Individuen denken, nur Individuen planen und entscheiden." Ders. (1973d), S. 30: „[...] Vorstellungen wie die, daß die Gesellschaft »handelt« oder Personen »behandelt«, »belohnt« oder »entlohnt« oder daß sie Dinge oder Leistungen »schätzt« oder »besitzt« oder »kontrolliert« oder für etwas »verantwortlich« oder an etwas »schuld« ist oder daß sie einen »Willen« oder »Zweck« hat, »gerecht« oder »ungerecht« sein kann oder daß die Wirtschaft Ressourcen »verteilt« oder »zuweist«, [legen – P.B.] alle eine falsche intentionalistische oder konstruktivistische Deutung von Wörtern [nahe – P.B.], die [...] zu unstatthaften Schlußfolgerungen führen."

[465] Eine Ausnahme stellt vor allem der strafrechtlich relevante, private Zwang dar (d.h. die widerrechtliche Androhung bzw. Ausübung von Gewalt). Ebenso kann auch der Staat –

(1.) Die Drohung mit der Verweigerung eines Vorteils stellt – im übertragenen Sinne – das Kernelement der Tauschbeziehung zwischen Anbieter und Nachfrager dar. Negativ formuliert basiert jeder Tauschvorgang auf der bedingten Verweigerung eines Vorteils: Ein Anbieter verfügt über ein Gut oder eine Dienstleistung, die von einem Nachfrager als Vorteil empfunden wird und an deren Weitergabe der Anbieter bestimmte Bedingungen knüpft. Entsprechend folgen die Beispiele, die Hayek zur Veranschaulichung seiner Unterscheidung zwischen dem milden und dem schweren Zwang anführt, durchgängig dem Grundmuster des Tauschhandels:

> „Wenn eine Gastgeberin einen Gast zu ihren Gesellschaften nur einlädt, wenn er in Kleidung und Benehmen gewisse Normen einhält, [...] so ist dies gewiß nicht Zwang. [...] Wenn ich mich zum Beispiel gern von einem berühmten Künstler malen lassen möchte, der es ablehnt, das anders als für ein sehr hohes Honorar zu tun, so wäre es wohl absurd zu sagen, daß ich gezwungen werde. Dasselbe gilt für jedes andere Gut oder jede Leistung, die entbehrlich ist.“[466]

Die angeführten Beispiele haben gemeinsam, daß darin der potentiell Zwingende als Anbieter eines Vorteils erscheint und der potentiell Gezwungene als Nachfrager; die Bedingungen, die der Anbieter stellt, sind im übertragenen Sinne der jeweilige Inhalt der ‚Willensunterwerfung‘.[467] Erst wenn der Vorteil objektiv unentbehrlich ‚für die Erhaltung des Lebens oder anderer höchst wichtiger Werte‘ ist, und sein Besitzer der einzige ist, der in der gegebenen Situation über ihn verfügt, kann sein Besitzer im Verständnis Hayeks die Drohung mit der Verweigerung dieses Vorteils als Mittel zur Willensunterwerfung verwenden, d.h. echten Zwang ausüben.[468]

Die angeführten Beispiele repräsentieren sämtlich Fälle, die in der von Hayek zugrundelegten Katallaxie überwiegend unter privaten Marktteilnehmern vorkommen. Insofern der Staat in der Vorstellung Hayeks nur in bestimmten Sondermärkten als Wirtschaftssubjekt auftreten und in diesen Fällen

---

etwa als Inhaber oder Betreiber eines Monopols – im Besitz eines unentbehrlichen Vorteils sein, mit dessen Verweigerung er drohen und somit jenseits seines Gewaltmonopols Zwang ausüben kann (vgl. I.6.2.).

[466] Hayek (1960b), S. 175.

[467] Veranschaulicht am Gastgeberbeispiel: Anbieter ist die Gastgeberin, Vorteil ist die Einladung, Nachfrager ist der Gast, Preis ist die Einhaltung gewisser Normen (Kleidung, Benehmen); Künstlerbeispiel: Anbieter ist der Künstler, Vorteil ist das Porträt, Nachfrager ist das rhetorische Ich, Preis ist das ‚sehr hohe Honorar‘.

[468] Damit wird der Definitionsvorschlag dieser Arbeit bestätigt, wonach im formalen Verständnis des Zwangs allein die Schwere des angedrohten Nachteils über die Schwere des ausgeübten Zwangs entscheidet. Im materialen Verständnis müßte die Schwere des ausgeübten Zwangs im konkreten Fall am Preis fixiert werden, womit unterstellt würde, es ließe sich im Falle eines Monopols auf eine unentbehrliche Leistung von außen ein ‚gerechter Preis‘ bestimmen, dessen Übersteigung Zwang wäre – eine Annahme, deren strengster Gegner Hayek ist (III.8.3.2.).

ein Marktteilnehmer wie alle anderen auch sein soll, kann seine Rolle als Inhaber des Gewaltmonopols in diesem Zusammenhang zurückgestellt werden.[469] Vor diesem Hintergrund ist der Zwang, verstanden als Drohung mit Verweigerung eines unentbehrlichen Vorteils, in erster Linie dem privaten Zwang im wirtschaftlichen Kontext zuordenbar.

Vorausgesetzt es handelt sich bei ihr um privaten Zwang, stellt sich im Falle der Verweigerung eines unentbehrlichen Vorteils das Dilemma des Zwangs in der Großen Gesellschaft – Zwang läßt sich nur durch die Anwendung von Zwang verhindern – geradezu paradigmatisch dar: Wenn der ‚objektiv unentbehrliche Vorteil' säumig definiert ist, wird Zwang in der Wettbewerbswirtschaft tatsächlich ‚zu einer überall auftretenden Erscheinung'. Eine weiche Definition des ‚unentbehrlichen Vorteils' würde dazu führen, daß im Interesse der Verhinderung von Zwang weite Bereiche der marktwirtschaftlichen Ordnung, der Katallaxie, mit staatlichem Zwang geregelt werden müßten. In diesem Falle wäre das Grundprinzip der Katallaxie, *katallattein,* das Prinzip des Tauschens,[470] als zwangvoll in Frage gestellt. Als weiteres Grundprinzip der Katallaxie wäre die Institution des Privateigentums einer wichtigen Einschränkung unterworfen: Wenn davon ausgegangen wird, daß das Eigentumsrecht desjenigen, der sich im Besitz eines als objektiv unentbehrlich eingestuften Vorteils für andere befindet, relativ zum Anspruch derer, die von seiner Verweigerung betroffen sind, eingeschränkt werden kann, ist eine säumige Auslegung des ‚unentbehrlichen Vorteils' mit weitreichenden Einschränkungen des Eigentumsrechts verbunden.[471] Vor diesem Hintergrund ist die Unterscheidung zwischen dem milden und dem schweren Zwang auch ausschlaggebend für die normative Fundierung der marktwirtschaftlichen Ordnung. Die Definition des ‚unentbehrlichen Vorteils' berührt unmittelbar das Eigentumsrecht und die Handlungsfreiheit insbesondere im wirtschaftlichen Kontext.

(2.) Demgegenüber folgt der Zwang, verstanden als Drohung mit der *Zufügung eines Nachteils,* in erster Linie dem Paradigma des staatlichen Zwangs. Der Grund hierfür liegt hauptsächlich im *Gewaltmonopol* des Staates. Staatlicher Zwang stellt sich bei Hayek zumeist als Drohung mit Strafe zur Durchsetzung von Gesetzen dar,[472] wobei der ausgeübte Zwang entlang der bisher ermittelten Arbeitsdefinition dem Grundsatz nach um so schwerer ist, je mehr die angedrohte Strafe Leib, Leben, Eigentum im engeren Sinne und objektiv

---

[469] Denn der Vorstellung Hayeks nach darf der Staat in seiner Eigenschaft als Wirtschaftssubjekt nur von dem ihm zur Verfügung gestellten Mitteln, nicht aber von seinem Gewaltmonopol Gebrauch machen. Dort, wo der materiale Rechtsstaat etwa als Bereitsteller öffentlicher Güter in Erscheinung tritt, soll der entsprechende Markt jederzeit für private Wettbewerber offen bleiben (III.8.5.).

[470] Hayek (1976b), S. 259f; ders. (1966a), S. 73; ders. (1968a), S. 137f.

[471] Vgl. Hayek (1961b), S. 350.

[472] Hayek (1960b), S. 286.

höchste immaterielle Güter des Menschen affiziert. Als dem anerkannten Inhaber des Gewaltmonopols ist es dem Staat in der Großen Gesellschaft als einziger Organisation möglich, mit Berufung auf geltendes Recht in den privaten Schutzraum des Individuums einzugreifen und grundsätzlich auch, die Schwere des Eingriffs selbst festzulegen. Entsprechend der hier vorgeschlagenen Zuordnung beschreiben die Beispiele, die Hayek zur Veranschaulichung des schweren Zwangs als *Drohung mit der Zufügung eines Nachteils* anführt, durchgängig entweder Fälle, in denen der Staat von seinem Gewaltmonopol Gebrauch zu machen droht, d.h. staatlicher Zwang vorliegt, oder aber, in denen geltendes Recht außer Kraft gesetzt ist, d.h. das Gewaltmonopol des Staates verletzt ist und damit die Grenze zwischen staatlichem und privatem Zwang durchlässig wird:

> „Echter Zwang liegt [...] vor, wenn kriegerische Eroberer ein unterworfenes Volk für sich arbeiten lassen, wenn organisierte Gangster für sogenannten »Schutz« Geld erzwingen, wenn der Mitwisser eines Unrechts sein Opfer erpreßt und natürlich, wenn der Staat mit Strafen und körperlicher Gewaltanwendung droht, um uns zur Befolgung seiner Befehle zu bringen."[473]

Anders aber als beim privaten Zwang sieht Hayek beim staatlichen Zwang keine Abstufung zwischen dem milden und dem schweren Zwang vor. Mit Ausnahme des Zwangs, den der Rechtsstaat zur Durchsetzung der allgemeinen und abstrakten Regeln des gerechten Verhaltens anwendet, ist für Hayek grundsätzlich jeder staatliche Zwang schwerer Zwang. Wie schwer der vom Staat angedrohte Nachteil sein muß, d.h. wie hoch und welcher Art die Strafen sein müssen, mit denen der Staat die Befolgung seiner Gebote oder Verbote durchsetzt, damit schwerer staatlicher Zwang vorliegt, ist eine Frage, mit der sich Hayek folglich nicht befaßt.

Die unterschiedliche Gewichtung von staatlichem und privatem Zwang im Denken Hayeks bringt auch die folgende Passage zum Ausdruck:

> „Die Ausübung von Zwang ist dann willkürlich im Sinne der alten liberalen Tradition, wenn sie einem bestimmten *staatlichen* Zweck dient, auf einem einzelnen Willensakt beruht und nicht auf einer allgemeinen Regel, die nötig ist, um jene sich selbst erhaltende Ordnung des Handelns zu gewährleisten, der auch alle anderen geltenden Verhaltensregeln dienen."[474]

Es ist deutlich erkennbar, daß Zwang für Hayek in erster Linie staatlicher Zwang ist, definiert als Ausübung der Staatsgewalt zur Durchsetzung eines Ziels.

---

[473] Hayek (1960b), S. 177. Eine Verletzung des staatlichen Gewaltmonopols wäre auch gegeben, wenn ein Staatsdiener die ihm übertragene staatliche Gewalt für eigene Ziele mißbraucht, Beispiel: Amtsmißbrauch eines Polizisten. Hayek erwähnt diese Fälle, die sich in einem Grenzbereich zwischen privatem und staatlichem Zwang befinden, nicht.

[474] Hayek (1973a), S. 103 (Hervorhebung P.B.).

Für die Arbeitsdefinition des Zwangsbegriffs Hayeks folgt daraus, daß Zwang auch danach unterschieden werden muß, wer ihn ausübt. Für den staatlichen Zwang gelten dabei offensichtlich andere Kriterien zur Bemessung der Schwere des Zwangs als für den privaten Zwang. Entscheidend ist, daß der Staat angesichts des ihm übertragenen Gewaltmonopols über die weitreichendsten Mittel der Androhung eines objektiv schweren Nachteils in der Gesellschaft verfügt und somit sein Zwangspotential von Hayek als ungleich größer eingestuft wird als dies beim privaten Zwang der Fall ist.

5.3. Staatlicher Zwang und Regeldurchsetzungszwang

Vom staatlichen Zwang muß eine bestimmte Art der Beschränkung individueller Handlungsoptionen durch den materialen Rechtsstaat abgegrenzt werden, die auf der Grundlage der bereits entwickelten Definitionsmerkmale des Zwangsbegriffs Hayeks nun nicht mehr als ‚Zwang' bezeichnet werden kann. Deshalb handelt es sich bei der folgenden Begriffsabgrenzung auch nicht mehr um eine Unterscheidung zwischen Graden des Zwangs, sondern zwischen Arten des Zwangs. Analog zu der hier vorgeschlagenen terminologischen Unterscheidung lassen sich zwei unterschiedliche Staatsbilder zeichnen: hier der Willkürstaat, der als lediglich *formaler Rechtsstaat* die Gesetze, welche ihn in der Ausübung seines Gewaltmonopols begrenzen sollen, jederzeit selbst ändern und bestimmten Regierungszielen anpassen kann und dort der *materiale Rechtsstaat*, der in der Ausübung seines Gewaltmonopols ausschließlich an allgemeine und abstrakte Rechtsregeln gebunden ist, zwecks deren Durchsetzung er das Gewaltmonopol überhaupt innehat,[475] und die er entlang der Vorschläge Hayeks zur institutionellen Trennung von Regierung und Gesetzgebung selbst auch nicht ändern kann.[476] Die einzige Gemeinsamkeit zwischen dem staatlichen Zwang und jenem ‚Zwang', den der materiale Rechtsstaat zur Durchsetzung der allgemeinen und abstrakten Regeln des gerechten Verhaltens anwendet, besteht in der Schwere des angedrohten Nachteils, insofern es sich in beiden Fällen um die Drohung mit dem Gebrauch des staatlichen Gewaltmonopols handelt. Dem ‚Zwang' durch den materialen Rechtsstaat aber fehlt vollständig die zweite Komponente des Zwangsaktes, die Unterwerfung des Willens eines Individuums unter den eines anderen. Zwar können auch die allgemeinen und abstrakten Regeln des gerechten Verhaltens die Bandbreite der Handlungsoptionen des Individuums beschrän-

[475] In dieser Dichotomie erscheint *der Staat* bei Hayek nahezu durchgängig als Willkürstaat, als Inbegriff des Zwangs: Hayek (1953), S. 8; ders. (1968b), S. 174; ders. (1969b), S. 87; ders. (1973a), S. 105.

[476] Vgl. noch einmal Hayek (1973e), S. 184; ders. (1963b), S. 171; ders. (1979b), S. 312, S. 446.

ken,[477] jedoch unterwerfen sie das Individuum nicht dem Willen eines anderen, sondern binden es an Verhaltensregeln, deren einzige normative Funktion darin besteht, Zwang zu verhindern, d.h. dauerhafte individuelle Freiheit herzustellen (vgl. II.3.2.2.).

Es sei nun vorgeschlagen, die Androhung staatlicher Gewalt durch den materialen Rechtsstaat zur Durchsetzung der allgemeinen und abstrakten Regeln des gerechten Verhaltens als *Regeldurchsetzungszwang* zu bezeichnen und sie damit vom staatlichen Zwang begrifflich streng abzugrenzen.

Durch die Regelgebundenheit und die Zweckfreiheit des Regeldurchsetzungszwangs löst sich das von Hayek beschriebene Grunddilemma, wonach Zwang im Sinne der Definition nur durch Zwang verhindert werden kann. Nicht Zwang, sondern die Durchsetzung der allgemeinen und abstrakten Regeln des gerechten Verhaltens minimiert die Ausübung von Zwang in der Großen Gesellschaft. Dem Regeldurchsetzungszwang kommt damit nicht etwa die Bedeutung eines notwendigen Übels zu, sondern er ist die Grundvoraussetzung für die Freiheit des Individuums in der Großen Gesellschaft:

> „Zwang [im Sinne von: Regeldurchsetzungszwang – P.B.] kann freien Menschen bei der Verfolgung ihrer Ziele nur im Wege der Durchsetzung einer Rahmenordnung universaler Regeln helfen, die ihnen nicht bestimmte Ziele vorgeben, sondern ihnen erlauben, ihre eigenen Ziele zu verfolgen, indem sie es ihnen ermöglichen, sich eine Sphäre zu schaffen, sich selbst einen Bereich zu schaffen, der gegen unvorhersagbare Störungen durch andere – einschließlich der Staatsgewalt – geschützt ist.“[478]

> „.[...D]ie Beschränkung alles Zwanges auf die Durchsetzung allgemeiner, für alle gleich geltender Regeln [stellt – P.B.] das Grundprinzip des Liberalismus, ja, ich möchte fast sagen, seine Definition der Freiheit dar [...].“[479]

Nur auf der Grundlage der Unterscheidung zwischen dem staatlichen Zwang und dem Regeldurchsetzungszwang läßt sich auch die Deontologiethese dieser Arbeit halten, wonach Zwang ein ausnahmslos schweres Übel darstellt. Für die Arbeitsdefinition des Zwangsbegriffs Hayeks folgt daraus, daß nun drei eigenständige Zwangsbegriffe erkennbar werden. Vom graduell definierten *privaten Zwang* läßt sich als eigenständige Variante der auf dem staatlichen Gewaltmonopol gründende *staatliche Zwang* unterscheiden, von dem wiederum der seiner Natur nach zweckfreie und somit das Kernmerkmal

---

[477] Vgl. Hayek (1960b), S. 198: „[...A]uch allgemeine, abstrakte, auf alle gleich anwendbare Regeln [können] möglicherweise eine schwere Beschränkung der Freiheit darstellen [...].“

[478] Hayek (1979b), S. 437.

[479] Hayek (1973b), S. 197; ders. (1963b), S. 174; ders. (1979b), S. 311f: (Einfügungen des Originaltextes P.B., vgl. Hayek (1979a), S. 5): „Der Grundsatz, Zwang solle nur zur Sicherung des Gehorsams gegenüber [...] Regeln des gerechten Verhaltens angewendet werden dürfen [...], scheint wesentliche Voraussetzung für das Nichtauftreten willkürlicher Macht [arbitrary power] und somit für Freiheit zu sein.“ Ders. (1979b), S. 417, S. 441; vgl. ders. (1960b), S. 30.

des echten Zwangs – die Willensunterwerfung – nicht erfüllende *Regeldurchsetzungszwang* des materialen Rechtsstaates abgegrenzt werden muß.

5.4. Definitionskriterien des privaten, staatlichen und des Regeldurchsetzungszwangs

Wenngleich Hayek selbst die Unterscheidung zwischen dem privaten und dem staatlichen Zwang nicht diskutiert und ebenso zwischen staatlichem Zwang und Regeldurchsetzungszwang nicht unterscheidet, soll im Folgenden der Versuch unternommen werden, für die genannten begrifflichen Abgrenzungen Definitionskriterien zu erarbeiten, die dem Anspruch der Arbeitsdefinition des Zwangsbegriffs Hayeks, allgemein und abstrakt zu sein, genüge tun. Es handelt sich bei ihnen im wesentlichen um Weiterentwicklungen und Präzisierungen der bereits ermittelten Definitionskriterien.

Der wesentliche Unterschied zwischen dem privaten und dem staatlichen Zwang besteht im Denken Hayeks darin, daß beim staatlichen Zwang die Unterscheidung zwischen milden und schweren Formen der Zwangausübung entfällt. Die Definition der Grade des Zwangs bezieht sich bei Hayek offensichtlich nur auf den privaten Zwang. Wäre das oben zur Bemessung der Schwere des Zwangs herausgearbeitete Kriterium ‚Schwere des angedrohten Nachteils' im Verständnis Hayeks auch im Falle des staatlichen Zwangs anwendbar, so müßte beispielsweise die Androhung einer ‚geringfügigen Strafe' seitens des Staates als milder staatlicher Zwang gewertet werden. Ein solcher milder staatlicher Zwang wäre entlang einer für den privaten wie den staatlichen Zwang *einheitlichen* Definition der Grade des Zwangs in der Gesellschaft zulässig, selbst wenn er der Durchsetzung eines Willens, eines staatlichen Ziels gilt. In Anbetracht der Geringfügigkeit der angedrohten Strafe könnte sich nämlich das potentiell gezwungene Individuum dem milden staatlichen Zwang widersetzen, indem es die angedrohte Strafe in Kauf nimmt. Doch im Falle des staatlichen Zwangs kommt bei Hayek offensichtlich ein anderes Kriterium zum Tragen, wenngleich Hayek es nicht ausdrücklich diskutiert. Kriterium ist in diesem Fall zunächst, daß *der Staat* als Inhaber des Gewaltmonopols Zwang ausübt.

Im Gegensatz zum privaten Zwang ist beim staatlichen Zwang das Kriterium zur Bemessung der Schwere des Zwangs nicht in der ersten Komponente, sondern in der zweiten Komponente des Zwangsaktes verankert. Staatlicher Zwang definiert sich bei Hayek nicht anhand der Schwere des angedrohten Nachteils, sondern anhand der Frage, *wozu* der Staat sein Gewaltmonopol verwendet. Gebraucht der Staat sein Gewaltmonopol für die Durchsetzung eines bestimmten Ziels und nicht für die Durchsetzung der allgemeinen und abstrakten Regeln des gerechten Verhaltens (Regeldurchsetzungszwang), so übt er im Verständnis Hayeks unabhängig von der Schwere des angedrohten Nachteils Zwang aus. Dies ist

„[...d]as Grundprinzip einer freien Gesellschaft, daß nämlich die Zwangsgewalt des Staates auf die Durchsetzung universaler Regeln gerechten Verhaltens beschränkt ist und nicht zur Erreichung bestimmter Ziele gebraucht werden darf [...].“[480]

Eine wesentliche Erklärung dafür, daß die Schwere des angedrohten Nachteils bei Hayek nicht maßgeblich für die Definition des staatlichen Zwangs ist, mag sein, daß der unbeschränkt mächtige Staat bzw. der lediglich formale Rechtsstaat die Schwere des von ihm angedrohten Nachteils sowohl im Einzelfall als auch im allgemeinen jederzeit dem Widerstand des Gezwungenen bzw. des zu Zwingenden anpassen kann. Das Verhältnis von staatlicher Androhung eines Nachteils und der Durchsetzung eines staatlichen Ziels kann vom Staat als Inhaber des Gewaltmonopols jederzeit selbst bestimmt werden, wenn seine Zwangsgewalt nicht im Sinne des Ideals des materialen Rechtsstaates durch allgemeine und abstrakte Regeln des gerechten Verhaltens beschränkt und der gesetzgeberische Apparat nicht institutionell von Regierungsinteressen getrennt ist.

Eine weiter reichende Differenzierung des *privaten* Zwangs hingegen, etwa in Abhängigkeit davon, *wer* die nicht-staatliche, zwingende Person oder Organisation ist, ist in der ›*Verfassung der Freiheit*‹ bzw. im Zusammenhang mit Hayeks Erörterung seiner Konzeption des Zwang nicht erkennbar. Privater Zwang ist bei Hayek – wie auch die angeführten Beispiele zeigen – in erster Linie als wirtschaftlicher Zwang vorgestellt und kennt keine Unterscheidung nach Art und Macht des zwangausübenden Marktakteurs. Bei der Differenzierung des Machtbegriffs Hayeks wurde aber erkennbar, daß Hayek im Spätwerk und im Zusammenhang mit seiner Kritik am formalen Rechtsstaat das Potential privaten, organisierten Zwangs, d.h. besonders des Zwangs durch kollektive Akteure (organisierte Interessen) anerkennt. Die gesellschaftliche Macht kollektiver Akteure gewinnt für Hayek jedoch Bedeutung als potentielle Zwangsgewalt erst, wenn der formale Rechtsstaat aus eigenem Machtinteresse sein Gewaltmonopol zur Unterstützung bestimmter organisierter Interessen nutzt bzw. eine Abhängigkeit zwischen staatlichen und organisierten Interessen entsteht. Eine weitere Ausdifferenzierung des Begriffs des privaten Zwangs in wirtschaftlichen und anderweitig organisierten gesellschaftlichen Zwang, analog der Unterscheidung zwischen wirtschaftlicher Macht und der Macht kollektiver Akteure, wird von Hayek nicht vorgenommen. Angesichts der Restriktivität der Definition des Zwangsbegriffs Hayeks sei vorgeschlagen, ‚schädliche Macht‘ kollektiver Akteure weiterhin unter diesem Begriff zu diskutieren und von einer Binnenunterscheidung des privaten Zwangs abzusehen (vgl. I.6.5.).

---

[480] Hayek (1979b), S. 429; ders. (1976b), S. 303: „Daß der Staat das Zwangsmonopol haben sollte, ist notwendig, Zwang zu beschränken; das darf aber nicht heißen, daß der Staat das ausschließliche Recht haben sollte, um öffentliche Ziele zu verfolgen.“

Für die Arbeitsdefinition des Zwangsbegriffs Hayeks folgt aus den genannten Differenzierungen, daß sich die Schwere des Zwangs anhand von drei objektiv meßbaren Kriterien bestimmen läßt. Das *erste Kriterium* bezieht sich auf die Frage, *wer* der zwangausübende Akteur ist; ist der Zwingende eine nicht-staatliche Person oder Organisation, so liegt privater Zwang vor, wobei nur der *schwere* private Zwang Gegenstand der Definition des Zwangs ist. Die Schwere des privaten Zwangs wird wiederum anhand des *zweiten Kriteriums* – der Schwere des angedrohten Nachteils bzw. der Unentbehrlichkeit des bedingt verweigerten Vorteils – bemessen. Hat der Zwingende hingegen Zugang zum staatlichen Gewaltmonopol, so liegt staatlicher Zwang vor, der für Hayek grundsätzlich immer schwerer Zwang ist, sofern das *dritte Kriterium* – die Gebundenheit des staatlichen Gewaltmonopols an die allgemeinen und abstrakten Regeln des gerechten Verhaltens – nicht erfüllt ist. Ist das dritte Kriterium hingegen erfüllt, liegt Regeldurchsetzungszwang vor, der von der Arbeitsdefinition des Zwangs ausgenommen ist.

5.5. Die Asymmetrie zwischen dem privaten und dem staatlichen Zwang

In der Bewertung des Zwangspotentials privaten versus staatlichen Zwangs herrscht bei Hayek ein Ungleichgewicht vor, das sich wesentlich mit dem Gewaltmonopol des Staates begründen läßt. Im Lichte der angeführten drei Definitionskriterien zur Unterscheidung der verschiedenen Schweregrade und Arten des Zwangs läßt sich dies pointiert bezogen auf das Verhältnis zwischen privatem und staatlichem Zwang wie folgt zusammenfassen: Echter Zwang im Sinne der Definition ist staatlicher Zwang und schwerer privater Zwang. Staatlicher und privater Zwang besitzen in der Konzeption Hayeks unterschiedliche Definitionsbereiche, wobei der Definitionsbereich des privaten Zwangs wesentlich kleiner ist. In zahlreichen Anmerkungen Hayeks wird erkennbar, daß für Hayek die Hauptbedrohung der individuellen Freiheit vom Staat ausgeht.[481] Am deutlichsten bringt Hayek dies in der folgenden Passage zum Ausdruck:

> „[...W]ir sollen nicht vergessen, daß die Tatsache, daß wir dem Staat das Monopol legaler Zwangsausübung gegeben haben, ihn zur größten verbleibenden Gefahr für die persönliche Freiheit gemacht hat. Was ich fürchte, ist, daß aus einem gewissen Streben nach Vollkommenheit und in dem Bemühen, jeden Rest von privater Zwangsausübung auszumerzen, wir die Macht des Staates ungebührlich steigern."[482]

Unter Anwendung der bisher herausgearbeiteten Begriffsdifferenzierungen läßt sich die angeführte Passage nun wie folgt variieren: Privater Zwang kann in der Großen Gesellschaft nur insoweit mit den Mitteln des rechtsstaatlichen Gewaltmonopols verhindert werden, als der Staat hierzu durch allgemeine

---

[481] Hayek (1979b), S. 434; ders. (1960b), S. 28f, S. 176f.

[482] Hayek (1959c), S. 29.

und abstrakte Regeln des gerechten Verhaltens legitimiert sein muß; dort aber, wo mutmaßlich schwerer privater Zwang ausgeübt wird und die allgemeinen und abstrakten Regeln des gerechten Verhaltens ihn nicht erfassen können, läßt er sich seitens des Rechtstaates nicht verhindern. Würde, in anderen Worten, der Rechtsstaat über den Geltungsbereich der allgemeinen und abstrakten Regeln des gerechten Verhaltens hinaus versuchen, unter Anwendung staatlicher Gewalt Zwang in der Gesellschaft zu verhindern, so würde er erneut in das ethische Dilemma geraten, das durch die Regelgebundenheit des Regeldurchsetzungszwangs gerade gelöst wurde: Er würde Zwang im Sinne der Definition ausüben müssen, um Zwang zu verhindern. Fälle solchen mutmaßlich schweren privaten Zwangs sind im ersten Teil dieser Arbeit beschrieben worden: Es handelt sich beispielsweise um den Zwang innerhalb der kleinen Lebenskreise, die durch die allgemeinen und abstrakten Regeln des gerechten Verhaltens vor Eingriffen durch den Staat geschützt sein sollen (I.7.1) oder um den privaten Zwang unter extrem ungleichen Marktakteuren, bei dem der schwächere Akteur aufgrund seiner persönlichen oder sachlichen Umstände einen angedrohten objektiv milden Nachteil als schwer empfindet (I.5.1.2., I.5.2.). Die beschriebenen Grenzfälle werden bei Hayek wie gezeigt stets mit dem Argument entschieden, daß sich das jeweilige Potential privaten Zwangs nur verhindern ließe, wenn systematisch staatlicher Zwang zur Anwendung kommen würde, d.h. wenn unterstellt würde, der Staat verfüge über die erforderlichen Kenntnisse über die Umstände solcher Fälle von Zwang und ‚wisse', im umfassenden Sinne des Wissensbegriffs Hayeks besser als die allgemeinen und abstrakten Regeln des gerechten Verhaltens, was im jeweiligen Fall gerecht sei. Wo immer die Möglichkeit besteht, daß der Staat seine Zwangsgewalt über die Durchsetzung allgemeiner und abstrakter Rechtsregeln hinaus einsetzen könnte, wird sie von Hayek abgelehnt, selbst dann, wenn sie tatsächlich der Verhinderung oder Beschränkung privaten Zwangs dienen könnte, wie in dieser Arbeit später am Oasenbeispiel gezeigt wird (III.8.2.). Hayeks Grundaussage, wonach sich Zwang in der Großen Gesellschaft nur minimieren, nicht aber völlig eliminieren läßt, bezieht sich daher nach Auffassung dieser Interpretation weitaus weniger auf das Dilemma, daß sich Zwang nur unter Anwendung von Zwang verhindern lasse, als vielmehr darauf, daß sich im Interesse der Minimierung staatlichen Zwangs nur jene Fälle privaten Zwangs verhindern lassen, die im Rahmen allgemeiner Regeln des gerechten Verhaltens, d.h. mit Regeldurchsetzungszwang, verhindert werden können.

5.6. Zusammenfassung

Mit den Differenzierungen und Ergänzungen des Zwangsbegriffs Hayeks in den zurückliegenden Kapiteln (III.1. – III.5.) sind die Vorbereitungen für die Arbeitsdefinition des Zwangsbegriffs nun abgeschlossen. Die Untersuchungen haben gezeigt, daß Zwang im formalen Verständnis nicht in Abhängigkeit von Art und Inhalt der Willensunterwerfung zu definieren ist, sondern bereits die Tatsache der Willensunterwerfung ausreicht, um einen Sachverhalt als zwangvoll zu definieren. Folglich sind die Kriterien zur Unterscheidung zwischen mildem und schwerem Zwang nicht in der zweiten Komponente des Zwangsaktes – der Willensunterwerfung – zu suchen, sondern in der ersten Komponente – der Androhung eines objektiv schweren Nachteils: Je schwerer der angedrohte Nachteil, desto schwerer ist der ausgeübte Zwang.

Innerhalb der zweiten Komponente des Zwangsaktes lassen sich drei Unterscheidungskriterien herausdifferenzieren, anhand derer sich der Schweregrad des Zwangs allgemein und abstrakt bestimmen läßt: (1.) Das erste Kriterium richtet sich nach der Frage, *wer* Zwang ausübt und führt zur begrifflichen Unterscheidung zwischen privatem und staatlichem Zwang. (2.) Das zweite Kriterium bezieht sich allein auf den privaten Zwang, der für Hayek im Gegensatz zum staatlichen Zwang grundsätzlich graduell definiert ist: Schwerer privater Zwang ist die Androhung eines objektiv *schweren* Nachteils. (3.) Das dritte Kriterium bezieht sich auf die Unterscheidung zwischen staatlichem Zwang und Regeldurchsetzungszwang. Regeldurchsetzungszwang ist die Durchsetzung allgemeiner und abstrakter Regeln des gerechten Verhaltens mit den Mitteln rechtsstaatlicher Gewalt und ist Voraussetzung, nicht Antonym der individuellen Freiheit. Entlang der drei vorgeschlagenen Kriterien fächert sich Hayeks Zwangsbegriff nun in drei Unterbegriffe auf: *privater Zwang*, *staatlicher Zwang* sowie *Regeldurchsetzungszwang*. Als Zwang im Sinne der Definition gelten für Hayek nur der schwere private Zwang sowie der staatliche Zwang.

6. Arbeitsdefinition des Gewaltbegriffs

6.1. Zwang und Gewalt – Abgrenzung beider Begriffe

Je präziser Hayeks Begriff des Zwangs umrissen ist, um so deutlicher ist erkennbar, daß Zwang im engen Sinne der Definition nicht die einzige Form der Freiheitsberaubung darstellt. Angesichts der Restriktivität der Definition des Zwangs ist Hayeks Beschreibung der individuellen Freiheit als Abwesenheit von Zwang inzwischen unvollständig. Folglich muß auch die Grundaussage in Hayeks Konzeption des Zwangs, Zwang sei nur zulässig, um Zwang zu verhindern, in zweierlei Hinsicht präzisiert werden: Zum einen ist es nicht Zwang, sondern Regeldurchsetzungszwang, mit dem der Rechtsstaat das Vorkommen von Zwang in der Gesellschaft verhindern soll, und zum anderen ist es nicht allein Zwang im engen Sinne der Definition, sondern grundsätzlich jede gezielte Aufhebung der individuellen Freiheit, die durch den Einsatz von Regeldurchsetzungszwang verhindert werden soll. Entsprechend erweitert auch Hayek im Anschluß an seine Erörterung des Zwangsbegriffs die ursprüngliche Formulierung und führt neue, bis dahin nicht diskutierte Phänomene der Freiheitsbeschränkung als mit Regeldurchsetzungszwang sanktionswürdig an:

> „[...] Freiheit verlangt, [...] daß Zwang *und Gewalttätigkeit, Betrug und Irreführung* verhindert werden, mit Ausnahme der Zwangsausübung durch den Staat zu dem einzigen Zweck, die Befolgung bekannter Regeln durchzusetzen [...].“[483]

Trotz der Bedeutung, die diesen weiteren Formen der Freiheitsberaubung als Rechtfertigung für die Anwendung von Regeldurchsetzungszwang zukommt, beschäftigt sich Hayek mit ihnen nur am Rande. Der wichtigste Begriff in diesem Zusammenhang ist der Begriff der Gewalt. Insofern die erste Komponente des Zwangsaktes auch als ‚Drohung mit Gewalt‘ umschrieben werden kann, ist der Begriff der Gewalt wesentlich mit der Definition des Zwangs verbunden. ‚Zwang‘ läßt sich in dieser Perspektive auch als ‚bedingte Gewalt‘ beschreiben. Gewalt ist zudem für die Definition des Zwangs als Moralbegriff von besonderer Bedeutung, weil sich die Verwerflichkeit der Gewalt sowohl mit den drei bekannten Argumenten (Selbstzwecklichkeits-, Wissens- und Evolutionsargument) als auch mit dem Argument der Schädigung des von Gewalt betroffenen Individuums begründen läßt. Gewalt ist im allgemeinen Verständnis zumeist mit der Zufügung von Schaden verbunden, wohingegen beim Zwang im formalen Verständnis nicht grundsätzlich davon ausgegangen werden kann, daß die Willensunterwerfung des Gezwungenen für ihn zugleich eine Schadenszufügung bedeutet. Angesichts der zum Teil unklaren Abgrenzung der Begriffe Zwang und Gewalt in der Darstellung Hayeks kann daher der Eindruck entstehen, das Argument der Schädigung des Gewaltopfers als Begründung der Verwerflichkeit der Gewalt besitze auch Gültigkeit für die Begründung der Verwerflichkeit des Zwangs. Dadurch würde sich die Kontroverse zwischen materialer und formaler Auslegung des Zwangsbegriffs Hayeks an der fehlenden Abgrenzung zum Gewaltbegriff erneut entfachen.

Das Verhältnis von Zwang und Gewalt untersucht Hayek nicht, ebenso wenig, wie er sein Verständnis des Gewaltbegriffs eingehender beschreibt. Aus den Anmerkungen Hayeks zur Gewalt wird auch nicht ersichtlich, ob für ihn einer der beiden Begriffe Oberbegriff des anderen ist, bzw. ob einer von ihnen den anderen in seinen Definitionsbereich einschließt oder wesentliche Teile des Definitionsbereichs des anderen abdeckt. Diesbezügliche Zuordnungen Hayeks sind insofern widersprüchlich, als für Hayek einerseits Gewalt Bestandteil des Zwangs, andererseits aber Zwang eine Sonderform der Gewalt zu sein scheint:

---

[483] Hayek (1960b), S. 184 (Hervorhebung P.B.).

> „Wir können wahrscheinlich alle Formen der Gewalttätigkeit unter Zwang einschließen oder zumindest sagen, daß eine erfolgreiche Verhinderung von Zwang auch die Verhinderung jeglicher Gewalttätigkeit bedeuten wird.“[484]

> „Es wäre weniger irreführend, wenn gelegentlich die Ausdrücke »Gewalt« und »Gewalttätigkeit« anstatt Zwang gebraucht werden würden [...]. Aber sie sind keine Synonyme für Zwang [...].“[485]

Das Problem dieser Zuordnungen besteht im Fehlen einer Umschreibung des Gewaltbegriffs, insbesondere vor dem Hintergrund der Präzision, mit der Hayek seinen Zwangsbegriff von den übrigen Arten der Handlungsbeschränkungen abgrenzen möchte. Die fehlende Abgrenzung zum Gewaltbegriff läßt wiederum eine Unschärfe des Zwangsbegriffs entstehen, denn ‚Zwang‘ im engen Sinne der Definition beschreibt einen anderen Sachverhalt als der Begriff der Gewalt. Eine Gleichsetzung beider Begriffe führt somit leicht zu jener Ausdehnung des Zwangsbegriffs, die Hayek gerade verhindert wissen will.

Wenngleich Hayek den Schwerpunkt der Erörterung seiner Konzeption von Freiheit und Zwang allein auf den Begriff des Zwangs setzt, streift er neben den angeführten grundsätzlichen Überlegungen das Phänomen der Gewalt implizit im Zusammenhang mit den Überlegungen zum angedrohten Nachteil. Ausgehend von diesen wenigen Anmerkungen Hayeks und den bereits herausdifferenzierten Elementen der Arbeitsdefinition des Zwangsbegriffs soll in den folgenden drei Abschnitten ein eigenständiger Umriß des bei Hayek angelegten, aber nicht ausgeführten Gewaltbegriffs entwickelt werden, wenngleich die Formulierung einer vollständigen Arbeitsdefinition des Gewaltbegriffs Hayeks wegen des spärlichen Ausgangsmaterials nur schwer möglich ist. Im Anschluß an diese Begriffsklärung soll die Begründung für die Verwerflichkeit der Gewalt im Denken Hayeks untersucht und mit den drei Argumenten für die Verwerflichkeit des Zwangs abgeglichen werden.

6.2. Ableitung des Gewaltbegriffs aus dem Zwangsbegriff

Es sei vorgeschlagen, Hayeks Gewaltbegriff aus seinem Zwangsbegriff heraus zu entwickeln, indem die beiden Komponenten des Zwangsaktes aus ihrer gegenseitigen Bedingung gelöst und voneinander isoliert betrachtet werden. Unter Gewalt ist demnach (1.) entlang der ersten Komponente des Zwangsaktes (a.) die *bedingungslose* Zufügung eines objektiv schweren Nachteils, einschließlich (b.) der *bedingungslosen* Verweigerung eines unentbehrlichen Vorteils, zu verstehen, sowie (2.) entlang der zweiten Komponente des Zwangsaktes die *bedingungslose* Verzwecklichung eines Individuums für die

[484] Hayek (1960b), S. 184.
[485] Hayek (1960b), S. 174.

Ziele eines anderen gegen seinen Willen.[486] Auf diese Weise entstehen zwei voneinander unterscheidbare Beschreibungen bzw. Varianten der Gewalt, die ihre Entsprechung jeweils in einer der beiden dargestellten Komponenten des Zwangsaktes haben. Es sei weiter vorgeschlagen, die erste Variante der Gewalt der Übersichtlichkeit halber als ‚Gewalt$_1$' und die zweite Variante als ‚Gewalt$_2$' zu bezeichnen (vgl. Abbildung 3., S. 188). Als Sonderform der Gewalt$_1$ soll die bedingungslose Verweigerung eines unentbehrlichen Vorteils, die auch als ‚unterlassene Hilfeleistung' begriffen werden kann, im Anschluß an die Besprechung der beiden Varianten Gewalt$_1$ und Gewalt$_2$ in einem eigenen Abschnitt untersucht werden (III.6.4.).

6.2.1. Gewalt als bedingungslose Zufügung eines objektiv schweren Nachteils (Gewalt$_1$)

Ausgehend von der ersten Komponente des Zwangsaktes liegt Gewalt, genauer: Gewalt$_1$, vor, wenn ein Individuum einem anderen einen objektiv schweren Nachteil zufügt.[487] Im Gegensatz zum Zwingenden knüpft der Gewalt$_1$ Ausübende an seine Tat keine Bedingungen, durch deren Befolgung der Betroffene sie von sich abwenden könnte.[488] Das Opfer von Gewalt$_1$ ist daher – anders als das Opfer von Zwang – in zweierlei Hinsicht *nicht handelndes Subjekt*, sondern *Objekt* der Handlung des Gewaltausübenden: Zum einen trifft es keine Wahlentscheidung und zum anderen führt es keine aus dem Gewaltakt hervorgehende Handlung aus.[489]

Was unter einem ‚objektiv schweren Nachteil' im Denken Hayeks zu verstehen ist, ist bereits im Zusammenhang mit der Untersuchung der ersten Komponente des Zwangsaktes dargelegt worden. In Abwandlung der bekannten Passage wird Gewalt$_1$ ‚in [...] einer Körperverletzung der eigenen Person oder der nahen Angehörigen oder [...] einer Schadensstiftung an wertvollem oder gehegtem Eigentum bestehen',[490] d.h. einen Angriff auf Leib, Leben und Eigentum bedeuten. Die Zufügung eines objektiv schweren Schadens schließt bei Hayek wie gesehen aufgrund des weiten Eigentumsbegriffs auch die Zufügung schweren immateriellen Schadens ein.

---

[486] Zur Verwendung des Wortes ‚bedingungslos' siehe in dieser Arbeit Fußnote 404.

[487] Folglich mündet der Zwangsakt in einen Gewaltakt, wenn der Zwingende seine Drohung mit einem empfindlichen Nachteil wahrmacht. Insofern der zugefügte Nachteil im Falle der Gewalt ein tatsächlicher Schaden für den Betroffenen ist, werden ‚Nachteil' und ‚Schaden' in der folgenden Diskussion des Gewaltbegriffs synonym verwendet.

[488] Das Opfer von Gewalt kann durch Gegenwehr den Gewaltausübenden von seiner Absicht abbringen; aber innerhalb des Gewaltaktes hat es im Unterschied zum Zwangsakt keine Möglichkeit, durch eine vom Aggressor gewollte Veränderung seines Verhaltens die Einwirkung von Gewalt zu verhindern.

[489] Hayek (1960b), S. 171f.

[490] Hayek (1960b), S. 177.

6.2.2. Gewalt als bedingungslose Willensunterwerfung (Gewalt$_2$)

Ausgehend von der zweiten Komponente des Zwangsaktes liegt Gewalt, genauer: Gewalt$_2$, vor, wenn ein Individuum ein anderes gegen dessen Willen unmittelbar und bedingungslos als Werkzeug zur Befolgung seiner Ziele verwendet. Auch in diesem Falle besteht der wesentliche Unterschied zum Zwang darin, daß der Betroffene nicht selbst handelt, sondern Gegenstand der Handlung eines anderen ist. Was in Abgrenzung zum Zwang unter einer solchen *unmittelbaren, bedingungslosen* Willensunterwerfung zu verstehen ist, verdeutlicht Hayek an den beiden folgenden Beispielen:

> „Wenn jemand gewaltsam meine Hand führt, um meinen Namenszug zu zeichnen, oder meinen Finger gegen einen Gewehrhahn preßt, so habe ich nicht gehandelt. Solche *Gewaltanwendung*, die meinen Körper zum physischen Werkzeug eines anderen macht, ist ebenso verwerflich wie eigentlicher Zwang [...].“[491]

Im Unterschied zum *Gezwungenen* ordnet der von *Gewalt$_2$ Betroffene* seinen Willen nicht *selbst* dem Willen eines anderen unter, sondern er wird *unmittelbar* dem Willen eines anderen unterworfen. Die angeführten Beispiele – Pressen eines fremden Fingers gegen den Abzug einer Waffe, Führen einer fremden Hand zur Leistung einer Unterschrift – veranschaulichen, daß Hayek dabei analog zum Zwang nur an besonders schwere Fälle der Instrumentalisierung eines Menschen denkt, an Fälle, die im abgewandelten Sinne der bereits ermittelten Kriterien zur Bemessung der Schwere des unter Zwang angedrohten bzw. unter Gewalt$_1$ zugefügten Nachteils mit unmittelbaren Verletzungen von Leib, Leben und Eigentum verbunden sind (III.4.2.–3.). Da sich Hayek allerdings zur Differenzierung zwischen milder und schwerer Gewalt nicht äußert, ist auch hier nur ein Analogieschluß vom Zwangs- auf den Gewaltbegriff möglich.[492]

6.3. Vergleich beider Arten der Gewalt

Das zentrale und gemeinsame Merkmal beider Varianten der Gewalt besteht in der Ausschaltung des Betroffenen als handelndes Subjekt. Das Gewaltopfer ist Objekt bzw. darüber hinausgehend im Falle der Gewalt$_2$ sogar Mittel der Handlung des Gewaltausübenden. Ausgehend von diesem Definitionsmerkmal läßt sich ‚Gewalt‘ als Überbegriff der beiden Varianten im Verständnis Hayeks nun als *unmittelbare und bedingungslose Verzwecklichung eines Menschen für die Ziele eines anderen* begreifen. Mit dieser Begriffsbestimmung wird auch die Gewalt$_1$ erfaßt, wenngleich sie auf diese Weise unüblich

---

[491] Hayek (1960b), S. 171f (Hervorhebung P.B.).

[492] Diese Annahme, für die sich bei Hayek keine Belege finden, ist unerläßlich für die Kohärenz der Definition der Gewalt und des Regeldurchsetzungszwangs, da ansonsten genau wie beim Zwang Gewalt zu einer ‚überall auftretenden und unvermeidbaren Erscheinung wird‘. Vgl. Hayek (1960b), S. 178; vgl. in dieser Arbeit Kap. I.1.

beschrieben wird: Im Lichte dieser Begriffsbestimmung ist die Zufügung eines objektiv schweren Nachteils durch die Tatsache als Gewalt definiert, daß der Gewaltausübende sein Opfer als Objekt des Ziels ‚Zufügung eines schweren Nachteils' verwendet, nicht aber durch dessen schwere Schädigung. Wenngleich diese Begriffsbeschreibung streng freiheitlich ist, weil sie die Verletzung der Selbstbestimmtheit des Menschen zum bestimmenden Definitionskriterium der Gewalt erhebt, soll im Folgenden zusätzlich auch der Aspekt der Schädigung des Gewaltopfers beleuchtet werden. Dabei wird sich zeigen, daß im Verständnis Hayeks die in dieser Arbeit als ‚Gewalt$_1$' bezeichnete Form der Gewalt allein mit dem Definitionsmerkmal der Verzwecklichung des Gewaltopfers, d.h. seiner Willensunterwerfung, nicht treffend beschrieben ist.

Auf der Grundlage der im Abschnitt III.4.2. erarbeiteten allgemeinen und abstrakten Maßstäbe zur Bestimmung des ‚objektiv schweren Nachteils' kann auch die *Schädigung des Gewaltopfers* als geeignetes Kriterium einer formalen und abstrakten Definition der Gewalt angeführt werden. Es soll jedoch betont werden, daß dieses Kriterium von Hayek nicht diskutiert wird, wenngleich es spätestens im Zusammenhang mit der Verweigerung eines lebensnotwendigen Vorteils implizit fester Bestandteil seiner Argumentation ist. Als Definitionsmerkmal trifft aber die objektiv schwere Schädigung eines Individuums nur auf die Gewalt$_1$ uneingeschränkt zu. Für die Definition der Gewalt$_2$ eignet es sich hingegen nicht, weil sich die Willensunterwerfung im formalen Verständnis des Zwangsbegriffs nicht durch die von ihr verursachte Schädigung des Unterworfenen definiert, sondern allein durch die Tatsache der Verzwecklichung eines Menschen gegen seinen Willen. So ist die gewaltsame Führung einer fremden Hand zur Leistung einer Unterschrift nicht erst dann Gewalt$_2$, wenn die Leistung der Unterschrift mit einem Nachteil für den Betroffenen verbunden ist, sondern unabhängig davon, weil die Hand des Betroffenen gegen seinen Willen von einem anderen geführt wird. In der Perspektive der Deontologiethese ist – analog zum ‚Zwang zum Glück' – auch eine den Betroffenen objektiv nicht schädigende oder sogar eine für ihn im Ergebnis nützliche Willensunterwerfung Gewalt, weil im formalen und deontologischen Verständnis des Begriffs der Gewalt$_2$ nicht die jeweiligen Inhalte und Folgen des Gewaltaktes, sondern die Tatsache der bedingungslosen Willensunterwerfung definitionsentscheidend ist.

6.4. Sonderform der Gewalt: Bedingungslose Verweigerung eines lebensnotwendigen Vorteils. Das Arztbeispiel

Der Zufügung eines schweren Nachteils gleichwertig ist die Verweigerung eines Vorteils, der für die Erhaltung des Lebens oder vergleichbarer objektiv höchster Güter des Menschen unentbehrlich ist (III.4.3.). In dieser Auslegung des Gewaltbegriffs Hayeks ist nun nicht mehr die bedingungslose Indienstnahme des von der Vorteilsenthaltung betroffenen Individuums für die Ziele eines anderen das definitionsentscheidende Merkmal der Gewalt, sondern vielmehr die *objektiv schwere Schädigung* des von der Verweigerung Betroffenen. Mit dieser Variante der Gewalt beschäftigt sich Hayek nur in seinem Aufsatz ›*Freedom and Coercion*‹, wenngleich er sie nicht unter dem Begriff der Gewalt diskutiert. Zur Veranschaulichung der Problematik führt Hayek das Beispiel eines Arztes an, der als einziger in der Lage ist, an einem in Not geratenen Menschen eine lebenserhaltende Operation vorzunehmen, dies jedoch nur für ein sehr hohes Honorar bereit ist, zu tun.[493] Dieses Beispiel repräsentiert entlang der bisher erarbeiteten Definition einen klaren Fall von Zwang:

> „[...D]ie Verweigerung, hier [...] zu helfen, ist als schädigende Veränderung der Umstände zu betrachten und [die Drohung mit ihr – P.B.] deshalb als Zwang."[494]

Die Drohung mit der *Verweigerung* lebensrettender Maßnahmen ist eine bedingte Verweigerung eines lebensnotwendigen Vorteils und als solche – wie die angeführte Passage nochmals deutlich macht – für Hayek der bedingten *Zufügung* eines objektiv schweren Nachteils gleichwertig. Entfällt nun die Bedingung, so handelt es sich nicht mehr um Zwang, sondern um $Gewalt_1$. In der Gewichtung der Definitionsmerkmale der $Gewalt_1$ und der $Gewalt_2$ besteht das entscheidende Definitionsmerkmal hier nun darin, daß der Arzt mit der bedingungslosen Verweigerung seiner lebenserhaltenden Leistung dem Betroffenen einen objektiv schweren Schaden zufügt und erst sekundär darin, daß er ihn hierdurch zum Objekt seiner Handlungen macht. Es läßt sich jedoch sagen, daß der Arzt den Notfallpatienten insofern als Mittel zur Verwirklichung seiner Ziele benutzt, als er seine Leistungen verweigert, *um* anstelle ihrer Erbringung andere Ziele zu verfolgen. Ebenfalls kann gesagt werden, daß der Arzt den Notfallpatienten seinem Willen, die Operation nicht durchzuführen, unterwirft.[495] Das von der bedingungslosen Verweigerung

---

[493] Hayek (1961b), S. 350.

[494] Hayek (1961b), S. 350 (Satzergänzung P.B.): „[...A] refusal to render them [these services – P.B.] is justly regarded as a harmful alteration of the environment and therefore [the threat with their refusal – P.B.] as coercion." Ohne die hier vorgenommene Ergänzung – ‚und die Drohung mit ihr' – ist die angeführte Passage mißverständlich und nicht korrekt formuliert, weil sie strenggenommen Gewalt und nicht Zwang beschreibt, und weil Zwang im formalen Verständnis – im Gegensatz zur $Gewalt_1$ – gerade nicht durch die Schädigung, sondern durch die Willensunterwerfung des Gezwungenen definiert ist. In der Literatur ist die angeführte Passage ohne die hier vorgeschlagene Satzergänzung entsprechend als Beleg für Hayeks Gleichsetzung von Zwang und Schadenszufügung gedeutet worden: So geschehen bei Rothbard (1980), S. 44, S. 46; Bouillon (1997), 49ff.

[495] In diesem Beispiel wird davon ausgegangen, daß der Notfallpatient bei Bewußtsein ist, bzw. sogar, wenn er nicht bei Bewußtsein wäre, unterstellt werden kann, daß er den Willen hätte zu überleben und deshalb auch den Willen, vom einzigen anwesenden Arzt versorgt zu werden.

eines lebensnotwendigen Vorteils betroffene Individuum ist Objekt der Handlung desjenigen, der den Vorteil verweigert, weil die Vorteilsverweigerung im Zeichen der Zielverwirklichung des Vorteilsbesitzers steht. Analog zur $Gewalt_2$ läßt sich daher auch im Falle der $Gewalt_1$ die Willensunterwerfung des Gewaltopfers als ein grundsätzlich zutreffendes Merkmal der $Gewalt_1$ anführen, wenn sie auch nicht ihr definitions*entscheidendes* Merkmal ist. An der Verweigerung eines lebensnotwendigen Vorteils läßt sich vielmehr deutlich machen, daß die *objektiv schwere Schädigung des Betroffenen* das entscheidende Kriterium für die Definition der Gewalt, verstanden als $Gewalt_1$, ist.

6.5. Begründungen für die Verwerflichkeit der Gewalt

Mit den beiden Varianten $Gewalt_1$ und $Gewalt_2$ verbinden sich auch zwei jeweils eigenständige Begründungen für die Verwerflichkeit der Gewalt. Insofern für Hayek Gewalt mit Regeldurchsetzungszwang sanktioniert werden soll,[496] stehen beide Varianten zugleich für verschiedene Rechtfertigungen für die Anwendung von Regeldurchsetzungszwang zur Verhinderung von Gewalt. Dahinter verbirgt sich eine Grundfrage an Hayeks Moraltheorie: Dient der zur Verhinderung der Gewalt angewandte Regeldurchsetzungszwang ausschließlich der Verhinderung von Zwang und $Gewalt_2$, d.h. der Verhinderung der *Willensunterwerfung* – oder dient er darüber hinaus der Abwendung objektiv schweren Nachteils vom Individuum in der Großen Gesellschaft ($Gewalt_1$), d.h. der *Schadensverhinderung*? Kann der Schutz des Individuums vor objektiv schwerem Nachteil auch alleiniger Rechtfertigungsgrund für Beschränkungen der individuellen Freiheit sein? Mit diesen Fragen setzt sich Hayek nicht auseinander. Sollte es aber für Hayek Fälle geben, in denen die Anwendung von Regeldurchsetzungszwang *allein* der Abwendung objektiv schweren Schadens vom Individuum dient, so kann daraus gefolgert werden, daß für ihn nicht allein die Freiheit im engen Sinne, sondern auch die Unversehrtheit – positiv gewendet: die Wohlfahrt – des Individuums ein Wert ist, der die Anwendung von Regeldurchsetzungszwang als gerechtfertigt erscheinen läßt. Dient die Anwendung von Regeldurchsetzungszwang hingegen ausschließlich der Herstellung und Erhaltung der individuellen Freiheit, verstanden als Abwesenheit von Zwang und $Gewalt_2$, so ist die objektiv schwere Schädigung eines von $Gewalt_1$ betroffenen Individuums lediglich ein nachgelagerter Aspekt bei der Begründung ihrer Verwerflichkeit, und folglich auch nicht alleiniger Grund für die Anwendung von Regeldurchsetzungszwang zu ihrer Verhinderung. Die Untersuchung dieser Fragestellung soll der Übersichtlichkeit der Argumentationsganges halber zunächst an der *Willensunterwerfung* als dem bestimmenden Definitionsmerkmal der $Gewalt_2$ erfolgen

[496] Hayek (1960b), S. 172, S. 184; ders. (1979b), S. 434.

(III.6.5.1.) und erst im Anschluß daran an der *Schädigung des Gewaltopfers* als dem bestimmenden Definitionsmerkmal der Gewalt$_1$ (III.6.5.2.).

6.5.1. Begründung der Verwerflichkeit der Gewalt$_2$: Willensunterwerfung

Wird Hayeks Gewaltbegriff ausschließlich aus dem Definitionsmerkmal der Willensunterwerfung des Gewaltopfers heraus entwickelt, so entsteht ein streng deontologisch an der individuellen Freiheit ausgerichteter, formaler Gewaltbegriff. Entlang der hier vorgeschlagenen Differenzierung des Gewaltbegriffs trifft dies vor allem auf die Gewalt$_2$ zu. In der Perspektive dieses Gewaltbegriffs ist die Verwerflichkeit der Gewalt einwandfrei mit den drei bekannten Argumenten für die Verwerflichkeit des Zwangs begründet (Selbstzwecklichkeits-, Wissens-, Evolutionsargument):

> „[...] Gewaltanwendung, die meinen Körper zum physischen Werkzeug eines anderen macht, ist ebenso verwerflich wie eigentlicher Zwang und muß aus denselben Gründen verhindert werden.“[497]

Wenngleich Gewalt$_2$ im dargestellten Verständnis für Hayek ‚*ebenso* verwerflich wie [...] Zwang‘ ist, folgt strenggenommen aus der Unmittelbarkeit der Willensunterwerfung, daß es sich bei der Gewalt$_2$ um eine verglichen mit dem Zwang noch schwerere und deshalb noch verwerflichere Form der Willensunterwerfung handelt.[498] Doch auch unabhängig davon läßt sich die Verwerflichkeit der Gewalt in dieser von Hayek selbst vorgeschlagenen Lesart stringent mit den drei Argumenten für die Verwerflichkeit des Zwangs begründen. Dieser Ansatz entspricht voll und ganz der Deontologiethese, weil die Verwerflichkeit der Gewalt$_2$ nicht durch eine Schädigung des Betroffenen bestimmt wird, sondern allein dadurch, daß das Opfer von Gewalt$_2$ gegen seinen Willen Objekt der Handlung eines anderen ist.

6.5.2. Begründung der Verwerflichkeit der Gewalt$_1$: Objektiv schwere Schädigung

Wenngleich es grundsätzlich zulässig wäre, die Verwerflichkeit der Gewalt auch im Falle der Gewalt$_1$ mit dem Aspekt der Willensunterwerfung des Gewaltopfers zu begründen (III.6.3.), zeigen doch spätestens Hayeks Überlegungen zum Arztbeispiel, daß die darin beschriebene Art der Gewalt (Gewalt$_1$) für ihn durch die *Schädigung* des Gewaltopfers definiert ist und sich hieraus auch die Begründung der Verwerflichkeit der Gewalt ableitet.[499] Dabei beschreibt das Arztbeispiel noch nicht einmal den klassischen Fall der Gewalt$_1$,

---

[497] Hayek (1960b), S. 171f.

[498] Vgl. Hamowy (1961), S. 29.

[499] Vgl. hierzu auch die Überlegungen von Hoy (1984), S. 22; Bay (1971), S. 101; Zeitler (1995), S. 122f.

die *Zufügung* eines schweren Nachteils, sondern den weitaus schwierigeren Sonderfall der *Verweigerung eines unentbehrlichen Vorteils*. Wenn nun bereits die *Verweigerung eines Vorteils* ihrer Schädigung wegen ein Übel ist, so gilt dies erst recht für die *Zufügung eines Nachteils*. Jetzt ist Gewalt verwerflich, weil der Gewaltausübende seinem Opfer einen schweren Schaden zufügt und nicht mehr, weil er es zum bloßen Mittel seiner Ziele macht. Und die Rechtfertigung für die Anwendung von Regeldurchsetzungszwang zur Verhinderung der Gewalt bezieht sich jetzt folglich auch nicht mehr auf die Willensunterwerfung, sondern auf die Schädigung eines Menschen durch einen anderen.

Weil unter Gewalt$_1$ im Denken Hayeks sowohl die Zufügung eines objektiv schweren Nachteils als auch die Verweigerung eines unentbehrlichen Vorteils zu verstehen ist, folgen auch jene Regeln, die die Verhinderung von Gewalt$_1$ zur Funktion haben, unterschiedlichen Vorzeichen. Entlang dieser Differenzierung lassen sich zwei Arten von gewaltverhindernden Regeln unterscheiden: Die *Zufügung* eines Nachteils wird durch eine *Verbotsregel*, hingegen die *Verweigerung* eines unentbehrlichen Vorteils durch eine *Gebotsregel* verhindert werden müssen, weil sich das Verbot der Enthaltung einer Sache in das *Gebot* ihrer Bereitstellung umkehrt. Die vorgeschlagenen Differenzierungen des Gewaltbegriffs nach Erscheinungsformen und Arten der Gewalt sowie die jeweilige Begründung ihrer Verwerflichkeit und die ihnen entsprechende Art der Gerechtigkeitsregel zu ihrer Verhinderung, lassen sich nun wie folgt zusammenfassen:

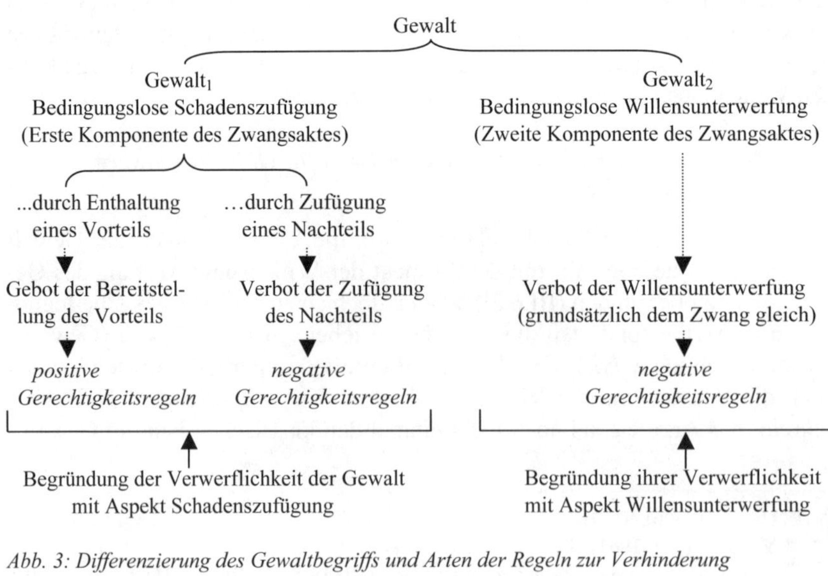

Abb. 3: Differenzierung des Gewaltbegriffs und Arten der Regeln zur Verhinderung der Gewalt

Mit dem Arztbeispiel beschreibt Hayek entlang der hier vorgeschlagenen Systematisierung $Gewalt_1$ durch Verweigerung eines unentbehrlichen Vorteils, und die zur Verhinderung dieser Art der Gewalt zur Anwendung kommende allgemeine und abstrakte Regel des gerechten Verhaltens wird folglich das Gebot der Erbringung des unentbehrlichen Vorteils formulieren. Entsprechend schreibt auch Hayek in *›Freedom and Coercion‹* im Anschluß an das Arztbeispiel:

> „Dies alles [Verweigerungen lebensnotwendiger Vorteile – P.B.] sind Fälle, von denen ich wünschen möchte, daß diejenigen, in deren Hand das Leben eines anderen liegt, in der moralischen und *gesetzlichen Pflicht* stehen, die in ihrer Macht stehende Hilfe zu leisten [...]“[500]

Die Einschränkung der individuellen Freiheit desjenigen, der sich im Besitz eines für einen anderen objektiv lebensnotwendigen Vorteils befindet, ist für Hayek moralisch erwünscht und darüber hinaus ihre Durchsetzung mit Zwang bzw. mit Regeldurchsetzungszwang angezeigt.[501] Mit diesem Vorschlag öffnet sich eine neue Perspektive auf Hayeks Moraltheorie. Zum einen wird deutlich, daß die zwangsbewehrte allgemeine und abstrakte Verhaltensregel, für die Hayek an dieser Stelle eintritt, nicht in erster Linie der Verhinderung der Willensunterwerfung, sondern der Verhinderung einer objektiv schweren Schädigung des Individuums dient. Zum anderen handelt es sich bei ihr um eine *Gebots*regel, d.h. um eine *positive allgemeine und abstrakte* Regel des gerechten Verhaltens.[502] Durch diese beiden Merkmale – (1.) Schadensverhinderung als Rechtfertigungsgrund für die Ausübung von Regeldurchsetzungszwang und (2.) der Gebotscharakter der entsprechenden Verhaltensregel – weicht die von Hayek vorgeschlagene Regel grundsätzlich von seiner Definition der Regeln des gerechten Verhaltens ab, wonach diese ihrer Art nach *negativ* sind und in der Freiheit als Abwesenheit von Zwang und $Gewalt_2$, d.h. in der Freiheit, dem eigenen Willen nach zu handeln, ihren höchsten Wert haben.[503]

Das Verständnis des Vorschlags in *›Freedom and Coercion‹* wird dadurch erschwert, daß Hayek ihn selbst nicht begründet, sondern als Erklärung lediglich anführt, die Hilfeleistung in Not würde als allgemeines Recht angesehen,

---

500 Hayek (1961b), S. 350 (Hervorhebung P.B.): „They are all instances where I should wish that those in whose hands the life of another is placed should be under a moral and *legal obligation* to render the help in their power [...].“

501 Hayek (1961b), S. 350: „That in such instances the unlimited control of the owner over his property has to give way is good old libertarian doctrine [...].“

502 Wenngleich positiv, muß es sich bei ihr um eine *allgemeine und abstrakte* Regel des gerechten Verhaltens handeln, da andernfalls die Art des ‚Zwangs‘, der zu ihrer Durchsetzung angewandt würde, nicht Regeldurchsetzungszwang, sondern echter Zwang im Sinne der Definition wäre.

503 Hayek (1973d), S. 113: „[...] Regeln gerechten Verhaltens [sind] insofern negativer Natur, als sie nur auf die Verhinderung von Ungerechtigkeit abzielen [...].“

d.h. als Verhalten, mit dem das Individuum in der Großen Gesellschaft rechnen könne.[504] Anders gewendet: Es zählt zu den ‚berechtigten Erwartungen' des Individuums, daß es in Notfällen, wie das Arztbeispiel sie beschreibt, Hilfe erfährt, sofern sie geleistet werden kann. Doch diese Anmerkung erklärt noch nicht, *weshalb* es sich bei der Hilfeleistung in Notlagen um eine berechtigte Erwartung handelt, die den Einsatz von Regeldurchsetzungszwang zu ihrem Schutz als gerechtfertigt erscheinen läßt. Mit der Tatsache, daß Hayeks Vorschlag zur Verhinderung von $Gewalt_1$ letztlich die Rechtfertigung einer *positiven* allgemeinen und abstrakten Regel des gerechten Verhaltens bildet, und daß diese Ausnahme nach Begründung verlangt, befaßt sich Hayek nicht.

6.6. Die Bedeutung positiver allgemeiner Regeln des gerechten Verhaltens

Die Existenz positiver allgemeiner und abstrakter Regeln des gerechten Verhaltens erkennt Hayek nur an wenigen Stellen in seinem Gesamtwerk ausdrücklich an.[505] Die Fälle, die Hayek dabei anführt, folgen in ihrem Grundmuster dem Arztbeispiel, auch wenn diese Verknüpfung von Hayek selbst nicht hergestellt wird. Bei den folgenden Textstellen handelt es sich um die beiden einzigen deutlichen Aussagen Hayeks über positive Regeln des gerechten Verhaltens in seinem Gesamtwerk:

> „Freie Menschen [...] dürfen keinen Regeln unterworfen werden, die ihnen sagen, was sie tun sollen, sondern nur Regeln, die ihnen sagen, was sie *nicht* tun dürfen [...]. (Es gibt hierzu einige seltene Ausnahmen, wie die Verpflichtung Leben zu retten oder zu schützen, Katastrophen zu verhindern und dergleichen, wo Regeln der Gerechtigkeit positive Handlungen tatsächlich fordern, oder solche Regeln doch als gerecht angesehen würden, wenn sie dies täten.)"[506]

Im zweiten Band von ›*Recht, Gesetz und Freiheit*‹ steht Hayek positiven Verhaltensregeln vorsichtiger gegenüber und faßt ihren Geltungsbereich entsprechend enger. Gleichzeitig präzisiert Hayek die Besonderheit der Beziehung zwischen dem in Not Geratenen und dem Besitzer des für ihn lebensnotwendigen Vorteils:

> „[Es gibt] einige [...], eher außergewöhnliche Fälle, in denen aufgrund der Regeln gerechten Verhaltens eine Person durch die Umstände in ein besonderes Naheverhältnis zu anderen Personen geraten ist und infolgedessen ihnen gegenüber eine besondere Verpflichtung hat. Bezeichnenderweise kennt das englische Gewohnheitsrecht [... als – P.B.] einzigen solchen Fall [... nur die – P.B.] Hilfeleistung bei Gefahr auf hoher See. Die moderne Gesetzgebung pflegt weiter zu gehen und hat in manchen Ländern eine positive Verpflichtung zu lebensrettendem Handeln normiert, soweit dies in der Macht einer bestimmten Person liegt. Gegenwärtig sind [...positive – P.B.] Regeln gerechten Verhaltens [...] noch seltene Ausnah-

---

[504] Vgl. noch einmal Hayek (1961b), S. 350.

[505] Hayek (1960b), S. 183; ders. (1966a), S. 76; ders. (1976b), S. 186.

[506] Hayek (1966a), S. 76 (Hervorhebung und Klammer im Original).

men und beschränken sich auf Fälle, in denen ein Unglücksfall Personen in ein zeitweiliges Naheverhältnis zueinander gebracht hat."[507]

Hayeks Anerkennung positiver Regeln des gerechten Verhaltens bezieht sich auf Maßnahmen, die der Erhaltung menschlichen Lebens dienen und damit ihren Bezugspunkt nicht mehr allein im Wert der individuellen Freiheit haben, verstanden als Abwesenheit von Zwang im engen Sinne der Arbeitsdefinition und von $Gewalt_2$. In der Abwägung der Werte Freiheit versus Leben übersteigt der Wert des Lebens den Wert der individuellen Freiheit, wodurch eine wichtige Grenzlinie der Freiheit markiert ist. Entsprechend tritt Hayek dafür ein, die Freiheit des Individuums zum Zweck der Erhaltung von Leben einzuschränken; aber die Begründung hierfür scheint sich nicht auf die Freiheit, nicht auf die Willensunterwerfung des Individuums, zu beziehen, sondern auf seine objektiv schwere Schädigung als ein Übel, dessen Verhinderung die Anwendung von Regeldurchsetzungszwang, die Begrenzung der Freiheit, gebietet.

Nun läßt sich eine Analogie ziehen zu der Frage der Selektionsprinzipien, die jeweils in der biologischen und der kulturellen Evolution wirken: Ähnlich, wie entlang der hier vertretenen Interpretation der Theorie der kulturellen Evolution zwar die Freiheit das *bestimmende* abstrakte und normative Selektionsprinzip der *kulturellen* Evolution ist, jedoch das Selektionsprinzip der *biologischen* Evolution – ‚Erhaltung von Leben' – als normatives Prinzip auch in die *kulturelle* Evolution hineinwirken mag (II.3.4.3.), ist die Freiheit zwar der *bestimmende*, aber *nicht der alleinige Wert*, der in den allgemeinen und abstrakten Regeln des gerechten Verhaltens zur Verwirklichung kommt. In bestimmten Grenzfällen kann die Ausübung der Freiheit mit dem Wert des Lebens in Konflikt geraten, in denen sie dem Wert des Lebens untergeordnet sein muß, und zwar nicht bloß, weil Leben Voraussetzung der Freiheit ist, sondern weil Leben offensichtlich ein Wert in sich ist. Die in der ersten Textstelle angeführten Beispiele zeigen, daß für Hayek die Verpflichtung, Leben zu erhalten, sowohl auf der individuellen Ebene – Schutz und Rettung von Leben analog der im Arztbeispiel veranschaulichten Fälle – als auch auf der überindividuellen, gesellschaftlichen Ebene – Verhinderung von Katastrophen – aus Gründen der Gerechtigkeit, und notfalls unter Anwendung von Zwang,[508] angezeigt ist. Vergleichbare positive Regeln des gerechten Verhaltens, die nur der Erhaltung der *individuellen Freiheit* im Sinne der Abwesenheit von Zwang und $Gewalt_2$ dienen, nennt Hayek nicht. Hayek setzt sich nicht damit auseinander, daß eben jene Regeln, die nicht dezidiert in der Erhaltung der individuellen Freiheit ihre Funktion haben, sondern in der Verhinderung von Schaden und dem Schutz des Wertes des Lebens, zugleich die einzigen von ihm angenommen Regeln sind, die *Gebotscharakter* besitzen

[507] Hayek (1976b), S. 186.
[508] Vgl. Hayek (1979b), S. 430.

und sich damit ihrer Art nach von der Definition der allgemeinen und abstrakten Regeln des gerechten Verhaltens unterscheiden.

In einem erweiterten, weil nicht ausschließlich auf den Zwang bezogenen Verständnis des Selbstzwecklichkeitsarguments ist das Gebot, menschliches Leben zu schützen und zu erhalten, unmittelbar mit der Achtung der Selbstzwecklichkeit des Menschen verbunden: Die Freiheit des Individuums findet notwendig ihre Grenze dort, wo ihre Ausübung zur unmittelbaren Bedrohung des Lebens eines anderen würde. Die unbeschränkte Ausübung der Freiheit mit unmittelbar negativer Auswirkung auf Leib, Leben und vergleichbar höchste Güter des Menschen würde im Verständnis des Selbstzwecklichkeitsarguments dazu führen, daß der Betroffene zum Mittel der Zwecke eines anderen wird. Dies ist auch die Perspektive, die Hayek implizit im Zusammenhang mit dem Arztbeispiel anlegt, wie sein Verweis auf David Hume und dessen Eintreten für die Beschränkung des Eigentumsrechts in Fällen großer Not deutlich macht.[509] Anders gewendet und ausgehend von Hayeks an Locke angelehntem, weiten Eigentumsbegriff, hat das Eigentumsrecht als wichtigste Säule der individuellen Freiheit seine Grenze dort, wo die Ausübung der Freiheit das Eigentum eines anderen – sein Leben als dessen wichtigstes Eigentum – verletzen würde. In Verbindung mit dem Selbstzwecklichkeitsargument hat dieser Eigentumsbegriff Schlüsselbedeutung bei der Anerkennung und Begründung positiver Regeln des gerechten Verhaltens;[510] demgegenüber können das Wissens- und das Evolutionsargument in diesem Zusammenhang als vernachlässigbar zurückgestellt werden. Die bei Hayek implizit bleibende Begründung für die Verwerflichkeit der $Gewalt_1$, deren entscheidendes Kriterium nicht die Willensunterwerfung, sondern die Schädigung des Gewaltopfers ist, stellt eine Öffnung für eine *materiale* Deutung des Selbstzwecklichkeitsarguments dar, die dennoch mit der Deontologiethese vereinbar bleibt.

Einen engeren, Leib und Leben *ausklammernden* Eigentumsbegriff zugrundelegt,[511] und insbesondere zugrundegelegt, daß die individuelle Freiheit,

---

[509] Hayek (1961b), S. 350.

[510] Hayek (1966a), S. 77 (Einfügung in runden Klammern im Original): „Wird der Eigentumsbegriff jedoch (mit Locke) in diesem weiten Sinne [d.h. als ‚Leben, Freiheit und Besitz des Menschen‘, einschließlich immaterieller Güter und verschiedener Ansprüche und Erwartungen – P.B.] verstanden, dann gilt auch, daß Gerechtigkeit im Sinne der rule of law [d.h. im Sinne des materialen Rechtsstaates – P.B.] und die Institutionen des Eigentums nicht voneinander zu trennen sind.“

[511] So ließe sich die Definition des Zwangsbegriffs auch an den Eigentumsbegriff koppeln, wenn Zwang unter dem Aspekt der Verletzung des Eigentums betrachtet wird. Vereinfacht betrachtet hätte ein weiter Eigentumsbegriff einen entsprechend weiten Zwangsbegriff und schließlich einen weiten Staatsbegriff zur Folge, wenn der Staat Regeldurchsetzungszwang anwenden soll, um Zwang zu verhindern. Umgekehrt hätte ein enger Eigentumsbegriff auch einen entsprechend engen Zwangsbegriff zur Folge.

verstanden als Abwesenheit von Zwang und $Gewalt_2$, der *einzige* Wert sei, durch den die allgemeinen und abstrakten Regeln des gerechten Verhaltens bestimmt sind, erscheint hingegen die *Freiheitsbeschränkung* des Besitzers eines lebensnotwendigen Vorteils als echter Zwang und als nicht zu rechtfertigendes Übel, noch dazu, wenn sie vermittels einer *Gebots*regel erfolgt. Eine solche Interpretation legt der Mises-Schüler Murray Rothbard in Anlehnung an die Kritik von Ronald Hamowy und ihre Entgegnung durch Hayek vor. In der von Rothbard vertretenen, libertären Perspektive wird – veranschaulicht am Arztbeispiel – nicht der von Verweigerung betroffene in Not Geratene Opfer von Gewalt, sondern vielmehr *der Arzt* Opfer von Zwang, wenn dieser unter Androhung von Strafe gegen seinen Willen den lebensbedrohlich in Not geratenen Menschen versorgen muß. In der libertären Perspektive wird nämlich der Arzt zum Mittel des Zwecks des in Not Geratenen, wenn er diesen gegen seinen Willen versorgen muß.[512] Wird die individuelle Freiheit, ausschließlich verstanden als Abwesenheit von Zwang und $Gewalt_2$, als letzter, dem Wert des menschlichen Lebens folglich übergeordneter Wert angenommen, so läßt sich im beschriebenen Fall weder eine die Freiheit des Arztes beschränkende Verbotsregel noch insbesondere eine sie beschränkende Gebotsregel und der mit ihrer Durchsetzung verbundene Regeldurchsetzungszwang zum Schutze des Lebens des in Not Geratenen rechtfertigen.

An dieser Stelle wird evident, daß sich an der Frage der Anerkennung *positiver* allgemeiner und abstrakter Regeln des gerechten Verhaltens zwei moraltheoretische Ansätze scheiden. Der von Murray Rothbard vertretene, libertäre Ansatz argumentiert deontologisch mit dem Wert der individuellen Freiheit, verstanden als Abwesenheit von Zwang und $Gewalt_2$, während der von Hayek vertretene Ansatz offensichtlich mit der Freiheit als Abwesenheit von Zwang *und* $Gewalt_1$ und $Gewalt_2$ argumentiert. Sofern sich die um den Begriff der $Gewalt_1$ erweiterte Argumentation auf das Selbstzwecklichkeitsargument stützt, kann auch sie als deontologisch bezeichnet werden. Gegenüber dem libertären Ansatz führt sie zu einem erweiterten Geltungsbereich der allgemeinen und abstrakten Regeln des gerechten Verhaltens und zu einem entsprechend breiteren Spektrum des Regeldurchsetzungszwangs zur Sicherung des Schutzraums des Individuums in der Großen Gesellschaft.

---

[512] Rothbard (1980), S. 45 (Hervorhebung P.B.): „Suppose that there is only one physician in a community, and an epidemic breaks out: only *he* can save the lives of numerous fellow-citizens – an action surely crucial to their existence. Is he »coercing« them if (a) he refuses to do anything, or leaves town; *or* (b) if he charges a very high price for his curative services? Certainly not; there is [...] nothing wrong with a man charging the value of his services to his customers, i.e. what they are willing to pay. *[...A]s a self-owner of his own body he has every right to refuse to cure or to do so at a high price; to say that he is being »coercive« is furthermore to imply that it is proper and not coercive for his customers or their agents to force the physician to threat them: in short, to justify his enslavement.*“

6.7. Zusammenfassung

Im Verständnis dieses Interpretationsansatzes existiert in Hayeks Moraltheorie neben dem Zwang im engen Sinne der Definition mit der Gewalt, verstanden zum einen als unmittelbare und bedingungslose *Schadenszufügung* ($Gewalt_1$) und zum anderen als unmittelbare und bedingungslose Willensunterwerfung ($Gewalt_2$), ein weiteres Übel in der Gesellschaft, dessen Verhinderung grundsätzlich die Begrenzung der individuellen Freiheit rechtfertigt. Anders jedoch als beim Zwang, ist die Verwerflichkeit der Gewalt *nicht allein mit der Willensunterwerfung* begründet, sondern in erster Linie mit der Schädigung des Individuums durch Zufügung eines objektiv schweren Nachteils und ebenso durch Verweigerung eines objektiv unentbehrlichen Vorteils. Durch Hayeks Anerkennung positiver Regeln des gerechten Verhaltens öffnet sich ein in seinem Umfang von der jeweiligen Werte- und Regelordnung einer Gesellschaft bestimmter Grenzbereich von Handlungen bzw. Handlungstypen, die nicht allein aufgrund ihres Zwangsgehaltes, sondern aufgrund der objektiv schweren Schädigung eines Menschen eine Verletzung des praktischen Imperativs, eine Mißachtung der Selbstzwecklichkeit des Menschen bedeuten und deshalb gegen die Gerechtigkeit verstoßen. Gemäß dieser Interpretation grenzt sich Hayeks Sozialphilosophie bereits auf der Ebene der Grundbegriffe vom libertären Ansatz ab. Ihre direkte Bestätigung findet diese Interpretation in Hayeks Annerkennung bestimmter Funktionen des Rechtsstaates, die über die bloße Verhinderung von Zwang und $Gewalt_2$ hinausreichend der Wohlfahrt des Individuums in der Großen Gesellschaft dienen (III.8.5.).

6.8. Betrug und Irreführung als Varianten des Zwangs

Als weitere Formen der Willensunterwerfung, die angesichts der Restriktivität der Definition des Zwangs nicht ‚Zwang' genannt werden können, aber wie Zwang zu behandeln sind, führt Hayek die Phänomene Betrug und Irreführung an. Anders als im Falle der Gewalt handelt es sich hierbei um Arten der Willensbeeinflussung, die mit dem Zwang eng verwandt sind und deren begriffliche Klärung Hayek wohl aus diesem Grunde auch nicht weiter vertieft.[513] Die Begründung ihrer Verwerflichkeit ist vom Grundsatz her die gleiche wie beim Zwang: Der von Betrug und Irreführung Betroffene ist Mittel zur Verwirklichung der Ziele eines anderen. Da der von Betrug und Irreführung Betroffene zum Zeitpunkt seiner Handlung noch nicht nicht wissen

---

[513] Die Tatsache, daß Hayek Betrug und Irreführung nicht diskutiert, kann auch als weiterer Beleg für die Asymmetrie zwischen privatem und staatlichem Zwang und der ökonomischen Ausrichtung des Denkens Hayeks angesehen werden, insofern Betrug und Irreführung im Gegensatz zum Zwang seltener Methoden *staatlicher* als vielmehr privater Willensunterwerfung insbesondere im wirtschaftlichen Kontext sind.

kann, daß bzw. ob er gegen seinen Willen dem Willen eines anderen nach handelt, sind Betrug und Irreführung zwischen Zwang und $Gewalt_2$ anzusiedeln: Ähnlich wie im Falle der $Gewalt_2$ wird der von Betrug und Irreführung Betroffene *unmittelbar* und, ohne daß er dies durch eine vom anderen angestrebte Verhaltensänderung abwenden könnte, *bedingungslos* zum Mittel der Ziele eines anderen; und zugleich führt er doch ebenso wie im Falle des Zwangs – und anders als im Falle der $Gewalt_2$ – die vom Täuschenden gewollte Handlung selbst aus, d.h. er bleibt *handelndes Subjekt.* Wenngleich Hayek die angeführten Überlegungen nicht anstellt, ist doch erkennbar, daß für ihn das gemeinsame und zentrale Definitionsmerkmal von Betrug und Irreführung nicht die Schädlichkeit der sie beschreibenden Phänomene, sondern die Tatsache der Indienstnahme eines Menschen als Mittel zur Verwirklichung der Ziele eines anderen ist:

> „Obwohl es eine zu weite Ausdehnung des Wortes wäre, sie [Betrug und Irreführung – P.B.] auch »Zwang« zu nennen, so scheinen bei näherem Zusehen die Gründe, weshalb wir sie verhindern wollen, die gleichen zu sein wie beim Zwang. [....] Wenn sie geling[en], wird der Getäuschte in derselben Weise wie der Gezwungene ein Werkzeug, das den Zwecken eines anderen dient, ohne seine eigenen zu fördern. Obwohl wir kein Wort haben, das beide Begriffe deckt, gilt alles, was wir über Zwang gesagt haben, ebenso für Betrug und Irreführung."[514]

Die Verwerflichkeit von Betrug und Irreführung und daraus abgeleitet ihre Sanktionswürdigkeit mit Regeldurchsetzungszwang ist daher im übertragenen Sinne mit den drei bekannten Argumenten für die Verwerflichkeit des Zwangs begründbar. Die Tatsache, daß für Hayek Betrug und Irreführung allein der Willensbeeinflussung und nicht der mit ihnen einhergehenden Schädigung des Betroffenen wegen verwerflich sind, bekräftigt noch einmal die in dieser Arbeit vertretene Interpretation, wonach die Grundbegriffe im Denken Hayeks sämtlich formal definiert sind. Aufgrund ihrer Ähnlichkeit mit dem Zwang sind die bisher diskutierten Aspekte und Elemente der Arbeitsdefinition des Zwangsbegriffs Hayeks auf die Bestimmung der Begriffe Betrug und Irreführung übertragbar, wenngleich Hayek sie nicht im einzelnen aufführt.[515] Da Hayek diese Klärungen nicht vornimmt, jedoch unmittelbar

---

[514] Hayek (1960b), S. 184; vgl. ders. (1979b), S. 364.

[515] Es handelt sich hierbei vor allem um die Unterscheidung zwischen milden und schweren Formen von Betrug und Irreführung, um die Klärung der Unabhängigkeit bei der Begründung ihrer Verwerflichkeit von den konkreten Inhalten und ihrer jeweiligen individuellen oder sozialen Schädlichkeit im Einzelfall, der Unterscheidung zwischen privaten und staatlichen Formen und die anderen aus der Besprechung des Zwangsbegriffs bekannten Unterscheidungen. Es lassen sich hier nur einige Randnotizen anführen: Bei der Unterscheidung zwischen milden und schweren Formen von Irreführung dürfte beispielsweise beschönigende Produktwerbung für Hayek nicht als schwere und folglich zu verbietende Irreführung einzuschätzen sein. Bei der Unterscheidung zwischen privaten und staatlichen Formen von Betrug und Irreführung dürfte beispielsweise die Überlegung eine Rolle spielen, daß Betrug und

auf seinen Zwangsbegriff verweist, sei im Folgenden davon ausgegangen, daß der Definitionsbereich der Begriffe Betrug und Irreführung im Verständnis Hayeks jeweils ebenso eng gefaßt ist wie der des Zwangs, und folglich nur die schweren Formen die Anwendung von Regeldurchsetzungszwang zu ihrer Verhinderung rechtfertigen.

Mit der Beschreibung der Begriffe Betrug und Irreführung sind nun die Vorarbeiten zur Bestimmung des Zwangsbegriffs Hayeks abgeschlossen. An Hayeks Ausführungen zu Betrug und Irreführung wird neuerlich deutlich, daß der Begriff des Zwangs in Folge seiner restriktiven Definition nicht mehr ausreicht, um den Sinn der Grundaussage der ›*Verfassung der Freiheit*‹, individuelle Freiheit sei die Abwesenheit von Zwang, auszufüllen, ohne den Begriff des Zwangs zu überdehnen. Im Anschluß an seine Beschreibungen des Zwangs steht Hayek ‚kein Wort' mehr zur Verfügung, das die genannten Begriffe noch decken würde. Es sei vorgeschlagen, Betrug und Irreführung hier nun zusammenfassend als ‚Varianten des Zwangs' zu bezeichnen, zum einen, weil ihr gemeinsames normatives Merkmal ebenso wie beim Zwang die *Verzwecklichung* des Betroffenen (und nicht seine Schädigung) ist und zum anderen, weil es denkbar ist, daß es noch weitere, mit dem Zwang verwandte Formen der Willensunterwerfung gibt oder in zukünftigen Gesellschaften geben wird, die von den bisher genannten Begriffen nicht erfaßt werden.[516]

Irreführung vor allem zwischen privaten Akteuren vorkommen, jedoch auch der Staat sein Gewaltmonopol zur Verstellung von Wahrheiten (Propaganda vgl. Hayek (1944), S. 135ff; ders. (1960b), S. 398; ders. (1938), S. 160) verwenden kann, ebenso aber auch private Medienunternehmen große Marktmacht zur Verstellung von Wahrheiten gebrauchen können. Vgl. Hayek (1961c), S. 62; vgl. auch die Einschätzung von Sheamur (1990), S. 111. Im Blickfeld der Abgrenzung von materialen Konzeptionen von Betrug und Irreführungen läßt sich die Überlegung anführen, daß Betrug eine Form des Eigentumsdeliktes darstellen kann und damit auch eine materielle Schädigung des Betrogenen; doch ist Betrug in der Sicht der Deontologiethese nicht deshalb ein Übel, weil der Betrogene durch den Eigentumsverlust geschädigt wird, sondern weil er Mittel des Zwecks eines anderen ist; auch hier gilt: Entscheidend ist die Tatsache der Verzwecklichung, nicht die konkreten Konsequenzen der Verzwecklichung. Vgl. hierzu Hayek (1957), S. 253 (Klammer im Original, Hervorhebungen P.B.): „[...A]bstrakte, allgemeine Normen [beanspruchen – P.B.] Geltung [...], *ohne Rücksicht darauf, was die Folgen der Handlung im bestimmten Fall sind* (daß zum Beispiel Lügen oder Betrügen zu unterlassen sind, *ob nun daraus jemandem Schaden erwächst oder nicht*)." Schließlich müßte zwischen den Begriffen Betrug und Irreführung differenziert werden, wobei hier als Unterscheidungsmerkmal die Zielgerichtetheit des Betrugs im Vergleich zum Ziel der Desorientierung im Falle der Irreführung vorgeschlagen würde.

[516] Hayek (1960b), S. 299f: „Heute muß es uns besonders klar sein, daß als Folge des technischen Fortschritts, der ständig neue potentielle Gefahren für die individuelle Freiheit schafft, keine Aufzählung geschützter Rechte als erschöpfend angesehen werden kann. [...] In einem Zeitalter, in dem Medikamente und psychologische Techniken zur Manipulation der Handlungen einer Person benützt werden können, ist das Problem der Herrschaft über den Körper des Menschen nicht mehr nur eine Sache des Schutzes gegen physischen Zwang. [...] Die größten Gefahren für die menschliche Freiheit liegen wahrscheinlich noch vor uns. Der

7. Arbeitsdefinition des Zwangsbegriffs

7.1. Aufgliederung des Zwangsbegriffs Hayeks in der Übersicht

Mit zunehmender Präzisierung zerfällt Hayeks Zwangsbegriff in mehrere eigenständige Begriffe. Nach der Abgrenzung vom Sachzwang und den übrigen Formen nicht-intendierter Handlungsbeschränkungen (I.3.) gilt die wichtigste begriffliche Klärung dem Ausschluß des Regeldurchsetzungszwangs von der Definition des Zwangs (III.5.3.). Regeldurchsetzungszwang folgt keinem Einzelwillen, sondern dient allein der Durchsetzung allgemeiner und abstrakter Regeln des gerechten Verhaltens mit den Mitteln des staatlichen Gewaltmonopols. Mit diesem Vorschlag löst sich zugleich das von Hayek gesehene Dilemma, daß sich einerseits Zwang nur mit Zwang verhindern läßt, andererseits aber Zwang das Grundübel in der Gesellschaft ist (I.4.2.).

Innerhalb der Definition des Zwangs muß unterschieden werden zwischen dem ‚Zwang' als Oberbegriff und dem ‚Zwang' als Unterbegriff: Der Zwang, als dessen Abwesenheit Hayek die individuelle Freiheit definiert, ist ein Oberbegriff, der den Zwang im engen Sinne der Definition als Unterbegriff enthält. Individuelle Freiheit ist nicht allein die Abwesenheit von Zwang im engen Sinne. Individuelle Freiheit ist für Hayek die Abwesenheit von Zwang und Gewalt sowie von Betrug und Irreführung als Varianten des Zwangs. Es sei vorgeschlagen, den Zwang als Oberbegriff nun in der Kurzform als ‚Zwang_1' und den Zwang im engen Sinne als ‚Zwang_2' zu bezeichnen. Zwang_1 umfaßt die Begriffe Zwang_2, Gewalt (Gewalt_1 und Gewalt_2) sowie Betrug und Irreführung als eigenständige Varianten des Zwangs_2. Aufgrund der Vielfalt seiner Unterbegriffe ist Zwang_1 nicht im wörtlichen Sinne als Zwang zu verstehen, sondern als allgemeines Antonym der individuellen Freiheit.

Zwang_2 fächert sich weiter auf in die beiden eigenständigen Begriffe des privaten und des staatlichen Zwangs.[517] Wenngleich die Definition beider Begriffe dem gleichen Grundmuster folgt, ist der private Zwang bei Hayek graduell definiert, der staatliche Zwang hingegen nicht. Die begriffliche Unter-

---

Tag mag nicht ferne sein, da die Behörden durch Zusätze der entsprechenden Wirkstoffe zu unserem Trinkwasser oder durch eine ähnliche Erfindung imstande sein werden, ganze Bevölkerungen je nach ihren Zwecken in einen gehobenen oder depressiven Gemütszustand zu versetzen, ihren Willen aufzustacheln oder zu lähmen." Wenngleich die Manipulation des Willens mit psychologischen Techniken unter den Begriff der Irreführung zusammengefaßt werden kann und die Verabreichung willensbeeinflussender Substanzen gegen den Willen der Betroffenen unter den Begriff der Gewalt, soll durch die Wahl der Bezeichnung ‚Varianten des Zwangs' die Offenheit des Begriffs des Zwangs sichergestellt sein.

[517] Anstelle der Bezeichnungen ‚privater Zwang_2' und ‚staatlicher Zwang_2' sollen im Folgenden weiterhin die bekannten Bezeichnungen ‚privater Zwang' und ‚staatlicher Zwang' gebraucht werden. Sofern es sich vermeiden läßt, wird der Übersichtlichkeit halber auf die Hinzufügung der Indexziffern verzichtet.

scheidung zwischen privatem und staatlichem Zwang fixiert die Korrelation zwischen Schwere des Zwangs und zwangausübendem Akteur und damit die bei Hayek weitgehend implizit bleibende Asymmetrie in der Bewertung der Schwere des privaten und des staatlichen Zwangs (III.5.5.).

Hayeks Zwangsbegriff gliedert sich somit im Ergebnis dieser Interpretation strukturell in vier eigenständige Begriffe des Zwangs auf: Regeldurchsetzungszwang, Zwang als Oberbegriff sowie Zwang im engen Sinne als privater Zwang und staatlicher Zwang. Neben diese vier Begriffe des Zwangs sind die Begriffe ‚Gewalt' und ‚Varianten des Zwangs$_2$' als Unterbegriffe des Zwangs$_1$ zu positionieren, die nicht im wörtlichen Sinne ‚Zwang' genannt werden können. Der Begriff der Gewalt wiederum gliedert sich weiter auf den der Gewalt$_1$, verstanden als bedingungslose und unmittelbare Zufügung eines objektiv schweren Nachteils, und Gewalt$_2$, verstanden als bedingungslose und unmittelbare Verzwecklichung eines Menschen für die Ziele eines anderen. Als Varianten des Zwangs$_2$ sind in erster Linie Betrug und Irreführung zu verstehen, die wie Zwang$_2$ und Gewalt$_2$ durch die Willensunterwerfung des Betroffenen definiert sind.

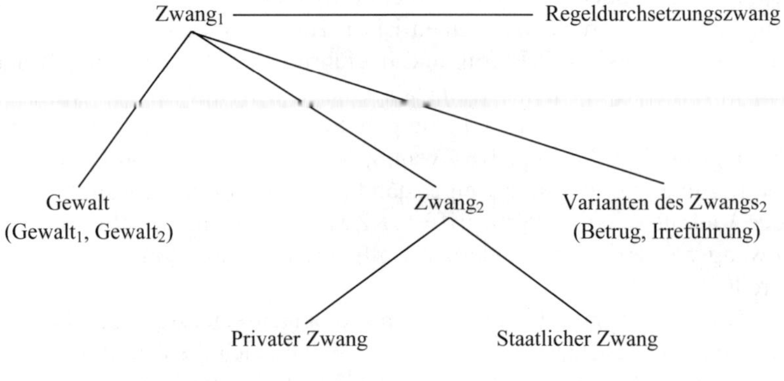

Abb. 4: Differenzierung des Zwangsbegriffs in der Übersicht

Im Mittelpunkt der folgenden Abschnitte steht die Arbeitsdefinition des Zwangsbegriffs Hayeks. Die Bestimmung des zugrundeliegenden Gewaltbegriffs sowie der Varianten des Zwangs$_2$ ist im vorherigen Kapitel erfolgt, so daß für eine Gesamtschau der Konzeption des Zwangs auch auf die dortigen Ausführungen verwiesen sei (III.6., zur Übersicht Abb. 3, S. 188).

7.2. Arbeitsdefinitionen des Zwangsbegriffs

7.2.1. Arbeitsdefinition des Zwangs$_I$

Gemeinsames Definitionsmerkmal der unter ‚Zwang$_I$' zusammengefaßten Begriffe ist die Willensunterwerfung des betroffenen Individuums. Unter diesem Gesichtspunkt stellt ‚Zwang' als Oberbegriff die verallgemeinerte Form des Zwangs im engen Sinne dar. Da jedoch das bestimmende Definitionsmerkmal der Gewalt$_1$ nicht die Willensunterwerfung, sondern die objektiv schwere Schädigung des Betroffenen ist (III.6.5.2.), läßt sich auch Zwang als Oberbegriff nicht alleine als Willensunterwerfung definieren. Die objektiv schwere Schädigung des Betroffenen muß daher auch Bestandteil der Definition des Zwangs$_I$ sein, wobei die Definition zugleich eine klare Abgrenzung zur materialen Definition des Zwangs leisten muß. Es sei die folgende Arbeitsdefinition vorgeschlagen:

Zwang$_I$ – Zwang verstanden als Oberbegriff – liegt vor, wenn ein Individuum die Handlungsumstände eines anderen Individuums so manipuliert, daß dieses gegen seinen Willen dem Willen des Zwingenden nach handelt oder Opfer der Verletzung seines Leibes, seines Lebens oder seines Eigentums wird.

Der vorgeschlagenen Arbeitsdefinition seien die folgenden ergänzenden Verweise auf begriffliche Klärungen in den zurückliegenden Kapiteln zur Seite gestellt. (1.) Der zwangausübende Akteur kann sowohl ein Individuum als auch eine Gruppe von Individuen sein, ebenso wie auch der Gezwungene sowohl ein Individuum als auch eine Gruppe von Individuen sein kann. In letzter Hinsicht aber bezieht sich die Willensunterwerfung immer auf den Willen von *Individuen* – den Willen des Unterwerfenden und den Willen des Unterworfenen – weil nur Individuen einen Willen haben.[518] (2.) ‚Manipulation der Handlungsumstände' bedeutet nicht notwendig eine aktive Veränderung der Handlungsumstände des Betroffenen, sondern kann auch die Ausnutzung bzw. in diesem Sinne Aneignung eines bestehenden Sachzwangs bedeuten, in dem sich der zu Zwingende bereits vor Eintritt des Zwangsaktes befindet.[519] (3.) Ziel der Manipulation der Handlungsumstände des Betroffenen durch den Zwingenden ist in der Perspektive der Begriffe des Zwangs$_2$ und seiner Varianten Betrug und Irreführung sowie der Gewalt$_2$ die *Willensunterwerfung* des betroffenen Individuums. ‚Willensunterwerfung' ist nicht durch ihre Schädlichkeit für den Betroffenen oder die Gesellschaft, der er angehört, definiert, sondern allein durch die Tatsache, daß der Betroffene gegen seinen Willen dem Willen eines anderen dient.[520] (4.) Im Gegensatz dazu ist ‚Gewalt$_1$' durch die *Schädigung* des Betroffenen, das heißt durch die Zufü-

[518] Siehe in dieser Arbeit I.1.2.1. sowie III.5.1.

[519] Siehe in dieser Arbeit III.1.3.

[520] Siehe in dieser Arbeit II.2.1.2. sowie III.2.

gung eines objektiv schweren Nachteils bzw. Verweigerung eines unentbehrlichen Vorteils definiert. Unter der Zufügung eines objektiv schweren Nachteils ist die Verletzung von Leib, Leben und Eigentum einschließlich objektiv höchster immaterieller Güter des Menschen zu verstehen, unter einem unentbehrlichen Vorteil wiederum ein zur Erhaltung von Leib und Leben und anderen, vergleichbar höchsten Gütern so wichtiger Vorteil, daß seine Verweigerung der Zufügung eines objektiv schweren Nachteils gleichkommt.[521]

,$Zwang_1$' – Zwang als Oberbegriff – bezeichnet das Grundübel in der Gesellschaft, weil das von ihm betroffene Individuum – ob als Opfer von $Zwang_2$ und seiner Varianten Betrug und Irreführung oder von $Gewalt_2$ – gegen seinen Willen Mittel des Zweckes eines anderen ist bzw. im Falle der $Gewalt_1$ sein Leben, sein Leib und sein Eigentum unmittelbar schwer geschädigt werden (Selbstzwecklichkeitsargument), weil es als in seinem Willen unterworfenes Individuum in seinem Denken und Werten ausgeschaltet ist (Wissensargument) und dadurch daran gehindert ist, seinen genuin eigenen und in seiner Bedeutung im einzelnen unbekannten Beitrag in der kulturellen Evolution zu leisten (Evolutionsargument).

7.2.2. Arbeitsdefinition des $Zwangs_2$

Das Grundmuster der Definition des $Zwangs_2$ gilt für den privaten wie für den staatlichen Zwang. Zwang im engen Sinne ist die Androhung von Gewalt mit dem Ziel, den Bedrohten gegen seinen ursprünglichen Willen dem Willen des Zwingenden nach handeln zu lassen. Aufbauend auf der Arbeitsdefinition des Zwangs als Oberbegriff sei für den Zwang im engen Sinne die folgende Arbeitsdefinition vorgeschlagen:

$Zwang_2$ – Zwang im engen Sinne – liegt vor, wenn ein Individuum die Handlungsumstände eines anderen Individuums so manipuliert, daß dieses nur noch vor der Wahl steht, Opfer der Zufügung eines objektiv schweren Nachteil zu werden oder sich dem Willen des Zwingenden zu unterwerfen.

Für die Definition des $Zwangs_2$ ist es unerheblich, ob die aus ihm hervorgehende Zwangshandlung für das gezwungene Individuum oder für die Gesellschaft, der es angehört, schädlich oder nützlich ist (II.3.3., III.2.), und ob es sich um gebietenden oder verbietenden Zwang handelt (III.3.). Aus diesem Grunde enthält diese Arbeitsdefinition keine Aussagen über Art und Inhalt der unter Zwang erfolgenden Willensunterwerfung. Entscheidend ist allein, daß der Zwingende den Gezwungenen unter Androhung eines objektiv schweren Nachteils seinem Willen unterwirft. Die Unterscheidung zwischen schwerem und mildem $Zwang_2$ bestimmt sich an der Schwere des angedrohten Nachteils (III.4.2.). $Zwang_2$ muß im Denken Hayeks weiter ausdifferenziert werden in den privaten und den staatlichen Zwang.

---

[521] Siehe in dieser Arbeit III.4.2.2., III.4.3. sowie III.6.4.

7.2.3. Arbeitsdefinition des privaten Zwangs

Im Falle des privaten Zwangs hat der Zwingende keinen Zugriff auf das staatliche Gewaltmonopol (III.5.4.). Privater Zwang ist graduell definiert, wobei die Arbeitsdefinition nur den *schweren* privaten Zwang zum Gegenstand hat. Aufbauend auf der Arbeitsdefinition des Zwangs$_2$ sei für den schweren privaten Zwang die folgende Arbeitsdefinition vorgeschlagen:

Schwerer privater Zwang liegt vor, wenn ein Individuum die Handlungsumstände eines anderen Individuums so manipuliert, daß dieses nur noch vor der Wahl steht, Opfer einer Verletzung seines Leibes, seines Lebens oder seines Eigentums zu werden, oder dem Willen des Zwingenden nach zu handeln.

Die Drohung mit der Schädigung von Leib, Leben und Eigentum beinhaltet auch die Drohung mit der Verweigerung eines Vorteils, der für die Erhaltung von Leib, Leben und vergleichbar höchsten materiellen und immateriellen Gütern des Menschen objektiv unentbehrlich ist (III.4.2.2.). In diesem Sinne kann gesagt werden, daß schwerer privater Zwang die Drohung mit Gewalt$_1$ als Mittel der Willensunterwerfung und somit auch bedingte Gewalt$_1$ ist.

7.2.4. Arbeitsdefinition des staatlichen Zwangs

Im Falle des staatlichen Zwangs hat der Zwingende Zugriff auf das Gewaltmonopol des Staates. Die Drohung mit staatlicher Gewalt als Mittel der Willensunterwerfung ist das bezeichnende Merkmal des staatlichen Zwangs: Staatlicher Zwang dient – im Unterschied zum Regeldurchsetzungszwang – immer der Durchsetzung eines konkreten *Willens,* d.h. eines bestimmten Ziels (I.1.2.).

Staatlicher Zwang liegt vor, wenn ein Individuum oder eine Gruppe von Individuen unter Anwendung des staatlichen Gewaltmonopols die Handlungsumstände eines anderen Individuums so manipuliert, daß dieses nur noch vor der Wahl steht, Opfer staatlicher Gewalt zu werden, oder dem Willen des Zwingenden nach zu handeln.

Auch im Falle des staatlichen Zwangs gilt, daß ein *Wille* immer ein Einzelwille ist und daher auch der staatliche Zwang, selbst wenn er institutionalisiert in Erscheinung tritt, letztlich auf einen individuellen Willen rückführbar ist (I.1.2.1., III.5.1.).

Staatlicher Zwang ist für Hayek immer schwerer Zwang, unabhängig von der Art und der Schwere der Anwendung des staatlichen Gewaltmonopols. Jede Ausübung staatlicher Gewalt zur Durchsetzung eines Willens ist im Verständnis Hayeks ein Mißbrauch des staatlichen Gewaltmonopols und damit staatlicher Zwang. In einer Abstufung der vier Arbeitsdefinitionen des Zwangs betrachtet, stellt der *staatliche Zwang* angesichts des ihm zugrungeliegenden staatlichen Gewaltmonopols im Denken Hayeks die Hauptbedrohung der individuellen Freiheit dar (III.5.5.). Individuelle Freiheit erschöpft sich in den Ausführungen Hayeks nicht selten darin, allein Abwesenheit von staatlichem Zwang zu sein.

8. Anwendung der Arbeitsdefinitionen des Zwangsbegriffs

8.1. Das Oasenbeispiel

In den folgenden Abschnitten sollen die nun vorliegenden Arbeitsdefinitionen des Zwangsbegriffs am Oasenbeispiel veranschaulicht und ihre Übereinstimmung mit dem Ansatz Hayeks überprüft werden. Im Mittelpunkt stehen dabei zum einen der nochmalige Nachweis des in der Deontologiethese postulierten Formalcharakters des Zwangsbegriffs sowie zum anderen die abschließende Beleuchtung der potentiellen Bruchlinien in Hayeks Konzeption des Zwangs. Am Oasenbeispiel läßt sich zudem die asymmetrische Gewichtung des privaten versus des staatlichen Zwangs bei Hayek noch einmal darstellen.

Das Oasenbeispiel repräsentiert in seinem Grundmuster den einzigen Fall privaten Zwangs innerhalb der Katallaxie, d.h. den einzigen Fall von Zwang unter Marktakteuren in der freien Wirtschaftsordnung, den Hayek anerkennt.[522] Das Oasenbeispiel beschreibt ein privates Unternehmermonopol, das seinem Besitzer aufgrund der Lebensnotwendigkeit des Monopolgutes die Macht verleiht, echten Zwang auszuüben. Hayek diskutiert das Oasenbeispiel nicht in wettbewerbstheoretischer Hinsicht, sondern dezidiert bezogen auf den Zwang, den der Monopolist auf die Nachfrager seines Gutes ausüben kann. In die Diskussion des Oasenbeispiels lassen sich jedoch nach Auffassung dieser Interpretation auch wettbewerbstheoretische Überlegungen Hayeks bündig einbeziehen, die einerseits wieder Rückwirkung auf die Konzeption des Zwangs haben und andererseits vor allem die Kohärenz der Wettbewerbstheorie Hayeks mit den Grundlagen seiner Sozialphilosophie deutlich machen.

Privater Zwang im Sinne der Definition ist für Hayek in der Katallaxie eine seltene Ausnahme, weil unter den Bedingungen des Wettbewerbs auf Anbieterseite „jeder [...] bestimmen [kann], wem er seine Dienste leisten will und welches die Bedingungen sind", ebenso wie auf Nachfragerseite „jeder zu

[522] Neben dem Oasenbeispiel folgt nur das Arztbeispiel diesem Grundmuster, es wird von Hayek aber in Anlehnung an das Oasenbeispiel angeführt und läßt sich insofern als Ergänzung zum Oasenbeispiel betrachten; vgl. Hayek (1961b), S. 349; sowie in dieser Arbeit besonders Fußnote 540. Die übrigen von Hayek angeführten Beispiele für privaten Zwang beschreiben sämtlich Fälle außerhalb des wirtschaftlichen Zusammenhangs, die durch Verletzungen des staatlichen Gewaltmonopols gekennzeichnet sind und strafrechtlichen Charakter haben (Schutzgelderpressung, Erpressung aufgrund Mitwisserschaft eines Unrechts, Morddrohung. Ders. (1960b), S. 177); vgl. III.5.2. in dieser Arbeit.

jedem gehen kann, wenn ihm das erste Angebot nicht zusagt."[523] Selbst ein Monopol ist diesem Verständnis nach nicht Quelle von Zwang, solange es nicht auf wettbewerbsbeschränkenden Praktiken beruht und vor allem, solange es sich nicht auf Güter oder Dienstleistungen bezieht, die ‚für die Erhaltung des Lebens oder anderer höchster Werte [...] unentbehrlich' im Sinne der in III.4.2.2. vorgeschlagenen Bestimmung sind.[524] Einen solchen Ausnahmefall repräsentiert nun das Oasenbeispiel:

> „Doch kann ein Monopolist echten Zwang ausüben, wenn es sich etwa um den Besitzer einer Quelle in einer Oase handelt. Nehmen wir an, daß sich [1.] dort Menschen niedergelassen haben in der Annahme, daß Wasser immer zu einem annehmbaren Preis zu haben sein wird, und dann, [2.] vielleicht weil andere Quellen versiegt sind, plötzlich finden, daß sie, [3.] um Wasser zu bekommen, [4.] alles tun müssen, was immer der Besitzer der verbleibenden Quelle verlangt, weil sie sonst verdursten müßten. Das ist ein klarer Fall von Zwang."[525]

Im Oasenbeispiel sind alle Merkmale enthalten, die in der Arbeitsdefinition des privaten Zwangs angeführt sind. (1.) Die Handlungsumstände der Siedler sind in Anbetracht der Tatsache, daß es sich bei ihnen um Wüstenbewohner handelt, in besonderer Weise von Wasserknappheit geprägt. Die Siedler haben sich in der besagten Oase niedergelassen, weil sie dort von ausreichenden Wasservorräten ausgingen, anders gewendet, weil ihnen der für sie ‚annehmbare' Wasserpreis die Information vermittelte, daß in dieser Oase ‚immer' ausreichend Wasser vorhanden sein würde.[526] (2.) Die Erschöpfung der natürlichen Wasservorräte mit Ausnahme der verbleibenden Quelle stellt ein Naturereignis und damit zunächst einen Sachzwang dar: Das entstandene Wassermonopol geht nicht auf wettbewerbsbeschränkende Maßnahmen des

---

523 Hayek (1960b), S. 175 (Einfügungen P.B.).

524 Hayek (1960b), S. 175: „Man kann [...] nicht mit Recht von Zwang sprechen, wenn ein Erzeuger oder ein Händler nicht bereit ist, seine Ware anders als zu dem von ihm festgesetzten Preis zu verkaufen. Dies gilt [...] normalerweise auch gegenüber einem Monopolisten." Vollständiger formuliert: Ein Monopol ist nicht Quelle für Zwang, solange es nicht auf Wettbewerbsbeschränkungen basiert und das Monopolgut nicht unentbehrlich ist. Vgl. ders. (1960b), S. 359; ders. (1979b), S. 387: „[Wirklich schädlich ist – P.B.] [...] wenn ein [...] Unternehmen [...] mit Verfügungsgewalt über eine lebenswichtige Dienstleistung das Gemeinwesen durch die Weigerung, diese zu erbringen, erpressen kann."

525 Hayek (1960b), S. 175 (Einfügungen P.B.).

526 Unter dieser Voraussetzung läßt sich auch nicht behaupten, die Siedler hätten gewußt, daß sie sich in eine Zwangssituation begeben; wenngleich dies entlang der Arbeitsdefinition des privaten Zwangs am Zwangsgehalt ihrer späteren Situation wenig ändern würde. Vgl. aber in bezug auf den Regeldurchsetzungszwang Hayek (1960b), S. 183: „Wer im voraus weiß, daß Zwang auf ihn ausgeübt wird, wenn er sich in eine bestimmte Situation begibt, es aber vermeiden kann, sich in diese Situation zu begeben, der braucht nie gezwungen zu werden." In ihrer isolierten Betrachtung würde sich diese Aussage sicherlich eignen, auch im Sinne der Arbeitsdefinition staatlichen Zwang ausübende Gesetzesregeln als nicht zwangvoll zu rechtfertigen.

verbleibenden Quellenbesitzers zurück, nicht auf Zukäufe anderer Quellen oder auf künstliche Verknappungen, sondern resultiert aus einem für alle beteiligten Akteure unvorhersehbaren Versorgungsengpaß. (3.) Der Monopolist *manipuliert* dennoch die Handlungsumstände der Siedler, weil er sich den Sachzwang der Siedler zueigen macht, um sie seinem Willen zu unterwerfen. (4.) Die Drohung mit Verweigerung des Wassers ist unter diesen Umständen eine Drohung mit Verweigerung eines zur Erhaltung des Lebens objektiv unentbehrlichen Vorteils im Sinne der vorgeschlagenen Definition der Gewalt$_1$. Die Siedler stehen vor der Wahlentscheidung, zu verdursten (erste Komponente des Zwangsaktes) oder ‚alles tun zu müssen, was immer' der Monopolist von ihnen zu tun verlangt (zweite Komponente des Zwangsaktes). Die Siedler bleiben in zweifacher Hinsicht selbst Subjekte der vom Monopolisten bestimmten Handlungen: Zum einen treffen sie eine – wenn auch nur theoretische – Wahlentscheidung und zum anderen sind *sie* es, die tun, was der Monopolist von ihnen zu tun verlangt. Mit Blick auf den Formalcharakter der vorgeschlagenen Arbeitsdefinition läßt sich am Oasenbeispiel auch treffend zeigen, daß sich die Schwere des Zwangs im hier formalen Verständnis nur an der *Schwere des angedrohten Nachteils* bemißt und nicht anhand der Inhalte und materialen Konsequenzen der erzwungenen Handlungen. Entsprechend läßt Hayek im Oasenbeispiel offen, zu was der Quellenbesitzer die Siedler zwingt – sie müssen einfach tun, ‚*was immer* der Besitzer der verbleibenden Quelle verlangt.' Im Verständnis der Arbeitsdefinition ist der Zwang, den der Quellenbesitzer durch Handlungs*verbote* ausübt, ebenso schwerer Zwang im Sinne der Arbeitsdefinition, wie der Zwang, den er durch Handlungs*gebote* ausübt.[527] Analoges gilt auch für die Frage, ob im beschriebenen Fall nur der schädliche Zwang echter Zwang ist: Selbst wenn sich der vom Quellenbesitzer ausgeübte Zwang als nützlich für die Siedler erweisen würde – etwa, weil sich die Erhöhung des Wasserpreises günstig auf den Wasserverbrauch auswirken und damit als lebensverlängernd für die in der Oase lebenden Siedler

[527] Für Bouillon (1997), S. 52f, beschreibt Hayek mit dem Oasenbeispiel – in der Terminologie dieser Arbeit ausgedrückt – ‚negativen Zwang': „Schließlich zwang der Oasenmonopolist die Durstenden nicht, »bestimmtes zu tun«. Aber er hielt sie davon ab, »etwas zu tun«, nämlich Wasser zum alten Preis zu kaufen." Nach Auffassung dieser Interpretation indes beschreibt das Oasenbeispiel gerade deshalb einen klaren Fall von ‚*positivem* Zwang', weil die betroffenen Siedler, „[...] um Wasser zu bekommen, *alles tun* müssen, was immer der Besitzer der verbleibenden Quelle verlangt, weil sie sonst verdursten müßten" – Hayek (1960b), S. 175 (Hervorhebung P.B.). Die betroffenen Siedler werden also gerade nicht bloß *davon abgehalten*, ihre bisherigen Ziele zu verfolgen (z.B. Wasser zum alten Preis zu kaufen), sondern sie werden darüber hinaus *dazu angehalten*, ‚alles tun [zu] müssen, was immer der Besitzer der verbleibenden Quelle verlangt', z.B. Wasser zum neuen Preis zu kaufen bzw. allgemein: den Zielen des Monopolisten zu folgen.

herausstellen würde –[528] läge echter, verwerflicher Zwang vor. Die abschließende Diskussion der Abhängigkeit der Schwere des vom Monopolisten ausgeübten Zwangs von der Höhe des Wasserpreises, den er fordert, soll allerdings in einem eigenen Abschnitt geführt werden, weil es sich hierbei um eine Grundfrage an den in dieser Arbeit postulierten Formalcharakter des Zwangsbegriffs Hayeks handelt (III.8.3.).

Am Oasenbeispiel läßt sich auch der Unterschied zwischen Zwang_2 und Gewalt veranschaulichen und die Notwendigkeit, beide Begriffe im Interesse der Konsistenz der Arbeitsdefinition des Zwangs zu trennen. Würde der Wassermonopolist die Abgabe seines Wassers ohne Bedingungen verweigern, so würde er entlang der vorgeschlagenen Arbeitsdefinitionen nicht Zwang_2, sondern Gewalt ausüben. Es läge dann genau genommen Gewalt_1 vor, d.h. Gewalt, verstanden als bedingungslose Verweigerung eines zur Erhaltung des Lebens objektiv unentbehrlichen Vorteils (III.6.4., III.6.5.2., Abb. 3.). Auch dann wäre die Verwerflichkeit der ausgeübten Gewalt nicht allein mit der objektiv schweren Schädigung der Siedler begründbar, sondern insofern auch mit ihrer Willensunterwerfung, als die Siedler nun ‚gezwungen' würden, zu verdursten bzw. sie Mittel der Ziele würden, deretwegen der Wassermonopolist die Herausgabe seines Wassers verweigert.[529]

8.2. Hayeks Antwort auf das Oasenbeispiel

Obgleich nun das Oasenbeispiel für Hayek sowie gemäß der entwickelten Arbeitsdefinition ‚einen klaren Fall von Zwang' bzw. von Zwang_2 repräsentiert, und die Hauptfunktion des materialen Rechtsstaates die Verhinderung eben solchen Zwangs ist, tritt Hayek nicht dafür ein, die Zwangsgewalt des Quellenbesitzers unter Anwendung von Regeldurchsetzungszwang wesentlich einzuschränken. Im Anschluß an das Oasenbeispiel schreibt Hayek:

> „In Vorwegnahme späterer Ausführungen über geeignete Methoden zur Einschränkung der Zwangsgewalt des Staates sei hier erwähnt, daß, wo immer eine Gefahr besteht, daß ein Monopolist Zwang ausüben könnte, die zweckmäßigste und wirksamste Gegenmaßnahme

---

[528] Vgl. hierzu Hayek (1979b), S. 389: „[...D]ieser eine Fall [der Fall knapper und erschöpfbarer Naturschätze – P.B.] [ist...] auch ein Fall, in dem es keineswegs klar ist, ob ein Monopol schädlich ist, denn ein solches Monopol wird voraussichtlich nur den Abbau des entsprechenden Produktionsmittels über längere Zeit erstrecken, nicht aber dazu führen, daß zu Lasten der Gesamtproduktion Güter oder Leistungen auf Dauer dem Markt vorenthalten bleiben." Hierbei handelt es sich offensichtlich nicht um eine freiheitliche, sondern um eine zweckgerichtete Argumentation. Sie steht in keinem von Hayek als solchem kenntlich gemachten Zusammenhang mit dem Oasenbeispiel.

[529] Verweigert der Quellenbesitzer das Wasser beispielsweise, weil er die Quelle für heilig und die Weitergabe ihres Wassers folglich für ein Sakrileg hält, so macht er die von der Verweigerung betroffenen Siedler zum Mittel seiner religiösen Überzeugung. Vgl. Hamowy (1961), S. 29. Den Fall der bedingungslosen Verweigerung nennt Hayek im Zusammenhang mit dem Oasenbeispiel nicht.

wahrscheinlich die wäre, von ihm zu verlangen, daß er alle Kunden gleich behandelt, d.h. darauf zu bestehen, daß seine Preise für alle gleich sind, und jede Diskriminierung von seiner Seite zu verbieten. Das ist derselbe Grundsatz, nach dem wir gelernt haben, die Zwangsgewalt des Staates einzuschränken."[530]

Eine weitergehende Begründung für seinen Lösungsvorschlag nennt Hayek nicht. Die Beschränkung der Zwangsgewalt des Staates erfolgt in der Theorie Hayeks durch die Bindung des staatlichen Gewaltmonopols an allgemeine und abstrakte Regeln des gerechten Verhaltens, deren höchster Wert die individuelle Freiheit ist. Ein wesentliches Element dieser Regelgebundenheit ist die formale Gleichheit aller vor dem Recht. Diesem Grundsatz folgt nun auch Hayeks Lösungsvorschlag zum Problem der Zwangsgewalt des Quellenbesitzers im Oasenbeispiel. Das Verbot von Preisdiskriminierungen stellt den Versuch dar, die Zwangsgewalt des Monopolisten bei der Gestaltung seiner Tauschbedingungen durch ihre Bindung an eine abstrakte und allgemeine Regel des gerechten Verhaltens zu beschränken. Eine solche Verbotsregel folgt keinem Einzelwillen und beansprucht kein Tatsachenwissen über die konkreten Umstände des Monopols und der von ihm abhängigen Nachfrager. Insbesondere umgeht sie jede Diskussion um die Problematik des ‚angemessenen Preises' (*reasonable price)* eines Monopolguts. Das Preisdiskriminierungsverbot formuliert statt dessen eine rein formale, auf eine unbekannte Zahl zukünftiger Fälle anwendbare Einschränkung der Möglichkeiten der Preisgestaltung eines potentiell schweren privaten Zwang ausübenden Monopols, indem sie Ungleichbehandlungen durch den Monopolisten verbietet.

So konsequent Hayeks Antwort auf das Oasenbeispiel insbesondere hinsichtlich des Formalcharakters des Zwangsbegriffs ist, so sehr kommt in ihr die Asymmetrie in der Bewertung der Schwere des privaten und des staatlichen Zwangs zum Ausdruck. Mit seinem Analogieschluß von der Beschränkung der staatlichen Zwangsgewalt auf die Beschränkung der privaten Zwangsgewalt eines Monopols erkennt Hayek an, *daß* Monopole unter bestimmten Umständen in der Katallaxie eine Machtposition erreichen können, die der des staatlichen Gewaltmonopols gleichkommt, und damit implizit auch, daß sein Lösungsvorschlag die entstandene Zwangsgewalt beim Monopol *beläßt.* Anders gewendet akzeptiert Hayek mit seiner Antwort auf das Oa-

---

[530] Hayek (1960b), S. 175. Vgl. eine fast gleichlautende, aber sinnvoll ergänzende Überlegung Hayeks, die allerdings in keinem expliziten Bezug zum Oasenbeispiel steht – Hayek (1959c), S. 21: „Die einzige Methode, [...] um einen Mißbrauch von Machtstellungen und von Zwangsgewalt zu verhindern, ist, darauf zu bestehen, daß der Inhaber solcher Gewalt jedermann nach den gleichen Regeln behandeln muß. Das ist die Methode, durch die wir im Rechtsstaat die Macht des Staates gezähmt haben. Ist es nicht naheliegend, die gleiche Methode auch auf die private Machtposition des echten Monopolisten anzuwenden und verlangen, daß er alle Kunden gleich behandelt, und *jede* Diskriminierung zu verbieten? Wären nicht praktisch alle Gefahren des Monopolmißbrauchs beseitigt, wenn jedes Unternehmen gehalten wäre, [...] alle Abnehmer und Lieferanten gleich zu behandeln?"

senbeispiel, daß der Staat nicht alle Zwangsgewalt in der Gesellschaft an sich bindet und sein Gewaltmonopol folglich begrenzt, ja, nicht im vollen Wortsinne ein Gewalt*monopol* ist. Folglich kann das Preisdiskriminierungsverbot die Zwangsgewalt des Monopolisten nur einschränken,[531] aber es kann nicht verhindern, daß dieser dennoch privaten Zwang ausübt, indem er alle Kunden gleichermaßen seinem Willen unterwirft. Anders nämlich als im Falle der Verhinderung staatlichen Zwangs durch die Bindung des staatlichen Gewaltmonopols an die allgemeinen und abstrakten Regeln des gerechten Verhaltens, die per definitionem keinem Willen folgen, bleibt die Zwangsgewalt des Quellenbesitzers auch unter der Wirkung eines allgemeinen Preisdiskriminierungsverbots noch immer *von seinem Willen geleitet*, d.h. an seinen eigenen, konkreten Ziele ausgerichtet. Unabhängig von dieser Problematik sind die Siedler Hayeks Lösungsvorschlag zufolge durch keine Regel davor geschützt, daß sie Opfer von Gewalt, verstanden als bedingungslose Verweigerung eines objektiv lebensnotwendigen Vorteils (Gewalt$_{\mathrm{I}}$) werden, wenn der Quellenbesitzer im Falle der Nichterfüllung seiner Tauschbedingungen die Drohung mit Verweigerung des Wassers wahr macht,[532] oder wenn der Quellenbesitzer die Herausgabe seines Wassers aus Gründen, die die Siedler nicht beeinflussen können, ganz verweigert.

8.2.1. Der Widerspruch durch das Versorgungsargument

Bereits an anderer Stelle in der ›*Verfassung der Freiheit*‹ deutet Hayek Zweifel an, ob sich Preisdiskriminierungen durch einen Monopolisten im Rahmen einer allgemeinen und abstrakten Rechtsregel verbieten lassen.[533] Nicht jede

---

[531] Es ist unklar, inwieweit Hayeks Lösungsvorschlag über den Grundsatz der Zwangsbegrenzung hinaus auch einen spezifisch wettbewerbstheoretischen Hintergrund hat. In seinen Überlegungen zur Wettbewerbstheorie tritt Hayek für ein Verbot von Preisdiskriminierungen ein, wobei er jede Art der staatlichen Antimonopolpolitik als ineffektiv und zwangvoll strikt ablehnt (I.6.2.). Vor diesem Hintergrund stimmt Hayeks Lösungsvorschlag zur Begrenzung der Zwangsgewalt des Quellenbesitzers im Oasenbeispiel auch mit seinen Überlegungen zur Wettbewerbstheorie überein. In einer dezidiert wettbewerbstheoretischen Perspektive kann das Preisdiskriminierungsverbot auch in bezug auf das Oasenbeispiel als Mittel verstanden werden, den monopolisierten Markt für neuentstehende Konkurrenz offenzuhalten und auf diese Weise die Zwangsgewalt des Monopolisten zu beschränken und zeitlich zu begrenzen. Die wettbewerbstheoretische Antwort auf die Gefahr der Zwangausübung durch das unvermeidliche Monopol lautet dem Ansatz Hayeks zufolge: Aufrechterhaltung des Wettbewerbs durch Verhinderung wettbewerbsbeschränkender Maßnahmen.

[532] Was geschieht dem Vorschlag Hayeks zufolge mit den Siedlern, die den geforderten Wasserpreis schlicht nicht bezahlen können?

[533] Hayek (1960b), S. 360 (Klammer im Original, Hervorhebung P.B.): „*Sofern* die Durchsetzung allgemeiner Regeln (wie etwa das Verbot der Diskriminierung) die monopolistische Macht eindämmen kann, wirkt eine solche Maßnahme durchaus zum Guten." Ebd., S. 361 (Hervorhebung P.B.): „Es ist [...] viel dafür zu sagen, daß Preisdiskriminierung

Preisdiskriminierung dient nämlich notwendig der Ausübung von Zwang durch ein Monopol oder der Beschränkung des Wettbewerbs mit dem Ziel der Erhaltung einer einmal erreichten Monopolstellung. Im dritten Band von *›Recht, Gesetz und Freiheit‹* führt Hayek diese Überlegung fort und lehnt schließlich ein Preisdiskriminierungsverbot in Form einer allgemeinen Rechtsregel ganz ab, wenngleich dies ohne erkennbaren Bezug zum Oasenbeispiel geschieht. Weil sich die Unterscheidung nach Gründen für Preisdiskriminierungen nur am Einzelfall vornehmen läßt, wäre die allgemeine Anwendung einer solchen Rechtsregel von Ausnahmen durchquert, die von Ermessensentscheidungen einer Behörde abhingen und dadurch mit staatlichem Zwang verbunden wären.[534] Die Besonderheit dieser Argumentation ist, daß Hayek die Ablehnung eines allgemeinen Preisdiskriminierungsverbots nicht mit dem Freiheitsargument, d.h. nicht mit der größtmöglichen Verhinderung von Zwang_2 begründet, sondern mit einem Versorgungsargument, das dem Grundgedanken *materialer* Gerechtigkeit folgt: Demnach ist die Ungleichbehandlung der Mehrheit der Kunden eines Monopols zugunsten finanzschwacher Kunden wünschenswert und *deshalb* nicht jede Preisdiskriminierung sanktionswürdig.[535] Anstelle eines allgemeinen Verbots von Preisdiskriminierungen tritt Hayek im dritten Band von *›Recht, Gesetz und Freiheit‹* dafür ein, geschädigten Kunden eines Monopols im Falle zwangausübender oder wettbewerbsbeschränkender Preisdiskriminierung einen Rechtsanspruch auf ‚mehrfachen Schadensersatz' zu gewähren und damit eine privatrechtliche, marktgerechte Lösung zu etablieren.[536]

Es ist evident, daß diese Lösung nicht nur jeden staatlichen Zwang, sondern auch weitgehend die Anwendung von Regeldurchsetzungszwang gegen zwangausübende Monopole ausschließt und im Gegenzug die Beschränkung der Zwangsgewalt eines Monopols der Selbstregulierung durch das Privat-

---

verboten werden sollte, *soweit das durch Anwendung allgemeiner Regeln möglich ist.*" Vgl. ders. (1959c), S. 21.

[534] Hayek (1960b), S. 360; ders. (1979b), S. 390: „Die Verhinderung eine[r ....] solchen Diskriminierung ist eine besonders schwierige Aufgabe, weil gewisse Arten der Diskriminierung von Seiten eines Monopolisten oft wünschenswert sein werden." Ebd., S. 391: „Das Wissen, das hier erforderlich ist, [...], ist nicht die Art von Wissen, [...das] eine Behörde [...] besitzt." Vgl. auch Hayeks Kritik am *Gesetz gegen Wettbewerbsbeschränkungen*, ebd., S. 393.

[535] Vgl. Hayek (1979a), S. 85 (eigene Übersetzung, vgl. ders. (1979b), S. 390): „[...E]s gibt einen Fall, in dem der Monopolist bessere Leistungen erbringen kann, gerade *weil* er Monopolist ist. Dies ist der Fall, wenn es ihm seine Macht, seine Kunden zu diskriminieren, ermöglicht, die meisten seiner Fixkosten bei jenen Kunden zu decken, die einen relativ höheren Preis bezahlen können, und die übrigen Kunden nur wenig über den variablen Kosten zu versorgen."

[536] Hayek (1979b), S. 391f.

recht überläßt.[537] Verallgemeinert auf Hayeks Konzeption des Zwangs würde dies bedeuten, daß individuelle Freiheit in erster Linie als Abwesenheit von staatlichem Zwang zu begreifen wäre. Dabei soll hier in Erwägung gezogen werden, daß Hayek den Rückbezug seiner Ablehnung des Preisdiskriminierungsverbots auf das Oasenbeispiel selbst nicht herstellt und die Konsequenzen hieraus für die Beschränkung der Zwangsgewalt eines Monopols auf lebensnotwendige Güter oder Dienstleistungen nicht diskutiert.

8.2.2. Der Widerspruch durch Hayeks Antwort auf das Arztbeispiel

Den entscheidenden immanenten Widerspruch erfährt Hayeks Antwort auf das Oasenbeispiel nicht durch die implizite Rücknahme seines ursprünglichen Vorschlags eines Preisdiskriminierungsverbots als zwangsbewehrte allgemeine Rechtsregel, sondern vielmehr durch seine Antwort auf das Arztbeispiel in *›Freedom and Coercion‹*. Sie führt nun zu einem diametral entgegengesetzten Lösungsvorschlag, nämlich zu einer erheblichen *Einschränkung* des Eigentumsrechts eines potentiell zwangausübenden Monopolisten. Hayeks Antwort auf das Arztbeispiel lautet, ‚daß diejenigen, in deren Hand das Leben eines anderen liegt, in der moralischen und gesetzlichen Pflicht stehen [sollen], die in ihrer Macht stehende Hilfe zu leisten‘ (III.6.5.2.) und zwar unabhängig von jeder Gegenleistung,

> „[...] *sogar, wenn sie hierfür gar keine Entlohnung erwarten können* – obwohl sie natürlich berechtigt sind, *eine normale Entlohnung* zu erhalten, soweit dies in der Macht des aus seiner Not Befreiten liegt."[538]

Das Eigentumsrecht des Monopolisten weicht in diesen besonderen Fällen der ‚berechtigten Erwartung‘ des von der Verweigerung vital bedrohten ($Zwang_2$) oder geschädigten ($Gewalt_1$) Individuums, daß ihm das Eigentum des Monopolisten zuteil wird. Hayeks Antwort auf das Arztbeispiel liegt die Anerkennung positiver allgemeiner und abstrakter Regeln des gerechten Verhaltens zugrunde, denen zufolge die individuelle Freiheit bzw. in diesem Fall das

---

537 Rückübertragen auf das Oasenbeispiel würde dies bedeuten, daß die Siedler der Oase vor der Ausübung privaten Zwangs durch den Wassermonopolisten durch keine mit Regeldurchsetzungszwang sanktionierte Verhaltensregel geschützt wären, auch nicht durch ein den Monopolisten in seiner Preisgestaltungsfreiheit einschränkendes generelles Preisdiskriminierungsverbot. Sie könnten sich lediglich im Falle einer zwangausübenden oder wettbewerbsbeschränkenden Ungleichbehandlung durch den Monopolisten auf einen Rechtsanspruch auf Gleichbehandlung in der Preisgestaltung und einen daraus abgeleiteten Anspruch auf hohen Schadensersatz berufen. Im Gegenzug könnte die erlaubte Sonderbehandlung finanzschwacher Kunden eine bessere allgemeine Versorgung mit Trinkwasser sicherstellen.

538 Hayek (1961b), S. 350 (Hervorhebung P.B.): „[...] *even if they cannot expect any remuneration* – though they should of course be entitled to *normal remuneration* if it is in the power of the rescued."

Eigentumsrecht als ihr wichtigster Ausdruck[539] dort ihre Grenze hat, wo ihre Ausübung Leib und Leben und andere, vergleichbar höchste Güter des Menschen unmittelbar und objektiv schwer schädigen würde. In dieser Perspektive ist die Anwendung von Regeldurchsetzungszwang nicht allein mit der Verhinderung von $Zwang_2$, sondern mit der Verhinderung von $Gewalt_1$ begründet. Da Hayek das Arztbeispiel ausdrücklich als einen Fall ‚derselben Art' wie das Oasenbeispiel darstellt, ist dieser Lösungsvorschlag grundsätzlich auch auf das Oasenbeispiel anwendbar.[540]

Übertragen auf das Oasenbeispiel müßte der Quellenbesitzer sein Wasser allen Siedlern bereitstellen, und zwar auch dann, wenn einige von ihnen seine Tauschbedingungen nicht erfüllen könnten. Er wäre dennoch berechtigt, für sein Wasser einen ‚angemessenen Preis' zu verlangen.

8.3. Die Frage des ‚gerechten Preises' in der Monopolsituation als Infragestellung der formalen Definition des Zwangsbegriffs Hayeks

Aber ist es möglich, in den beschriebenen Fällen, die sich durch fehlenden Wettbewerb auszeichnen, außerhalb des Marktes einen ‚gerechten Preis' zu bestimmen?[541] Werden die Siedler in der Oase erst dann Opfer echten

---

539 Vgl. noch einmal Hayek (1960b), S. 180; ders. (1973d), S. 110.

540 Hayek (1961b), S. 349 (Hervorhebung P.B.): „The instance I discuss in my book [›*The Constitution of Liberty*‹ – P.B.] is the situation in which somebody has required control of the whole water supply of an oasis [...]. *Other instances of the same kind* would be the only doctor available to perform an urgent live-saving operation *and similar cases* of rescue in an emergency." Damit die beiden Beispiele vergleichbar sein können, muß vorausgesetzt werden, daß der Arzt in Hayeks Beispiel keinen berufsständischen Normen unterliegt (z. B. Hippokratischer Eid), sondern es sich bei ihm nur um einen kommerziellen Dienstleister handelt. Vgl. hierzu auch Rothbard und dessen Arztbeispiel: Rothbard (1980), S. 45. Die Vergleichbarkeit beider Beispiele kann auch angezweifelt werden. Das Oasenbeispiel beschreibt (abhängig von der Größe der Siedlung) eine Beziehung zwischen einem Anbieter und mehreren Nachfragern, d.h. eine anonyme Marktbeziehung im Kontext der Großen Gesellschaft. Im Arztbeispiel hingegen ist eine unmittelbare Beziehung zwischen einem Arzt und *einem* Patienten thematisiert, eine Beziehung, die sich auch im Kontext der ‚kleinen Gruppe' ansiedeln lassen könnte (I.7.1.). Die Art der Beziehung zwischen dem Arzt und dem Notfallpatienten läßt sich zudem auch angesichts der *unmittelbaren* Lebensbedrohung des Patienten nur mit Mühe als reine Marktbeziehung begreifen. Es könnte also behauptet werden, daß sich vom Arztbeispiel auf das Oasenbeispiel, nicht aber umgekehrt vom Oasenbeispiel auf das Arztbeispiel schließen läßt, weil Lebensbedrohung und Art der Beziehung zwischen den Akteuren im Oasenbeispiel als mittelbarer betrachtet werden können.

541 Die Verknüpfung zwischen Grad des privaten Zwangs im Sinne der Arbeitsdefinition und Höhe des verlangten Monopolpreises stellt Hayek besonders in ›*Freedom and Coercion*‹ im Zusammenhang mit dem Arztbeispiel her, vgl. Hayek (1961b), S. 350: „[....] the refusal to render them [these services – P.B.] except *on unusual terms* is justly regarded as [...] coercion." Vgl. auch ebd., S. 349, Hayeks Zusammenfassung des Oasenbeispiels, wonach der Quellenbesitzer „[...] uses this position to exact *unusual performances* from those whose life

Zwangs, wenn der Wasserpreis eine bestimmte Höhe überschreitet, bis zu der sie lediglich unter Sachzwang handeln?[542] Die Bejahung dieser Fragen führt geradewegs zur Forderung nach staatlicher Überwachung potentiell zwangausübender Monopole und damit zu einer Position, die Hayek sowohl mit seiner Antwort auf das Oasenbeispiel als auch in seinen Überlegungen zur Wettbewerbstheorie grundsätzlich ablehnt. Werden diese Fragen dagegen verneint, so erscheint Hayeks Antwort auf das Oasenbeispiel als folgerichtig, weil darin zwischen der Höhe des Wasserpreises und der Schwere des ausgeübten Zwangs keine Verknüpfung hergestellt wird bzw. ihre Verknüpfung nicht Gegenstand einer allgemeinen und abstrakten Regel des gerechten Verhaltens zur Verhinderung von Zwang ist. Zwischen Hayeks Antwort auf das Oasenbeispiel und seiner Antwort auf das Arztbeispiel entsteht nun ein Dilemma, das Hayek nicht behandelt und das auch hier nicht abschließend geklärt werden kann. Das Dilemma läßt sich an der Frage des gerechten Preises jeweils an der Antwort Hayeks auf das Oasenbeispiel (III.8.3.1.) und auf das Arztbeispiel (III.8.3.2.) entwickeln.

8.3.1. Der gerechte Preis in der Perspektive des formalen Zwangsbegriffs, dargestellt am Oasenbeispiel

Im formalen Verständnis des Zwangsbegriffs übt der Quellenbesitzer auf die Siedler im engen Sinne der Arbeitsdefinition Zwang ($Zwang_2$, genauer: privaten Zwang) aus, weil er sich ihren Sachzwang aneignet, um sie seinem Willen zu unterwerfen. Im formalen Verständnis übt der Quellenbesitzer nicht erst Zwang auf die Siedler aus, wenn er ihnen unter Androhung der Verweigerung eines lebensnotwendigen Vorteils konkreten *Schaden* zufügt, z. B. indem er sie zur Bezahlung eines ‚unangemessen hohen' Monopolpreises zwingt, sondern grundsätzlich durch die Aneignung des bestehenden Sachzwangs mit dem Zweck der Willensunterwerfung. Definitionsentscheidend ist die Schwere des angedrohten Nachteils bzw. die Unentbehrlichkeit des be-

depends on access to that water." Auch in seiner Darstellung des Oasenbeispiels in der *›Verfassung der Freiheit‹* (1960b), S. 175, lassen sich hierfür Anzeichen finden: Demnach haben sich die Siedler in der Oase niedergelassen, weil sie davon ausgingen, daß sie dort Wasser „immer zu einem *annehmbaren Preis* erhalten" würden, nun aber für den Erwerb von Wasser „tun [müßten – P.B.], *was immer* der Besitzer der verbleibenden Quelle verlangt." Diesen Anschein greift auch Hamowy in seiner Kritik auf, vgl. Hamowy (1961), S. 29, ebenso Bouillon (1997), S. 46. Die von Hayek verwendeten Formulierungen der ‚normalen Entlohnung' des Arztes, in dieser Hinsicht auch der ‚annehmbaren Bedingungen', zu denen die Siedler ihr Wasser gedachten zu erhalten, sowie insbesondere der *‚angemessene Preis'* *(reasonable price)*, werden hier als Umschreibungen des ‚gerechten Preises' gedeutet.

[542] Wenn der Notfallpatient den Honorarforderungen des Arztes zustimmt, weil er sie für angemessen hält, kann nicht mehr einwandfrei gesagt werden, daß *der Arzt* ihn zur Bezahlung seines Honorars im Sinne der Arbeitsdefinition von $Zwang_2$ zwingt, sondern vielmehr die Umstände.

dingt verweigerten Vorteils. Schließlich ist es im formalen Verständnis nicht möglich, außerhalb des Marktes den gerechten Preis eines Gutes oder einer Leistung zu bestimmen.[543] Die erkenntnistheoretische Problematik, in den beschriebenen Fällen von außen den gerechten Preis bestimmen zu wollen, steht aus Sicht des kritischen Rationalismus Hayeks stellvertretend für die Aporie, in welche jede materiale Definition des Zwangsbegriffs führen muß: Sie nimmt Wissen über Einzeltatsachen und individuelle Präferenzen in Anspruch, das in der Großen Gesellschaft niemandem in seiner Gesamtheit zur Verfügung steht. Vor diesem Hintergrund ist es im Rahmen allgemeiner und abstrakter Regeln des gerechten Verhaltens weder möglich, anhand der Preishöhe zu bestimmen, wann die Siedler der Oase noch unter einem Sachzwang und wann sie bereits unter privatem Zwang handeln, noch Einfluß auf die Preishöhe zu nehmen, ohne wiederum auf den Quellenbesitzer Zwang im engen Verständnis der Arbeitsdefinition, d.h. $Zwang_2$ auszuüben. In diesem Verständnis erscheint die von Hayek in der ›*Verfassung der Freiheit*‹ vorgeschlagene Lösung zur Minderung der Zwangsgewalt des Quellenbesitzers als kohärent mit der formalen Konzeption des Zwangs.

8.3.2. Der gerechte Preis in der Perspektive eines materialen Zwangsbegriffs, dargestellt am Arztbeispiel

Im materialen Verständnis des Zwangsbegriffs übt der Arzt auf den Notfallpatienten erst dann privaten Zwang aus, wenn er sich den Sachzwang des Patienten aneignet, um an seine lebenserhaltenden Leistungen ‚außergewöhnliche Bedingungen' zu knüpfen, d.h. Bedingungen, die den *gerechten Preis* dieser Leistungen *übersteigen*. Entsprechend lautet Hayeks Antwort auf das Arztbeispiel, daß der Arzt trotz seiner Pflicht, im Zweifelsfalle seine Leistun-

[543] Hayek (1979b), S. 376: „Fehlen die faktischen Voraussetzungen für »vollkommenen« Wettbewerb, so ist es nicht möglich, Unternehmen so handeln zu lassen, »als ob« es ihn gäbe." Preise sind im Denken Hayeks Signalgeber bei der Wissensteilung und Wissensverwertung in der Katallaxie. Folglich sind einzig die von den Märkten gebildeten Preise gerechte Preise. Ders. (1944), S. 99f; ders. (1946a), S. 114f; ders. (1960b), S. 124; ders. (1966a), S. 79; ders. (1973d), S. 23, S. 144: „[...] Gerechtigkeit [... kann] sich nur auf solche Löhne oder Preise beziehen, wie sie auf dem freien Markt *ohne List, Betrug oder Gewaltanwendung* zustande kommen." Ders. (1976b), S. 271 (im Original alles hervorgehoben): „Man kann Menschen nur dann nach ihrem eigenen Wissen und für ihre eigenen Zwecke handeln lassen, wenn die Entlohnung, die sie erzielen, teilweise von Umständen abhängt, die sie weder beeinflussen noch vorhersehen können. [...] In diesem Sinn ist Freiheit untrennbar von Entgelten, die oft keinen Zusammenhang mit Verdienst und Würdigkeit haben und daher als ungerecht empfunden werden." Preis- und Lohnfindung ist eine der Hauptfunktionen des Wettbewerbs, der in eben dieser Hinsicht ein *Entdeckungsverfahren* ist: Hayek (1968a,), S. 142f; ders. (1976b), S. 268. Entsprechend spiegelt ein hoher Monopolpreis in der Katallaxie der Wettbewerbstheorie Hayeks zufolge grundsätzlich nicht einen Defekt des Wettbewerbs, sondern vielmehr eine Knappheit im Markt wider. Hayek (1979b), S. 376ff.

gen unentgeltlich zu erbringen, berechtigt bleibt, hierfür eine ‚normale Entlohnung' zu erhalten, sofern dies in der Macht des Geretteten steht. In zweifacher Hinsicht aber steht diese Antwort für das *materiale* Verständnis des Zwangsbegriffs: Zum einen impliziert sie, daß nur der schädliche Zwang – die Bezahlung eines ungerechtfertigt hohen Honorars – echter Zwang sei und analog dazu zum anderen, daß es möglich sei, in der beschriebenen Situation von außen den gerechten Preis der Leistungen des Arztes bestimmen zu können. Weil dies im materialen Verständnis als möglich angenommen wird, läßt sich eine Preisgrenze angeben, deren Einhaltung für den Patienten einen Sachzwang, deren Überschreitung aber die Forderung eines ungerechten und daher im materialen Sinne *erzwungenen* Preises bedeutet. Doch eine solche Position ist in der theorieimmanenten Betrachtung des Werkes Hayeks nicht haltbar. Zentraler Aspekt der Antwort Hayeks auf das Arztbeispiel ist, daß der Arzt unabhängig von irgendeiner Entlohung gegebenenfalls unter Anwendung von Regeldurchsetzungszwang angehalten ist, seine lebenserhaltenden Leistungen zu erbringen. Vor diesem Hintergrund ist auch seine Macht, privaten Zwang auszuüben, erheblich eingeschränkt, denn die Drohung mit Verweigerung seiner lebensrettenden Hilfe ist eine Drohung mit einer Unterlassung, die als Gewalt begriffen und deshalb mit Regeldurchsetzungszwang sanktioniert werden kann.

8.4. Zusammenfassung: Das Dilemma zwischen Hayeks Antwort auf das Oasen- und das Arztbeispiel und seine Bedeutung für den Begriff des Zwangs

Das Dilemma zwischen beiden Antworten besteht darin, daß die eine Antwort jeweils ein Problem löst, das die andere offen läßt, und sich zugleich beide Antworten widersprechen. Die Antwort auf das Oasenbeispiel folgt dem Grundsatz der *Minimierung von Zwang*$_2$, angesichts der Asymmetrie in Hayeks Konzeption des Zwangs jedoch in erster Linie der Minimierung von staatlichem Zwang: Während Hayeks Antwort auf das Oasenbeispiel den Quellenbesitzer vor staatlichem Zwang schützt, kann sie wiederum dessen Macht, privaten Zwang auszuüben, nur formal beschränken und vor allem nicht verhindern, daß er auf die betroffenen Siedler Gewalt$_1$ ausübt, indem er sie verdursten läßt. Hayeks Antwort auf das Arztbeispiel folgt demgegenüber dem Grundsatz der *Verhinderung von Gewalt*$_1$, wodurch sie zugleich die Macht des Arztes, Zwang$_2$ bzw. privaten Zwang auszuüben, wirksam inhaltlich begrenzt: Während die Antwort auf das Arztbeispiel die Verhinderung der objektiv schweren Schädigung des Betroffenen sicherstellt, schließt sie aber die Ausübung von Regeldurchsetzungszwang und gegebenenfalls sogar von Zwang$_2$ gegen den Arzt – die Einschränkung seines Eigentumsrechts – ausdrücklich ein. Aus diesem Grunde wohl schlägt Hayek als Korrektiv vor, daß der Arzt weiterhin einen Anspruch hat, den gerechten Preis für seine Leistung zu erhalten; aber die Umsetzung dieses Vorschlags ist ausgehend von der Preis- und Wettbewerbstheorie Hayeks im Rahmen allgemeiner und abstrakter Verhaltensregeln unmöglich. Der Widerspruch zwischen beiden Antworten macht sie jeweils undurchführbar: Hayeks Antwort auf das Arztbeispiel ist mit seiner Theorie des Wettbewerbs als Entdeckungsverfahren unvereinbar (gerechter Preis), während seine Antwort auf das Oasenbeispiel letztlich aus Versorgungsgründen undurchführbar ist (Preisdiskriminierungsverbot). Beide Widersprüche stehen zugleich für zwei verschiedene moraltheoretische Ansätze, die mit zwei verschiedenen Konzeptionen des Zwangs korrespondieren.

Das Dilemma zwischen beiden Antworten repräsentiert nach Auffassung dieser Interpretation exakt die Spannung zwischen den beiden unterschiedlichen moraltheoretischen Ansätzen, für die die Begriffe Zwang$_2$ und Gewalt$_1$ jeweils stehen: Erhaltung der individuellen Freiheit einerseits und Erhaltung von Leben andererseits. Die Spannung zwischen beiden Begriffen bleibt im Werk Hayeks überwiegend implizit, weil der Ansatz, aus dem heraus sich sein Gewaltbegriff entwickeln und die Verwerflichkeit der Gewalt$_1$ begründen lassen, nur vereinzelt aufscheint und von Hayek nicht in die Diskussion des Zwangsbegriffs eingebunden wird. In dieser Arbeit ist er in die Konzeption des Zwangs implementiert worden, weil der Oberbegriff ‚Zwang$_1$' den Begriff der Gewalt und damit insbesondere auch den Begriff der Gewalt$_1$ als Unterbegriff enthält. Die Verhinderung von Zwang$_1$ ist nur in Hayeks Antwort auf das Arztbeispiel sichergestellt, während seine Antwort auf das Oasenbeispiel in dieser Hinsicht unvollständig bleibt. Das Dilemma zwischen beiden Antworten ist nach Auffassung dieser Interpretation ein Beleg einerseits für den Formalcharakter des Zwangsbegriffs und andererseits für die vorgeschlagene Erweiterung des Zwangsbegriffs Hayeks. Hayeks Konzeption des Zwangs erschöpft sich nicht darin, unter Zwang lediglich Zwang$_2$ zu verstehen, weil sie ansonsten in Widerspruch zum Selbstzwecklichkeitsargument gerät. In der Perspektive dieser Interpretation besteht die Verletzung der Selbstzwecklichkeit des Menschen nicht allein in der Unterwerfung seines Willens unter den eines anderen, sondern auch in einer schweren Schädigung seines Leibes, Lebens und seines Eigentums.

8.5. Ausblick: Hayeks Haltung zum Wohlfahrtsstaat als Beleg für den erweiterten Zwangsbegriff

Daß Hayek in der Verhinderung von Zwang im engen Sinne der Arbeitsdefinition, Zwang$_2$, nicht den alleinigen Rechtfertigungsgrund für die Anwendung von Regeldurchsetzungszwang sieht, läßt sich abschließend auch an seiner

Haltung zum ‚Wohlfahrtsstaat' zeigen.[544] Die Vorstellung, daß der materiale Rechtsstaat in einem weiteren Sinne ‚wohlfahrtsstaatliche' Funktionen wahrnehmen kann, ohne dabei – mit der wichtigen Ausnahme der Beschaffung der hierzu erforderlichen Mittel – von seinem Gewaltmonopol Gebrauch zu machen, findet sich in Hayeks Werk durchgängig.[545] Die beiden wichtigsten Funktionen, die Hayek dem Rechtsstaat über die Sicherung von Recht und Ordnung nach innen und nach außen[546] hinaus zuerkennt, bestehen zum einen

---

544 Unter dem Begriff ‚Wohlfahrtsstaat' soll im Folgenden mit Hayek das Gegenstück zum Minimalstaat verstanden werden; ders. (1960b), S. 350f: „Das Wort wird [...] zur Bezeichnung eines Staates gebraucht, der [...] um andere Probleme »besorgt« ist, als um die [...] Erhaltung von Recht und Ordnung." Vgl. ders. (1979b), S. 348.

545 Hayeks Ausführungen zum Wohlfahrtsstaat machen daher eher Abgrenzungen zum klassischen wohlfahrtsstaatlichen Ansatz notwendig; Hayek, Nachlaß, Box 48-11, Brief an R. Saynisch, 27. Januar 1973: „Ich hatte wohl nicht die Absicht, die Idee des Wohlfahrtsstaates als Ganze gut zu heißen, sondern versuchte in dem ihm gewidmeten Kapitel in der *›Verfassung der Freiheit‹* jene Ziele des Wohlfahrtsstaates herauszuheben, die sich auch innerhalb einer liberalen Gesellschaftsordnung [...] verwirklichen lassen. Dies gilt insbesondere für die Vorsorge eines Minimums für alle Erwerbsunfähigen, die mir aus vielen Gründen angemessen scheint." Ders. (1960b), S. 352: „[...M]anche Ziele des Wohlfahrtsstaates [können – P.B.] ohne Schaden für die individuelle Freiheit verwirklicht werden [...]." Ebd., S. 271: „[Willhelm von Humboldt – P.B.] stellte die Erzwingung des Gesetzes als die *einzige* legitime Funktion des Staates dar. Das folgt nicht notwendig aus dem Begriff der individuellen Freiheit, der die Frage offenläßt, welche anderen, nicht mit Zwangsausübungen verbundenen Funktionen der Staat übernehmen kann."

546 Aus der staatlichen Aufgabe der Außensicherung der spontanen Ordnung der Großen Gesellschaft leitet sich für Hayek eine allgemeine Wehrpflicht ab. Mit den nun vorliegenden Arbeitsdefinitionen des Zwangsbegriffs läßt sich die folgende, von Hayek sehr mißverständlich formulierte Textpassage richtigstellen; ders. (1960b), S. 183: „Obwohl die Ableistung des obligaten Militärdienstes zweifellos schweren Zwang bedeutet, [...] schränkt doch eine begrenzte Periode des Militärdienstes die Möglichkeit [des Verpflichteten – P.B.], sein eigenes Leben zu gestalten, weniger ein als zum Beispiel die ständige Drohung der Verhaftung, zu der eine willkürliche Macht zur Sicherung »guten Verhaltens« greift." Doch weder der Hinweis darauf, daß es schwereren Zwang gibt als den mit der allgemeinen Wehrpflicht verbundenen, noch der Hinweis auf die Einschränkung der Dauer des Zwangs auf eine ‚begrenzte Periode' kann im Verständnis der entwickelten Arbeitsdefinition und der Begründungen für die Verwerflichkeit des Zwangs eine Rechtfertigung für den ausgeübten staatlichen Zwang sein. Die Erklärung muß theorieimmanent betrachtet vielmehr lauten: Die allgemeine Wehrpflicht stellt eine *positive* allgemeine und abstrakte Regel des gerechten Verhaltens zur Verhinderung von Zwang_I dar, sofern sie alle Betroffenen formal gleich behandelt und sofern sie einzig jener abstrakten Funktion aller allgemeinen und abstrakten Regeln des gerechten Verhaltens dient, nämlich der Sicherung und Erhaltung der spontanen Ordnung der Großen Gesellschaft als Voraussetzung für dauerhafte individuelle Freiheit, verstanden als Abwesenheit von Zwang_I. Entscheidend ist, daß die Pflicht zum Militärdienst mit keinem objektiven Ziel begründet ist, sondern ihre einzige Rechtfertigung aus ihrer Funktion für die Erhaltung der spontanen Ordnung als freiheitlicher Ordnung erfährt. Unter dieser Voraussetzung ist der zur Durchsetzung der Wehrpflicht angedrohte Gebrauch des staatlichen Gewaltmonopols *Regeldurchsetzungszwang*. Würde der Staat jedoch das Militär zur Sicherung anderer Funk-

in der Bereitstellung des Existenzminimums für jedes Mitglied der Großen Gesellschaft[547] und zum anderen in der allgemeinen Versorgung mit *öffentlichen Gütern*.[548] Die Finanzierung beider Funktionen des Rechtsstaates soll den Vorstellungen Hayeks nach durch einheitlich erhobene, direkte Steuern erfolgen.[549] Die Erhebung von Steuern ist jedoch grundsätzlich mit Zwang verbunden.[550]

---

tionen als nur der Verteidigung der spontanen Ordnung gegen Angreifer von außen gebrauchen, d.h. für konkrete Staatsziele – z. B. für einen Angriffskrieg zur Sicherung von Rohstoffen – würde es sich bei der Verpflichtung zum Militärdienst um *staatlichen Zwang* handeln, weil sie in diesem Fall einem Willen folgt bzw. auf einen solchen rückführbar ist. Vgl. ders. (1960b), S. 301; ders. (1961a), S. 65: „Es ist [...] unbestreitbar, daß es unter gewissen Umständen, wie im Kriege, notwendig sein mag, die Freiheit vorübergehend im Interesse ihrer Erhaltung auf lange Sicht zu beschränken. Aber die Rechtfertigung solcher Einschränkungen der Freiheit muß immer ein allgemeines Prinzip und darf nie die Erreichung eines noch so wichtigen Einzelerfolges sein.“ Vgl. ders. (1979b), S. 361, sowie Hayeks Überlegungen zur Notstandsgesetzgebung, ebd., S. 429ff.

547 Hayek (1976b), S. 287: „Sobald ein System, das sich auf die spontanen Ordnungskräfte des Marktes verläßt, ein gewisses Wohlstandsniveau erreicht hat, ist es auch keineswegs unvereinbar damit, daß der Staat außerhalb des Marktes für gewisse Absicherungen gegen schwere Verluste sorgt. Doch der Versuch, jedem das ihm vermeintlich Gebührende dadurch zu sichern, daß man allen ein System gemeinsamer konkreter Ziele vorschreibt, [...] wäre ein Schritt zurück, der uns die Nutzung des Wissens und der Bestrebungen von Millionen und damit die Vorteile einer freien Zivilisation nähme.“ Ebd., S. 238; ders. (1969b), S. 86; ders. (1979b), S. 448f.

548 Unter ‚öffentlichen Gütern‘ sind mit Hayek (1976b), S. 156, Güter und Dienstleistungen zu verstehen, „die sich die Menschen wünschen, die aber nur angeboten werden können, wenn die Mittel hierfür mit Hilfe von Zwang beschafft werden, weil sie sich, wenn sie angeboten werden, nicht auf diejenigen beschränken lassen, die dafür zu bezahlen bereit sind. Sobald es einen Zwangsapparat gibt, [...] wird er selbstverständlich auch mit der Beschaffung der Mittel für die Bereitstellung solcher »Kollektivgüter« beauftragt werden [...].“ Neben der Versorgung der Bevölkerung mit öffentlichen Gütern mißt Hayek dem Staat noch eine wichtige Rolle bei der Sicherung von Standards im Interesse des Verbraucherschutzes zu, mit der einzigen Auflage, daß ihre Durchsetzung die Marktfunktionen nicht stören soll. Auch hier führt Hayek keine im strengen Sinne freiheitliche Begründung für die genannten Regelungen an: ders. (1979b), S. 368ff.

549 Hayek (1973a), S. 111: „Zusätzlich [zur Durchsetzung der allgemeinen und abstrakten Regeln des gerechten Verhaltens – P.B.] kann der Staat ihm übertragene Mittel dazu verwenden, verschiedene Leistungen zu erbringen, die abgesehen von der Mittelbeschaffung über Steuern, keinen Zwang erfordern.“ Ders. (1979b), S. 432f.

550 Hayek (1960b), S. 184f: „Zwar werden die nicht mit Zwang verbundenen Tätigkeiten des Staates gewöhnlich durch Zwangsmaßnahmen finanziert. [...] Aber unter modernen Bedingungen scheint es kaum durchführbar, daß der Staat Dienstleistungen wie Fürsorge für Arbeitsunfähige oder Gebrechliche oder die Bereitstellung von Straßen oder Information bieten könnte, ohne sich zu ihrer Finanzierung auf seine Zwangsgewalt zu stützen.“ Ders. (1979b), S. 431 (Hervorhebungen P.B.): „[...D]ie Erhebung von Steuern [ist – P.B.] *notwendigerweise ein Zwangsakt* und [muß – P.B.] daher den [...] allgemeinen Regeln [...] folgen [...].“ Ebd., S. 353: „Wenn allein der Staat das Recht zur Ausübung von Zwang hat, wird das

Unter der Voraussetzung, daß es möglich ist, direkte Steuern nach dem Prinzip der formalen Gleichbehandlung zu erheben, kann gesagt werden, daß es sich bei der Steuerpflicht um eine weitere *positive* allgemeine und abstrakte Regel des gerechten Verhaltens handelt.[551] Doch Hayek führt keine Begründungen an, mit denen sich der vom Rechtsstaat zur Erhebung von Steuern ausgeübte Regeldurchsetzungszwang normativ rechtfertigen läßt.[552] Innerhalb der beschriebenen Konzeption des Zwangs würde die naheliegendste und in sich schlüssigste Begründung nun lauten, daß der Rechtsstaat die eingenommenen Steuern strikt zur Verhinderung von $Zwang_2$ verwendet. In diesem Verständnis übt der Rechtsstaat sein Gewaltmonopol ausschließlich zur Durchsetzung allgemeiner und abstrakter Rechtsregeln aus, die der Verhinderung von $Zwang_2$ dienen. Wenn aber die eingenommenen Steuern für die Sicherung anderer Funktionen als nur der Verhinderung von $Zwang_2$ verwendet werden, entsteht ein Begründungsproblem: Mag auch die *Methode* der Steuereinnahme den Grundsätzen formaler Gerechtigkeit entsprechen, dient der zu ihrer Sanktionierung angewandte Regeldurchsetzungszwang letztlich jenen Zielen, für die die eingenommenen Steuern verwendet werden. Würden sie für die Verwirklichung konkreter Ziele einer Regierung verwendet werden, würde es sich bei der Drohung mit staatlicher Gewalt zur Sicherung der Steuerpflicht nicht um Regeldurchsetzungszwang, sondern vielmehr um staatlichen Zwang im Sinne der Arbeitsdefinition handeln.

Dieses Begründungsproblem zeigt, wie eng der Zwangsbegriff mit dem Staatsbegriff verbunden ist und wie zentral die Definition des Zwangs im liberalen Verständnis für eine konsistente Fundierung des Rechtsstaates ist. In Abhängigkeit verschiedener Auslegungen des Zwangsbegriffs läßt sich nun das folgende Spektrum liberaler Gesellschaftstheorien und ihrer jeweiligen Vorstellungen vom Staat entwickeln. In einem streng deontologischen Verständnis, demzufolge $Zwang_2$ das Grundübel schlechthin und individuelle Freiheit, definiert als Abwesenheit von $Zwang_2$, der höchste Wert in der Gesellschaft ist, besteht die einzige Rechtfertigung für die Anwendung von Regeldurchsetzungszwang zur Steuereinnahme – wie überhaupt die einzige Rechtfertigung für den Gebrauch des staatlichen Gewaltmonopols – in der

---

oft bedeuten, daß allein er gewisse Leistungen, die durch zwangsweise Erhebungen finanziert werden, erbringen kann." Ders. (1976b), S. 156: „Es gibt viele Arten von Leistungen, [...] die nur angeboten werden können, wenn die Mittel hierfür mit Hilfe von Zwang beschafft werden, weil sie sich [...] nicht auf diejenigen beschränken lassen, die dafür zu zahlen bereit sind." Vgl. ebd., S. 265, S. 417.

551 Hayek (1952c), S. 259ff; ders. (1973a), S. 109f; ders. (1973d), S. 145 (Hervorhebung P.B.): „[...] Steuern können nach einheitlichen Grundsätzen erhoben werden; und die Verpflichtung, zu den Kosten solcher vereinbarten gemeinsamen Ziele beizutragen, *könnte* unter den Begriff der allgemeinen Verhaltensregeln subsumiert werden." Zum Problem der Steuerprogression vgl. ders. (1960b), S. 416ff, S. 426; ders. (1979b), S. 433.

552 Vgl. hierzu insbesondere Homann (1983), S. 339.

Verhinderung von $Zwang_2$. Ein solches Verständnis des Zwangs bildet die Grundlage für minimalstaatliche Gesellschaftstheorien. Insofern auch $Gewalt_2$ und Betrug und Irreführung als Varianten des $Zwangs_2$ durch die Tatsache der *Willensunterwerfung* definiert sind, ist ihre Verhinderung unter Anwendung von Regeldurchsetzungszwang mit dem streng minimalstaatlichen Ansatz ebenfalls vereinbar. Jenseits des minimalstaatlichen läßt sich am äußersten Rand dieses Spektrums auch ein anarchistischer Ansatz positionieren, der aus dem Fehlen der Unterscheidung zwischen $Zwang_2$ und Regeldurchsetzungszwang resultiert. Wenn nämlich $Zwang_2$ deontologisch als Grundübel in der Gesellschaft betrachtet wird, zugleich zwischen $Zwang_2$ und Regeldurchsetzungszwang nicht unterschieden wird, und ‚Staat' als Monopol zur Ausübung von $Zwang_2$ begriffen wird, erscheint *jeder* Gebrauch staatlicher Gewalt und bald der Staat als solcher als das eigentliche Grundübel in der Gesellschaft. Beide Ansätze entsprechen aufgrund des Zwangsbegriffs nicht dem Ansatz Hayeks.

Wird hingegen der erweiterte Zwangsbegriff $Zwang_1$ zugrundegelegt, so läßt sich die staatliche Gewaltandrohung als Mittel formal gleicher Steuererhebung auch dann rechtfertigen, wenn die eingenommenen Steuern zur Durchsetzung von Verhaltensregeln verwendet werden, die über die bloße Verhinderung von $Zwang_2$ hinausgehen. Entscheidend hierbei ist, daß der Begriff des $Zwangs_1$ den der $Gewalt_1$ enthält und damit nicht allein die Tatsache der Willensunterwerfung als zu verhinderndes Übel gilt, sondern auch die Zufügung eines objektiv schweren Nachteils (einschließlich der Verweigerung eines objektiv zur Erhaltung von Leib, Leben und vergleichbar höchsten Gütern des Menschen unentbehrlichen Vorteils). Die *positive* allgemeine und abstrakte Verhaltensregel, welche die Steuerpflicht regelt, dient im Falle des erweiterten Zwangsbegriffs $Zwang_1$ – wie auch die übrigen positiven Regeln des gerechten Verhaltens, die Hayek anführt – nicht allein der Verhinderung der Willensunterwerfung, sondern ebenso der Verhinderung der objektiv schweren Schädigung des Individuums in der Großen Gesellschaft. In Abhängigkeit von der Werte- und Regelordnung einer Gesellschaft resultiert daraus ein freiheitlicher Rechtsstaat, dessen Funktionen über die rein ordnungserhaltenden hinaus reichen:

> „Weit davon entfernt, [...] einen »Minimalstaat« zu propagieren, steht für uns [Hayek – P.B.] außer Frage, daß in einer fortgeschrittenen Gesellschaft der Staat seine Macht zur Mittelbeschaffung durch Besteuerung dazu gebrauchen sollte, eine Reihe von Dienstleistungen bereitzustellen, die aus verschiedenen Gründen nicht oder nicht ausreichend über den Markt bereitgestellt werden können."[553]

Ein wichtiger Aspekt hierbei ist die Feststellung Hayeks, daß der Umfang der genannten, im weiteren Sinne ‚wohlfahrtstaatlichen' Funktionen des Rechts-

---

[553] Hayek (1979b), S. 348.

staates unter anderem auch vom Wohlstandsniveau der betrachteten Großen Gesellschaft abhängt.[554] In dieser Feststellung läßt sich ein weiterer Beleg dafür sehen, daß die Definition des ‚objektiv schweren Nachteils' wie auch insbesondere des ‚objektiv unentbehrlichen Vorteils' von der kulturellen Evolution und dem Stand der betrachteten Großen Gesellschaft in ihr bestimmt wird. Der erweiterte Zwangsbegriff $Zwang_1$ ist dadurch offen und mit ihm auch der Umfang der Funktionen, die der materiale Rechtsstaat über die Verhinderung von $Zwang_2$ hinaus wahrzunehmen hat.

Doch die Begründungen, die Hayek für die genannten Funktionen des Rechtsstaates am Rande anführt, beziehen sich zumeist auf ihre Effizienz, auf ihre ‚Vorteilhaftigkeit' für das Individuum in der Gesellschaft; sie beantworten jedoch nicht die Schlüsselfrage, wodurch der zur Bereitstellung der besagten Leistungen notwendige Regeldurchsetzungszwang normativ gerechtfertigt ist. Ausdrücklich seien die von Hayek in diesem Zusammenhang angeführten Effizienzerwägungen zurückgestellt, weil sie ebenso gut als Rechtfertigungsgrundlage für staatlichen ‚Zwang zum Glück' dienen können:

> „Obwohl das [die Bezahlung von Steuern für die Verwirklichung von Zielen, von denen der einzelne nicht Gebrauch macht – P.B.] so aussieht, als ob der einzelne Zwecken dienstbar gemacht wird, an denen ihm nichts liegt, wäre es richtiger, hierin eine Art Tausch zu erblicken: [...] Solange jeder erwarten kann, daß er aus diesem gemeinsamen Fonds Leistungen erhält, die für ihn mehr wert sind als das, was man ihn beitragen läßt, wird es in seinem Interesse sein, sich dem Zwang [zur Bezahlung von Steuern – P.B.] zu beugen. Da es im Falle vieler kollektiver Güter nicht möglich sein wird, auch nur annähernd genau festzustellen, wer in welchem Ausmaß Nutzen von ihnen hat, können wir nur darauf hinarbeiten, daß jeder insgesamt das Gefühl hat, alle ihm gelieferten kollektiven Güter seien zumindest so viel wert, wie der Beitrag, den er zu leisten hat."[555]

---

[554] Hayek (1973a), S. 112; ders. (1973d), S. 144f.

[555] Hayek (1979b), S. 352; ders. (1960b), S. 185: „Es ist [...] zumindest nicht selbstverständlich, daß es moralisch gerechtfertigt werden kann, Menschen zu zwingen, Beiträge zur Erreichung von Zielen zu leisten, an denen sie nicht interessiert sind. In gewissem Ausmaß werden es jedoch die meisten von uns zweckmäßig finden, solche Beiträge zu leisten unter der Voraussetzung, daß wir unsererseits aus ähnlichen Beiträgen Nutzen ziehen werden, die andere zur Verwirklichung unserer Ziele leisten." Vgl. die von Hayek angedeuteten Begründungen für eine Bereitstellung des Existenzminimums durch den Staat, ders. (1976b), S. 238 (Hervorhebung P.B.): „Eine derartige Versicherung gegen extreme Unglücksfälle *mag durchaus im Interesse aller* sein; oder man empfindet es vielleicht als eindeutige moralische Pflicht [...]." Ders. (1979b), S. 362: „Ein System, das darauf abzielt, Menschen in großer Zahl zu bewegen, die vergleichsweise [hohe – P.B.] Sicherheit aufzugeben, die die Zugehörigkeit zur kleinen Gruppe geboten hat, würde wahrscheinlich bald große Unzufriedenheit und gewaltsame Reaktionen auslösen, wenn diejenigen, die bislang dessen Vorteile genossen, ohne Hilfe dastünden, sobald sie ohne ihr Verschulden ihre Fähigkeit einbüßten, sich ihren Lebensunterhalt zu verdienen." Vgl. hierzu noch einmal die Anmerkungen von Homann (1983), S. 339.

Entscheidend ist vielmehr der von Hayek in der ›*Verfassung der Freiheit*‹ im Zusammenhang mit der Erörterung des Zwangsbegriffs angeführte Gedanke, daß die Grundabsicherung des Individuums gegen schwere, existentielle Not und die Bereitstellung öffentlicher Güter durch den Staat eine ‚berechtigte Erwartung' des Individuums in der Großen Gesellschaft darstellt und der zu ihrer Erfüllung angewandte Regeldurchsetzungszwang eben daraus seine letzte Rechtfertigung erhält:

> „Die Bereitstellung solcher Leistungen [...] und das Recht, an ihrer Benützung teilzunehmen, ist ein wichtiger Teil des geschützten Bereichs des Einzelnen."[556]

Diese Begründung für die genannten Funktionen des Rechtsstaates und des mit ihrer Finanzierung verbundenen Regeldurchsetzungszwangs ist nach Auffassung dieser Interpretation deckungsgleich mit der herausgestellten Begründung für die Verwerflichkeit der $Gewalt_1$, d.h. der Gewalt, verstanden als Zufügung eines objektiv schweren Nachteils bzw. Verweigerung eines unentbehrlichen Vorteils. Anders gewendet: Ebenso wie es im Falle des Arztbeispiels im Verständnis Hayeks gegen die Regeln der Gerechtigkeit verstoßen bzw. $Zwang_1$, genauer: $Gewalt_1$ bedeuten würde, wenn ein Arzt einen lebensgefährlich verletzten Patienten nicht versorgen würde, würde es gegen die Regeln der Gerechtigkeit verstoßen bzw. $Zwang_1$, genauer: $Gewalt_1$ bedeuten, wenn das Individuum in der Großen Gesellschaft im Falle existentieller Not und im Falle des Bedarfs nach Gütern und Dienstleistungen, die für die Erhaltung von Leib, Leben und vergleichbar höchsten Gütern des Menschen objektiv unentbehrlich sind, keine Unterstützung durch den Rechtsstaat erhielte, wenn es sie denn auf andere Weise nicht erhalten könnte.

In einer Perspektive hingegen, die *einzig* mit dem Wert der individuellen Freiheit, verstanden als Abwesenheit von $Zwang_2$, argumentiert, läßt sich dieses Funktionsspektrum des Rechtsstaates nicht rechtfertigen. Ihre Zuweisung an den materialen Rechtsstaat ist die notwendige Folge der Tatsache, daß für Hayek die Verhinderung von Zwang im engen Verständnis der Arbeitsdefinition ($Zwang_2$) nicht der alleinige Grund für die Anwendung von Regeldurchsetzungszwang ist. Hayeks Konzeption des Zwangs begründet eine Gesellschaftstheorie, in welcher der Rechtsstaat vermittels der Durchsetzung allgemeiner und abstrakter Regeln des gerechten Verhaltens sein Gewaltmonopol auch zur Verhinderung von Not und Elend bis hin zur Sicherung der Wohlfahrt des Individuums gebrauchen kann, weil nicht Zwang im engen Sinne der Arbeitsdefinition, $Zwang_2$, sondern $Zwang_1$ das Grundübel in der Gesellschaft ist.

---

[556] Hayek (1960b), S. 182. Im übertragenen Sinne zählt es damit zu den Eigentumsrechten des Individuums in der Großen Gesellschaft, Zugang zu öffentlichen Gütern zu erhalten; vgl. hierzu auch noch einmal Hayek (1966a), S. 77.

Schlußwort

Die in dieser Arbeit vertretene Deontologiethese setzt sich aus zwei Teilen zusammen und lautet: (a.) Hayeks Begriff des Zwangs ist *streng formal*, d.h. unabhängig von konkreten Inhalten und Folgen der erzwungenen Handlung als Unterwerfung des Willens eines Menschen unter den eines anderen und (b.) *deontologisch* als absolutes Übel in der Gesellschaft definiert. Die Deontologiethese kann nur gehalten werden, wenn drei Voraussetzungen erfüllt sind, die aber von Hayek selbst nicht deutlich formuliert werden:

(1.) Die Durchsetzung allgemeiner und abstrakter Regeln des gerechten Verhaltens mit den Mitteln rechtsstaatlicher Gewalt ist nicht Zwang im Sinne der Definition, sondern Regeldurchsetzungszwang; sie ist nicht Aufhebung, sondern Voraussetzung dauerhafter Freiheit des Individuums in der Gesellschaft.

(2.) Zwang als allgemeiner Gegenbegriff der Freiheit umfaßt den Begriff der Gewalt, verstanden als Verletzung von Leib, Leben und Eigentum eines Menschen durch Zufügung eines schweren Nachteils wie auch durch Verweigerung eines Vorteils, der zur Erhaltung von Leib und Leben unmittelbar und unbedingt unentbehrlich ist. Auf der Grundlage dieser Erweiterung ist die Anwendung von Regeldurchsetzungszwang gerechtfertigt, um das Individuum in der Gesellschaft vor gewaltsamen Übergriffen in seinen privaten Schutzraum und auch, um es vor schwerem Mangel zu bewahren.

(3.) Die Freiheit des Individuums, sein Wissen und seine Wertungen für die Verfolgung seiner eigenen Ziele zu verwenden, ist Antrieb und Motor der kulturellen Evolution, die wesentlich eine offene Entwicklung allgemeiner und abstrakter Regeln des gerechten Verhaltens ist, deren höchster Wert die Freiheit des Individuums in der Gesellschaft ist.

Unter den genannten Voraussetzungen ist der Begriff des Zwangs formal definiert und deontologisch als absolutes Übel in der Gesellschaft begründet, und dennoch bildet er nicht die Grundlage minimalstaatlicher oder gar anarchistischer Gesellschaftstheorien. Die aus diesem Zwangsbegriff hervorgehende Sozialphilosophie ist nicht libertär, sondern klassisch liberal.

Literaturverzeichnis

Unveröffentlichte Quellen

Ein bedeutender Teil des Nachlasses von Friedrich August von Hayek befindet sich an der Hoover Institution der Stanford University. Das dortige Archivmaterial ist in insgesamt 118 Boxen untergebracht, die zum Teil noch zu Lebzeiten Hayeks in Dossiers untergliedert wurden (Box 1 bis 91). Angegeben wird in dieser Arbeit jeweils die Nummer der Box, soweit vorhanden die Nummer des Dossiers, die Art des Schriftstücks (z.B. Manuskript, Memorandum, Brief), bei Briefen der Adressat sowie das Datum des Schriftstücks. Bei Zitaten aus dem Nachlaß Hayeks sind der besseren Lesbarkeit halber Rechtschreibfehler und abweichende Schreibweisen ausgebessert, ohne jeweils darauf hinzuweisen.

Literatur

Jahreszahlangaben zu den Schriften Hayeks beziehen sich jeweils auf die (in der Regel englischsprachige) Ersterscheinung. Im Fließtext wird immer die deutsche Fassung bzw. Übersetzung zitiert. Soweit es sich um eigene Übersetzungen handelt, wird der Originaltext in den Fußnoten angeführt. Werden für einen Gedanken mehrere Belege angeführt, so erfolgt die Reihung nach inhaltlichen Gesichtspunkten und nur dann chronologisch, wenn die werkgeschichtliche Kontinuität des zu belegenden Gedankens nachgewiesen werden soll.

BARRY, NORMAN (1989). The Liberal Constitution: Rational Design or Evolution? Critical Review, 3 (1989), S. 267–282.

BAY, CHRISTIAN (1971). Hayek's Liberalism: The Constitution of Perpetual Privilege, in: The Political Science Reviewer, 1 (1971), S. 93–124.

BÖHM, STEFAN (1996). Friedrich August von Hayek: Die Verfassung der Freiheit, in: Nikolaus Piper (Hg.). Die großen Ökonomen. Leben und Werk der wirtschaftswissenschaftlichen Vordenker, 2. Aufl., Stuttgart, 1996, S. 105–111.

BOUILLON, HARDY (1991). Ordnung, Evolution und Erkenntnis. Hayeks Sozialphilosophie und ihre Erkenntnistheoretische Grundlage, Tübingen, 1991.

BOUILLON, HARDY (1997). Freiheit, Liberalismus und Wohlfahrtsstaat. Eine analytische Untersuchung zur individuellen Freiheit im Klassischen Liberalismus und im Wohlfahrtsstaat, Baden-Baden, 1997.

BUCHANAN, JAMES M. (1981). Möglichkeiten institutioneller Reformen im Rahmen kulturell geformter abstrakter Verhaltensregeln, in: Viktor Vanberg. Liberaler Evolutionismus oder vertragstheoretischer Konstitutionalismus? Zum Problem institutioneller Reformen bei F.A. von Hayek und J.M. Buchanan, Tübingen, 1981, S. 45–48.

CALDWELL, BRUCE (2000). The Emergence of Hayek's Ideas on Cultural Evolution, in: The Review of Austrian Economics, 13 (2000), S. 5–22.

CALDWELL, BRUCE (2004). Hayek's Challenge. An Intellectual Biography of F.A. Hayek, Chicago, 2004.

DASGUPTA, PARTHA (1982). Utilitarianism, Information and Rights, in: Amartya Sen und Bernard Williams (Hg.). Utilitarianism and beyond, Camebridge, 1982, S. 199–218.

DEMPSEY, GARRY T. (1996). Hayek's Evolutionary Epistemology, Artificial Intelligence, and the Question of Free Will, in: Evolution and Cognition, N.S., 2 (1996), S. 139–150.

EBENSTEIN, ALAN (2001). Friedrich Hayek. A Biography, New York, 2001.

EPSTEIN, RICHARD A. (1999). Hayekian Socialism, in: Maryland Law Review, 58 (1999), S. 271–299.

ERNING, BERNHARD (1993). Hayeks Moralphilosophie. Freiheit und Gerechtigkeit in der Großen Gesellschaft, Freiburg, 1993.

EVERETT, CHARLES W. (1931). The Education of Jeremy Bentham, London, 1931.

FERGUSON, ADAM (1767). An Essay on the History of Civil Society, New York, 1971.

FERGUSON, ADAM (1776). Abhandlung über die Geschichte der bürgerlichen Gesellschaft, Jena, 1923.

GRAY, JOHN N. (1995). Freiheit im Denken Hayeks, Tübingen, 1995.

HAMOWY, RONALD (1961). Hayek's Concept of Freedom: A Critique, in: New Individualist Review, 1 (1961), S. 18–31.

HAMOWY, RONALD (1971). Freedom and the Rule of Law in F.A. Hayek, in: Il Politico, 1971–1972, S. 355–365.

HAMOWY, RONALD (1999). F. A. Hayek, on the Occasion of the Centenary of his Birth, in: Cato Journal, 19 (1999), S. 279–287.

HAYEK, FRIEDRICH A. VON (1924). Diskontpolitik und Warenpreise, in: Der Österreichische Volkswirt, 17 (1924/25), S. 21–25 und S. 41–43.

HAYEK, FRIEDRICH A. VON (1926a). Die Bedeutung der Konjunkturforschung für das Wirtschaftsleben, in: Der Österreichische Volkswirt, 19 (1926/27), S. 46–49.

HAYEK, FRIEDRICH A. VON (1926b). Friedrich Freiherr von Wieser, in: Jahrbücher für Nationalökonomie und Statistik, 125 (1926), S. 513–530.

HAYEK, FRIEDRICH A. VON (1929a). Geldtheorie und Konjunkturtheorie, Wien, 1929.

HAYEK, FRIEDRICH A. VON (1929b). Gibt es einen Widersinn des Sparens? in: Zeitschrift für Nationalökonomie, 1 (1929), S. 387–429.

HAYEK, FRIEDRICH A. VON (1929c). Das Mieterschutzproblem. Nationalökonomische Betrachtungen, Wien, 1929.

HAYEK, FRIEDRICH A. VON (1931). Preise und Produktion, Wien, 1931.

HAYEK, FRIEDRICH A. VON (1936). Wirtschaftstheorie und Wissen, in: ders. Individualismus und wirtschaftliche Ordnung, Erlenbach-Zürich, 1952, S. 49–77.

HAYEK, FRIEDRICH A. VON (1937a). Monetary Nationalism and International Stability. London, 1937.

HAYEK, FRIEDRICH A. VON (1937b). Das Goldproblem, in: Die Österreichische Zeitschrift für Bankwesen, 19. Jahrgang der Mitteilungen des Verbandes österreichischer Banken und Bankiers, 11. (1937), S. 255–271.

HAYEK, FRIEDRICH A. VON (1938). Freiheit und Wirtschaftssystem, in: ders. Rechtsordnung und Handelnsordnung. Aufsätze zur Ordnungsökonomik. Band 4, Abt. A der gesammelten Schriften von F. A. von Hayek, Tübingen, 2003, S. 153–161.

HAYEK, FRIEDRICH A. VON (1942). Die „Tatsachen" der Sozialwissenschaften, in: ders. Individualismus und wirtschaftliche Ordnung, Erlenbach-Zürich, 1952, S. 78–102.

HAYEK, FRIEDRICH A. VON (1943). Warenwährung, in: ders. Individualismus und wirtschaftliche Ordnung, Erlenbach-Zürich, 1952, S. 268–280.

HAYEK, FRIEDRICH A. VON (1944). Der Weg zur Knechtschaft, Band 1, Abt. B der gesammelten Schriften von F. A. von Hayek, Tübingen, 2004.

HAYEK, FRIEDRICH A. VON (1945). Wahrer und falscher Individualismus, in: ders. Grundsätze einer liberalen Gesellschaftsordnung. Aufsätze zur politischen Theorie und Philosophie. Band 5, Abt. A der gesammelten Schriften von F. A. von Hayek, Tübingen, 2002, S. 3–32.

HAYEK, FRIEDRICH A. VON (1946a). Der Sinn des Wettbewerbs, in: ders. Rechtsordnung und Handelnsordnung. Aufsätze zur Ordnungsökonomik. Band 4, Abt. A der gesammelten Schriften von F. A. von Hayek, Tübingen, 2003, S. 107–120.

HAYEK, FRIEDRICH A. VON (1946b). Die Verwertung des Wissens in der Gesellschaft, in: ders. Individualismus und wirtschaftliche Ordnung, Erlenbach-Zürich, 1952, S. 103–121.

HAYEK, FRIEDRICH A. VON (1947). „Freie Wirtschaft“ und Wettbewerbsordnung, in: ders. Rechtsordnung und Handelnsordnung. Aufsätze zur Ordnungsökonomik. Band 4, Abt. A der gesammelten Schriften von F. A. von Hayek, Tübingen, 2003, S. 121–131.

HAYEK, FRIEDRICH A. VON (1951a). Die Überlieferung der Ideale der Wirtschaftsfreiheit, in: ders. Grundsätze einer liberalen Gesellschaftsordnung. Aufsätze zur politischen Theorie und Philosophie. Band 5, Abt. A der gesammelten Schriften von F. A. von Hayek, Tübingen, 2002, S. 33–38.

HAYEK, FRIEDRICH A. VON (1951b). Gleichheit und Gerechtigkeit, in: ders. Grundsätze einer liberalen Gesellschaftsordnung. Aufsätze zur politischen Theorie und Philosophie. Band 5, Abt. A der gesammelten Schriften von F. A. von Hayek, Tübingen, 2002, S. 231–233.

HAYEK, FRIEDRICH A. VON (1952a). The Sensory Order. An Inquiry into the Foundations of theoretical Psychology, London, 1952.

HAYEK, FRIEDRICH A. VON (1952b). Die sensorische Ordnung. Eine Untersuchung der Grundlagen der theoretischen Psychologie. Band 5, Abteilung B der gesammelten Schriften von F. A. von Hayek, Tübingen, 2006.

HAYEK, FRIEDRICH A. VON (1952c). Die Ungerechtigkeit der Steuerprogression, in: ders. Wirtschaft, Wissenschaft und Politik. Aufsätze zur Wirtschaftspolitik. Band 6, Abt. A der gesammelten Schriften von F. A. von Hayek, Tübingen, 2001, S. 259–268.

HAYEK, FRIEDRICH A. VON (1953). Entstehung und Verfall des Rechtsstaatsideals, in: ders. Grundsätze einer liberalen Gesellschaftsordnung. Aufsätze zur politischen Theorie und Philosophie. Band 5, Abt. A der gesammelten Schriften von F. A. von Hayek, Tübingen, 2002, S. 39–62.

HAYEK, FRIEDRICH A. VON (1956). Über den „Sinn“ sozialer Institutionen, in: ders. Rechtsordnung und Handelnsordnung. Aufsätze zur Ordnungsökonomik. Band 4, Abt. A der gesammelten Schriften von F. A. von Hayek, Tübingen, 2003, S. 3–14.

HAYEK, FRIEDRICH A. VON (1957). Was ist und was heißt „sozial“? in: ders. Grundsätze einer liberalen Gesellschaftsordnung. Aufsätze zur politischen Theorie und Philosophie. Band 5, Abt. A der gesammelten Schriften von F. A. von Hayek, Tübingen, 2002, S. 251–260.

HAYEK, FRIEDRICH A. VON (1958). Das Individuum im Wandel der Wirtschaftsordnung, in: ders. Rechtsordnung und Handelnsordnung. Aufsätze zur Ordnungsökonomik. Band 4, Abt. A der gesammelten Schriften von F. A. von Hayek, Tübingen, 2003, S. 162–167.

HAYEK, FRIEDRICH A. VON (1959a). Mißbrauch und Verfall der Vernunft. Ein Fragment. Band 2, Abt. B der gesammelten Schriften von F. A. von Hayek, Tübingen, 2004.

HAYEK, FRIEDRICH A. VON (1959b). Verantwortlichkeit und Freiheit, in: ders. Grundsätze einer liberalen Gesellschaftsordnung. Aufsätze zur politischen Theorie und Philosophie. Band 5, Abt. A der gesammelten Schriften von F. A. von Hayek, Tübingen, 2002, S. 277–293.

HAYEK, FRIEDRICH A. VON (1959c). Strukturpolitik und Wettbewerbswirtschaft, in: ders. Wirtschaft, Wissenschaft und Politik. Aufsätze zur Wirtschaftspolitik. Band 6, Abt. A der gesammelten Schriften von F. A. von Hayek, Tübingen, 2001, S. 15–29.

HAYEK, FRIEDRICH A. VON (1960a). The Constitution of Liberty, London, 1960.
HAYEK, FRIEDRICH A. VON (1960b). Die Verfassung der Freiheit, Band 3, Abt. B der gesammelten Schriften von F. A. von Hayek, Tübingen, 2005.
HAYEK, FRIEDRICH A. VON (1961a). Die Ursachen der ständigen Gefährdung der Freiheit, in: ders. Grundsätze einer liberalen Gesellschaftsordnung. Aufsätze zur politischen Theorie und Philosophie. Band 5, Abt. A der gesammelten Schriften von F. A. von Hayek, Tübingen, 2002, S. 63–68.
HAYEK, FRIEDRICH A. VON (1961b). Freedom and Coercion. Some Comments on a Critique by Mr. Ronald Hamowy, in: ders. Studies in Philosophy, Politics and Economics, Chicago, 1967, S. 348–350.
HAYEK, FRIEDRICH A. VON (1961c). Der Trugschluß des „Abhängigkeitseffekts", in: ders. Wirtschaft, Wissenschaft und Politik. Aufsätze zur Wirtschaftspolitik. Band 6, Abt. A der gesammelten Schriften von F. A. von Hayek, Tübingen, 2001, S. 60–64.
HAYEK, FRIEDRICH A. VON (1961d). Das moralische Element in der Unternehmerwirtschaft, in: ders. Grundsätze einer liberalen Gesellschaftsordnung. Aufsätze zur politischen Theorie und Philosophie. Band 5, Abt. A der gesammelten Schriften von F. A. von Hayek, Tübingen, 2002, S. 294–301.
HAYEK, FRIEDRICH A. VON (1962). Wiener Schule, in: Erwin von Beckerath (Hg.). Handwörterbuch der Sozialwissenschaften, Bd. 12, Stuttgart, 1965, S. 68–71.
HAYEK, FRIEDRICH A. VON (1963a). Arten der Ordnung, in: ders. Rechtsordnung und Handelnsordnung. Aufsätze zur Ordnungsökonomik. Band 4, Abt. A der gesammelten Schriften von F. A. von Hayek, Tübingen, 2003, S. 15–29.
HAYEK, FRIEDRICH A. VON (1963b). Recht, Gesetz und Wirtschaftsfreiheit, in: ders. Rechtsordnung und Handelnsordnung. Aufsätze zur Ordnungsökonomik. Band 4, Abt. A der gesammelten Schriften von F. A. von Hayek, Tübingen, 2003, S. 168–177.
HAYEK, FRIEDRICH A. VON (1963c). Die Rechts- und Staatsphilosophie David Humes, in: ders. Freiburger Studien. Gesammelte Aufsätze. Tübingen, 1969, S. 232–248.
HAYEK, FRIEDRICH A. VON (1964a). Arten des Rationalismus, in: ders. Freiburger Studien. Gesammelte Aufsätze. Tübingen, 1969, S. 75–89.
HAYEK, FRIEDRICH A. VON (1964b). Die Anschauungen der Mehrheit und die zeitgenössische Demokratie, in: ders. Grundsätze einer liberalen Gesellschaftsordnung. Aufsätze zur politischen Theorie und Philosophie. Band 5, Abt. A der gesammelten Schriften von F. A. von Hayek, Tübingen, 2002, S. 123–149.
HAYEK, FRIEDRICH A. VON (1964c). Die Theorie komplexer Phänomene, in: ders. Die Anmaßung von Wissen. Neue Freiburger Studien, Tübingen, 1996, S. 281–306.
HAYEK, FRIEDRICH A. VON (1965). Was der Goldwährung geschehen ist. Ein Bericht aus dem Jahre 1932 mit zwei Ergänzungen, Tübingen, 1965.
HAYEK, FRIEDRICH A. VON (1966a). Grundsätze einer liberalen Gesellschaftsordnung, in: ders. Grundsätze einer liberalen Gesellschaftsordnung. Aufsätze zur politischen Theorie und Philosophie. Band 5, Abt. A der gesammelten Schriften von F. A. von Hayek, Tübingen, 2002, S. 69–87.
HAYEK, FRIEDRICH A. VON (1966b). Eine sich selbst bildende Ordnung für die Gesellschaft, in: ders. Rechtsordnung und Handelnsordnung. Aufsätze zur Ordnungsökonomik. Band 4, Abt. A der gesammelten Schriften von F. A. von Hayek, Tübingen, 2003, S. 30–34.
HAYEK, FRIEDRICH A. VON (1966c). Dr. Bernard Mandeville, in: ders. Freiburger Studien. Gesammelte Aufsätze, Tübingen, 1969, S. 126–143.
HAYEK, FRIEDRICH A. VON (1967a). Die Verfassung eines freien Staates, in: ders. Grundsätze einer liberalen Gesellschaftsordnung. Aufsätze zur politischen Theorie und Philosophie. Band 5, Abt. A der gesammelten Schriften von F. A. von Hayek, Tübingen, 2002, S. 143–149.

HAYEK, FRIEDRICH A. VON (1967b). Die Ergebnisse menschlichen Handelns, aber nicht menschlichen Entwurfs, in: ders. Rechtsordnung und Handelnsordnung. Aufsätze zur Ordnungsökonomik. Band 4, Abt. A der gesammelten Schriften von F. A. von Hayek, Tübingen, 2003, S. 178–189.

HAYEK, FRIEDRICH A. VON (1967c). Rechtsordnung und Handelnsordnung, in: ders. Rechtsordnung und Handelnsordnung. Aufsätze zur Ordnungsökonomik. Band 4, Abt. A der gesammelten Schriften von F. A. von Hayek, Tübingen, 2003, S. 35–73.

HAYEK, FRIEDRICH A. VON (1967d). Bemerkungen über die Entwicklung von Systemen von Verhaltensregeln (Das Zusammenspiel zwischen Regeln des individuellen Verhaltens und der Gesamtordnung), in: ders. Rechtsordnung und Handelnsordnung. Aufsätze zur Ordnungsökonomik. Band 4, Abt. A der gesammelten Schriften von F. A. von Hayek, Tübingen, 2003, S. 74–91.

HAYEK, FRIEDRICH A. VON (1968a). Der Wettbewerb als Entdeckungsverfahren, in: ders. Rechtsordnung und Handelnsordnung. Aufsätze zur Ordnungsökonomik. Band 4, Abt. A der gesammelten Schriften von F. A. von Hayek, Tübingen, 2003, S. 132–149.

HAYEK, FRIEDRICH A. VON (1968b). Die Sprachverwirrung im politischen Denken, mit einigen Vorschlägen zur Abhilfe, in: ders. Grundsätze einer liberalen Gesellschaftsordnung. Aufsätze zur politischen Theorie und Philosophie. Band 5, Abt. A der gesammelten Schriften von F. A. von Hayek, Tübingen, 2002, S. 150–177.

HAYEK, FRIEDRICH A. VON (1968c). Vorwort, in: Mancur Olson. Die Logik des kollektiven Handelns. Kollektivgüter und die Theorie der Gruppen, Tübingen, 1968, S. 1–3.

HAYEK, FRIEDRICH A. VON (1969a). Der Primat des Abstrakten, in: ders. Die Anmaßung von Wissen. Neue Freiburger Studien, Tübingen, 1996, S. 114–129.

HAYEK, FRIEDRICH A. VON (1969b). Marktwirtschaft oder Syndikalismus? In: ders. Wirtschaft, Wissenschaft und Politik. Aufsätze zur Wirtschaftspolitik. Band 6, Abt. A der gesammelten Schriften von F. A. von Hayek, Tübingen, 2001, S. 83–88.

HAYEK, FRIEDRICH A. VON (1970). Die Irrtümer des Konstruktivismus und die Grundlagen legitimer Kritik gesellschaftlicher Gebilde, in: ders. Wissenschaft und Sozialismus. Aufsätze zur Sozialismuskritik. Band 7, Abt. A der gesammelten Schriften von F. A. von Hayek, Tübingen, 2004, S. 16–36.

HAYEK, FRIEDRICH A. VON (1971a). Nature v. Nurture Once Again, in: ders. New Studies in Philosophy, Politics, Economics and the History of Ideas, London, 1978, S. 290–294.

HAYEK, FRIEDRICH A. VON (1971b). Principles or Expediency? In: ders. (Hg.). Toward Liberty. Essays in Honor of Ludwig von Mises on the Occasion of his 90th Birthday September 29, 1971, Vol. 1, Menlo Park, 1971, S. 29–45.

HAYEK, FRIEDRICH A. VON (1973a). Liberalismus, in: ders. Grundsätze einer liberalen Gesellschaftsordnung. Aufsätze zur politischen Theorie und Philosophie. Band 5, Abt. A der gesammelten Schriften von F. A. von Hayek, Tübingen, 2002, S. 88–119.

HAYEK, FRIEDRICH A. VON (1973b). Die Erhaltung des liberalen Gedankengutes, in: ders. Grundsätze einer liberalen Gesellschaftsordnung. Aufsätze zur politischen Theorie und Philosophie. Band 5, Abt. A der gesammelten Schriften von F. A. von Hayek, Tübingen, 2002, S. 192–204.

HAYEK, FRIEDRICH A. VON (1973c). Law, Legislation and Liberty. A New Statement of the Liberal Principles of Justice and Political Economy, Vol. 1: Rules and Order, London, 1973.

HAYEK, FRIEDRICH A. VON (1973d). Recht, Gesetz und Freiheit. Eine Neufassung der liberalen Grundsätze der Gerechtigkeit und der politischen Ökonomie, Teil 1: Regeln und Ordnung, in: ders. Recht, Gesetz und Freiheit. Band 4, Abt. B der gesammelten Schriften von F. A. von Hayek, Tübingen, 2003, S. 3–147.

HAYEK, FRIEDRICH A. VON (1973e). Wirtschaftsfreiheit und repräsentative Demokratie, in: ders. Grundsätze einer liberalen Gesellschaftsordnung. Aufsätze zur politischen Theorie und Philosophie. Band 5, Abt. A der gesammelten Schriften von F. A. von Hayek, Tübingen, 2002, S. 178–191.

HAYEK, FRIEDRICH A. VON (1974). Die Anmaßung von Wissen, in: ders. Die Anmaßung von Wissen. Neue Freiburger Studien, Tübingen, 1996, S. 3–15.

HAYEK, FRIEDRICH A. VON (1975a). Zwei Arten des Denkens, in: ders. Die Anmaßung von Wissen. Neue Freiburger Studien, Tübingen, 1996, S. 317–323.

HAYEK, FRIEDRICH A. VON (1975b). Choice in Currency. A Way to Stop Inflation, London, 1976.

HAYEK, FRIEDRICH A. VON (1976a). Law, Legislation and Liberty. A New Statement of the Liberal Principles of justice and political economy, Vol. 2: The Mirage of Social Justice, London, 1976.

HAYEK, FRIEDRICH A. VON (1976b). Recht, Gesetz und Freiheit. Eine Neufassung der liberalen Grundsätze der Gerechtigkeit und der politischen Ökonomie, Teil 2: Das Trugbild sozialer Gerechtigkeit, in: ders. Recht, Gesetz und Freiheit. Band 4, Abt. B der gesammelten Schriften von F. A. von Hayek, Tübingen, 2003, S. 151–303.

HAYEK, FRIEDRICH A. VON (1976c). Sozialismus und Wissenschaft, in: ders. Die Anmaßung von Wissen. Neue Freiburger Studien, Tübingen, 1996, S. 151–165.

HAYEK, FRIEDRICH A. VON (1976d). Die Illusion der sozialen Gerechtigkeit, in: ders. Wissenschaft und Sozialismus. Aufsätze zur Sozialismuskritik. Band 7, Abt. A der gesammelten Schriften von F. A. von Hayek, Tübingen, 2004, S. 186–196.

HAYEK, FRIEDRICH A. VON (1976e). Der Atavismus „sozialer Gerechtigkeit“, in: ders. Wissenschaft und Sozialismus. Aufsätze zur Sozialismuskritik. Band 7, Abt. A der gesammelten Schriften von F. A. von Hayek, Tübingen, 2004, S. 197–208.

HAYEK, FRIEDRICH A. VON (1976f). Wohin zielt die Demokratie? In: ders. Grundsätze einer liberalen Gesellschaftsordnung. Aufsätze zur politischen Theorie und Philosophie. Band 5, Abt. A der gesammelten Schriften von F. A. von Hayek, Tübingen, 2002, S. 205–216.

HAYEK, FRIEDRICH A. VON (1977). Entnationalisierung des Geldes. Eine Analyse der Theorie und Praxis konkurrierender Umlaufsmittel, Tübingen, 1977.

HAYEK, FRIEDRICH A. VON (1978a). Zur Bewältigung von Unwissenheit, in: ders. Die Anmaßung von Wissen. Neue Freiburger Studien, Tübingen, 1996, S. 307–316.

HAYEK, FRIEDRICH A. VON (1978b). Die drei Quellen der menschlichen Werte [Vierte Fassung], in: ders. Die Anmaßung von Wissen. Neue Freiburger Studien, Tübingen, 1996, S. 37–75.

HAYEK, FRIEDRICH A. VON (1978c). Die Entthronung der Politik, in: ders. Grundsätze einer liberalen Gesellschaftsordnung. Aufsätze zur politischen Theorie und Philosophie. Band 5, Abt. A der gesammelten Schriften von F. A. von Hayek, Tübingen, 2002, S. 217–227.

HAYEK, FRIEDRICH A. VON (1978d). Der Feldzug gegen die keynesianische Inflation, in: ders. Wirtschaft, Wissenschaft und Politik. Aufsätze zur Wirtschaftspolitik. Band 6, Abt. A der gesammelten Schriften von F. A. von Hayek, Tübingen, 2001, S. 121–160.

HAYEK, FRIEDRICH A. VON (1979a). Law, Legislation and Liberty. A New Statement of the Liberal Principles of Justice and Political Economy, Vol. 3: The Political Order of a Free People, London, 1979.

HAYEK, FRIEDRICH A. VON (1979b). Recht, Gesetz und Freiheit. Eine Neufassung der liberalen Grundsätze der Gerechtigkeit und der politischen Ökonomie, Teil 3: Die politische Ordnung eines freien Volkes, in: ders. Recht, Gesetz und Freiheit. Band 4, Abt. B der gesammelten Schriften von F. A. von Hayek, Tübingen, 2003, S. 307–484.

HAYEK, FRIEDRICH A. VON (1981). Plädoyer für eine Gesellschaft freier Menschen. Von den moralischen Grundlagen der Marktwirtschaft und vom Libertarismus. Interview von

Andreas K. Winterberger, Zürich, 1981 (Neuherausgabe 2002, http://www.fahayek.net/publish/interview2002/).

HAYEK, FRIEDRICH A. VON (1982a). Die überschätzte Vernunft, in: ders. Die Anmaßung von Wissen. Neue Freiburger Studien, Tübingen, 1996, S. 76–101.

HAYEK, FRIEDRICH A. VON (1982b). Vorwort zur einbändigen englischsprachigen Ausgabe [von Law, Legislation and Liberty] (1982), in: ders. Recht, Gesetz und Freiheit. Band 4, Abt. B der gesammelten Schriften von F. A. von Hayek, Tübingen, 2003, S. XIII–XIX.

HAYEK, FRIEDRICH A. VON (1983a). Evolution und spontane Ordnung, in: ders. Rechtsordnung und Handelnsordnung. Aufsätze zur Ordnungsökonomik. Band 4, Abt. A der gesammelten Schriften von F. A. von Hayek, Tübingen, 2003, S. 92–103.

HAYEK, FRIEDRICH A. VON (1983b). Sitte, Ordnung und Nahrung, in: Gießener Universitätsblätter, 16 (1983), S. 23–30.

HAYEK, FRIEDRICH A. VON (1984a). Einzelwissen und Gesamtordnung, in: ders. Rechtsordnung und Handelnsordnung. Aufsätze zur Ordnungsökonomik. Band 4, Abt. A der gesammelten Schriften von F. A. von Hayek, Tübingen, 2003, S. 190–198.

HAYEK, FRIEDRICH A. VON (1984b). Der Strom der Güter und Leistungen, in: ders. Wirtschaft, Wissenschaft und Politik. Aufsätze zur Wirtschaftspolitik. Band 6, Abt. A der gesammelten Schriften von F. A. von Hayek, Tübingen, 2001, S. 161–177.

HAYEK, FRIEDRICH A. VON (1988a). Die verhängnisvolle Anmaßung: Die Irrtümer des Sozialismus, Tübingen, 1996.

HAYEK, FRIEDRICH A. VON (1988b). The Presumption of Reason, in: International Journal on the Unity of the Sciences, 1 (1988), S. 255–265.

HENGSBACH, FRIEDHELM (2003). Die marktradikalen Bekenntnisse sind bodenlos, in: Gerhard Schick (Hg.). Wirtschaftsordnung und Fundamentalismus, Berlin, 2003, S. 57–71.

HENNECKE, HANS JÖRG (2000). Friedrich August von Hayek. Die Tradition der Freiheit, Düsseldorf, 2000.

HOBBES, THOMAS (1651). Leviathan oder Stoff, Form und Gewalt eines bürgerlichen und kirchlichen Staates, Berlin, 1966.

HOMANN, KARL (1983). Markt, Staat und Freiheit im Liberalismus, in: Erik Boettcher u.a. (Hg.). Jahrbuch für Neue Politische Ökonomie, Bd. 2, Tübingen, 1983, S. 325–350.

HOY, CALVIN M. (1984). A Philosophy of Individual Freedom. The Political Thought of F. A. Hayek, Westport, 1984.

HUME, DAVID (1751). Eine Untersuchung über die Prinzipien der Moral, Stuttgart, 2002.

DE JASAY, ANTHONY (1995). Liberalismus neugefaßt. Für eine entpolitisierte Gesellschaft, Berlin, 1995.

KANT, IMMANUEL (1786). Grundlegung zur Metaphysik der Sitten, Ditzingen, 1982.

KERBER, WALTER (1998). Sozialethik, Stuttgart, 1998.

KERBER, WOLFGANG (1996). Sachregister, in: Friedrich August von Hayek: Die Anmaßung von Wissen. Neue Freiburger Studien, Tübingen, 1996, S. 333–348.

KUKATHAS, CHANDRAN (1989). Hayek and Modern Liberalism, Oxford, 1989.

MILL, JOHN STUART (1859). Über die Freiheit. Neuauflage der Übersetzung von Else Wentscher, Leipzig, 1991.

MILLER, DAVID (1989). The Fatalistic Conceit, in: Critical Review, 3 (1989), S. 310–323.

NELL-BREUNING, OSWALD VON (1955). Neoliberalismus und katholische Soziallehre, in: Patrick M. Boarmann (Hg.). Der Christ und die Soziale Marktwirtschaft, Stuttgart, 1955, S. 101–122.

NOZICK, ROBERT (1969). Coercion, in: Sidney Morgenbesse u.a. (Hg.). Philosophy, Science, and Method. Essays in Honor of Ernest Nagel, New York, 1969, S. 440–472.

OLSON, MANCUR (1968). Die Logik des kollektiven Handelns. Kollektivgüter und die Theorie der Gruppen, Tübingen, 1968.

POPPER, KARL R. (1973). Objektive Erkenntnis. Ein evolutionärer Entwurf, Hamburg, 1973.
POPPER, KARL R. und ECCLES, JOHN C. (1977). The Self and its Brain, Berlin, 1977.
RADNITZKY, GERARD (1984). Die ungeplante Gesellschaft. Friedrich von Hayeks Theorie der Evolution spontaner Ordnungen und selbstorganisierender Systeme, in: Hamburger Jahrbuch für Wirtschafts- und Gesellschaftspolitik 29 (1984), S. 9–33.
REES, JOHN C. (1963). Hayek on Liberty, in: Philosophy. The Journal of The Royal Institute of Philosophy, 38 (1963), S. 346–360.
RHODES, MICHAEL R. (2000). Coercion. A Nonevaluative Approach, Amsterdam, 2000.
RICH, ARTHUR (1985). Wirtschaftsethik. Grundlagen in theologischer Perspektive, Bd. 1, Gütersloh, 1985.
RICHARDSON, RAY (1996). Coercion and the Trade Unions: A Reconsideration of Hayek, in: British Journal of Industrial Relations, 34 (1996), S. 219–236.
RICKEN, FRIEDO (2003). Allgemeine Ethik, 4. Aufl., Stuttgart, 2003.
ROBBINS, LIONEL (1961). Hayek on Liberty, in: Economica, N.S., 28 (1961), S. 66–81.
ROTHBARD, MURRAY (1980). F. A. Hayek and the Concept of Coercion, in: ORDO, Jahrbuch für die Ordnung von Wirtschaft und Gesellschaft, Bd. 31 (1980), S. 43–50.
ROTHLIN, STEPHAN (1992). Gerechtigkeit in Freiheit: Darstellung und kritische Würdigung des Begriffs der Gerechtigkeit im Denken von Friedrich August von Hayek, Frankfurt a. Main., 1992.
SELDON, ARTHUR (1961). Agenda for a Free Society. Essays on Hayek's The Constitution of Liberty, London, 1961.
SHEARMUR, JEREMY (1990). From Dialogue Rights to Property Rights, in: Critical Review, 4 (1990), S. 106–132.
SMITH, ADAM (1759). Theorie der ethischen Gefühle, Hamburg, 1978.
SMITH, ADAM (1776). Der Wohlstand der Nationen. Eine Untersuchung seiner Natur und seiner Ursachen, München, 1978.
VANBERG, VIKTOR (1981). Liberaler Evolutionismus oder vertragstheoretischer Konstitutionalismus? Zum Problem institutioneller Reformen bei F. A. von Hayek u. J. M. Buchanan, Tübingen, 1981.
VANBERG, VIKTOR (1986). Spontaneous Market Order and Social Rules. A Critical Examination of F.A. Hayek's Theory of Cultural Evolution, in: Economics and Philosophy, 2 (1986), S. 75–100.
VANBERG, VIKTOR (1994). Kulturelle Evolution und die Gestaltung von Regeln, Tübingen, 1994.
VINER, JACOB (1961). Hayek on Freedom and Coercion, in: The Southern Economic Journal, 27 (1960/1961), S. 230–236.
WATKINS, JOHN W. N. (1961). Philosophy, in: Arthur Seldon (Hg.): Agenda For A Free Society. Essays on Hayek's The Constitution of Liberty, 1961, S. 31–50.
WOLF, DOROTHEE (2000). Un-Ordnung durch Interessenorganisationen? F. A. von Hayeks Kritik kollektiver Akteure, Marburg, 2000.
YEAGER, LELAND B. (1984). Utility, Rights and Contract: Some Reflections on Hayek's Work, in: Kurt R. Leube u.a. (Hg.): The Political Economy of Freedom. Essays in Honor of F.A. Hayek, München, 1984, S. 61–80.
YEAGER, LELAND B. (1989). Reason and Cultural Evolution, in: Critical Review, 3 (1989), S. 326–335.
ZEITLER, CHRISTOPH (1995). Spontane Ordnung, Freiheit und Recht. Zur politischen Philosophie von Friedrich August von Hayek, Frankfurt a. M., 1995.
ZINTL, REINHARD (1983). Individualistische Theorien und die Ordnung der Gesellschaft. Untersuchungen zur politischen Theorie von James M. Buchanan und Friedrich A. v. Hayek, Berlin, 1983.

Namenregister

Sachregister

Untersuchungen zur Ordnungstheorie und Ordnungspolitik

Alphabetische Übersicht

Adamovich, Ivan B.: Entstehung von Verfassungen. 2004. *Band 46.*
Batthyány, Philipp: Zwang als Grundübel in der Gesellschaft? 2007. *Band 52.*
Bosch, A., Koslowski, P. und *Veit, R.* (Hrsg.): General Equilibrium or Market Process. 1990. *Band 25.*
Bouillon, Hardy: Ordnung, Evolution und Erkenntnis. 1991. *Band 28.*
Braun, Gabriele: Massenmedien und Gesellschaft. 1990. *Band 26.*
Christl, Claudius: Wettbewerb und internationaler Handel. 2001. *Band 42.*
Daumann, Frank: Interessenverbände im politischen Prozeß. 1999. *Band 38.*
Dietze, Gottfried: Zur Verteidigung des Eigentums. 1978. *Band 12.*
Enste, Dominik H.: Schattenwirtschaft und institutioneller Wandel. 2002. *Band 44.*
Flassbeck, Heiner: Preise, Zins und Wechselkurs. 1988. *Band 23.*
Gerken, Lüder: Von Freiheit und Freihandel. 1999. *Band 39.*
Gerken, Lüder / Märkt, Jörg / Schick, Gerhard: Internationaler Steuerwettbewerb. 2000. *Band 40.*
Gerken, Lüder / Renner, Andreas: Nachhaltigkeit durch Wettbewerb. 1996. *Band 35.*
Gerken, Lüder (Hrsg.): Walter Eucken und sein Werk. 2000. *Band 41.*
Goldschmidt, Nils (Hrsg.): Wirtschaft, Politik und Freiheit. 2004. *Band 48.*
– / Wohlgemuth, Michael (Hrsg.): Die Zukunft der Sozialen Marktwirtschaft. 2004. *Band 45.*
Gray, John N.: Freiheit im Denken Hayeks. 1995. *Band 30.*
Hayek, Friedrich A. von: Freiburger Studien. 1969, ²1994. *Band 5.*
– Entnationalisierung des Geldes. 1977. *Band 13.*
– Die Anmaßung von Wissen. Hrsg. von W. Kerber. 1996. *Band 32.*
– Die verhängnisvolle Anmaßung: Die Irrtümer des Sozialismus. 1996. *Band 34.*
Holl, Christopher: Wahrnehmung, menschliches Handeln und Institutionen. 2004. *Band 47.*
Immenga, Ulrich: Wettbewerbsbeschränkungen auf staatlich gelenkten Märkten. 1967. *Band 4.*
Kasper, W.: siehe *Streit, Manfred E.*
Kerber, W.: siehe *Hayek, F.A. von*
Kirzner, Israel M.: Wettbewerb und Unternehmertum. 1978. *Band 14.*
Knieps, Günter: Entstaatlichung im Telekommunikationsbereich. 1985. *Band 21.*
Knorr, Andreas: Das ordnungspolitische Modell Neuseelands – ein Vorbild für Deutschland? 1997. *Band 36.*
Koch, Lambert T.: Evolutorische Wirtschaftspolitik. 1996. *Band 33.*
Koslowski, P.: siehe *Bosch, A.*
Kunz, Harald: Marktsystem und Information. 1985. *Band 20.*
Loy, Claudia: Marktsystem und Gleichgewichtstendenz. 1988. *Band 24.*
Lutz, Friedrich A.: Politische Überzeugungen und nationalökonomische Theorie. 1971. *Band 8.*

Lutz, Vera: Zentrale Planung für die Marktwirtschaft. 1973. *Band 9.*
Märkt, Jörg: siehe *Gerken, Lüder.*
Mestmäcker, Ernst J.: Der verwaltete Wettbewerb. 1984. *Band 19.*
Möschel, Wernhard: Der Oligopolmißbrauch im Recht der Wettbewerbsbeschränkungen. 1974. *Band 10.*
– Entflechtungen im Recht der Wettbewerbsbeschränkungen. 1979. *Band 16.*
Nass, Elmar: Der humangerechte Sozialstaat. 2006. *Band 51.*
Nemo, Philippe: Was ist der Westen? 2005. *Band 49.*
Ordnung in Freiheit. Symposium aus Anlaß des 100. Jahrestages des Geburtstages von Walter Eucken am 17. Januar 1991. 1992. *Band 29.*
Pies, Ingo: Eucken und von Hayek im Vergleich. 2001. *Band 43.*
Renner, Andreas: siehe *Gerken, Lüder*
Röpke, Jochen: Primitive Wirtschaft, Kulturwandel und die Diffusion von Neuerungen. 1970. *Band 6.*
Schick, Gerhard: siehe *Gerken, Lüder.*
Schlecht, Otto: Grundlagen und Perspektiven der Sozialen Marktwirtschaft. 1990. *Band 27.*
Starbatty, J. (Hrsg.): Geldordnung und Geldpolitik in einer freiheitlichen Gesellschaft. 1982. *Band 18.*
Streit, Manfred E.: Freiburger Beiträge zur Ordnungsökonomik. Mit G. Wegner, W. Kasper, St. Voigt. 1995. *Band 31.*
Terres, Paul: Die Logik einer wettbewerblichen Geldordnung. 1999. *Band 37.*
Veit, R.: siehe *Bosch, A.*
Voigt, St.: siehe *Streit, Manfred E.*
Wegehenkel, Lothar: Coase-Theorem und Marktsystem. 1980. *Band 15.*
– *(Hrsg.):* Marktwirtschaft und Umwelt. 1981. *Band 17.*
Wegner, G.: siehe *Streit, Manfred E.*
Windisch, R. (Hrsg.): Privatisierung natürlicher Monopole im Bereich von Bahn, Post und Telekommunikation. 1987. *Band 22.*
Wohlgemuth, M.: siehe *Goldschmidt, Nils.*

Die Bände 1 bis 35 sind unter dem bisherigen Reihennamen *Walter Eucken Institut. Wirtschaftswissenschaftliche und wirtschaftsrechtliche Untersuchungen* erschienen.